기능적 가족치료

청소년을 위한 증거기반 치료모델

Thomas L. Sexton 저 | 신선인 · 정혜정 · 조은숙 공역

Functional Family Therapy in Clinical Practice

An Evidence-Based Treatment Model for Working With Troubled Adolescents

학지사

역자 서문

기능적 가족치료(FFT)는 미국 유타대학교 심리학과의 James Alexander 교수와 그 제자 및 동료들에 의해 1970년대에 개발되었다. 이 모델은 비행, 약물남용, 반항, 학교부적응을 비롯한 행동문제를 가진 11~18세의 아동·청소년의 문제해결을 돕기 위해 특별히 고안된 것이다. 아동도 일련의 상호연결된 체계 내에 존재하며, 특히 가족의 역동에 따라 행동을 나타낸다는 점에 착안하여 가족체계의 개선에 중점을 둔, 당시로는 획기적인 접근방식이었다. 1960~1970년대 이후, 이혼과 가족해체에 따른 아동·청소년의 행동화가 급증했던 미국에서 이 모델의 활성화가 이루어진 것은 어쩌면 당연한 일이다. 근래에 들어 우리나라에서도 학교폭력을 비롯한 청소년 비행과 우울, 불안, 자살 등 아동·청소년의 정서심리적 문제가 심각해지고 있음에 따라 청소년 상담이 활성화되고, 다양한 개입프로그램이 적용되고 있다. 아동·청소년 문제는, 특히 가족체계적인 관점으로 접근해야 한다는 점에서 보다 본격적인 가족개입모델의 개발과 훈련이 필요하다. 하지만 2021년 현재, FFT는 미국 내의 45개 주와 영국과 호주를 중심으로 한 10여 개 국가에서 사용되고 있을 뿐, 싱가포르를 제외한 아시아 국가들 및 우리나라에는 아직 도입되어 있지 않다.

FFT는 인지행동적 개입모델이지만 체계이론에 강한 기반을 둔다는 점에서 가족치료모델로서의 특성이 있다. 따라서 원래 체계-행동치료(systems-behavioral therapy)라고 불렸으며, 3~6개월 이내에 8~30시간 동안 집중적이고 포괄적으로 치료하는 효율적인 단기 치료프로그램이다. 이 모델의 치료목표는 문제행동을 보이는 청소년을 중심으로 각 가족구성원의 개별적 기능에 맞는 새로운 행동패턴을 제공하는 것이다. 치료과정은 크게 관계형성과 동기부여, 행동수정, 일반화의 세 단계로 나뉘는데, 단계별로 매뉴얼화되어 있어서 임상환경, 학교환경 또는 가정방문을 통해서도 수행될 수 있다. 가족치료사는 드러난 행동문제에 내재하는 가족 간 상호작용의 진행 순서를 확인하고 그 과정에 작동하는 가족원들의 기능을 파악해서 대안적 행동을 제시한다. 특히 컴퓨터 프로그램을 사용해서 모든 회기의 진행기록과 관계평가 결과를 기록하며, 이를 근거로 가족치료사가 모델의 단계별 가이드라인을 충실하게 지켰는지를 각 회기마다 치료사와 가족들이 같이 평가함으로써 개입방법을 보완·수정해 나가는 특성을 갖는다. 또한 수행 매뉴얼에 관해 충분한 훈련과 슈퍼비전을 받은 가족치료사는 행동수정 단계에서 자신이 기존에 갖고 있는 다양한 문제해결 기술을 충분히 활용할 수 있다.

　　FFT는 2012년 10월에 한국가족치료학회가 주관한 추계 워크숍을 통해 우리나라에 처음 소개되었다. 이 책의 저자이며, Alexander 교수와 함께 FFT의 발전에 참여해 온 인디애나대학교 심리학과의 Thomas L. Sexton 교수가 내한하여 워크숍을 진행하였다. 당시 Sexton 교수의 초빙을 주도하였던 정혜정 교수와 신선인 교수 등 운영진을 중심으로 FFT의 도입과 활성화의 필요성을 실감하고 이 책의 번역을 계획한 바 있다. 그러나 그 시급한 필요성에도 불구하고, 그동안 청소년 상담을 비롯한 아동·청소년 영역의 프로그램들과 기존 가족치료 영역의 접목이 지연되면서 국내에서는 FFT가 여전히 활성화되지 못하였다. 이런 실정을 감안하여, 조은숙 교수가 번역을 시작할 것을 촉구하였고 만시지탄이 있었지만 세 사람이 번역을 하게 되었다.

　　책의 내용이나 분량과는 달리 번역 작업은 결코 쉽지 않았다. 저자의 자유분방한 글쓰기를 따라잡느라 어려움을 겪은 것이다. 책이 출판된 지 거의 10년이나 지났으므로 내용이 보다 잘 정리된 개정판이 나오기를 기대하였으나, 그럴 가능성이 희박하여 결국 이 책으로 번역을 마무리하였다. 모든 번역 작업이 그래야 하듯이 최대한 직역을 하려고 노력하였으나, 저자의 글쓰기 방법과 내용상 피치 못하게 의역을 한 부분도 많음을 미리 밝혀 둔다. 내용이 중복되거나 건너뛰는 부분들도 꽤 있는데, 이 또한 내용을 제대로 전달하려다 생긴 결과임을 독자들이 너그럽게 양해해 주시기 바란다.

번역은 결코 쉽지 않고 지루한 작업이었으나, 매뉴얼화되고 구조화된 FFT 모델이 전통적인 심리치료 또는 가족치료방법으로는 해결하기 힘든 문제를 가진 아동·청소년을 위한 효율적인 개입방법이라는 점을 다시 한번 확인하게 되었다. 그러나 최근에 이루어진 효과성에 관한 메타분석을 비롯한 관련 연구들의 결과에 따르면, FFT의 성공은 치료사들의 개입과정에 대한 충실도 및 숙달도와 밀접한 관련이 있음이 밝혀졌다. 모델에 정통한 슈퍼바이저의 모니터링과 슈퍼비전이 필수적이라는 것이다. 이 책의 출간을 계기로 국내에서도 하루빨리 FFT모델이 활성화되고 전문가가 배출되어, 해결하기 힘든 아동·청소년 문제로 어려움에 처한 많은 가족이 보다 효율적으로 도움을 받기를 기대해 본다.

이 책의 출판을 기꺼이 맡아 주신 학지사 김진환 사장님과, 전대미문의 Covid-19 바이러스 전염병으로 대면 접촉도 불가능한 어려운 상황에서 지루한 편집과 퇴고를 인내심 있게 도와주신 편집부 관계자분들께 감사의 말씀을 드린다.

2021년 7월
역자 일동

저자 서문

　기능적 가족치료(FFT)는 외현화 문제를 가진 청소년과의 작업에 30년 이상 활용되어 온 가족치료의 주요 접근법이다. FFT에 대한 최초(당시로는 유일했던)의 단행본은 1982년에 Alexander와 Parsons에 의해 출간되었다. 그 후 FFT모델은 Gurman과 Kniskern의 『Handbook of Family Therapy』(Barton & Alexander, 1981), 『Comprehensive Handbook of Psychotherapy』(Alexander & Sexton, 2002; Sexton & Alexander, 2002), Sexton, Weeks와 Robbins의 『Handbook of Family Therapy』(Sexton & Alexander, 2003), 『Handbook of Clinical Family Therapy』(Sexton & Alexander, 2006)와 『Handbook of Family Psychology』(Sexton, 2009) 등의 권위 있는 책에서 하나의 장으로 포함되었다. 이런 책에서 FFT는 가족심리학 분야의 주요 이론적 · 개념적 모델로서의 중요성을 입증받고 있다. FFT는 폭력 연구 예방센터(Center for the Study and Prevention of Violence)에 의해서 고위험 청소년들의 비행이나 폭력 그리고 이에 수반되는 문제들을 성공적으로 치료하기 위한 청사진 프로그램(Blueprint Program)으로 지정되었다(Alexander, Pugh, Parsons, & Sexton, 2000).

　임상적으로 풍부하고 이론적으로 통합적이며 체계적 속성을 지닌 FFT 임상모델은 위기청소년과 그 가족들에 대한 성과를 지속적으로 보여 줌으로써 광범위한 내담자와 다양한 지역사회 현장에 적용될 수 있는 보다 확장된 지역기반 프로그램이 되었다(Alexander, Holzworth-Munroe, & Jameson, 1994; Sexton & Alexander, 2002; Sexton, Alexander, & Mease, 2004). 기능적 가족치료는 현재 정신건강 영역과 공공상담 영역에서 가장 다루기 어려운 임상 문제 중 하나로 알려진 청소년의 외현화 행동장애를 다루는 중요 모델로 미국 및 여러 국가에서 널리 사용되고 있다. 위기청소년은 흔히 치료에 저항적이고 참여 동기가 없기 때문에 이들을 위한 효과적인 치료방법이 별로 없는 것으로 여겨진다. 이 청소년들은 정신건강 시스템에서 외부로 가장 많이 의뢰되는 대상이며, 이들이 청소년 교정 시스템으로 넘어가게 되면 막대한 자원과 관심을 요하게 된다.

FFT는 모델이 가진 체계적 속성, 과학적 연구, 슈퍼비전과 훈련 프로토콜, 프로그램의 보급과 운영과정, 프로그램의 질 관리 시스템 등으로 인해 위기청소년을 돕는 실천가와 서비스 공급자 및 지역사회의 주목을 받고 있다. 또한 이 모델은 문화적 민감성과 다양한 내담자의 문제를 다룰 수 있다는 우수함 때문에 더욱 좋은 평가를 받는다. 정신건강 시스템 안에서 FFT는 다양한 문제를 가진 청소년(어린 촉법소년부터 중범죄 및 심각한 우범 청소년까지 포함)과 역시 다양한 환경에 처한 그 가족(Alexander, Sexton, & Robbins, 2002; Alexander & Sexton, 2002)을 위한 주요 개입프로그램이다. 청소년 교정 시스템 안에서 FFT는 위기청소년들을 정신건강 문제나 교정 시스템으로부터 벗어나게 해 주는 데 효과적인 예방프로그램이기도 하다(Alexander, Robbins, & Sexton, 2000). 사회복지사, 심리치료사, 상담가, 부부가족치료사를 포함한 다양한 개입전문가가 다양한 현장에서 FFT를 사용하는데, 이를 통해 사회적으로도 개인적으로도 그 효과성이 잘 나타남으로써 FFT가 연구와 실천을 성공적으로 통합하고 있음을 알 수 있다. FFT는 또한 그 광범위한 적용으로 인해, 강력한 개입모델로서의 튼튼한 이론과 연구가 임상실천에서 체계적으로 이행이 된, 심리적 개입의 역사상 독특한 행보를 보여 준다.

기능적 가족치료(FFT) 이야기

어떤 임상모델이라도 그 모델의 완성, 관련 통계, 연구의 출판 등에는 뒷이야기가 있기 마련이다. FFT의 경우 그것은 일련의 아이디어가 시간이 지나면서 발전되어 청소년 교정, 정신건강 및 가족서비스 시스템에서 가장 다루기 어려운 청소년들과 함께 작업하는 하나의 포괄적 접근법이 된 이야기이다.

필자는 어려움에 처한 청소년과 그 가족들을 돕는 일에 열정을 가진 가족심리학자이며 가족치료사이다. 필자는 무엇이 가족을 변화시키는 데 도움이 되는지, 내담자/가족 그리고 돕는 자/치료사 사이의 단순한 대화가 어떻게 잘 이루어져야 한 사람의 삶의 경로를 바꾸게 되는지에 대해 깊은 관심을 기울여 왔다. 하지만 이론적으로 튼튼하고 근거기반 자료가 충분해서 일관되게 변화를 만들어 낼 것이라는 믿음을 주는 모델을 찾을 수 없었다.

이러한 불만족은 필자가 십여 년 전 FFT모델에 대해서 알게 되고 그 임상모델을 개발하고 보급하는 일에 활발하게 관여하면서 바뀌게 되었다. FFT는 필자가 가진 기준에 부합했다. 그 모델은 이론적으로 튼튼했고 과학적 연구에 기반하였으며 임상적으로 강력했다. 그럼에도 또한 개방적인 모델이라는 점이 특별했다. FFT는 현장의 새롭고 참신한 생각들에 개방적인 자세를 취하는 핵심 원칙과 임상적 실제 위에 만들어져 있다. FFT의 창시자인 James Alexander는 어떤 모델이 좋은 임상적 모델로 유지되려면 그 핵심과 정체성, 그리고 핵심을 그대로 유지하면서도 역동적이고 발전적이며 계속 성장하는 것이어야 한다고 믿었다. 이러한 생각은 우리 분야 임상모델들의 카리스마적 창시자가 그 모델을 신세대에게 넘겨 주거나 새로운 아이디어를 수용하는 것을 원치 않거나 할 수 없어서 결국에는 모델이 사라져 버리는 경향이 농후한 것을 고려할 때 놀라운 식견이라고 볼 수 있다. 이런 원칙이 남아 있는 한 FFT는 우리 분야 역사책의 한 장이 아니라 임상적으로 적절하며 역동적이고 현실적인 모델로 살아남을 것이다.

필자는 지난 10년간의 연구와 임상적 실천에 기반하여 FFT의 역동적인 발전을 지속한다는 마음으로 이 책을 내놓는다. 이 책은 FFT의 임상적 실천, 서비스전달체계, 이론적 원칙 그리고 치료적 변화의 기제에 관한 포괄적이며 체계적인 안내서이다. 제1부에서는 FFT모델이 시작된 주요 역사적 맥락, 증거기반실천 운동에서의 FFT모델의 역할, FFT가 다루는 임상적 문제들과 모델의 이론적 · 과학적 기초에 대해서 다룬다. 제2부는 FFT모델의 임상적 적용에 관한 내용을 담았고, 제3부는 FFT가 임상이나 실제 지역기반실천 현장에서 사용될 수 있는 방식과 이러한 각 현장에서 나타나는 모델의 성과, 그리고 이 모델의 성공적인 보급을 위해 필요한 임상슈퍼비전 과정에 대해 서술한다. 임상적으로 적절하고, 이론적으로 확실하며, 실증적 연구에 기반한다는 FFT의 핵심 원칙에 부합하는 책을 만들기 위해서, 각 장에는 주제에 대한 체계적 논의 및 기반이 되는 이론적 관점, 그리고 이 원칙을 FFT에 적용하는 방식을 보여 주는 임상 사례 등이 포함되어 있다.

기능적 가족치료와 이 책의 중심에는 행동문제를 가진 청소년과 가족 그리고 삶에 닥친 문제를 풀기 위한 그들의 정직한 노력이 있다. FFT는 이런 내담자에 '대하여'가 아닌, 그들과 '함께' 작업하면서 이들을 인간적으로 인정하고 귀하게 여기며 존경하고 이해하려는 입장을 가진다. 이런 내담자들과 가능한 한 가장 친밀한 관계를 형성하면서 치료적 변화를 일으키는 데 열정을 갖고 있는 임상가들에게 FFT는 지도이며 안내서이고 치료의 성공을 위한 즉시적이고 즉각적인 결정에 필요한 일련의 탄탄한 치료원칙이 된다.

필자는 이 모델의 창시자인 James Alexander와 호기심과 헌신도가 높은 일단의 개발자 집단(Parsons, Barton, Waldron, Robbins, Turner 등을 포함한 여러 사람)과 함께 일하는 특권을 누렸다. 이들은 임상모델을 정교화하고 보급 과정을 발전시키는 것, 실제 임상 장면에서 FFT에 관한 연구를 수행하는 것과 지속적인 서비스전달체계의 수립 등에 도움을 주었다. 시간이 흐르면 이 모델은 또 변화하겠지만, FFT모델은 '성공적인 모델은 임상 실제가 일어나는 '상담실'로 이론을 가지고 오게 만든다'는 사실을 실천가들에게 일깨워 주고 있다.

추천사

25~30년 전까지만 해도, '경험적으로 입증된(empirically supported)'이라는 요즘의 기준을 충족할 정도로 과학적 근거를 축적한 가족치료나 커플치료방법은 없었다. 하지만 오늘날은 경험적으로 입증되었다는 평판을 얻을 만한 가족 및 커플 치료 접근법이 상당히 많다. 그중 몇 가지는, 특히 커플치료 영역에서, 매우 다양한 유형의 관계문제를 다루는 '폭넓은 스펙트럼'을 가지고 있다. 또한 어떤 접근법들은, 특히 가족치료 영역에서, 정신건강과 깊이 관련된 임상문제에 초점을 두었다. 이 후자 그룹에서 기능적 가족치료(FFT)와 같이 가족치료 역사상 뚜렷한 위치를 차지하고 있는 것은 없다.

많은 가족치료방법이 등장했다 사라졌는데 가끔은 그 치료법의 창시자가 작고하면서 사라지기도 했다. 하지만 FFT는 지난 35년간 계속 성장해 왔다. FFT는 가족치료계에서 유일하게 연구와 임상 간의 지속적 상호관계에 그 근거를 두는 주요 학파로, 임상적 원칙을 정립하는 것뿐만 아니라 그 효과성을 과학적으로 보여 주려고 노력해 왔다. 경험적 근거가 있는 일부 심리치료 접근들(치료의 초점이 가족, 커플 혹은 개인 어디에 있든지 간에)과는 달리, FFT는 언제나 임상적 문제로 고통받는 사람들의 '실제 삶'에 뿌리를 두어 왔다. 최근에 FFT는 다른 치료법들이 감히 도전하지 못했던 상담 현실에서의 '외곽 공간(FFT가 탄생했던 학문적 배경도 훨씬 넘어서는 공간)'까지 나아감으로써 그 횡문화적 효능을 확실하게 보여 주고 있다. 그 오랜 존속성과 반복적이고 다양한 효과적 실례를 감안할 때 FFT는 가족치료계에서 정말 특별한 위치를 차지한다고 할 수 있다.

무엇이 FFT를 성장하고 번성하는 접근법으로, 그리고 다루기 힘들고 가슴을 무너지게 하는 청소년의 행동문제에 직면한 가족들을 위한 강력한 접근법이 되도록 하였을까?

FFT는 매우 정교한 접근법으로, 체계적으로 정리되어 있긴 하나 실상은 복잡한 접근법이다. 따라서 다양한 분야의 전문가들은 FFT가 현장에서 자주 사용되고 영향력을 끼치게 되면서 FFT가 가진 다양한 속성에 주목하게 되었다. FFT는 심리과학의 든든한 기반을 갖추고 있으며 가르치기 쉬운 반면, 실행에 있어서는 치료사의 창의성을 요한다. FFT가 가족치료 세계, 나아가 모든 심리치료의 광범위한 세계에서 특별한 위치를 차지하는 데에는 이러한 FFT의 매력적인 다면성이 일정 부분 기여하는 것 같다.

FFT는 임상적 이론화와 실천적 발전을 위해 체계이론, 역학, 발달정신병리 그리고 결과와 과정 모두에 초점을 둔 임상적 개입 연구 등을 체계적으로 포함한다. 그 결과 FFT는 핵심적 가족과정에 관한 이해에 기반하여 청소년 행동문제에 얽혀 있는 보호요인과 위험요인에 대한 구체적 개입전략을 사용하는 데 초점을 두고 있다.

FFT는 청소년의 행동문제가 어떻게 발전되는지에 대한 개념적 모델이 명료하고, 문제를 유지시키는 가족 상호작용을 개선하기 위해 무엇이 필요한지 명확하기 때문에 가르치기 쉬운 모델이 될 수밖에 없다. FFT는 대부분의 가족치료와 달리 가르치기 쉽다는 것에서 더 나아가 치료적 관계형성에 필요한 단계들과 각 단계에 필요한 과업들을 명시하고 있다. FFT는 가족치료사의 개입방법뿐 아니라 효과적인 슈퍼비전 방법, 기관에서 FFT 실천의 질적 표준을 유지하는 방법 등에 대해서도 정확성과 일관성을 가지고 자세히 기술하고 있다. 이런 부분까지 구비하고 있는 가족치료방법은 거의 없다.

그러나 FFT가 가르치기 쉬운 형태로 되어 있다고 해서 FFT 치료사가 매뉴얼만 따르는 로봇 같을 것이라고 걱정할 필요는 없다. 가족관계에서 '관계적 기능'이라는 핵심 개념에는 두 가지가 반드시 필요하다. 첫째, FFT에서 치료사는 항상 개별 가족과 가족구성원 각자의 독특한 심리적 '문화'를 존중하고

맞추어 가야 한다. 이와 같은 명확한 방법으로 FFT는 인종, 종교, 민족적 정
체성, 사회 계급 등의 차이에 본질적으로 민감하게 대처할 수 있다. 둘째, 이
러한 FFT의 기능적 특성이 잘 드러나려면 치료사의 전략적 유연성과 개방
성, 창조성 등이 절실히 요구된다. 가족치료사는 이러한 능력을 통해 내담자
가족이 가족구성원 개인의 관계적 목표 및 자기가 원하는 것을 얻는 동시에
가족 전체의 전반적 기능 향상을 확보할 수 있는 새롭고 협력적인 방법을 찾
아 나가도록 도울 수 있다.

　　FFT는 효과성에 대한 연구가 충분하고 기술적인 측면에 대해서 잘 정리되
어 있지만 '번호대로 따라가는 치료'는 아니다. FFT는 임상 과학과 임상적 조
율의 절묘한 시너지 효과가 조화를 이루는 치료법이다. 나는 이 책이 이러한
조화에 지속적으로 기여할 것임을 믿어 의심치 않는다.

위스콘신대학교 의학 및 공중보건대학
정신병리과 명예교수
Alan S. Gurman, Ph.D

차례

제1부

기능적 가족치료의 소개: 이론, 과학, 실천의 역동적 진화

성공적인 임상 작업은 공감적 경청을 넘어 안전하고 믿을 수 있는 치료적 관계를 제공한다. 이는 내담자(또는 가족이나 부부)의 내면세계를 평가하는 것과 동시에, 내담자의 삶을 변화시키기 위한 여러 과정에서 대인관계적 여정을 안내하고 촉진하는 것을 포함한다. 임상가들이 이를 위한 길잡이로 삼을 수 있는 임상실천 모델을 탐색하는 것은 당연한 일이다.

부부가족치료 분야에서도 그런 모델들에 관한 오랜 역사가 있다. 카리스마 넘치는 선구자들은 관계체계에 대해 효과적이면서도 원칙에 입각한 작업방식을 발굴하였으며, 연구자들은 효과가 있는 개입모델들의 변화 기제들과 성공적인 임상 작업을 위한 핵심 요소들을 파악했다. 이제 우리는 이론에 근거하고 임상적으로 적절하며 내담자를 위해 좋은 결과를 도출할 수 있는, 증거기반 모델-접근법의 새로운 세대를 맞이하였다.

기능적 가족치료(Functional Family Therapy: FFT)는 행동문제가 있는 아동 · 청소년과 그 가족들을 돕는 임상모델이다. 이론적 수준에서 볼 때, FFT에서의 임상적 변화란 가족이 그들의 목표를 효과적 · 효율적으로 달성할 수 있도록 돕기 위해 특정한 단계로 순차적으로 이동해 가는 과정이다. 임상적 수준에서, FFT는 특정 내담자의 상황에 맞는 실천적 개입과 기술을 안내할 수 있는 효과적인 지도(map)를 제공한다. 무엇보다 중요한 것은, FFT는 분명한 목적을 갖고 가장 효과적 · 효율적 방식으로 내담자와 교류하며, 내담자의 상황을 이해할 수 있도록 주어진 정보를 잘 정리하는 방식이라는 것이다. 이를 통해, 내담자가 삶의 어려움을 겪으면서도 긍정적이고 발달과정상 적합하게 성장할 수 있도록 돕는다. FFT는 다양한 치료적 · 문화적 환경에 처한 내담자들로부터 지속적으로 긍정적 결과를 도출해 온 것으로 평가된다.

이 책은 FFT라는 임상모델에 관한 이야기이다. FFT 개발자들의 공헌에 대해 자세히 기록한 역사책이 아니며, 이론 개발과정과 관련된 문헌도 아니다. 지난 35년 동안의 주목할 만한 발전을 통해 매우 어려운 일부 청소년 행동문제에 좋은 효과가 있는 것으로 입증된, 한 복합적인 가족치료모델을 깊이 이해하기 위한 책이다. 넓은 의미로는 치료와 슈퍼비전, 프로그램의 보급 및 훈련을 안내하는, 원칙 수준에서의 한 '변화모델'에 관한 것이다. 또한 오랫동안 FFT를 알리고 가르치며 실행하는 과정에서 세심하게 조정된, '상담실 내'에서의 특정 작업방식에 관한 내용이다. 이는 또한 역동적이며 '진화하는' 모델에 관한 이야기이다. FFT는 분명한 그 기본 원칙들이 있으며 이는 지난 35년 동안 30개 이상의 출판물에 포함되었다. FFT의 발전을 진화의 이야기로 만드는 것은, 이러한 기본 원칙들에 관한 설명이 새로운 아이디어, 특히 치료를 받는 '사람들 사이'에서 발생하는 반복적이고 관계적인 특성에 관한 아이디어를 받아들이고 흡수하면서 확장되었다는 사실에 기반한다. 따라서 이 책의 줄거리는 새로운 아이디어와 새로운 사람들, 임상실천, 슈퍼비전, 연구로부터 얻은 새로운 통찰력, 그리고 FFT모델을 둘러싼 이론적 세계의 변하는 지식에 따라 어떻게 그 표현이 바뀌면서 모델의 성장이 이루어졌는지에 관한 이야기이다. 현재의 FFT모델은 초기에 개발된 핵심 원칙을 기반으로 임상적 과정과 경험을 거쳐서 형성되었으며, 이를 통해 가족치료사, 슈퍼바이저, 또는 기관이 이 모델을 사용하는 데 있어 이론과 '실제 삶'의 경험을 보다 통합적으로 적용하게 한 것이다.

이 책의 제1부는 FFT를 소개하기 위한 3개의 장으로 구성되어 있으며, FFT가 개발되고 작동하게 된 배경, 즉 청소년 행동문제가 포함되어 있다. 제1장에서는 아동·청소년들의 광범위하고 복잡한 임상적 문제에 관한 이슈와 이런 내담자들을 돕기 위해 임상모델이 변화되어 온 과정을 검토한다. 이 내용은 FFT가 단순한 아이디어에서부터 일련의 원칙으로, 또한 현실 사회의 임상적 문제를 다루는 포괄적인 실천 모델로까지 진화해 온 과정을 담고 있다. 이 모델은 내담자중심적이면서 과정중심적이고, 독특하지만 임상적으로는 유연하고 응용력이 뛰어난 모델이다. FFT가 아동·청소년과 가족에게 영향을 미치는 주요 위험요인 및 보호요인들을 다루기 위해 설계되었다는 측면에서, 이는 FFT를 이해하기 위한 중요한 맥락이다.

제2장은 FFT의 이론적 토대, 즉 내담자에 관한 이해와 가족치료사의 역할, 치료의 주의점과 변화의 초점에 관한 개념적 가설을 고찰한다. 이러한 원리는 FFT 치료에서 임상적 의사결정의 토대를 형성한다. 제3장은 상담실에서 가족치료사와 가족 간에 펼쳐지는 FFT의 원리와 구조를 설명하는 임상적 변화모델을 제시하다. 이 책의 제2부는 이러한 이론적 배경에 기초하여, 실제 임상 사례를 통해 FFT가 '생각하는' 방식, '작동하는' 방식 그리고 '처리하는' 방식을 설명하면서 FFT의 각 단계를 더 자세하게 다룬다.

제1장

기능적 가족치료의 진화:
전통적 이론으로부터 증거기반실천까지

기능적 가족치료(Functional Family Therapy: FFT)에 관한 이 야기는 어려움을 겪고 있는 아동·청소년들이나 해결책을 찾는 상담자들에 관한 이야기와 별로 다르지 않다. 이는 진화와 변화, 도전과 성공에 관한 이야기이며, 도시나 농촌을 포함하는 다양한 환경의 다양한 사춘기 문제행동을 지닌 내담자들을 위해 여러 기관의 수많은 실무자가 훈련받고 감독하면서 광범위하게 사용해 온 임상모델에 관한 이야기이다. 임상적 경험을 통해 축적된 자료는 FFT 실천적 발전에 도움을 주었다. 그 이론적 원리들은 임상적으로 의미가 입증되었고, 실질적 임상 과제들이 검증되고 검토되었으며, 이를 통해 FFT모델의 변화기제가 적절하게 수정되고 개선되었다. 이러한 이론적 발전과 실제 임상적 실천의 순환적 상호작용이 지난 10년 동안 FFT가 강력한 임상모델로 발전하게 된 추진력이다. FFT의 임상적 적용이 이 책의 주제이다.

많은 이론적 모델과 마찬가지로, FFT는 창시자인 James F. Alexander를 중심으로 조직된 소규모 환경(유타대학교)에서 출발하였다. 유타대학교에서 일구어진 풍부한 학문적 토양은 FFT를 배운 학생 세대를 배출하였고, 필자와 같은 타 분야의 전문가들이 또 다른 방식으로 소집단을 구성해서 FFT 접근법의 발전에 참여했다. 우리 모두는 아동·청소년을 돕기 위한 창시자 Alexander의 열정을 공유했으며, 어떤 것이 효과가 있는지를 알아내기 위해서 노력했다. 지난 10여 년 동안 FFT는 상담클리닉, 다양한 내담자가 있는 정신건강체계, 기타 다양한 서비스전달체계에서 체계적으로 실행되었다. 수많은 사회복지사, 심리치료사, 가족치료사, 행동치료사들이 FFT의 실천을 위한 훈련을 받았고 적극적으로 슈퍼비전과 임상적 모니터링을 해 왔다. 치료사들과 가족 및 정책 입안자들은 FFT가 치료의 질을 지속적으로 개선하면서 잘 실행될 때, 긍정적인 연구결과들이 실제 임상 장면에서 재현될 수 있다는 것을 알았다.

1. FFT의 역동적 진화

다른 좋은 아이디어들과 마찬가지로, FFT모델은 수많은 다양한 사람과 관점의 영향을 받았고, 새로운 견해와 관점들이 등장하게 되면서 이들을 흡수·통합하였으며, 연구와 임상치료로부터 더 많은 것을 알게 되면서 모델에 관한 설명도 변화되었다.

1960년대 후반에 James Alexander와 Bruce Parsons에 의해서 처음 개발된 FFT는 청소년사법 분야에서 청소년들에게 최초로 적용되었고, 이 집단의 주요 이슈 중 하나인 치료과정에서의 관계형성(engagement)에 그 초점이 있었다. Alexander와 Parsons의 관심은 아무도 어떻게 도울 수 있을지를 모르는 청소년들을 위한 방법을 찾아내는 것이었다. Alexander는 가족체계 관점에 강한 뿌리를 두었고, 책무성과 연구, 모델에 관한 분명한 설명을 중요시하는 젊은 교수였다. 대학원생인 Bruce는 창의적인 치료사이자 통찰력 있는 관찰자였다. 그들은 치료의 핵심 목표를 동기부여와 관계형성에 중심을 두고 작업을 했다. 이는 오늘날의 우리 관점에서는 분명한 것이지만 그 당시엔 매우 새로운 아이디어였다. 그들의 노력으로, 치료(관계형성 및 동기부여)와 교육(특정 행동적 개입)이라는 두 단계 과정에 초점을 둔 FFT 임상모델의 초기 버전이 도출되었다.

1) 기원

FFT의 핵심적 원리에 대해 최초로 잘 설명했던 이는 Bruce Parsons였다(Alexander & Parsons, 1973, 1982). 그 후, Cole Barton과 James Alexander(1976, 1980)에 의해 확립된 FFT는 Gurman과 Kniskern(1981)의 역사적 저술인 『가족치료편람(Handbook of Family Therapy)』에서 '제2세대' 가족치료모델들 중의 하나로 포함되었다. Alexander의 학생 중 1명이었던 Barton은 당시의 지배적 관점이었던 가족구조에 초점을 두는 것을 넘어서, 가족 간 관계의 연결성을 살피는 독특한 방법을 제시했다. Barton의 관점은 Alexander의 역동적인 이론적 배경과 결합하였는데, 이는 관계기능이론을 도입해서 가족들 간의 체계적 관계패턴에서 작동하는 개인 심리과정의 기능을 설명했기 때문에 당시로서는 매우 획기적이었다. 거의 같은 시기에 Alexander는 Parsons와 함께 FFT에 관한 최초의 책을 출판했다. 1988년에 Alexander는 개입모델의 해부학(Anatomy of Intervention Model: AIM)을 개발했는데, 치료사의 특정 개입 행동에 맞추어서 체계적으로 치료의 단계별 목표를 분류함으로써 이 분야를 발전시켰다. 이는 치료사의 역할이 치료모델 각 단계에서의 특정 목표 및 과제와 연관되어 있다는 점을 처음으로 제시한 중요한 발걸음이었다.

그런 FFT 초기 시절에 유타대학교에서 실제히 수행되었던 수요 연구들의 공헌에 주목하는 것 또한 중요하다. Alexander는 생물통계학의 대가인 Charles Turner와 협력하여, 변화과정을 위한 지도를 만드는 데 필요한 통계적 모델링을 당시의 우수 이론들과 접목시킬 수 있는 팀을 구성했다. 그 결과, 성 역할, 치료사의 개입구조와 지지가 작동하는 방식, 재구성(reframing) 의 효과(Robbins, Alexander, & Turner, 2000), 그리고 무엇보다 치료 초기 단계에서의 가족 부정성의 기능에 관해서 과학적이고 중요한 많은 사실이 발견되었다. 이렇게 임상에 기반하여 과학과 이론이 융합됨으로써, FFT가 성공적인 가족치료모델로 인정받고 성장할 수 있게 되었다는 것은 의심의 여지가 없다.

2) 확장

지난 10여 년 동안 FFT는 유타의 연구소를 벗어나서 실제 임상실천 현장에 흡수되었는데, 이는 임상모델로서의 명료도와 성장에 더 큰 원동력이 되었다. 단계별 과제분석(Phase Task Analysis: PTA)은 치료를 세 단계로 구분하였는데, 이는 단계별 변화목표를 달성하기 위한 현실적인 임상전략과 관련된 개입과정과 평가과정을 포함한다(Alexander, Pugh, Parsons, & Sexton, 2000; Sexton & Alexander, 2000). 이러한 발전은 가족치료 시에 치료사와 가족 간에 펼쳐지는 지속적이고 복잡한 관계과정에 따른 것이다. 상담실에서 일어나는 강렬한 역학관계에서, FFT가 가장 체계적이고 관계적이며 개별화된 임상과정이라는 것이 PTA에 의해서 가시적으로 명확해졌다. FFT의 치료성과가 축적되면서, 궁극적으로는 긍정적인 행동변화를 예견할 수 있는 특성을 갖는 단계로 나아갔다. 이에 따라 FFT는 의료적 심리치료 접근법에서 사용되었던 것과 같은 전통적 단계기반 모델(평가 및 치료)로부터, 가족치료사와 가족 간의 '돌고 도는' 상호작용이 변화기제로 작동함으로써 치료의 기회가 주어지는, 보다 역동적이고 임상적인 접근방법으로 이동하게 되었다. 이러한 FFT의 임상적 기반을 임상 현장에서 실제 가족에 대해 다룬 것이 제2부의 주제이다.

FFT를 무수히 많은 지역사회 현장에 보급하고 적용함으로써, 다양한 실제 환경에서 이 모델을 점검할 기회들이 생겨났다. 이를 통한 임상 및 이론적 교훈은 치료사들에게 중요한 의미를 주었고, 관계과정이 FFT의 핵심이라는 사실을 확고히 하였다. 조건이 갖추어진 소규모의 교육환경에서 모델을 연습해 보는 것과 가족치료사가 실제 지역사회 환경에서 다양한 유형의 청소년들에게 그 모델을 적용하는 것은 별개였다. FFT는 실제 임상적 실천을 통해서 지금까지도 지속적으로 발전해 왔으며, 모델의 임상적 범위를 더 명료화하고 발달시키는 데 매우 유용하게 적용되어 왔다. 이러한 발전의 결과물이 제3부의 주제이다.

3) 체계화

FFT 진화과정 중 가장 최근의 변화에는 임상모델과 슈퍼비전을 위한 체계적 프로토콜의 개발, 체계적 훈련계획의 창출, 컴퓨터 기반의 서비스 질 향상 및 사례계획 체계의 개발이 포함된다. 또한 임상가가 자신의 상담에 대한 피드백 정보를 실시간으로 손쉽게 접할 수 있게 함으로써, 이 모델의 임상적 적용을 개선하기 위한 성과연구 및 과정기반연구 데이터를 모을 수 있는 고정 수단이 갖추어졌다. 이러한 노력의 결과는 다음과 같다.

- 임상슈퍼비전에 대한 매뉴얼 기반 접근방식(Sexton, Alexander, & Gilman 2004)
- 지역사회 현장에서의 적용을 촉진하기 위한 컴퓨터 기반의 품질 보장 및 향상 체계(Sexton, 2008; Sexton & Alexander, 2000, 2004, 2006)
- 훈련과 지역사회 보급을 위한 체계적 접근방식(Sexton & Alexander, 2004)
- 훈련기관들(FFT Associates, FFT Inc.)과 대학 내 연구기관들[인디애나대학교 청소년가족센터(Indiana University, Center for Adolescent and Family), 오리건대학교 오리건연구소(University of Oregon, Oregon Research Institute)] 및 대학기반 훈련기관들[인디애나대학교 기능적 가족훈련원(Indiana

University, Functional Family Training Institute)]

- 품질향상체계의 발달은 실제 임상실천 현장에서 연구와 실천을 가져왔다. 그 결과는 이 책의 마지막 부에서 자세히 논하였다.

2. 문제행동 청소년이 가진 복잡성과 FFT

FFT는 행동문제가 있는 청소년과 그 가족들을 돕기 위해 특별히 설계되었다. 그런 문제들은 흔히 '품행장애(conduct disorder)'로 불린다. 품행장애는 학교문제, 약물의 사용과 남용, 폭력, 비행, 적대적 반항장애를 포괄하는 광범위한 외현화 행동을 포함한다(Kazdin, 2003). 만약 우리가 그런 행동을 단순히 개별 사춘기 청소년의 문제로만 간주한다면, 그 범위를 심각하게 과소평가하는 것이다. 그런 문제행동들은 개인의 가족, 또래, 학교와 지역사회에 크게 영향을 미친다. 지역사회 내의 아동복지, 청소년사법 및 정신건강체계는 유사한 문제행동에 각각 자체적으로 꼬리표를 붙이는데, 그 표는 종종 아동이 최초로 접하는 체계에 의해서 따라붙게 된다.

1) 행동문제의 범위, 비율, 유병률

미국의 10~17세 청소년의 약 10%가 그들의 삶에 지속적으로 영향을 미치는 사법체계와 연루되는 것으로 추산된다. 예를 들어, 그 청소년들의 다수는 보호관찰에 처하거나 벌금을 부과받으며, 약 4분의 1은 수용시설에 배치되는데 그들 중 많은 청소년이 초기 성인기까지 수감될 것이다. 청소년사법체계 전력이 있는 이들을 살펴보면, 펜실베이니아주에서는 수감된 적이 있는 청소년 중에서 12%만 초기 성인기가 될 때까지 고등학교 졸업장이나 고등학교 졸업 학력인증서를 받았고, 전국 평균도 14%였다. 또한 석방된 후에 약 30%만이 학교에 다니거나 직업을 가진 것으로 나타났다. 이 비행청소년들은 일반인보다 일곱 배나 많이 실직 상태에 처하거나 복지제도에 의존하는 경향이 있었고, 이혼의 가능성과 혼외 자녀를 낳을 가능성도 더 컸다. 결국 이들은 살다가 어느 시점에 재구속이 될 가능성도 훨씬 더 높았다(Chung et al., 2005).

치료되지 않은 정신건강 문제 및 청소년 비행과 관련된 사회적 비용도 상당하다. 미국 전체의 범죄 관련 비용은 연간 최소 3,000억 달러에서 1조 달러 이상이다(Andersen, 1995; Miller, Cohen, & Rossman, 1993). 청소년들이 전체 범죄의 약 20~30%를 차지하는 것으로 간주할 때, 청소년 비행 범죄의 총비용은 연간 600억 달러에서 3,000억 달러 사이인 것으로 추산된다(Greenwood, Model, Rydell, & Chiesa, 1996). 그러나 그 손실은 경제적인 것 이상으로, 폭력으로 인한 질환, 장애, 조기 사망 등이 가족과 공동체에 상당한 부담을 주게 된다(Dahlberg, 1998; Miller et al., 1993).

청소년 비행은 단순한 사회적 현상이 아니다. 비행청소년으로 분류된 청소년들의 60~85%가 적어도 한 가지 유형이나 종종 두 가지 이상의 정신병리나 정신건강 장애가 있는 것으로 진단받았다(Dixon, Howie, & Starling, 2004; Domalanta, Risser, Roberts, & Hale Risser, 2003; Pliszka et al., 2003; Robertson, Hoffman, & Anton, 2005; Teplin, Abram, McClelland, Dulcan, & Mericle, 2002). 특정 질환의 유병률에 대해서는 연구결과 간에 서로 다른데, 이는 연구에 사용된 표본의 구성(예: 성별 분포)이 다르기 때문이기도 하다(Dixon et al., 2004; Rosenblatt, Rosenblatt, & Biggs, 2000; Teplin et al., 2002).

이러한 측정치들이 일관성이 없을 수도 있지만, 이는 근본적인 문제가 아니다. 외현화 장애, 약물남용 및 정동장애는 청소년 비행을 설명하는 문헌에서 지속적으로 확인되는 범주이다. 예를 들어, 어느 도시지역 청소년사법체계에 속한 다민족 청소년 수감자들의 대규모 표본에 관한 연구는 다음과 같은 사실을 발견했다(Teplin et al., 2002).

- 남녀 합계 40% 이상이 품행장애 또는 적대적 반항장애의 기준을 충족했다.

• 남녀 합계 약 50%가 약물남용 기준을 충족했다.
• 남성의 20%, 여성의 25% 이상이 정서장애의 기준을 충족했다.

또 다른 수감자들의 표본에서는 품행장애 비율이 남녀 합계 60%까지 높게 나타났고, 여성 중에서는 91%까지 높았던 경우도 있었다(Pliszka et al., 2000; Dixon et al., 2004). 하지만 이러한 통계가 더욱 걱정스러운 것은 품행장애가 물질남용장애(Abrantes et al., 2005; Pliszka, Sherman, Barrow, & Irick, 2000), 우울증 및 불안장애(Dixon et al., 2004; Neighbors, Kempton, & Forehand, 1992; Ulzen & Hamilton, 1998)와 동반 이환되는 경향이 나타난 것이다. 더구나 복합물질남용(Neighbors et al., 1992) 및 주요우울증 진단(Domalanta et al., 2003)은 청소년들의 정신건강 증상에 자주 동반된다. 사실, Neighbors 등(1992)은 다중의 약물을 사용하는 비행청소년들이 일반 청소년들보다 품행장애, 우울증 및 불안증세가 더 많고, 진단을 받는 경향도 더 높다는 사실을 발견했다. Domalanta 등(2003)은 1,000명 이상의 비행청소년 수용자로부터 이를 발견했는데, 주요우울증 판정 기준을 충족시키는 청소년들이 보다 약한 우울장애가 있는 청소년들보다 다중의 물질남용 문제를 가질 가능성이 약간 더 높게(3%) 나타났다.

'행동문제'라는 꼬리표가 붙은 청소년들은 실상 복잡한 임상적 내력을 갖고 있으며, 광범위한 발달적 · 정서적 · 행동적 문제를 겪고 있을 수 있다. Kazdin(2004)은 진단 가능한 정신장애들(불안, 기분, 물질관련, 적응, 파괴적 행동장애 등)을 위험행동 또는 문제행동(약물사용, 정학, 무단결석 등) 및 비행(불법행위)과 구별하였다. 행동장애들은 정상적인 청소년 발달과정에서 발생하는 행동(예: 싸움, 철회, 반항, 권위자에게 대항)과 어느 정도 겹치기 때문에 식별하는 것이 어려울 수도 있다.

FFT에 오는 청소년들은 전형적으로 다음 세 가지 유형의 문제 중 하나를 갖고 있다.

- 외현화 장애: 타인과 주변 상황에 대한 전형적인 행동화(acting-out)이다. 반항, 과잉행동, 공격, 반사회적 행동이 포함되며, 주의력결핍 및 파괴적 행동장애 범주를 비롯한 많은 정신과적 진단 범주에 해당하는 행동들이 모두 관련된다. 정신건강 및 청소년사법 체계에 의뢰된 청소년들은 외현화 행동장애를 보일 가능성이 매우 높은데, 그들의 외현화가 다른 사람들에게 영향을 끼치는 것이므로 당연한 일이다.
- 내면화 장애: 내적으로 경험하는 문제이다. 불안, 위축, 우울 등의 증상을 포함한다. 이 청소년들은 외현화 행동을 하지 않기 때문에 치료로 의뢰될 가능성은 낮다. 그들이 겪는 고통에 대해 가족, 학교 및 지역사회는 굳이 관심을 두지 않을 수도 있다.
- 기타 행동들: 외현화나 내면화 장애의 기준에는 맞지 않는 행동문제들도 청소년을 정신건강 또는 사법 체계로 들어가게 하거나 훗날 정신과적 문제를 초래할 위험에 처하게 할 수도 있다. 무단결석, 기물파손, 도둑질, 약물사용, 집단따돌림, 가출은 이러한 문제행동 중의 일부이다(DiClemente, Hansen, & Ponton, 1996). 이런 이유로 Kazdin(2003)은 청소년 행동문제의 공시된 유병률은 문제의 크기를 현저히 과소평가할 수도 있다고 하였다.

2) 위험요인과 보호요인

앞에서 설명한 믿기 어려운 통계치를 감안할 때, 청소년과 가족들이 직면한 문제를 어디서부터 이해해야 할지 파악하기 어려울 수 있다. FFT와 같은 치료 프로그램에 의뢰된 청소년들의 문제는 생물학적, 관계적, 가족적, 사회경제적, 환경적 요인을 모두 포함하는 '꾸러미(package)'로 간주될 수 있다. 이 '꾸러미'에는 일련의 문제행동들과 다수의 관련된 사람이 포함된다. 따라서 청소년의 행동이 진단 가능한지 혹은 발달궤도상 이르거나 늦게 발생했는지와 관계없이, 청소년과 문제의 특성을 이해하기 위해서는 부모, 다른 가족원, 또래, 학교 및 환경 모두에 대한 이해가 중요하다(Loeber, 1991).

위험요인 및 보호요인의 개념은 청소년과 가족이 상담실에 가져오는 문제 행동과 기타 어려움의 '꾸러미'를 이해하는 데 유용하다(Hawkins, Catalano, & Miller, 1992; Kumpfer & Turner, 1990; Sale, Sambrano, Springer, & Turner, 2003). **위험요인**은 청소년이 약물, 정신건강 문제 및 품행장애를 경험하게 될 가능성을 높이는 요인들이다. **보호요인**은 청소년의 약물사용 가능성과 행동 문제를 줄이는 동시에 위험요인의 영향을 완화시키는 요인들이다. 위험요인 과 보호요인은 서로 다른 측면에서 내담자 문제의 심각성을 이해하는 데 도 움을 준다. 즉, 위험요인은 단순히 보호요인의 반대가 아니다. 각 요인이 상 담 성과에 영향을 미칠 가능성이 각각 평가되어야 한다. 가족생활과 가족관 계의 특정 양상들은 청소년 행동문제의 시작과 악화 및 재발과 강력하고 일 관되게 관련되어 있다.

많은 기관과 조직은 위험 및 보호 요인 모델을 사용해서 문제행동의 원인 을 평가하고, 청소년, 가족, 지역사회, 치료모델 등의 어떤 요인이 청소년의 성공적인 행동변화에 도움을 줄 수 있는지를 판단한다. 예를 들어, 청소년폭 력예방위원회(Youth Violence Prevention Council)는 단일 위험요인이 반사회 적 행동을 유발하지는 않으며, 여러 위험요인이 결합해서 발달과정에 영향 을 줌으로써 그런 행동이 형성된다고 제시한다. 위험요인과 보호요인의 조 합은 위험을 감수하는 행동의 개연성을 결정한다. 〈표 1-1〉은 질병통제예 방센터(Centers for Disease Control and Prevention, 1995), 국립약물남용연구소 (National Institute for Drug Abuse, 1992) 그리고 청소년폭력예방위원회(Youth Violence Prevention Council; U.S. Public Health Service, 2001)에서 공표한 위험 요인과 보호요인들을 요약한 것이다.

위험요인과 보호요인 접근법은 청소년 행동문제의 치료에 유용하다. 다 음 장에서 분명히 알 수 있듯이, 아동이 마약을 사용하거나 학교에 가지 않 거나 싸움을 하는 이유는 이해하기가 어렵고 너무 복잡해서 끝까지 제대로 해석하지 못할 수도 있다. 행동문제를 위험 및 보호 요인의 결과로 접근하게

되면 모든 청소년이 심각한 문제에 빠질 수 있는 자신과 가족관계 또는 지역
사회에서의 위험요인을 갖고 있는 것으로 볼 수 있지만, 또한 그들을 이러한
위험요인으로부터 보호하고 그 영향력을 완화할 수 있는 또 다른 특성이 있
음을 깨닫게 해 준다. 이 접근이 특별히 매력적인 것은 치료적 기제로 바로
옮겨질 수 있다는 점이다. 이러한 사실들이 치료모델이 작동되게 하는 측면
이며, 후에 행동문제가 발생할 확률을 실질적으로 낮추어 주는 것이다.

표 1-1 **심각한 행동문제가 있는 청소년의 위험요인과 보호요인: 개인, 가족, 지역사회**

청소년과 부모의 개인 위험요인

- 폭력피해 경험
- ADHD(주의력결핍 및 과잉행동장애) 또는 학습장애
- 어린 시절의 공격적 행동 전력
- 마약, 알코올 또는 담배에 연루
- 낮은 IQ
- 행동 통제력 부족
- 사회적, 인지적, 또는 정보처리 능력의 결핍
- 심한 정서적 괴로움
- 정서적 문제의 치료 이력
- 반사회적 신념과 태도
- 가정폭력과 갈등에의 노출

가족 위험요인과 보호요인

위험요인

- 부모와의 상호애착과 돌봄 부족
- 비효과적인 양육
- 혼란스러운 가정환경
- 주 양육자와의 의미 있는 관계의 결핍
- 약물남용이나 법적 경력 또는 정신장애를 가진 양육자

보호요인

- 아동과 가족 간의 유대감
- 아동의 삶에 대한 부모의 관여
- 재정적 · 정서적 · 인지적 · 사회적 욕구들을 충족하는 지지적 양육
- 명확한 한계와 일관된 훈육의 시행

또래/학교 위험요인

- 갱단과 연루된 비행 또래들과의 연계
- 또래들에 의한 따돌림
- 일상의 관례적 활동 참가 부족
- 나쁜 학업 성적
- 학교생활 소홀과 학업 실패

지역사회 위험요인

- 경제적 기회의 감소
- 빈민층의 밀집
- 높은 유동인구 비율
- 높은 가정파탄 수준
- 낮은 지역사회 참여
- 사회적으로 무질서한 이웃

치료 프로그램의 보호요인

- 학부모의 자녀 지지, 부모-자녀 의사소통, 부모 참여를 통한 가족의 유대와 관계 강화
- 물질남용에 관한 가족 정책의 개발, 논의 및 집행
- 규칙 설정이 포함된 부모의 모니터링과 감독, 생활 활동을 모니터링하는 기술, 올바른 행동에 대한 칭찬, 가족 규칙을 준수할 수 있는 온건하고 일관성 있는 규율
- 단기적 가족중심 개입

3. 해결책의 탐색: 증거기반실천의 부상

다양한 문제와 위험요인을 가진 청소년을 성공적으로 도울 방법을 찾아내는 데 큰 관심이 주어지는 것은 놀랄 일이 아니다. 그러나 청소년을 참여시켜서 변하게 돕고 그 변화를 유지하도록 그들과 작업하는 방법을 찾는 것은 어려운 일이다. 정신건강 및 심리치료 훈련을 받은 대부분의 전문가는 상담과 심리치료 교재에서 제시된 다양한 이론에 기반한 내담자중심이나 행동치료 또는 인지치료적 접근법에 의지한다. 이 모델들은 이론상 흥미로울 수 있다. 그러나 상담실에서 화가 난 청소년과 가족들을 대하는 가족치료사는 이

런 개괄적이고 때로는 진부한 원리나 원칙만으로는 그 방에서 일어날 수 있는 수많은 치료적 사건을 다루는 데 도움을 받을 수 없다는 것을 곧 깨닫는다. 이런 실천적 현실에 부응해서 대다수의 임상가는 누구에 대해 무엇을 변화시켜야 하는지와 어떤 과정을 통해서 도울 것인지에 대해, 자신의 임상적 판단과 신념에 근거해서 자신만의 통합적이고 절충주의적 접근법을 개발하였다. 한편, 청소년 범죄율 상승에 직면한 지방정부 단위의 지역 내 행정가들은 종종, 심리치료방법에는 다양한 유형이 있고 이들이 서로 다르며 모두가 다 비행이나 외현화 행동을 하는 청소년들만을 위한 것도 아니라는 사실을 전혀 모른다.

최근에는 의학이나 교육학 및 기타 영역들이 추구하는 증거기반실천(Evidence-Based Practice: EBP) 운동에 따라 어려운 문제를 가진 청소년을 돕는 방법이 새롭게 모색되었다(Sexton et al., 2007). 청소년 및 가족과 같이 일하는 사람은 누구나 EBP의 핵심 원칙을 따르려는 경향이 생겼다. 모든 개인은 그 시대의 가장 효과적인 서비스를 받을 권리가 있는 것이다(Schoenwald, Henggeler, Brondino, & Rowland, 2000). EBP는 효과성에 대한 과학적 증거를 제공하는데, 이는 임상가와 지역사회 및 가족이 긍정적인 결과에 대한 합리적인 확신을 갖고 개입 및 예방 프로그램을 선택하고자 할 때 필요한 것이다.

캐나다와 영국은 치료효과를 향상시키기 위한 의학적·임상적 의사결정의 기준치로 연구기반 증거의 사용을 확립하는 데 앞장서 왔다. 증거기반의 예방 및 치료모델들은 다른 어떤 분야보다도 청소년의 행동장애 분야에 큰 영향을 미쳤다. 청소년 치료프로그램의 효과성에 대한 근거가 가족심리학 및 예방과학의 임상연구들로부터 도출되었는데, 지역사회와 가족뿐만 아니라 많은 이가 이런 모델들이 효과가 있다는 분명한 증거가 필요했던 것이다. 이를 통해 청소년의 행동문제가 빠르게 전염될 수 있는 행동건강문제라는 사실을 이해하기 시작했다. 1999년에는 콜럼바인 고등학교 총격사건 때문에 질병통제예방센터(Centers for Disease Control and Prevention)와 청소년비행예방국(Office of Juvenile Justice and Delinquency Prevention)이 지역사회 내에서 신뢰성 있는 결과를 재현할 수 있는 프로그램들을 찾게 되었다.

더 이르게는 1996년에 폭력연구예방센터(Center for the Study and Prevention of Violence)가 최초로 프로그램들을 평가하기 시작했다. 폭력연구예방센터는 효과적인 프로그램을 식별하기 위해 연구기반의 표준을 수립할 전문가 패널을 소집하였다. 이는 폭력예방을 위한 청사진 프로젝트(Blueprints for Violence Prevention project)로 알려지게 되었다(Elliott, 1998).

청사진 프로그램의 원래 기준은 그다지 까다롭지 않았으며, 다음과 같은 질문이 포함되었다.

- 프로그램은 일관성이 있고 인식이 가능한가?
- 프로그램이 작동되는가?
- 효과가 지속되는가?
- 지역사회 내에서 그 프로그램을 재현할 수 있는가?

나중에는 이러한 기준이 더욱 엄격하게 적용되면서 청사진모델프로그램(Blueprints Model Program)으로 알려지게 되었다.

2004년까지 청사진모델프로그램 담당자들은 폭력적 행동으로 이어질 수 있는 청소년 행동문제들을 예방하거나 치료하기 위해 설계된 1,000개 이상의 프로그램을 검토하였다. 이 수많은 예방 및 개입 프로그램 중에서 단 11개(약 1%)만 청사진모델프로그램의 기준을 충족시켰다. 이 열한 가지 프로그램은 접근방식이 매우 다양하지만 모두 효과가 있었다. 여기에는 일곱 가지의 예방 프로그램[1]과 네 가지의 치료기반 프로그램[2]이 포함되었다. 치료기반

---

1) 중서부예방프로젝트(Midwestern Prevention Project), 미국손위형제자매프로그램(Big Brothers Big Sisters of America), 생명기술훈련(Life Skills Training), 올위어스집단따돌림예방프로그램(Olweus Bullying Prevention Program), 대안적사고전략촉진(Promoting Alternative Thinking Strategies), 놀라운시기(The Incredible Years), 무약물남용프로젝트(Project Towards No Drug Abuse)

프로그램들 중에서 다중체계치료와 기능적가족치료 두 가지는 가족기반 상담치료 프로그램이었다.

한편, 2000년에는 미연방 공중보건국장이 해결책을 찾는 데 합류하였으며, 다양한 연령대와 문화권의 청소년들에게 미치는 효과가 지속적으로 유지되는 것을 성공적으로 입증하는 다수의 EBP 프로그램이 파악되었다. 「청소년 폭력: 공중보건국장보고서(Youth Violence: A Report of the Surgeon General」(2001)는 엄격한 실험설계 또는 유사실험설계 연구를 통해서 이른바 '모델 프로그램'들이 입증한 것들을 확인해 주었다. 즉, 이 프로그램들은 폭력이나 심각한 비행을 유의미하게 억제하고 폭력의 위험요인을 현저하게 억제하는 효과가 있었으며, 그 효과들은 반복성 및 지속성을 유지하였다. 이 프로그램들은 서로 비슷한 규준을 갖고 있었으나 위험요인을 사전에 예방하는 효과는 별로 크지 않았다. 이를 통해 다섯 가지 폭력예방 프로그램이 모델 프로그램의 기준을 충족시키는 것으로 확인되었다. 기능적 가족치료(Functional Family Therapy), 다중체계치료(Multisystemic Therapy), 다차원치료가정위탁(Multidimensional Treatment Foster Care), 산전 및 신생아 가정방문간호(Prenatal and Infancy Home Visitation by Nurses) 그리고 시애틀사회개발프로젝트(Seattle Social Development Project)가 그것이다. 이 다섯 가지 중에서 기능적 가족치료, 다중체계치료, 다차원치료가정위탁 프로그램이 청소년을 대상으로 하고 있다.

증거기반실천(EBP)은 청소년 행동문제의 치료를 극적으로 그리고 근본적으로 변화시킨다. EBP는 실무자가 일하는 방식이나 가족과 청소년을 돕기 위해서 지역사회가 프로그램을 선택하는 방식을 달리한다. 이러한 측면은 임상훈련 방법, 프로그램 개발자와 개입의 책무성 그리고 그런 프로그램들

---

2) 기능적가족치료(Functional Family Therapy), 간호-가족파트너십(Nurse-Family Partnership), 다차원치료가정위탁(Multidimensional Treatment Foster Care), 다중체계치료(Multisystemic Therapy)

로부터 기대할 수 있는 결과에 영향을 미치며, 연구와 실천이 '선순환'을 이루게 한다. EBP는 임상적 의사결정을 위해서 치료사중심 치료로부터 치료모델로 그 초점을 바꾼다. 전자에서는 내담자를 이해하고 개입할 수 있는 최상의 방법을 치료사가 결정하며, 후자는 임상모델에 따라서 주제, 치료목표 및 성공적 치료기제가 설정된다. 모델중심 치료과정의 장점은 제대로 행해지면 내담자와 가족이 문제가 치료될 수 있다는 자신감을 가질 수 있다는 것이다. 또한 임상적 결정이 치료사의 개인적 가치와 신념에 따라 이루어지는 것이 아니라, 과학적 인식과 이 분야의 전체적 경향성 그리고 공통적인 임상기준에 따라서 이루어진다는 것이다.

"그러나 내담자는 어디에 있는가?"라는 질문이 있을 수 있다. 사실 이 질문은 EBP에 대한 흔한 논쟁거리이다. 이 책 전체를 통해서, EBP가 매우 특정한 어떤 모델에 초점을 둘 수 있음과 동시에 청소년과 가족의 개인적 욕구와 희망 및 기능에도 개방적으로 대응할 수 있다는 것이 명백해질 것이다. 이러한 사실이 FFT와 같은 EBP 프로그램들을 모순적으로 보이게 하는 점 중의 하나이다. 즉, 내담자 반응적이면서도 임상 중심적이라는 것이다.

■ 연구와 실천의 간극

EBP는 전문가들로부터 강력한 지지를 받고 있는 반면, 치료의 표준으로 부각되는 점에 대해서는 논쟁도 유발된다. 어떤 이는 EBP를 이미 확립된 전통적 치료방식에 대한 도전으로 간주한다. 또 다른 이들은 EBP가 단순한 교과서적 접근이라고 보며, 내담자와 지역사회의 욕구에 맞추는 것이 아니고 기계적으로 숫자에 따라 색을 칠하는 것과 같은 '번호 색칠판' 안내서라고 무시하기도 한다. 또 어떤 이들은 EBP 프로그램이 필요하다는 사실에는 동의할지라도 '증거기반'의 개념적 정의와 그런 프로그램들의 기준에 의문을 제기한다. 휴먼서비스 실천에서 과학은 아직 의사결정의 근거로서 보편적으로 받아들여지지 않은 것이다. EBP 운동은 또한 위험과 곤경에 처한 청소년을

돕는 것을 목표로 하는 돌봄체계 운동(systems-of-care movement)과 같은 또
다른 운동들과 경쟁하고 있다. 이런 어려움은 임상실천에 적용하기 위해서
연구에 비중을 두는 것과 연구를 위해서 임상실천을 사용하는 것을 넘어선
다. Pinsof와 Wynne(2000)은 한 세기에 걸친 체계적 연구에도 불구하고 "부
부 및 가족 치료 연구는 많은 부부가족치료사의 실천에 거의 영향을 미치지
못했다."라고 지적했다.

   연구를 실천에 통합하려는 분투는 이해할 만하다. 실천과 연구는 비록 공
통적인 목표를 갖지만, 그 접근법과 범위가 다르다. 실천은 과정이며 매우
특정한 문제에 관한 끊임없는 의사결정이 필요하다. 상담사는 치료를 환경
이나 내담자에 어떻게 맞출지, 자신의 강점과 개성을 어떻게 임상 작업에 적
용할지 그리고 내담자에게 어떻게 대응할 것인지를 결정해야 한다. 따라서
상담사의 주요 관심사는 개별기술적(idiographic)이다. 즉, 특정한 상황에 있
는 개별 내담자를 위해 특정 개입방법을 적용한다. 반면, 연구자의 초점은
법칙정립적(nomothetic)으로, 다양한 상황에 적용되는 일반적 경향을 탐색
한다. 연구문제가 항상 실천과 관련되지는 않으며, 대신 그 분야 최신의 발
전에 관한 것과 향후 발전을 위한 추진력과 관련될 수 있다(Gurman et al.,
1986). 유감스럽게도, 이러한 초점의 차이가 연구와 실천을 나누는 간극의
원인이었다.

   증거기반실천 운동에 대한 이러한 중대한 도전은 여러 문헌에서도 다루
어졌다. 예를 들어, 최근의 한 논문에서 Westen, Novotny와 Thompson-
Brenner(2004)는 이러한 문제들에 관해 설득력 있게 비평했다. 그들에 따르
면, 실증적인 지지를 얻는 것은 일련의 제한된 '목록'에 의해 결정되는 것이
아니며 내담자와 가족치료사, 그리고 치료환경의 복잡성을 설명하는 방식에
대한 많은 유형의 증거가 필요하다는 것이다. 최근에 Kazdin(2008)은 가족
치료 분야가 보다 복잡한 치료 접근법들과 이를 뒷받침하는 연구에 의해서
더 발전할 수 있다고 주장하였다. 그는 광범위한 연구를 근거로 하는 **증거기
반실천**(pracice)과 특정 성과와 변화기제를 갖춘 특정한 방식인 **증거기반치료**

(treatment)를 구별했다. Kazdin은 치료적 개입의 조절변수와 매개변수를 이해하는 데 보다 많은 주의를 기울일 필요가 있다고 하였다. 이와 같은 논쟁이 증가함에 따라서 미국심리학회(American Psychological Association: APA)는 증거기반치료를 연구하고 증거기반실천에 관한 정책보고서를 개발할 대책위원회를 마련하였다(APA Task Force, 2006). 대책위원회는 연구에 의한 증거가 임상적 의사결정 과정의 일부가 되어야 한다고 제안했는데, 임상가들은 연구에서 얻어진 결과들을 내담자의 특성, 상황 및 임상적 판단과 같은 다른 요인들과 통합해서 치료방법을 결정해야 한다고 하였다.

임상실무자들은 종종 '예술 대 과학(art versus science)' 논쟁의 형태로 이러한 문제들에 직면한다. 이 논쟁의 한쪽은 임상실천을 예술로 보고, 임상적 의사결정은 임상가의 경험과 직관을 그 근거로 한다고 믿는다. 책무감의 요구에 직면한 실천가들을 포함하는 다른 한쪽은, 임상적 실천이 과학에 근거해야 한다고 주장하며, 임상적 판단의 수월성에 의문을 제기한다(Dawes, 1994). 이러한 논쟁은 연구와 실천 간의 커다란 간극이 존재함을 입증하였으며, 수많은 관련 기록에서 제시되었다(Dawes, 1994; Roth & Fonagy, 1996; Sexton & Whiston).

'예술 대 과학'의 논쟁에서 어느 쪽에 서든지 상관없이, 임상적 문제들의 복잡성 때문에, 성공 가능성이 높은 프로그램을 설계하고 구현하기 위해서는 여러 연구가 반드시 뒷받침되어야 한다. 따라서 이런 논쟁은 그 두 가지가 모두 필요하고 모든 내담자가 마땅히 우리의 최선의 연구와 임상기술의 혜택을 받아야 한다는 사실을 간과하는 것처럼 보인다.

필자와 동료들은 다수의 저술과 발표를 통해서 이러한 논쟁에 다소 다르게 접근하였다. 연구와 실천 중 '둘 중에 하나'보다는 '둘 다' 또는 변증법적 관점을 취했다. 우리에게 좋은 실천이란 임상적 기술과 과학적 모험 모두를 포함하며, 이 둘은 서로 공생적 필연 관계이다. 다음 장에서 볼 수 있듯이, FFT는 그 효능을 확인하고 또 새로운 실천방법을 발견하기 위해 연구에 강한 기반을 두는 '과학'이다. FFT를 지역사회에 보급하는 것 또한 이러한 특징을 지닌다. 즉, 데이터를 사용해서 실천방법을 지도함으로써 FFT 치료사들을 '현장 과학자'로 승격시킨다. 따라서 가족치료사는 항상 자신의 임상적 결정의 결과를 조사해야 한다. 또한 우리는 모델 개발자로서, 새로운 가설을 검증하고 새로운 획기적인 방법을 통합하며 다양한 내담자와 배경 변수를 검토하기 위해서 연구가 이루어져야 한다고 믿는다. 두 경우 모두 연구결과는 실천으로 피드백된다.

EBP가 FFT와 같은 치료프로그램에서 이루어지려면 몇 가지 중요한 문제가 검증되어야 한다. 우선, 치료의 역동적이고 임상적인 특성이 유지되어야 한다. FFT는 관계기반실천의 복잡성과 모호함이 인정되고 지지될 때의 임상적 개입으로 적합하며, 넓은 범위의 일반적 원칙에 근거한 단순한 모델이 아니다. 원칙은 정확해야 하고, 명확하게 설명될 수 있는 임상적 변화기제에 근거해야 하며, 그 변화기제들은 검증되고 연구되어야 한다. 또한 이 분야 전문직의 다양한 영역에서 새로운 증거와 지식이 생겨나면 FFT도 이에 따라 성장하고 진화할 수 있어야 한다. 마지막으로, 이러한 사실들은 FFT와 같은 프로그램은 모델 개발 초기의 임상적 복잡함이 해결되어 보급될 때까지 시장성과 상업주의적 유혹에 저항해야 한다는 것을 의미한다.

4. 어떻게 도울 것인가: 연구가 알려 준 것

기능적 가족치료는 가족치료와 가족심리학의 다양한 연구 분야에서 좋은 평가를 받았으며, 실천 현장에서 그 진가를 발휘하는 우수함이 있다. 초기의 가족치료 개발자들은 훌륭한 임상가이자 헌신적인 연구자들이었다 임상적 지혜와 과학적 선명성의 최상의 조합을 모색하는 수많은 가족중심 훈련기관 [예: 필라델피아 아동지도 클리닉(Philadelphia Child Guidance clinic)]과 연구실, 프로그램이 등장했다. 그들의 연구는 임상적 변화과정과 성과를 조사하기 위한 복잡하고 혁신적인 연구전략을 포함한 풍부한 지식기반으로 진화했다.

모델의 작동 여부를 파악하기 위한 간단한 결과에 관한 질문에서부터, 특정 상황에서의 특정 임상문제에 대한 특정 부부가족치료 프로그램의 적용에 관한 점검까지(어떤 상황에서 어떤 방법이 가장 효과적인지) 확대되었다. 성과 측정과 관련된 연구방법이 복잡해지면서, 긍정적 임상 결과의 바탕이 되는 변화의 기제를 확인하기 위한 노력이(과정연구) 수반되었다. 지난 20년간의 가족치료 실천 전반에 걸친 연구가 FFT에 관해서는 특히 더 강력하고 과학적인 증거에 기반하여 이루어진 것이다(Sexton, Alexander, & Mease, 2004).

이 책의 주요 초점은 결혼 및 가족치료의 연구에 관해 검토하는 데 있는 것이 아니다. 그런 것은 다른 좋은 자료에서 많이 찾을 수 있다(Alexander, Pugh, Parsons, & Sexton, 2000; Sexton & Alexander, 2003, 2004). 대신, FFT의 출현과 성공의 주요 과정과 관련된 연구에서 얻은 교훈에 초점을 두고자 한다. 이러한 교훈들은 FFT의 기반이 된다. 예를 들어, 우리는 가족문제로 어려움을 겪는 청소년과 가족을 돕기 위해서 다음 사항들이 필요하다는 것을 알게 되었다.

• 다중체계로 일한다. 전통적 접근방법은 개인에 집중하는 경향이 있다. 사춘기 내담자의 내적 작동, 동기, 합리적 사고 및 의지력이 변화목표이다. 전통적 가족치료사는 청소년의 이러한 부분에 영향을 줌으로써 그들의 사회적·관계적 체계에서 변화가 일어나기를 바란다. 그런데 위험요인과 보호요인에 관한 문헌들은, 청소년에게만 초점을 두는 것은 효과적인 주요 개입방법이 아니라는 점을 비교적 명확히 제시한다. 대신 많은 문헌은 다중체계적 초점을 강조한다. 즉, 문제를 가진 청소년과 작업한다는 것은 학교, 집행유예 또는 사법체계, 지역사회, 확대가족 및 핵심가족 단위와 일하는 것을 의미한다. 다른 유형의 심리적 개입과는 달리 청소년 문제는 여러 영역이 포함되며, 효과적으로 돕는 것도 각 영역에 맞게 행해져야 하는 것이다.
• 사정과 치료의 일차적 주요 단위로 가족과 협력한다. 청소년의 핵심적 다중

체계 영역 중 하나는 가족 단위이다. 위험 및 보호 요인에 관한 문헌들은 가족기반 작업이 아동에게는 가장 빠르고 지속적인 영향을 미친다는 것을 분명하게 시사한다. 가족기반 개입은 핵심가족 단위를 외현화 행동의 원인이 되는 직접적인 요인을 이해하기 위한 가장 좋은 방법으로, 빠른 변화를 일으키는 가장 효율적인 개입 지점으로, 행동변화를 장기적으로 유지하기 위한 자원으로 간주한다. 가족기반 개입은 정신건강 분야와 청소년사법 분야의 다양한 청소년을 위한 치료방법으로 빠르게 선택되고 있으며 그 이유는 다음과 같다.

첫째, 일반적으로 가족은 청소년의 사회적 발달을 위한 핵심 요소이다. 여러 연구문헌은 가족기능이 청소년의 가족 유대감, 품행장애, 학교 소속감, 또래의 선택과 그로 인한 비행 등에 일찍부터 지속적으로 영향을 미친다는 주장을 뒷받침한다(Henggeler, 1989; Loeber & Dishion, 1983; Loeber & Stouthamer-Loeber, 1986; Snyder & Patterson, 1987). 둘째, 개인의 문제가 상황적 맥락과 별도로 이해될 수 없다는 가족치료의 기본 전제는 다양한 집단의 이데올로기와 문화적 규범이 존재한다는 사실과 잘 일치한다. 셋째, 가족치료는 모든 인종 또는 민족에 걸쳐 다양한 사람들의 수많은 청소년 행동문제를 다루기 위해 선택되는 개입방법으로 확인되었다(Kazdin, 1987, 1991; Shadish et al., 1993; Weisz, Huey, & Weersing, 1998). 넷째, 가족치료는 지역사회 개입 또는 관계망 치료와 함께, 문화적으로 혼합된 내담자들을 위한 치료적 선택으로 자주 언급된다(Tharp, 1991).

• 문제를 가진 청소년을 지역사회에서 지킨다. 지난 10여 년간 사법 및 정신보건 영역에서는 입소치료 프로그램들이 민간과 공공 분야 모두에서 인기가 폭발했다. 행동문제를 가진 청소년들에게 적용되었던 전통적 프로그램의 어려움과 암울한 기록을 감안할 때, 그 인기는 이해할 만하다. 지역사회와 가족들은 종종, 개입이 필요한 시점에는 문제를 가진 청소년을 더 이상 인내할 수 없는 지경에 이르게 되어 모두 휴식을 필요로 했다. 연구에 따르면, 유감스럽게도 입소치료 시설 청소년의 대다수

(75% 이상)는 결국 다시 그곳으로 돌아간다는 사실이 입증되었다. 이는 놀랄 일이 아닌데, 시설에서의 잘 계획된 치료에도 불구하고 청소년은 비슷한 어려움을 가진 다른 청소년들과의 또래집단에서 사회화되기 때문이다.

- **과학적으로 견실하고 임상적으로 적절한 치료법을 사용한다.** 지역사회, 부모, 치료 제공자는 청소년이 도움을 받고 있는지뿐만 아니라 어떤 도움을 받는지에 대해서도 신중하게 생각할 필요가 있다. 청소년 임상문제의 복잡성은, 관련된 임상문제의 범주를 다루기 위해 설계된 체계적 치료 계획과 개입, 이론적 원칙 및 성과 목표와 더불어, 잘 정의되고 집중적이며 포괄적인 임상치료적 접근법을 필요로 한다. 개입/치료모델이 효과적이기 위해서는 임상적 개입의 근거가 되는 일관된 개념적 틀이 포함되어야 한다. 즉, 특징적인 핵심 개입방법이 가능한 한 자세하게 기술되어야 한다.

- **연구와 실천의 새로운 경향성에 대해 열려 있어야 한다.** 가족심리학 연구를 통해 축적되는 지식체는 항상 성장하며 변화한다. 새로운 연구결과는 실천방법을 명확히 하거나, 그 방향을 바꾸거나, 또는 완전히 새로운 길로 나아가게 할 수도 있다. FFT를 포함한 모든 모델은 최신의 이론적 모델과 연구결과에 근거한 변화에 항상 열려 있어야 한다.

- **모델을 실행할 때는 임상적 근거가 있는 명확한 입장을 취한다.** 연구에 따르면, 치료 프로그램 자체는 실제 실천되는 방식보다 중요하지 않다는 사실이 점점 더 분명해지고 있다. 모델을 성공적으로 실천하는 것은 유능하고 전문적인 실천적 지혜뿐만 아니라 임상적 개입에 관해서 탐색할 지침도 필요로 한다. 개입을 위한 접근방법들은 가족치료사가 다음에는 어디로 나아가야 하는지, 목표성취를 위한 가장 유용한 개입은 어떤 것인지에 관해 명확한 지침을 제공해야 하는 것이다.

- **치료적 실험실이나 학교훈련 환경에서뿐만 아니라 지역사회에서 실행된다.** 많은 치료방법들이 연구에 기반하고 있다. 중요한 질문은, 그 방법들이 성

공적으로 지역사회 환경으로 옮겨질 수 있는가 하는 것이다. **상황적 효능성**(contextual efficacy)은 어떤 치료가 다양한 지역사회 환경이나 내담자들(예: 민족, 성별)에게 효과적인 정도를 의미하는데, 이는 치료프로그램의 임상적 유용성을 결정하는 데 도움이 된다(Sexton, Alexander, & Mease, 2004).

5. 기능적 가족치료

FFT는 곤경에 처한 이러한 사람들을 효과적으로 돕는 데 필요한 것들을 위해서 앞에서 설명한 교훈들을 채택하였다. FFT는 보다 넓은 범위의 다양한 환경 및 지역사회와 현장에서 청소년과 가족에게 영향을 미치는 광범위한 문제들(약물 사용 및 남용, 품행장애, 정신건강 문제, 무단결석, 가족문제 등)을 성공적으로 다루는 것으로 입증된, 체계적이고 증거기반이며 매뉴얼 중심의 가족기반치료 프로그램이다.

FFT는 다양한 성별, 민족 배경, 문화, 지역의 청소년들에게 사용될 수 있다(Alexander & Sexton, 2002). 이는 법적 또는 정신건강 관련 현장뿐만 아니라, 임상 현장이나 가정에서도 작동한다. FFT는 단기간에 이루어지며, 경중 사례에 대해서는 평균 8~12회기 동안, 더 어려운 사례에 대해서는 3~6개월에 걸쳐서 최대 30시간의 직접적인 서비스를 제공할 수 있다. 개입은 대개 11~18세의 아동복지, 청소년사법, 정신건강 또는 약물치료체계에서 고위험군에 있는 아동·청소년이 그 대상이다. 이 청소년들은 비슷한 정신건강이나 행동 문제에 처해 있는 경향이 있다. 이는 그들이 복잡한 가족문제로 인한 고통과 투쟁이 반영된 현상이다. FFT는 가족기능을 향상시켜서 청소년의 행동장애를 줄이는 데 필요한 가족관계 과정에 적극적으로 관여한다.

FFT는 이론적으로 통합된 일련의 기본 원칙들(guiding principles)뿐만 아니라 명확하게 규정된 임상적 '지도(map)'로 구성되는데, 이 지도는 서로 연계된 각 단계별 회기들의 과정목표를 기반으로 한다. 다음 장에서 초점을 두게 될 기본 원칙들은 가족기능을 이해하기 위한 매개변수, 임상적 문제들의 원인, 성공적 변화를 위한 원동력과 동기, 각자의 고유한 특성에 맞는 방식으로 개별 가족들을 다룰 때의 원칙 등을 제공한다.

지난 10년 동안 FFT는 미국과 유럽 전역에 걸쳐서 시행되었다. 이러한 확장과정을 통해서 체계적 훈련방식과 임상감독 그리고 품질보증 절차가 개발되었다. 이는 FFT가 단순히 좋은 아이디어를 넘어서, 청소년과 부모, 지역사회가 매우 필요로 하는 좋은 결과를 낼 수 있는 실행 가능한 임상모델이라는 것을 의미한다. 현재까지 FFT는 중국계 미국인, 아프리카계 미국인, 네덜란드인, 모로코인, 러시아인, 터키인, 백인, 베트남인, 자메이카인, 쿠바인, 중앙아메리카인 등 모든 내담자를 위한 기관에서 사용되었다. FFT는 또한 8개의 다양한 언어로 지속적으로 제공되고 있다.

1) 무엇이 FFT를 독특하게 만드는가

오늘날, FFT는 다양한 관점이 어떻게 한 가지 접근방식으로 수용될 수 있는지를 예시하는 몇몇 임상모델 중 하나이다. FFT는 임상적으로 관련된 동시에 광범위한 실천가들과 내담자들의 의견을 반영하는 증거기반의 변증법적으로 통합된 모델이다(Sexton & Alexander, 2004, 2005; Sexton, 2009). FFT는 견실한 임상경험이 바탕이 된 내담자중심의 입장을(치료사의 개별기술적 관심사와 일치하는) 채택한 동시에, 유효한 치료적 개입 범위의 근간이 되는 연구와 이론 및 변화기제(연구자의 법칙정립적 초점과 일치되는)를 채택했다. 오늘날 FFT는 과학과 이론, 실천적 지혜가 임상적으로 적용되고, 체계적 훈련과 슈퍼비전 및 실행 프로토콜을 통해 다양한 상황에서 실행될 수 있는 개입 방식의 대표적인 모범 사례이다(Alexander & Sexton, 2004; Sexton, Alexander, & Robbins, 2000).

FFT를 독특하게 만드는 또 다른 점은, 언뜻 보기에는 이 모델이 모순점이 있는 것처럼 보인다는 것이다. 변증법적 접근법의 '둘 다(both … and)' 원칙을 구현하는 FFT는 과학과 실천 모두를 포괄한다. 즉, 이는 체계적이며 매뉴얼 기반의 치료방법이면서 동시에 관계적, 관련적, 내담자중심적이다. 따라서, 그 목표와 목적은 간단하지만 실제 임상에서 사람들에게 적용하는 과정은 복잡하다.

FFT는 치료적 관계의 형성, 내담자중심 등 유용한 임상실천의 원칙에 기반하고 있으며, 오늘날 우리가 성공적인 치료법의 공통 요소라고 부르는 모든 것을 포함한다. FFT는 또한 청소년과 가족들에게 임상적 영향을 주기 위해 고안된 모델 고유의 목적과 목표를 가지고 있으며, 이는 이 책 전체에 걸쳐 분명하게 드러날 것이다. FFT는 개인, 가족, 상황 등 다중체계적 가족체계의 다양한 관점에서 내담자 경험의 여러 영역(인식, 감정, 행동)에 초점을 두는 '진정한' 가족기반의 독특한 접근방식을 취한다. 이러한 영역들을 성공적으로 이해하고 개입하기 위해서 FFT는 관계적 맥락에 입각하는데, 이는 치료적 만남(사정, 개입, 치료계획 등)에서 일어나는 모든 일이 '사람들 간의 공간'에서 이루어진다는 것을 의미한다.

FFT는 관계적 모델이다. 즉, 분석의 가장 작은 단위는 항상 최소 한 쌍, 즉 상호관계에 있는 두 사람이다. 필자의 견해로는 이러한 '두 사람 모두'를 대상으로 하는 관계적 접근방식이 가족치료에 내재한 변증법적 긴장성(즉, 체계, 발달정신병리학, 역학, 문화사회학 등 임상실천 관련 기초 이론들과 엄격한 과학 사이의 긴장)을 우리가 수용할 수 있게 만들었다고 본다.

여러 가족치료모델 중에서도 FFT는 더욱 독특한 모델이다. FFT는 이론과 실천을 통합하는 동시에 가족치료사와 내담자 간에 진행되는 과정에 대한 구체적인 방향을 제시한다. 매뉴얼이 있지만, 그 매뉴얼을 맹목적으로 따르는 것도 아니다. 대신, 모델 특유의 목적과 목표를 달성하기 위한 임상기술을 사용하는 독특하고 차별화된 강점을 가진 가족치료사가 관여하는 것이다. FFT는 단순한 일련의 '개입기술'이 아니다. FFT는 특유의 임상적이고 이론적인 원칙을 가진 체계적 이론기반의 임상모델이며, 치료적 사례와 회기

계획을 안내하는 체계적 임상 프로토콜 또는 지도(map)이다.

2) 실천에서의 FFT 임상모델

임상적으로 유용하기 위해서는, FFT가 수행되는 복잡하고 정서적이며 상호작용적 관계에서 길을 찾아가는 데 따라야 할 지도를 만들기 위한 개념적 원칙들이 모여져야 한다. 이 원칙들은 "내담자는 어떻게 기능하는가?"와 "변화의 본질은 무엇인가?"라는 질문을 다룬다. 임상모델은 "나는 어떤 행동을 취해야 하는가?"와 "내가 언제 그렇게 해야 하는가?"라는 질문에 답한다. FFT는 임상적 개입의 구체적이고 분명한 세 단계—관계형성과 동기부여, 행동변화, 일반화—로 구성된다. 지도는 각 변화 단계에서의 치료목표들과 전략을 상세히 다루고, 목표의 성공적 달성 가능성을 극대화할 수 있는 적절한 치료기법들을 명시한다. 각 단계에는 또한 구체적이고 중점적인 개입 요소들과 기대되는 주요 성과가 있다. 이 내용은 제3장의 주제이다.

3) 공통적 요소와 모델 고유의 특성

어떤 관점에서 보면, FFT 또한 성공적인 치료방법들이 공통적으로 갖고 있는 일반적인 요소나 측면들을 활용하는 유용한 임상적 실천방법일 뿐이다. 치료에서의 공통적 요소들은 Jerome Frank의 저술에서 가장 자주 묘사된다(Frank & Frank, 1991; Frank, 1961). 그는 모든 심리치료가 다음 네 가지의 기본적 요소를 갖는다고 주장했다.

- 돕는 사람과 정서적으로 결합된 신뢰관계
- 치료적으로 평가되는 현장, 즉 내담자는 전문가가 자신을 도와줄 것이라는 신뢰감을 가짐
- 치료사가 환자의 증상을 이해한다는 믿을 만한 논거나 타당한 이론적 틀을 제시함

• 증상을 다루기 위한 신뢰할 만한 의식이나 절차

Frank와 Frank(1991)는 또한 치료적 절차와 과정에는 여섯 가지의 공통적인 요소가 있다고 주장하였다.

• 치료사는 내담자와 확고한 관계를 맺음으로써 그들의 사기저하 및 소외를 방지한다.
• 치료사는 개선된다는 희망을 치료과정과 연결함으로써 내담자의 기대를 증대시킨다.
• 치료사는 새로운 학습경험을 제공한다.
• 치료사는 내담자의 감정을 불러일으켜서 재처리한다.
• 치료사는 숙달감 또는 자기효능감을 촉진한다.
• 치료사는 내담자가 새로운 행동을 연습할 수 있는 기회를 제공한다.

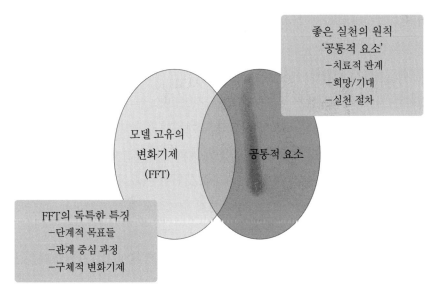

[그림 1-1] 공통적 요소와 기능적 가족치료 간의 관계

Frank는 치료사가 신뢰할 만한 논리적 치료체계를 제공하기 위해서뿐만 아니라 내담자에게 확실한 경험을 제공하기 위해서도 특정 모델들과 기법들이 필요하다고 믿었다([그림 1-1] 참조).

FFT는 위험에 처한 청소년 및 그 가족과 작업할 수 있는 모델 고유의 전문적인 기술을 제공한다. FFT의 초기 단계에는 희망과 기대를 높이고 가족들 간의 부정적인 면을 줄이려는 목적으로 서로 신뢰하는 관계를 만든다. 중간 단계에는 행동변화를 구체적으로 다룸으로써 새로운 행동을 학습할 기회를 제공한다. 일반화 단계에서 내담자는 기술을 익히고 자기효능감을 개발한다. FFT는 이러한 목표들을 달성하기 위한 일관성 있는 구조를 제공한다.

4) FFT의 예술

FFT가 구조화되어 있음에도 불구하고, 변화를 위한 주요 기제로 가족과 가족치료사 간의 상호작용이라는 독특한 치료적 성격이 강조될 때만, 이 모델이 성공적으로 적용될 수 있다는 사실에 주목하는 것이 중요하다. 가족이 자신들의 이야기를 함에 따라서, 가족치료사는 인간적이면서도 치료적인 방법으로 반응하고, 매 순간 의도적으로 대응하며, 모델의 단계적인 관계 목표를 충족하면서 치료를 진전시킨다. 단순하게 모델을 구현하려면 상담실에서 가족과 차례대로 과정을 경험해 가면 되지만, 때로는 강력한 정서적 교류가 일어나면서 결정적으로 필요한 과정을 건너뛰게 될 수가 있다. 따라서 이런 복잡한 상황에 대비한 간단한 방법이 있다고 공언하는 모델들은 아마도 실천에 입각하지 않은 것일 수 있다. FFT를 포함한 치료적 개입방법이 성공하기 위해서는, 창의적이고 개별적이며 체계적이고 모델 중심적인 관계방식으로 수행되어야 한다.

사실 이렇게 일반적으로 표현하기는 쉽지만 자세히 설명하기는 매우 어렵다. 가족치료에서 실제로 일어나는 것은 모두 개인 간의 대화와 상호작용이다. 내담자가 말하고 치료사가 반응하는 것이다. 그러나 대화는 그냥 말하는 것 이상이며 표면적이고 단순한 상호 교류를 넘어선다. 결국 대화는 강력한 임상적 잠재 요소이다. 즉, 변화 매개체로서의 가족치료사와 혼자서 극복할 수 없는 문제로 괴로워하는 내담자 및 가족들 간의 상호작용인 것이다.

대화라는 측면에서 볼 때, 가족치료는 내담자들이 자신의 고통을 설명하고 따라붙는 감정을 경험하면서 자신의 상황을 변화하도록 돕는 지속적인 토론과정이다. 따라서 그들은 자신의 문제에 관해 나름대로 판단한 내용, 즉 다른 가족원들의 행동에 대해 이해하고 느끼고 대처하는 방식을 가족치료사에게 진술한다. 청소년사법, 정신건강 또는 아동복지 체계들과 관련이 된 내담자들은 이 과정에서 더욱 격해지고 감정적으로 변하는 경향이 있다. 그런 체계들과 장기적으로 접촉해 온 가족들은 자주 절망감에 빠지거나 문제를 가진 청소년을 비난하기 쉬우며 매우 부정적이고 신랄해지기 때문이다. 그들은 덫에 걸리는 것이다. 가족치료사들은 상담실이나 내담자 집의 거실에서 분노한 가족들을 통해 그런 결과에 직면하게 되는데, 미래지향적 해결에 미온적이거나 무능함, 부정적이고 비난적이며 비효율적인 행동 등을 접하게 된다.

가족치료사의 과업은 가족치료에 기꺼이 참여할 수 있는 최선의 기회를 내담자에게 제공할 수 있도록 의도적으로 행동하며 신중하게 대응하는 것이다. 과업은 가족이 처한 상황을 존중해 주고 자신들의 가치관과 전통을 통해 정체성을 깨닫고 변화하도록 돕는 것을 포함하며, 치료목적은 동맹을 기반으로 한 협력적이고 견실한 방법으로 변화하도록 돕는 것이다. 가족치료사는 인격적인 태도로 상담과정에 관여하는 동시에, 특정 변화과정의 단계와 방향에 대해 분명한 관점을 갖고 있어야 한다. 생각을 하고 계획을 세우는 동시에 정중한 태도를 유지하면서 체계적으로 참여하는 것이 쉬운 일은 아니다.

이러한 점이 FFT의 특별한 가치이며 FFT를 독특하게 만드는 것인데, 명백하거나 은밀한 많은 정보가 때로는 흩어져 버리고 때로는 알기 힘든 방식으로 상호 교환되기도 한다는 점을 이해함으로써 성공적으로 작업할 수 있게 된다. 상담을 통해 가족이 조금씩 앞으로 나아갈 수 있게끔 돕는 대화의 기회를 만드는 것은 가족치료사이다. 우선, 가족 간의 동맹과 관계형성 및 책임성을 구축하기 위해서, 가족 내의 부정적 태도와 비난을 줄이고 상호작용이 체계적으로 변화하도록 돕는다. 이러한 변화는 개별화된 행동변화 계획에 따른 상호작용을 통해서 실증적으로 믿을 만한 가족 보호요인을 조성함으로써 생겨난다. 즉, 친사회적이며 동맹에 기반한 관계 분위기, 효과적인 의사소통과 문제해결, 적절한 모니터링과 감독, 학교와 또래 친구 등 가족 외의 사회적 체계에 주의를 기울이는 것 등이 포함된다.

이러한 일련의 목표들과 더불어, FFT 임상 프로토콜은 또한 치료의 체계적이고 관계적인 성격을 보여 준다. 치료는 시간이 지남에 따라 역동적 과정으로 발전하면서 이루어진다. 이러한 FFT의 단계는 다음과 같은 가정에 근거한다.

- FFT는 가족원과 가족치료사 간의 교류를 통해 이루어지는 일련의 다단계 과정이다.
- 변화과정은 시간을 따라서 전개된다. 각 단계는 임상적으로 연관되고 과학에 기반한 개입을 포함하며, 일관된 방식으로 구조화되어서 가족과 개인이 매우 분열된 상황에서도 치료사가 집중력을 유지할 수 있다.
- 각 단계에는 고유의 구체적인 치료목표, 목표달성에 도움이 되는 특정 변화기제들 그리고 그 변화기제를 활성화할 가능성이 가장 높은 구체적인 개입방법들이 포함되어 있다.

상담실(또는 집)에서는 많은 중요한 과정이 펼쳐지며, 이와 함께 도전적이고 감정적으로 압도된 분위기가 종종 조성된다. 가족치료사의 도전과제는, FFT의 원칙에 닻을 내리고 그 임상적 지도를 따라 항해하는 동안, 새로운 진행과정들과 그로 인해 유발되는 감정에 빠르게 대응하는 것이다. FFT의 가장 큰 강점 중 하나는 그 임상 프로토콜에서 핵심적인 것으로, 지도자인 가족치료사가 치료적 대화의 방향키를 조종하면서 가족원 간의 부정적이고 자주 비난에 휩싸이는 관계 교류의 힘든 해역을 헤쳐 나감으로써, 구체적이고 중요한 긍정적 관계 변화가 일어날 수 있게 한다는 점이다.

6. 결론: 문제를 가진 청소년 돕기

문제를 일으키는 말썽꾸러기 청소년들과 작업하는 것은 매우 어렵다. 내담자들은 파악하기도 쉽지 않은 문제의 해결책을 찾겠다는 희망으로 자신의 세계를 낯선 사람에게 펼쳐 놓아야만 한다. 가족치료사는 가족에 대한 자신의 개인적 욕구와 희망을 다스려야 하며, 증가하고 있는 청소년 문제에 관한 여러 복잡한 연구와 증거기반치료 등 좋은 치료방법에도 주의를 기울여야 한다. 결국 이런 모든 측면과 정보가 합쳐짐으로써, 청소년 및 가족들과 작업하기 위한 관계적이고 인간적이며 효과적인 방법을 구축할 수 있다. 성공적인 치료를 위해서는 다양한 원칙이나 선한 마음보다 훨씬 많은 것이 필요한 것이다. FFT는 몰아치는 감정의 소용돌이 한가운데서 닻을 제공하고, 다음에 무엇을 해야 할지를 안내하는 지도를 제공함으로써, 가족치료사를 도울 수 있는 모델이다. 가족을 위해서, 즉 내담자가 매일 직면하는 독특하고 강력하며 심각한 정서적 고투를 돕기 위해서, FFT는 가족치료 분야가 제공해야 하는 최선의 책무성에 기반하여, 내담자를 존중하고 역량을 강화하며 내담자중심의 접근방식을 제공한다.

다음 장에서는 FFT의 핵심 원칙에 관한 내용과 효과적으로 가족을 돕기 위해 기존의 연구를 이용하는 방법을 다룬다. 이는 FFT가 작동하는 이유와 FFT에서의 변화과정을 설명해 준다.

제2장

핵심 원칙

청소년의 행동문제와 심리문제에 대해 효과적인 치료적 해결책을 찾는 것은 굉장히 어려운 작업이었다. 1990년 당시 미국 공중보건국장은 임상실천을 모두 살펴보았는데, 어느 것도 효과적이지 못하다는 결론을 내렸다. 그 후, 10년 동안 효과적인 프로그램을 찾으려는 노력으로 증거기반실천에 점점 더 많은 초점을 두게 되었다. 증거기반실천 프로그램은 성과, 명확한 이론적 접근, 구체적인 임상 프로토콜을 갖추고 있다. 행동문제가 있는 청소년에 대한 효과적인 원조는 아직도 상당히 모호한 상태에 있다. 내담자들(청소년과 그 가족)과 그들이 경험하는 문제는 외부에서 볼 수 있는 것보다 훨씬 더 복잡하다.

학교에 가고, 더 나은 행동을 하고, 혹은 사이좋게 지내는 것 같은 아주 단순한 일도 강력한 관계체계에 뿌리를 두고 있다. 그러한 관계체계는 단순하고 '합리적인' 해결책("'안 돼요'라고 말하세요."처럼)조차 효과적이지 못하게 만들기도 한다. 그렇다면 치료사가 효과적이고 지속적인 변화를 만들어 내기 위해서는 어디에서 누구와 함께 작업할 수 있는가? 청소년들(따라서 그 어떤 해결이든)이 자신들의 내적인 작동방식(예: 범죄 사고)을 훨씬 넘어서는 다중체계 맥락, 즉 사회, 또래, 가족, 지역사회, 문화의 맥락 안에 존재한다는 점을 놓고 볼 때, 무엇이 효과가 있는지를 찾는 작업은 훨씬 더 복잡해진다. 최고로 효과가 있는 기법이나 특별한 개입도구라는 것이 있기는 한 것인가? 어떤 치료적 접근이나 임상모델이 원하는 결과를 가장 잘 가져올 것 같은가?

Kazdin과 Weisz(2003)에 따르면, 문제 청소년에게 도움이 된다고 주장되는 심리치료 접근은 사백 가지가 넘으며, 구체적인 접근은 수백 가지가 넘는다. 분명히 이 모델들은 많은 면에서 공통점이 있다. 하지만 각 모델은 일련의 핵심 원칙을 갖춘 이론과 함께하기 때문에 특정한 치료활동이 왜 의미가 있는지를 밝혀 준다. 이론의 기초라고 볼 수 있는 가정들은 암시적이고 언급되지 않는 경우도 있고, 한편 분명하게 설명되는 경우도 있다. 관건은 특정 접근의 이론적 원칙과 임상 도구가 긍정적인 성과를 가져오는지의 여부이다. 청소년사법기관과 정신건강기관에 있는 청소년들에게 긍정적인 성과란 대개 학교에서의 안정적인 행동, 안정적인 가족관계, 혹은 경찰과 더 이상 접촉할 일이 없음을 의미한다. 이러한 특정 행동에 기여하는 변인들이 많기 때문에 치료모델은 포괄적인 이론적 기초와 핵심 원칙을 갖추어야 하며, 어떠한 위험요인이 있는지 언급해야 한다. 또한 내담자와 문제에 대한 체계적 사정의 길잡이가 되어야 하며, 치료자가 포괄적인 치료 계획을 세울 수 있도록 해야 한다. 제1장에서 언급했듯이, 치료 프로그램이 성공하기 위해서는 연구에서 얻은 교훈을 따라야 한다.

FFT는 외현화 행동장애(예: 품행장애, 폭력, 약물남용)라는 상위 범주 아래 포함되는 다양한 임상문제를 위한 가족중심 치료체계이다. 청소년의 외현화 행동문제는 가족문제(예: 가족갈등, 의사소통) 및 그에 동반되는 내재화 문제와 함께 일어난다. FFT는 다양한 문화와 지역사회 맥락에 속한 다양한 문제 청소년과 그 가족을 치료하는 데 있어서 효과적이었다(Alexander & Sexton, 2002). 더욱이 예방 프로그램으로서의 FFT는 위기청소년이 삶의 궤도를 바꾸어서 정신건강기관과 사법기관에 더는 연루되지 않도록 돕는 데 효과적이다(Alexander, Robbins, & Sexton, 2000).

FFT는 일련의 기법과 개별적인 개입으로 이루어진 '도구상자'에 그치는 접근방식이 아니다. 그보다 FFT는 포괄적인 이론적 모델로서, 청소년과 가족을 이해하기 위해서 체계, 단계, 관계에 초점을 둔 개입의 토대가 된다. 제 1장에서는 내담자의 다양한 특성에 초점을 두어 FFT를 개괄하여 설명하였으며 FFT가 작동하는 맥락과 발달과정에 대해 서술하였고 모델의 개요에 대해 간략히 서술하였다. 이 장에서는 FFT의 이론적 핵심에 초점을 두고, 그 가정과 이론적 구성개념을 소개한다. 이러한 핵심 원칙은 치료사가 내담자, 문제, 변화과정을 이해하고자 할 때 살펴볼 수 있는 렌즈가 된다. 그래서 청소년과 가족이 현재 원하는 도움을 받을 수 있게 하고, 또 후일에 청소년사법기관과 정신건강기관에 더 이상 연루되지 않도록 도울 수 있는 기술들을 제공할 것이다.

1. 이론적 핵심 원칙: 임상실천의 렌즈

필자는 자주 가족심리학 분야에 입문하는 학생들 그리고 임상기술을 더 잘 적용하고자 하는 숙련된 치료사들과 일한다. 필자는 다음과 같은 질문을 자주 받는다. "어머니가 소리를 지르자 청소년 자녀가 방을 나가 버리고, 아버지는 손으로 머리를 문지르면서 피합니다. 제가 어떻게 해야 할까요?" 혹은 "그들은 그저 서로에게 소리를 질러 댑니다. 아무도 듣지를 않아요. 제가 어떻게 해야 할까요?" 이 임상가들의 질문에 대한 최상의 답은 무엇인가? 이론적 배경에 대해 말해 주어야 할까? 몇 가지 유용한 임상전략을 알려 줘야 할까? 아니면 좀 더 솔직하게, "그건 내담자에게 달려 있어요. 치료의 어떤 변화과정에 있는지, 그 순간 상담실에서 펼쳐진 사건은 무엇인지 그리고 여러 가지 많은 다른 것에 달려 있기도 합니다."라고 말해야 할까?

이런 딜레마는 이 분야에서 연구 대 실천과 증거기반치료에 관한 논쟁의 핵심이다. 성공적인 치료란 쉽지 않다. 성공적인 치료는 임상가가 특정 행동을 취할 계획을 하며, 동시에 당면한 상황 그리고 그 이전의 상황과 그 이후에 일어날 상황에 대해 포괄적이며 체계적인 사고방식을 가져야 가능하다. 임상가가 그렇게 복잡한 과업을 수행하기 위해서는 치료적 도구 이상의 것이 필요하다. 임상가는 임상기법과 직접적으로 관련 있는 일련의 이론적 원칙을 필요로 한다. 임상가는 구조를 갖추고 있어야 하는데, 그러면 즉시 그 구조의 도움을 받을 수 있고 또 다음 단계 치료의 초석이 될 수 있는 방식으로 반응할 수 있다. 임상가가 그런 구조를 갖추면 창의적이면서도 목적적이 될 수 있고, 무엇보다 내담자에게 초점을 둘 수 있다.

포괄적이고 체계적인 치료원칙의 중요성을 잘 설명해 주는 은유가 있다. 시력이 좋지 않은 필자는 안경에 의지해서 일상을 살아간다. 안경은 필자에게 두 가지 일을 한다. 한 가지는 필자가 주변의 세상에 초점을 맞출 수 있게 하고, 안경이 없으면 보지 못할 것들을 볼 수 있게 하여 상황을 해석하는 것을 도와주는 것이고, 다른 한 가지는 이리저리 방향을 바꾸어도 초점에 맞게 볼 수 있도록 도움을 주는 것이다. 안경을 끼면 보통은 안경이 거기 있다는 사실을 잊어버리며 안경이 하는 일을 당연하게 여긴다. 렌즈의 직경, 렌즈의 경사도와 곡률은 필자의 시력에 아주 중요하다. 하지만 필자는 그런 것들에 대해 생각하지 않으며, 솔직히 렌즈 제작의 기초가 되었던 연구에 대해 개의치 않는다. 그러나 안경이 없으면 필자는 다른 결정을 할 것이고 아주 다른 방식으로 살아갈 것이다.

FFT 혹은 어떤 치료모델이든, 그 핵심 원칙은 임상가가 내담자와 상황을 보는 렌즈가 되어 임상가의 의사결정의 핵심적인 기초가 된다. 안경의 렌즈처럼 치료원칙들도 그 모델의 특정 구성요소들에 초점을 두어 선명하게 볼 수 있게 하며, 다른 원칙들은 배경으로 물러나 있게 한다. 그 원칙들은 어떤 시점에서든 임상가에게 제공되는 거의 무한한 양의 정보를 조직하는 데 도움이 된다. FFT 렌즈는 임상가가 가족을 좀 더 좋은 곳으로 인도하는 데 필요한 임상모델과 상담실의 강렬한 관계적·정서적 사건들 간에 존재하는 간

극을 메우는 데 도움이 된다. FFT 렌즈를 기초로 임상가는 자신이 관찰한 것
을 구체화해서 어떻게 작업할 것인지를 만들어 간다. 치료는 이러한 원칙
과 이론적 구성개념에 따라서 내담자와 내담자가 직면한 특정 문제 및 치료
의 맥락인 임상적 관계과정에 맞추어서 진행된다. 치료사가 이 원칙들의 도
움을 받았을 때만 치료회기 중의 관계 대화에서 나타나는 기회들을 체계적
으로 이용할 수 있다. 어떤 면에서는 그렇게 하는 것만이 치료사가 청소년과
그 가족의 욕구를 현실적으로 충족할 수 있는 유일한 방법이다.

2. FFT의 핵심 원칙

FFT가 처음부터 성숙한 임상모델로 시작된 것은 아니었다. FFT는 내담
자, 문제의 본질, 문제가 존재하는 맥락을 어떻게 생각하는가에 대한 일련
의 가정들에 기초한 아이디어들로부터 시작되었다. 제1장에서 보았듯이,
FFT는 다양한 모델 개발자의 조언을 받아서 조정되고 수정되었으며, 또 성
장하고 변화하면서 역동적인 방식으로 발전하였다. 시간이 지나면서 FFT
의 초기 모델의 가정(Alexander & Parsons, 1973)이 정교화되고 더 추가되었
는데, 이는 Barton(Barton & Alexander, 1981), Robbins와 Turner(Alexander,
Waldron, Newberry, & Liddle, 1988) 그리고 Sexton과 Alexander(Alexander,
Pugh, Parsons, & Sexton, 2000, 2002; Sexton, 2009; Sexton & Alexander, 2002b,
2004, 2005)의 연구가 바탕이 되었다. FFT의 기본은 변하지 않았지만 구체적
인 내용은 더 다듬어졌고 많아졌으며, 이 분야에서 새롭게 출현한 아이디어
들을 동화하고 통합하였다. 이러한 점들은 좋은 임상모델이 지속되기 위해
서 반드시 행해져야 되는 것으로서, 좋은 모델이 되기 위해서는 계속해서 다
시 생각하고, 다시 만들고, 동화하고, 변화하는 맥락에 적응해야 한다. 여기
서의 논의는 지난 35년에 걸쳐 출판된 FFT 원칙에 대해 새롭게 발전되고 출
판된 것들을 기초로 하는데, 그것들은 지난 10년간 여러 학회지와 저서에서

필자와 동료들의 연구에 나타나 있다.

■ 기능적 가족체계 접근

FFT의 핵심은 치료에 대한 가족체계 접근이다. FFT의 기본 가정이 전적으로 고유한 것은 아니다. 가족치료와 이후의 가족심리학은 수학자, 의사소통 전문가, 인류학자, 정신의학자로 이루어진 연구 집단에서 발전되었다. 이들은 개인의 마음의 상자 밖을 볼 수 있었던 탁월한 이론가이자 임상가이며 연구자들로서, 어느 한 개인의 마음 안에 무엇이 있는가가 아니라 사람들 사이의 공간에 초점을 두고 가족을 보는 관점을 취했다. 원래 '체계이론'이라는 틀로 보았던 이 연구는 이후에 가족치료의 다양한 이론적 접근 혹은 핵심 원칙들로 발전했다. 초기 선구자들의 폭넓은 시각은 문제의 초점을 개인에서 맥락, 특히 가족으로 이동하는 것이었는데, 이는 모든 가족치료의 핵심적인 개념적 기초가 되었다. 이렇게 획기적인 발전의 단계를 서술하기 위한 초기의 이론적 개념은 '가족체계'였다. 이 개념은 조작적으로 만들어졌고, 이 개념을 통해서 치료 시 가족 혹은 확대가족 안에서 다세대의 역할뿐 아니라 문제의 원인과 유지, 내담자의 사회적 맥락의 역할을 살펴보게 되었다(Bowen, 1976; McGoldrick & Gerson, 1985). 이렇게 사정과 개입의 초점을 가족체계 시각으로 바꾸었던 접근은 정신건강관리의 치료적 접근에 있어서 하나의 혁명이었다. FFT는 이러한 가족체계 시각의 전통에 뿌리를 두고 있다.

FFT가 이 분야에 가져왔던 것은 일련의 '기능적'이라는 구성개념이었다(그렇게 해서 기능적 가족치료, 즉 FFT라는 이름을 붙이게 되었다). 기능성(functionality)에의 초점은 FFT 치료사가 내담자를 어떻게 이해하는지에 영향을 주며, 내담자가 가족 내 다른 사람들과의 관계에서 어떻게 행동하고 반응하는가를 개념화하고, 가족에게 더 좋은 성과를 내기 위한 임상적 변화과정이 어떠할지를 그려 볼 수 있게 한다. FFT는 가족 내 위험요인이 되기도 하고 보호요인이 되기도 하는 현재와 과거의 개인적 · 생물학적 · 관계적 · 가족적 · 사회경제적 · 환경적 요인을 총체적으로 포괄하는 하나의 패키지이다. 이 요인들은 가족이 스스로 조직하는 방식과 문제행동을 중심으로 상호작용하는 방식을 패턴화한다. 본질적으로 이 단어가 가진 다중적 의미에서 볼 때, 이 패턴은 바로 이 요인들이 기능하는 방식이다. 그래서 FFT는 문제를 별개의 임상증후군이 아니라 지속적인 패턴에 내포되어 있는 일련의 행동으로 가정한다. 이 관점에서 보면, 문제는 내담자와 가족에게 어떠한 기능을 한다. 즉, 문제는 지속적인 행동패턴의 일부분으로서 가족관계 패턴을 접착하는 기능을 한다(Alexander & Sexton, 2002; Sexton & Alexander, 2002b).

기능이라는 말의 또 다른 의미에서 볼 때, FFT라는 임상모델은 임상가가 어디로 가고, 언제, 어떻게 하는지를 알려 주는 기능을 한다. 즉, 이 모델은 성공적 변화의 중요한 목표와 이정표를 나타내는 지도, 치료사가 이를 달성하는 데 도움이 되는 일련의 증거기반 기제를 제공할 수 있다.

FFT모델 개발자들은 모든 이론적 관점의 한계에 대해 잘 알고 있다. 그래서 진정으로 기능적이고 임상적으로 적합한 치료모델이 발전되려면, 초기의 발전 단계를 뛰어넘어야 한다는 점을 숙지하고 있다. 그리하여 FFT는 광범위한 영역에서 얻은 이론적 아이디어들을 운용할 수 있는 조직된 전체로 통합한다. 그 과정은 특정하게 선택된 지점 주변의 상황에 동화되고 조정되는 역동적인 모든 체계와 유사하다. 새로운 아이디어를 그저 빌리기만 하는 것이 아니다. 새로운 아이디어는 FFT의 고유한 특성과 청소년 및 가족과의 작업에 맞추어 조정되며, 더 나아가 이 모델의 핵심 원칙에 깊이와 넓이를 보태고 추가하여 조정된다.

예를 들어, 다음에서는 구조적 가족치료(Minuchin, 1979)와 전략적 가족치료(Haley, 1976) 작업에 기초한 이론적 원칙의 내용을 다룬다. 팔로알토의 정신건강연구소(Mental Research Institute, MRI)에서 Bateson, Watzlawick과 동료들의 의사소통 연구(Bateson, 1972)와도 이론적으로 연결된다. 사회구성주의 연구(Gergen, 1995; Mahoney, 1991)와 사회영향연구(Heppner & Claiborn, 1988)처럼, 보다 최근의 아이디어도 FFT의 핵심 원칙의 이해에 추가되었다.

이렇게 다양한 접근은 치료적 관계가 내담자에게 미친 영향을 탐색하고, 개인이 부여하는 의미와 그 결과로 동반되는 인지적 · 정서적 · 행동적 요소의 핵심 역할을 이해하는 방식을 제공한다. 특히 내담자가 문제의 이해에 대해 개인적으로 의미를 부여하는 방식, 또 치료목표의 달성에 도움이 되기 위해서 의미를 변화시키는 방식에 영향을 미친다. 예를 들어, 이렇게 폭넓은 이론적 기초를 바탕으로 해서 우리는 정서에서 의미의 역할을 더 잘 이해하게 되었다. 즉, 상담실에 있는 내담자의 강렬한 정서는 내담자에게 영향을 미치는 각 체계들에 뿌리를 둔 여러 의미에 근거하며, 그래서 정서를 사회적 현상으로 이해한다. 이렇게 이해하면 치료사는 특히 의미라는 요소에 초점을 둔 치료적 개입을 구축할 수 있다. 더욱이 체계이론 시각에 따라서 FFT는 현재의 다세대 관계 및 가족력의 관계를 넘어서, 외부 체계가 내담자 문제의 특정 내용과 문제가 일어난 사회적 맥락에 미친 영향(간접적이긴 하지만)을 고려한다. 그래서 최근 FFT는 사례관리의 개념을 넘어서는 방향으로 움직여 가족이 치료적 변화를 더 폭넓은 사회 맥락에까지 옮기도록 돕기 위한 더욱 구체적이고 정교한 방식을 포함하였다(Bronfenbrenner, 1986; Henggeler & Borduin, 1990). 여기서의 핵심은 청소년의 문제행동은 흔히 다중의 사회생태체계 안에서와 그 사이에서 문제가 되는 상호 교류에 의해 유지된다는 것이다(Huey, Henggeler, Brondino, & Pickrel, 2000).

하나의 모델로서 FFT는 본질적으로 체계론적이며 기능을 지향하고, 개방적이면서 역동적인 모델로 발전되었다. FFT 작업에서 다중체계의 층은 개인, 가족, 지역사회, 환경, 지배적인 사회문화적 요인을 이해하는 데 필요한 구체적인 틀을 포함하며, 이 틀은 그 요소들의 상호연결성을 이해하기 위한 방식을 제공한다. [그림 2-1]에서 보듯이, FFT는 다중체계를 고려하지만 가족에 초점을 둔다. 개인 문제는 가족체계의 다중의 층 안에 있는 가족관계에 뿌리를 두고 있다고 본다.

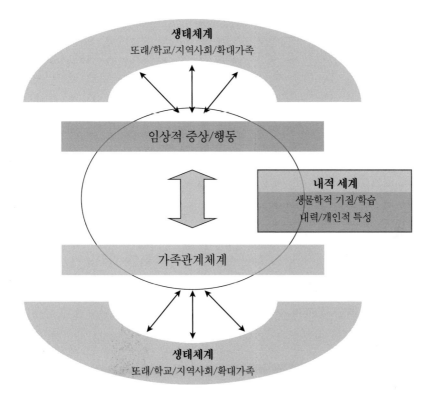

[그림 2-1] 기능적 가족치료의 다중체계 초점

출처: Alexander & Sexton (2002b).

3. 모델 고유의 기제

비록 FFT가 다른 접근법들을 빌리기는 했지만, FFT모델의 핵심적 '특성' 이라 할 수 있는 모델 고유의 기제가 있다. 이 모델의 고유한 원칙은 내담자, 내담자의 문제, 내담자에게 도움이 될 변화과정을 다양한 방식으로 생각해 보는 데 초점을 둔다. 제2부에서는 이런 원칙들이 포괄적인 임상모델로 구 축되기 위해 어떻게 함께 작동하는지를 살펴본다. 말하자면, 행동문제 청소 년의 치료에서 따를 수 있는 임상지도에 대해 살펴본다. 이 장들에서 살펴본 목표, 개입, 과정, 임상 사례는 여기서 다룬 핵심 원칙을 근거로 한다.

　　FFT의 핵심 원칙을 설명하기 위한 최상의 방법은 임상 사례를 드는 것이다. 14세 소녀인 레지나의 사례를 들어 보자. 그녀는 거주지의 청소년사법기관을 통해서 정신건강 치료에 의뢰되었다. 레지나는 지난 2년 동안 보호관찰을 받았다. 모든 기록을 살펴볼 때, 레지나의 문제가 처음 시작된 것은 초등학교에서 중학교로 넘어가던 때였다. 처음에 그녀는 학교에 가는 것을 꺼렸다. 학교에서 교사가 보고한 행동문제의 발생이 증가했고, 또래들과 싸우고, 집에서는 어머니와의 갈등이 늘어났다. 어머니는 레지나가 항상 읽기에 문제가 있었고 공부를 잘한 적이 없다고 하였다. 1년 전에 레지나는 남자친구와 헤어졌고, 정서적으로 정상이 아니었다. 언니와 어머니의 말에 따르면, 레지나는 집에서 '마음이 떠나 있고', 점점 더 혼자 있었으며, 반응을 하지 않았다. 이런 패턴이 2~3개월 진행되는 과정에서, 레지나는 우울해서 자해할 생각을 했다고 어머니에게 털어놨다. 어머니는 보호관찰관과 사례관리사에게 이 사실을 말하였고, 그들은 레지나가 지역의 정신건강의학 시설에 들어가도록 연계해 주었다. 레지나는 그 시설에서 세 달을 보냈으나, 문제가 재발하자 바로 집으로 돌아왔다. 이번에는 마리화나를 피우게 되었다. 그녀는 다른 청소년 정신과 입원 시설로 연계되었는데, 이 시설은 약물재활 전문기관이었다.

　　여기서는 광역의 지역사회 다중서비스 정신건강센터에서 일하던 FFT 치료사에게 의뢰되었다. 이 센터는 FFT 서비스뿐 아니라 정신과 치료, 개인치료, 집단치료 및 약물남용 치료를 제공하였다. FFT 치료사는 FFT 팀에서 작업했는데, 이들은 사례를 토의하기 위해 자주 만났다. 레지나의 사례관리자는 어머니의 전남편이 레지나와 아이들을 신체적 · 정서적으로 학대했다고 치료사에게 전화를 했다. 딸들은 어머니와 전남편 사이에서 일어났던 많은 신체적 갈등도 목격했다. 보호관찰관은 레지나가 개인치료를 받는 것이 더 도움이 될 것이라고 생각했다. 그녀가 몇 가지 면에서 문제가 좀 있긴 했지만 어머니와는 사이가 아주 좋았기 때문이었다.

　　FFT는 이와 같은 사례에 어떻게 접근할 수 있는가? 분명히 이 사례는 행동과 약물 문제가 있는 행동장애 청소년 사례로서 FFT의 범주에 잘 들어맞는다. FFT는 체계적이고 단계에 기반한 변화모델이다. 이 단계에 대해서는 다음에서 설명할 것이다.

치료사에게 FFT는 레지나의 어려움을 이해하기 위한 최고의 진입지가 되고 또 사정의 틀이 된다. 또한 FFT는 이와 같은 사례를 개념화하기 위한 '다중체계적' 틀뿐만 아니라, 임상적으로 기능하기 위한 방식도 제공한다([그림 2-1] 참조). 예를 들어, FFT 치료사는 이 사례를 다음과 같은 식으로 볼 수 있다. 치료사는 보호관찰관에게 가족치료가 매우 유용한 첫 번째 치료라고 추천할 가능성이 크다. 치료사는 레지나와 어머니 둘 다 개인적인 어려움(레지나의 우울증, 어머니의 과거 트라우마와 학대 경험)이 두 사람의 관계에 영향을 미치고 있음을 숙지하고 있을 것이다. FFT 치료사가 이해한 바대로, 두 사람이 맺고 있는 관계는 상호작용패턴이며 그 안에서 레지나의 증상 행동이 지지되고 유지된다. 약물과 행동문제가 증상으로 간주될 수 있고, 그것의 제거가 장기적인 치료목표일 것이다. 또한 그들의 상황을 보면, 레지나가 확대가족(따로 사는 아버지를 포함), 또래 및 학교와 맺고 있는 관계 면에서 몇 가지 어려운 도전과제가 있음을 알 수 있다. 추가적으로, 학교와 학업에 대한 지원도 당연히 필요한 것 같았다. 또한 치료사는 성과 목표를 세울 것이다. 즉, FFT가 끝날 때 치료사는 레지나가 학교에 더욱 정기적으로 다니고, 관계에 초점을 두는 생활방식을 더 많이 적용해서 어머니와 협력해서 살아가며, 가족의 지원과 도움으로 우울증을 둘러싼 내면의 싸움을 관리하는 방법을 찾는 것을 보게 될 것이다. 또한 FFT를 받음으로써 레지나는 추가적으로 정신건강관리의 혜택을 보게 될 것이다. 예를 들어, 만일 정신건강의학과에서 처방하는 투약치료가 단기간의 안정을 위해 필요하다면, 정신건강 치료사는 그 점을 치료에 통합하기 위해 FFT 치료사와 긴밀하게 작업할 것이다.

FFT의 주요 진입지는 가족관계일 것이다. 치료사는 레지나와 어머니와 함께 작업하고 문제를 함께 공유하며 가족에 초점을 둔 말을 할 수 있게 하고 가족 내 위험요인을 줄임으로써 변화에 함께 개입하는 방법을 찾을 것이다.

중간 단계에서 치료사는 가족이 여러 이슈에 대처하는 데 도움이 될 구체적인 행동기술이나 능력을 갖추도록 도울 것이다. 그런 다음, 치료사는 레지나와 어머니가 시간이 흐름에 따라 변화를 유지하고 있을 때 이러한 기술들을 일반화하도록 도울 것이다. 궁극적인 목표는 가족의 역량을 강화해서 앞으로의 문제를 스스로 관리할 수 있게 하는 것이다. 마지막 단계에서 FFT는 가족과 세상 사이의 접점에 주의를 돌려서, 시간이 흘러도 가족을 안정적으로 지원하는 데 필요한 지역사회와 가족 외적 자원을 파악하도록 도울 것이다.

　이 사례에 사용할 수 있는 구체적인 임상개입은 나중에 논의할 것이다. 지금은 레지나와 어머니가 치료에 개입할 기회를 갖기 시작해서 치료에 계속 참여하고, 또 성공적으로 변화하고 변화의 주체가 되도록 미래를 준비시키기 위해서 이 사례를 어떻게 봐야 할지를 생각해 보자. 이 사례는 다중의 위험요인을 가진 복잡한 사례이다. 즉, 개인, 가족, 사회적 · 환경적 문제를 가지고 있고, 또 오랫동안 치료가 효과적이지 못했던 사례이다. 치료사가 사례를 어떻게 개념화하는가는 사용되는 기법만큼 중요할 것이다. 사실 여기서 가장 긴급한 질문은 치료를 성공적으로 이끌어 나가기 위해서 임상적으로 적합한 방식으로 이 사례를 이해하려면 어떤 렌즈를 사용하는가이다.

1) 다중체계적 사정과 개입

　레지나 사례의 가장 분명한 특성 중 하나는 이 사례의 복잡성이다. 레지나, 어머니, 주변 사람들이 하는 행동 사건과 선택에 영향을 미치는 다중의 환경, 사회, 또래, 가족, 개인 요인이 있다. 멀리 떨어져서 볼 때, 어떤 일이 일어나야 하는가를 보기는 아마도 쉬울 것이다. 레지나는 우울할 때 마음을 터놓고 어떠한 도움이 필요한지 가족에게 알려야 한다. 그녀는 또래들과 함께 분노를 관리하는 법을 배워야 하고, 학교 불안을 극복하는 법을 배워야 한다. 레지나의 어머니는 구조화, 모니터링, 지지, 이해 간의 적절한 균형을 가로막는 지점에서 벗어나는 데 도움이 될 방법을 찾아야 한다. 학교는 읽기와 학업 평가를 통해서 도움을 줄 수 있다. 학교는 평가를 기초로 어떤 특수 프로그램이 레지나의 읽기 문제를 줄여서 학교에서 좀 더 잘 적응하는 데 도움이 될 수 있는지 파악할 수 있다. 사실 이러한 성과들이 이루어지면, 레지나는 더 잘 기능하는 데 필요한 중요한 단계를 만들어 갈 것이다. 이런 목표가 합리적이고 간단한 것 같지만, 보기보다 훨씬 더 복잡하다. 그 어려움은 이러한 개별적인 작업을 하는 데 있는 것이 아니라 레지나와 어머니 간의 고착된 관계패턴을 깨는 데 있다. 말하자면, 그들의 보살핌과 관심의 방향을 돌려서 적절하고 논리적이며 도움이 되는 방식으로 여러 가지 해결책을 만들게 하는 데 있다. 다시 말하면, 어려움은 과업 그 자체에 있는 것이 아니라 그러한 과업이 이루어져야 하는 관계에 있다. 이러한 관계 관점이 바로 FFT의 특징이다.

다중체계적 관점에 따르면, 사람들은 누구나 다중의 내적 체계(생리적 · 호르몬적 · 신경적 · 인지적 · 정서적 · 행동적 체계 등)와 다중의 외적 체계(가족, 이웃, 학교, 또래, 직장)가 상호작용을 하고 그런 체계들과 적절한 관계를 형성한다. 체계의 구성요소들은 역동적이고 상호연결되어 있으며 상호의존적이다. 어떤 체계도 다른 체계와 분리되어 존재할 수 없고, 또한 어떤 체계도 그 구성요소의 부분들로 축소될 수 없다. 이 관점에서 보면, 레지나는 정적이고 고립되어 있지 않으며, 가족 · 지역사회 · 문화와 복잡한 관계패턴을 통해 연결되어 있을 수밖에 없다. 그녀는 몇 가지 행동으로만 이루어진 고립된 존재가 아니라 그 이상이다. 그녀는 한 개인으로서만 존재하는 것이 아니라, 자신을 넘어서 존재하는 하나의 복잡한 체계이다. 레지나 개인이 사정과 개입의 유일한 초점이 될 수는 없다. 그녀의 나쁜 행동의 충동과 동기와 기능에 대한 사정이 핵심적인 관심 영역이 될 수는 없는 것이다. 만일 그렇게 되면, 숲은 보지 못하고 나무만 보는 함정에 빠지게 된다.

레지나가 몇 가지 공통적인 청소년의 문제행동을 보이지만, 그러한 행동요소들은 고유의 관계적 · 사회적 맥락과 깊이 연결되어 있다. 그녀는 학대, 또래와의 문제, 약물사용과 우울증에서 살아남은 자로서 탄력적인 존재이기도 하다. 어머니는 힘들었던 과거가 있지만 동시에 딸을 잘 양육했고, 또한 자신의 삶을 생산적으로 계속해서 살아왔다. 각자가 사건의 복잡한 내력에 기여하였으며, 이러한 각자의 기여가 서로에게 영향을 미치고 있고, 문제해결에 영향을 미치는 지점은 바로 두 사람의 관계이다. 레지나의 증상에 관한 전반적인 그림을 그리기 위해서는 이렇게 더 폭넓은 관점에 기초한 렌즈가 필요하다.

2) 강점과 회복탄력성에 기반하기

청소년이 청소년사법기관이나 정신건강기관에 연루되어 있을 때, 경찰, 교사, 부모의 주목을 받아서 결과적으로 FFT에 의뢰되는 것은 일련의 행동이며, 이들은 바로 그 행동에 초점을 두기 쉽다. 행동이 주요 관심사이기 때문에 의뢰기관은 개별적인 행동에 초점을 둔다. 그러나 포괄적인 치료를 위해서 치료사는 청소년이 단지 행동만 하는 것은 아니고 그 이상의 존재임을 기억해야 한다. 즉, 청소년은 자신의 내적인 유전적 · 생물학적 소인, 그리고 가족, 지역사회, 학교 환경 간의 상호작용에 입각한 강점과 문제를 가지고 있는, 역동적으로 살아 있는 체계이다. 연구에 따르면, 환경의 모든 측면(개인 내적, 가족, 또래, 지역사회, 사회)은 사실상 사회적인 문제들의 중요한 영향요인이고, 심지어 심각한 정신장애의 중요한 요인이기도 하다. 상황이 중요하다. 왜냐하면 상황은 그 안에서 일어나는 행동에 대한 의미를 촉진하고, 제한하고, 부여하기 때문이다.

FFT의 한 가지 핵심 가정은 다중체계 맥락의 요소, 과정 및 특징이 복잡하다는 점이다. 우리는 각자 어려운 상황과 힘든 도전에 직면할 때, 적응하고 살아남기 위한 방법들을 찾는다. 이 점은 도움을 받고자 치료사를 찾는 내담자들도 마찬가지다. 내담자가 나쁜 선택을 할 수는 있겠지만, 아동 · 청소년과 부모들은 모두 그런 상황에 맞서 싸우고, 기술을 개발하고, 적응에 필요한 기초적인 자원을 개발하기 위한 방법을 찾는다. 그래서 청소년과 가족에 대한 FFT의 핵심 신념은 그들은 내재적으로 강점을 가지고 있고 회복탄력성이라는 자연스러운 능력을 가지고 있으며, 또한 상황이 최악으로 힘들어도 그 상황에서 최선을 다한다는 것이다.

　강점기반 접근을 취하는 데는 한 가지 위험이 있다. 많은 전통적인 강점기반 접근은 긍정적인 면에 초점을 두어서 모든 행동을 좋은 것으로 본다. 문제행동을 흔히 사건으로만 봐서 "그렇게 하려고 했던 건 아니었지요." 혹은 "그저 자기만의 방식을 찾으려고 했던 것뿐이지요."라고 말한다. 청소년을 대상으로 일하는 치료사들은 많은 경우, 청소년, 청소년의 부모, 주변 사람들이 실제로 나쁜 짓을 한다는 점을 알고 있다. 즉, 그들이 치료에 가져오는 행동은 때로 타인과 자신에게 해가 된다. 그런데 이렇게 나쁜 것을 이야기하는 것만으로도 강점기반 접근을 위반한다고 생각하는 사람이 있다. 한편, FFT 관점에서 볼 때 그렇게 하는 것은 내담자의 문제와 어려움을 인정하지 않는다는 점에서 존중할 만하지도 않고, 내담자를 이해하고 내담자가 반응하는 방식을 제한한다는 점에서 도움이 되지도 않는다. FFT 용어로 말하면, 강점기반 접근은 내담자의 기술, 능력, 탄력성 그리고 그들이 치료에 오게 된 문제의 심각한 본질을 모두 살펴야 한다. 말하자면, 위험요인과 보호요인 모두에 초점을 누는 것이 아주 중요하다. 그리고 제2부에서 살펴보겠지만, 강점과 어려움을 모두 직접적이고 솔직하게 이야기할 필요가 있다. 말하자면, 탓하거나 비난하지 않고서 강점과 어려움을 모두 말할 수 있고, 또한 그 존재를 인정할 수 있어야 한다는 것이다. 그래서 강점기반 접근은 나쁜 행동에 눈을 감아야 한다는 것을 뜻하지 않는다. 이 접근은 존중하는 태도를 가지고 모든 행동을 껴안아야 한다는 것으로서, 정확히 말하자면 모든 행동 뒤에는 회복탄력성에 기초한 그럴 만한 의도가 있다는 사고로 살펴보는 것이다.

　이는 컵에 물이 반이나 찬 것인지 아니면 반이나 비어 있는 것인지의 비유를 떠올리게 한다. 많은 전통적인 정신건강 접근은 증상, 즉 진단 혹은 내담자의 의뢰된 행동에 초점을 두었다. 이 접근은 가족을 반이나 비어 있는 것으로 보았기 때문에 비난을 받았다. '한부모'와 'ADHD' 같은 명칭을 예로 들

수 있는데, 이런 명칭은 제한요소로 간주된다. 증상과 부적응 행동과정에 초점을 두는 것이 중요하기는 하지만, 이렇게 하면 치료사가 컵에 반이나 찬 측면, 즉 내담자의 강점과 자원을 잊어버릴 수 있다. FFT에서는 컵이 반이나 비었다거나 반밖에 안 찼다고 보지 않는다. 대신에 컵 안에 뭐가 있는지 보려고 작업할 뿐이다. 처음에는 강점을 보기가 좀 더 어렵지만 말이다. 그래서 문제를 이해하는 첫 번째로 중요한 단계는 내담자의 문제행동과 부적응적인 가족기능을 주요 초점으로 드러내기보다는 내담자의 모든 측면을 전면에 두고 최우선으로 보는 것이다. 전자는 정신건강기관의 관례적인 의뢰과정에서 아주 분명하게 드러난다. 대개 문제행동을 서술하고 때로는 그 행동과 연관된 DSM 진단을 하는 반면에 개인과 가족의 강점과 보호요인에 관한 구체적인 사항까지 기입한 의뢰를 받는 경우는 거의 없다.

3) 내담자의 호소문제를 인식하기

FFT가 다중체계 가족기반 접근이라고 해서, 개인이 가족기능을 둘러싼 정서적 분위기, 행동패턴, 인지적 특성과 관계하지 않는다고 보지는 않는다. 부모와 청소년이 똑같이 다중체계에 개별적으로 기여한다는 점은 너무도 분명하다(Liddle, 1995; Szapocznik et al., 1997). 각 개인은 인지적 · 정서적 · 행동적 영역의 발현 과정에 있어서, 환경에 의해 다양하게 발생되는 생리적 · 신경적 과정은 물론 경험(학습력, 문화, 역할모델)과 상호작용하는 여러 소인(예: 지능, 정서성, 신체능력)의 조합이다(Sexton & Alexander, 2004). 청소년기쯤에 이 영역들은 평가와 반응의 인지적 · 정서적 기초로 자리 잡고, 이는 관계패턴에서의 행동 반응과 결합되어 나타난다. 결국 이러한 경향은 순간순간 환경(부모, 청소년의 미시체계 내 구성원들)과 상호작용하며, 그 상호작용 안에서 각 참여자는 다른 참여자들에게 (제한하고, 강화하며, 처벌하는 등) 영향을 미친다.

부모, 청소년, 형제자매뿐 아니라 확대가족의 구성원들은 여러 요인을 치료에 가지고 온다. 이러한 요인들 중 어떤 것은 생물학적인 것이다. 예를 들면, 주의력결핍과잉행동장애의 생물학적 요인과 성향은 사실로 밝혀졌으며, 가족 안에 어떤 관계체계가 존재하든 그 체계의 일부가 된다. 각 가족원은 또 다른 관계경험도 가져온다. 예를 들면, 부모는 원가족 성장경험과 함께 현재의 가족경험도 가지고 온다. 이 관계력에 의거해서 가족은 무엇이고, 부모는 어떻게 행동해야 하며, 자녀는 어떻게 행동해야 하는가에 대한 특정 기대와 신념을 갖게 된다. 이렇게 개인의 내력이나 기대(자세한 가족력의 간략형)에 관한 구체적인 지식은 부모가 현재 가족에서 일어나는 사건에 부여하는 의미를 이해하는 데 도움을 준다. 이 경험들이 매우 중요하긴 하지만, 이러한 경험들은 현재의 가족관계체계에 의해 중재된 간접적인 영향요인으로 봐야 한다. 치료사가 숙지하고 있어야 할 점은, 부모와 아동들은 어떤 사건에 대해, 그리고 다른 사람들의 행동에 대해 그들 고유의 방식으로 반응한다는 것이다. 왜냐하면 그 방식은 과거부터 그들에게 중요한 것이었기 때문이다.

개인적 요인은 단순히 역사적 자료로서 기여하는 것 그 이상의 역할을 한다. 개인의 내력, 생물학적 요인, 기대는 가족관계패턴이 발전되고 유지되는 방식에 더욱 직접적인 영향을 미친다. 가족치료사인 필자에게 가장 놀라운 점 중의 하나는 청소년의 약물사용 같은 사건이 여러 다른 가족에서 어떻게 그렇게 서로 다른 의미를 가질 수 있는가이다. 어떤 가족에게 아들이나 딸의 약물사용은 즉각적이고 심각한 원조와 개입을 요구하며 주요한 위기를 나타내는 행동이다. 이 가족의 청소년은 아마 즉시 병원에서, 그리고 개인, 집단 혹은 가족 치료를 통한 다각적인 치료장면에서 정신건강전문가의 평가를 받는다. 한편, 또 다른 가족에서는 청소년의 약물사용이라는 똑같은 사건이 완전히 다른 반응을 불러일으킬 수 있다는 점이 정말 궁금하기도 하고 놀랍기도 하다. 부모는 걱정을 하고 그 자녀와 이야기를 나누고 지도·감독하는 정도를 늘린다. 두 상황에서 두 부모 모두 자녀를 도우려고 행동하는 것이지만, 부모의 행동 범위에서 확연한 차이가 드러난다. 궁금한 점은 두 경우의 부모들이 왜 그토록 다른가이다.

부모가 반응하는 것은 청소년의 행동에만 국한하지 않으며, 부모의 가치, 신념, 기준과 관계가 있다. 이러한 가치, 신념, 기준, 행동은 부모가 가져오는 이슈를 보면 알 수 있다. 첫 번째 가족의 예에서 알코올 남용이 아버지의 삶에서 실제로 존재했고 하나의 문제였을 수 있다. 즉, 알코올 남용은 아버지가 그 문제에 특별히 민감하게 주의를 기울여야 했던 경험이었을 수 있다. 여기서의 요점은 심지어 FFT 같은 가족관계적이며 체계적인 개입에서조차, 체계의 개인적인 부분들(예: 부모와 청소년 자녀)의 내력, 생물학적 요인, 환경은 현재의 가족관계 기능에 있어서 왜 어떤 점은 중요하고 또 어떤 다른 점은 그렇지 않은지를 이해하는 데 아주 중요하다는 점이다.

4) 가족의 핵심 역할

FFT는 가족중심 치료적 접근이다. 가족은 자녀의 발달에 있어서 일정 역할을 한다. 하지만 가족은 일상적으로 가족과 자녀가 직접적으로 기능하는 데 있어서 훨씬 더 중요한 역할을 한다. 가족은 아동기 학습의 최초의 맥락이자 아마도 가장 중요한 맥락으로서, 특히 관계가 무엇을 의미하며 또 관계를 어떻게 발전시키고 유지하는지를 학습하는 맥락이다. 가족 맥락에서 처음으로 발전된 관계패턴은 학교와 또래집단 같은 새로운 맥락에까지 이어지고, 또 성인기까지 이어진다. 불행하게도, FFT에 의뢰된 많은 청소년의 경우, 그들이 속한 체계(특히 가족)에 의해 지지되는 유일한 대인관계 전략이 역기능적이다. 어떤 가족은 통제력을 느끼기 위해 약물이나 폭력의 사용을 모델링하고 강화한다. 또 다른 가족에서는 아동·청소년이 강요에 의해서만 주의를 끌 수 있다. 어떤 청소년은 소속감을 갖기 위해서 폭력집단에 가입해야 한다. 가족에서부터 사회관계로 가져온 역기능적 패턴은 정신건강기관과 청소년사법기관이 다양한 임상증상(예: 반항성 행동장애, 품행장애, 약물 남용과 오용)으로 이름 붙이는 문제행동으로 끝을 맺는다.

가족체계를 구성하는 관계패턴, 역할, 기대, 규칙(때로 눈에 보이지 않음)은 아주 강력한 요인이다. Minuchin(1967)은 가족관계를 구조적 방식으로 묘사했는데, 가족은 경계선과 하위체계 간의 위계적 관계를 가진 하위체계들로 이루어진다고 하였다. 초기의 상호작용론자들(Watzlawick, Weakland, & Fisch, 1974)에 따르면, 관계의 상호작용패턴은 안정적이고 지속적이며 구성원들 간의 관계를 정의한다. FFT 렌즈는 가족패턴이 안정적·지속적·기능적이라고 본다. 관계패턴은 개인의 생물학적 요소와 개인의 기여가 문화와 지역사회라는 더욱 간접적인 기대와 혼합되는 무대이다. 말하자면, 개인의 내력, 생물학적 요인, 상황적 스트레스원이 어떠한지를 느낄 수 있고 주목할 수 있는 곳이 바로 관계패턴이다. 이처럼 관계패턴은 가족이 어떻게 기능하며 또 가족체계의 어디에 개입하는가를 더 잘 이해하기 위한 진입지가 된다.

　가족의 관계패턴은 파악하기가 어렵다. 가족을 살펴볼 때 우리가 보는 것은 행동이다. 우리는 행동의 정서적 맥락에 대한 감을 잡을 수 있고, 정서와 행동을 둘러싼 인지와 신념에 대해 어렴풋이 짐작할 수 있다. 우리가 보지 못하는 것은 연결되어 있는 패턴으로서, 이는 우리가 관찰하는 행동과 정서를 제한·조장·지지·격려한다. 이 패턴은 거미줄 같다고도 할 수 있다. 거미줄의 어떤 한 요소는 다른 요소들과 수없이 많은 더 작고 더 약한 가닥으로 연결되어 있다. 거미줄을 건드리면 가닥으로 연결된 모든 부분이 움직이고, 또 움직이는 그 상황에 따라 조정되고 조절된다. 작아서 보이지 않지만, 연결되어 있는 가닥들은 튼튼하고 끈끈하며, 또 개별적인 부분들이 통일된 전체를 만드는 데 일정한 역할을 한다. 가족도 이와 같다. 보기는 어렵겠지만, 수없이 연결된 가닥이 각 구성원과 핵가족 및 확대가족의 구성원들을 연결하고 있다. 이러한 가닥들이 바로 관계를 나타내며, 어떤 의미에서는 가닥들 자체가 관계이다. 이 말이 시사하는 점은 어느 한 부분을 움직이면 모든 다른 부분이 움직인다는 것이며, 또 거기서 한 부분을 당기면 다른 부분들이 앞으로나 뒤로 잡아당겨진다는 것이고, 그래서 어떤 부분을 이해하기 위해서는 전체 관계가 고려되어야 한다는 것이다.

5) 지역사회적 · 문화적 우산

가족은 문화와 지역사회가 제공하는 맥락에 속해 있다. 문화는 가족 안에서 표명되는 가치, 정서, 신념을 생성하는 중요한 의례, 관습과 풍습, 신념, 행동패턴을 포함한다. 예를 들면, 모든 문화에는 중요한 가족행사(예: 출생, 생일, 결혼)에 관한 의례가 있다. 문화적인 의례들은 문화적인 의미, 기대, 금지된 행동을 함께 공유한다. 문화를 특징짓는 종교적 · 민족적 · 지역적 가치와 규범 및 행동은 특정 행동을 촉진하고, 옳은 것과 그른 것을 구분하는 기초가 되며, 개인과 가족이 기능하는 방식에 간접적으로 영향을 미친다. 지역사회는 문화의 영향을 받는다. 하지만 지역사회에도 청소년과 가족기능에 영향을 미치는 고유의 문화와 사회적 분위기가 있다.

문화적 기대는 가족 내 상호작용패턴에 기여하며, 가족이 정서를 표현하는 방식, 역할을 둘러싸고 조직되는 방식, 일반적으로 역할을 어떻게 보고 느끼는지, 부모역할 양식은 어떠한지에 기여한다(Falicov, 1995). Snyder와 그의 동료들(2002)에 따르면, 지역사회의 문화적 가치와 실천에 관한 속성과 가정은 내담자의 관계체계에 맞춘 치료에 참여하고 개입하며, 또한 그런 치료의 구체적인 방식에 영향을 미칠 수 있다. 예를 들면, 지역사회의 사회경제적 환경은 학교, 지역사회 활동, 가족이 접근할 수 있는 지역사회 자원의 종류와 질에 영향을 미친다. 더욱이 지역사회 문화의 가치는, 예컨대 폭력, 협동, 협력, 개별성 지향 여부의 분위기를 조장한다. 특히 또래집단의 가치는 FFT에서 다루는 청소년의 기능에 중요한 역할을 한다. 이렇게 다양한 영향은 다양한 문화가 임상문제(더 자주 전면에 드러남)에 미치는 잠재적 영향을 존중하고 이해하는 것이 중요함을 시사한다.

청소년사법제도 현장에서 소수민족 신분의 청소년이 훨씬 더 많고 또 이들에 대한 서비스가 불균형적으로 이루어진다는 점은 청소년사법기관 관계자들이 직면하는 가장 시급한 문제 중 하나가 되었다. 예를 들면, 1997년에 소수민족 청소년이 미국 청소년 인구의 3분의 1 정도를 차지했는데, 소년

미결수와 소년원 인구의 3분의 2가 소수민족 청소년이었다(Pope, Lovell, & Hsia, 2002; Snyder & Sickmund, 1999). 이렇게 소수민족 청소년이 과하게 많다는 점 외에도 현재의 청소년사법 연구문헌을 고찰해 보면 인종과 민족 요인이 청소년사법 과정 전체의 의사결정에 영향을 미치며, 그 결과 소수민족 청소년에게 맞지 않는 치료를 하게 됨을 알 수 있다(Pope & Feyerherm, 1991). 유색인종 청소년이 더 많이 체포되었고, 구류 상태에서 더 많은 시간을 보냈으며, 더 길고 심한 형벌과 제재를 받았다. 즉, 청소년 및 가족과의 작업에 있어서 지배문화와 소수문화 모두 중요한 맥락이 된다.

문화와 인종의 불균형에 관한 이런 이슈와 또 다른 이슈들로 말미암아 이 분야에서 중요한 움직임이 수없이 일어났다. 문화적으로 민감한 치료(Culturally Sensitive Treatment: CST) 접근은 문화적 민감성을 치료적 접근의 발전에서 기초가 되는 중요한 지도 원칙으로 삼는다(Bernal & Saéz-Santiago, 2006; Pedersen, 1997). 그 근거는 특정 문화집단 출신의 사람들은 다른 집단에게 효과적이었던 것과는 다른 심리치료 형태를 요구할 것이라는 점이다(Hall, 2001). 문화적으로 조절된 치료(Culturally Adapted Treatments: CAT)는 표적 집단의 문화적 신념, 태도, 행동을 충분히 수용하기 위해서 서비스전달체계에의 접근, 치료적 관계의 본질, 치료의 구성요소에서의 변화를 포함하는 증거기반치료를 일부 수정한 것으로 정의된다(Whaley & Davis, 2007). 이러한 움직임은 청소년과 가족에 대한 치료를 개발하고 채택하고 수용함에 있어서 문화가 중요함을 말해 주는 것이다. 더욱이 이 접근은 치료모델의 발전에 있어서 문화가 어떤 역할을 해야 하는가를 이해하려는 노력을 보여 주는 작업이다.

청소년사법제도에서의 불균형 문제와 문화적으로 민감하고 조절된 치료에 대한 옹호 움직임은 모두 FFT를 실천하는 현실 상황의 일부분이다. 누구한테 물어봐도 우리가 일하는 정신건강기관과 청소년사법제도 현장은 문화적으로 영향을 받지 않을 수 없는 환경이다. 청소년사법제도를 통해 치료를 받으려고 FFT에 오는 아프리카계 미국인 청소년은 백인 청소년과는 다른 상황에서 성장했다. 하나의 치료 프로그램인 FFT는 이러한 문제를 이해하고 또 이런 이슈에 반응하는 방법을 갖추고 있어야 한다. 하지만 자료에 근거해서 살펴보면 훨씬 더 중요한 질문을 하게 된다. 즉, FFT는 상이한 인종과 문화 출신의 청소년들을 도울 수 있을 정도로 문화적으로 충분히 민감한가? 혹은 심리학에서 문화적으로 민감한 치료 운동이 제안했듯이, 이 청소년들을 위해 특별히 새로운 치료가 개발되어야 하는가? 이런 이슈는 상당히 오랫동안 상담 이론과 실천의 최전선에 남아 있을 것이다. 우리의 연구에 따르면, FFT는 다양한 민족과 문화 집단에 적용될 수 있는데 그 성과가 주류 백인 문화 청소년보다 더 좋지는 않지만 똑같은 성과를 볼 수 있다(Sexton, Gilman, & Johnson-Erickson, 2005). 우리의 임상경험에 따르면, FFT는 10개국 이상에서 사용되어 왔고, 어느 날을 기준으로 하든 8개 국어 이상으로 실천되고 있다. 그 이유는 FFT가 문화, 인종, 민족을 각 치료적 만남에서 주요 이슈로 삼기 때문이다. 제2부에서는 FFT가 문화와 관련된 이슈를 다루는 구체적인 방법을 설명할 것이다.

6) 청소년과 가족을 돕기 위한 시사점

FFT의 기초인 다중체계 관점은 가족치료사가 가족과의 작업을 실행할 때 직접적인 영향을 미친다. FFT 접근은 청소년의 개인적 행동이 가족 안에 둥지를 틀고 있는 것으로 보며, 더 나아가 더 넓은 지역사회 체계의 부분으로 간주한다(Hawkins, Catalano, & Miller, 1992; Robbins, Mayorga, & Szapocznik, 2003; Szapocznik & Kurtines, 1989). 어떤 맥락적 요인(예: 반사회적 또래집단)은 직접적인 영향을 미치고, 또 다른 요인(예: 빈곤)은 간접적인 영향을 미친다. 개인 치료사가 다중체계적 환경과 과정의 어떤 측면은 변화시킬 수 있지만, 많은 다른 면(예: 이웃의 폭력집단, 빈곤, 문화)은 그럴 수 없다. 후자의 측면들은 반드시 조사되어야 하며, 치료사는 가족의 긍정적인 변화를 촉진하고 또 긍정적인 변화에 대한 장애요인으로서 부정적 영향을 줄이는 쪽으로 그런 측면들과 직간접적으로 작업해야 한다. 결국 치료계획은 변화될 수 있는 과정을 우선적으로 다루어야 하고, 또 청소년과 가족의 긍정적 변화를 시작하고 유지하기 위해서 그 과정을 체계적으로 다루어야 한다.

또한 다중체계 관점은 가족을 돕고자 하는 치료사의 몇 가지 기본적인 임상적 결정에도 영향을 미친다. 한 사람의 치료사가 개입할 수 있는 선택지는 많다. 어떤 모델, 특히 의학모델에 초점을 더 많이 두는 모델은 체계 내 개인을 강조할 것이다. 이 모델의 목표는 (많은 다른 가능성 가운데) 의사결정, 트라우마 극복하기, 부모나 청소년의 미해결 이슈를 다루는 작업일 것이다. 또 다른 모델은 또래집단이나 학교에 초점을 둠으로써 청소년을 둘러싼 체계에 개입할 것이며, 체계에 속한 사람들이 관리를 잘하도록 돕고 청소년에게 긍정적인 영향을 미치는 방향으로 작업할 것이다. 또 다른 치료사들은 지역사회 차원에 초점을 두려고 할 것이고, 그래서 청소년의 환경을 개선하고 지역사회 활동에 개입하거나 사회적 변화의 촉매자로서 활동할 것이다. 각각의 개입 지점은 청소년의 행동변화를 중심 목표로 삼는다. 하지만 어느 지점에 어떻게 개입하는가의 선택은 치료모델의 기초인 핵심 개념을 따른다. 그래서 청소년을 이해하고 치료하기 위해서 다중체계적 체계의 어느 요소가 초점을 맞추기에 '최고로 좋은가'에 대해 많은 토론이 활발히 이루어지고 있는데, 그 가정과 원칙은 논리정연하고 충분한 근거가 있어야 한다.

[그림 2-1]에서 보여 준 다중체계적 관점은 레지나와 그녀가 처한 상황에 적용될 수 있다. 레지나의 사례를 담당한 치료사가 이 사례를 이해하기 위해 접근하는 렌즈는 이와 같이 맥락적 관점으로 보는 형태이다. 이 렌즈는 치료사가 또래와 학교 요인을 맥락 혹은 상황으로 보고, 이 요인들의 역할을 반드시 고려하도록 치료사를 안내한다. 앞에서 보았듯이, 레지나와 어머니 모두 과거의 관계에서 치료에 내놓을 어떤 것을 가지고 온다. 어머니의 경우, 과거에 있었던 전남편과의 갈등은 분노를 회피하게 한 요인이 되었고, 그녀와 레지나가 어려운 처지에도 생활을 꾸려 가게 한 요인이었다. 이는 어머니가 강경하게 버틸 필요가 있을 때에도 레지나의 첫 반응이 화를 내는 것이면

뒤로 물러선다는 것을 의미한다. 그 결과 그들은 문제를 거의 해결하지 못했고, 레지나는 실제로 자기의 행동에 거의 한계를 두지 않았다. 다른 한편, 레지나는 우울 성향이 있었기 때문에 삶에 거의 무력하게 접근했고, 이는 실제로 분노와 위축의 이중 패턴으로 나타났다. 학교와 보호관찰관 그리고 치료사들까지도 그녀가 아무 관심도 흥미도 없고 책임감이 없다고 보았고, 그래서 그녀가 더욱 책임감 있는 사람이 되도록 몰아붙였다. 그때 그녀는 이미 내면적으로 심한 압박감을 느꼈다. 또한 이 렌즈에 따라 FFT 치료사는 레지나의 우울증, 학교에서의 행동, 또래문제, 기타 행동문제를 관계패턴에 깊은 뿌리를 둔 증상으로 보게 되는데, 그 관계패턴은 문제들을 유지하는 기능을 한다.

7) 임상적 문제

내담자중심이라는 원칙 외에도 FFT는 청소년과 가족이 직면한 임상 문제에 대해 일련의 구체적인 가정과 원칙에 기반을 두고 있다. 대부분의 접근은 체계가 청소년과 가족의 일상적인 기능에서 하는 역할과 치료 시 그들이 호소하는 문제에서 하는 역할을 인정한다. 학교, 또래, 그 밖의 환경적 요인은 증상 행동을 더 많이 하도록 만드는 특정한 위험 조건을 만든다. 그럼에도 불구하고 대부분의 모델은 이 분야의 진단 분류체계에 의존하는데, 이는 임상문제의 심리적·개인적 원인 모델(DSM; American Psychiatric Association, 2000)과 세계보건기구의 질병기준(ICD-10; World Health Organization, 1992)에 근거한다. 이러한 진단적 접근은 청소년의 관찰된 행동을 이러한 분류 및 프로파일과 연결 짓는 데 도움이 되며, 진단을 분류하거나 명명할 수 있게 한다. 안타깝게도, 이러한 분류는 그런 행동의 기저에 있는 가족관계과정과 거의 연관이 없으며, 적절한 치료개입 프로그램을 확인하는 데만 필요하다. 한편, 다중체계 접근방식은 성공적인 치료 선택 및 성공적인 가족기반 개입의 방식으로 내담자의 복잡성을 인식할 가능성이 더 높다. 모든 형태의 임상적 문제는 가족관계체계에 의해 매개된다. 즉, FFT는 청소년의 문제행동에 의해 표출되고 또 그런 문제를 매개하는 관계패턴에 초점을 둔다. 이러한 초점으로 말미암아 장기적인 변화가 시작되고 유지될 가능성이 높아진다. 그 이유는 바꿀 수 있는 위험요인과 보호요인의 '유효성분'을 나타내는 바로 그 관계패턴을 목표로 삼기 때문이다. 그 결과, 장기 변화는 치료사의 계속적인 투입에 달려 있지 않으며, 대신에 가족 내부에서부터 유지될 것이고 또 지역사회(즉, 다중체계) 자원과의 긍정적인 관계를 통해서 유지될 것이다.

[그림 2-2]는 개인의 증상, 개인의 기여, 위험 및 보호 요인 그리고 FFT의 주요 표적인 핵심적인 관계패턴을 보여 준다. 사례를 보면, 레지나의 문제는 행동문제, 약물사용, 혹은 우울증으로 끝나지 않는다. 각각은 더 큰 맥락의 다른 부분들과 상호작용하는 것으로 봐야 하는데, 각 요소는 다음 단락에서 자세히 논의된다.

8) 위험요인과 보호요인

위험요인과 보호요인 관점은 청소년과 그들의 문제 이해에 목표를 둔 주요 연구로부터 출현하였다. 이 관점은 진단과 유병률 및 기타의 중요한 특성과 상관없이 모든 청소년은 자기 내면, 자기의 가족관계체계 그리고 지역사회에 그들이 심각한 문제를 갖도록 위험에 처하게 할 몇 가지 요인(위험요인)을 가지고 있다는 견해이다. 한편, 다른 요인들(보호요인)은 실제로 이런 위험요인으로부터 청소년을 보호하고 그 영향을 완화시킬 것이다. 이 개념은 청소년의 행동문제의 심각성 수준을 이해하는 데 도움이 된다. 왜냐하면 이 개념은 내담자와 그들의 사회적·환경적 맥락의 강점과 약점 모두에 대해 포괄적인 시사을 제공하기 때문이나(Hawkins & Catalano, 1992; Kumpfer & Turner, 1990; Sale, Sambrano, Springer, & Turner, 2003). 이 관점은 위험요인과 보호요인이 청소년의 다중체계 내 많은 체계 수준(지역사회, 학교, 가족, 개인, 또래)에 존재한다고 본다. 가족생활과 가족관계의 구체적 측면은 청소년 행동문제의 시작, 악화, 재발과 강력하게, 그리고 일관성 있게 연관되어 있다(〈표 1-1〉 참조). 제1장에서 보았듯이, 이러한 위험요인과 보호요인은 독립적이면서도 다양한 방식으로 내담자가 경험한 문제의 심각성 수준을 이해하는 데 기여한다. 말하자면, 위험요인은 단지 보호요인의 반대가 아니다. 위험요인은 결과에 대해 독립적으로 기여할 수 있는 요인으로 평가되어야 한다.

이러한 접근은 치료의 기제로 직접 이전될 수 있다는 점에서 특히 호소력이 있다. 위험요인과 보호요인의 견지에서 임상문제에 접근하는 것은 도움

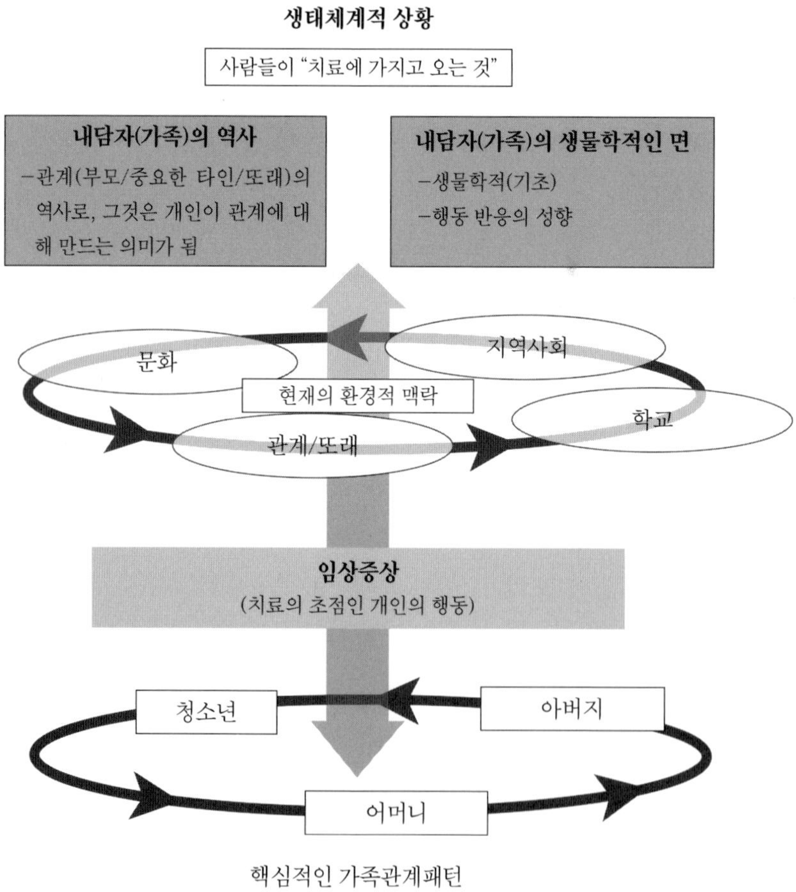

생태체계적 상황

사람들이 "치료에 가지고 오는 것"

내담자(가족)의 역사
－관계(부모/중요한 타인/또래)의 역사로, 그것은 개인이 관계에 대해 만드는 의미가 됨

내담자(가족)의 생물학적인 면
－생물학적(기초)
－행동 반응의 성향

문화

지역사회

현재의 환경적 맥락

학교

관계/또래

임상증상
(치료의 초점인 개인의 행동)

청소년

아버지

어머니

핵심적인 가족관계패턴

[그림 2-2] 상황 안에서 문제 이해하기

출처: Alexander & Sexton (2004).

이 된다. 왜냐하면 이 접근은 청소년과 가족이 지역사회에서 오고 가며 살아갈 때, 그들을 따라다니는 영구적인 명칭을 적용하기보다는 변화될 수 있는 행동패턴에 초점을 두고 묘사하기 때문이다. 더욱이 이 접근은 인과관계를 사실로 상정하기보다는 가능성에 대해 말하고 있다. 청소년폭력예방위원회에 따르면, 연구에 비춰 볼 때 하나의 위험요인이 존재한다고 해서 그것이 반드시 반사회적 행동의 원인이 되는 것은 아니다. 대신 다중의 위험요인이 조합되고 발달 경로를 거치면서 행동에 기여하고 행동을 형성하는 데 기여한다. 위험요인과 보호요인의 융합이 모험행동의 가능성을 결정한다. 앞서 말한 것만큼 중요한 점은 위험요인과 보호요인 접근이 대개 가족 문제의 원천이 한 개인의 문제행동이 아니라 가족 안에서 그 문제가 관리되는 방식이라고 본다는 점이다.

위험요인과 보호요인이 진단 방식으로 사용될 수는 없다. 각각의 요인은 다양한 상황의 여러 사람에게 다르게 보일 수 있다. 게다가 한 상황의 어떤 한 사람에게 위험요인인 것이 다른 상황의 또 다른 사람에게는 위험요인이 아닐 수 있다. 위험요인과 보호요인은 청소년의 발달궤적에 영향을 주기도 하고 받기도 한다. 시간이 흘러 나이가 들어 감에 따라 행동은 더욱 굳어진다. 그래서 청소년기에 이르면 많은 태도와 행동이 굳어져서 쉽게 변하지 않는다. 또한 이 요인들은 합산적일 수 있다. 즉, 위험요인과 보호요인이 많을수록 영향력이 더 클 수 있다.

위험요인은 주로 네 가지 영역, 즉 개인, 가족, 학교(또래), 지역사회 영역으로 구분된다. FFT를 위해서 이런 접근은 도움이 된다. 왜냐하면 이 접근은 청소년이 기능하는 각 체계(개인, 가족, 학교, 지역사회)를 고려하는 기능적인 방식을 제공하기 때문이다. 이 접근은 대집단의 청소년들에 대한 체계적 연구 기반의 법칙정립적(nomothetic) 견해를 고려한다. 그래서 이 요인들에는 어떤 신뢰성이 있다. 동시에 이 개념은 FFT 치료사가 이 요인들이 특정 맥락의 특정 가족에서 어떻게 기능하는지와 연결 짓기 위해서 개별기술적(idiographic) 관점을 취할 수 있게 한다. 이 요인들은 치료계획의 일부로 사용될 수 있어서 치료사는 이 요인들이 가족의 현재 관심사를 넘어서 시간이 흘러도 잘 기능하며, 또한 미래의 도전에 성공적으로 대처할 수 있는 가족의 능력에 장기적인 영향을 미칠 수 있는 요인들이 될 수 있도록 한다. 제2부의 각 장은 FFT의 각 단계에서 다루는 구체적인 위험요인들에 대해 설명한다.

9) 관계 문제로서의 임상 문제

개인이 어떤 위험요인과 보호요인 프로파일을 가지고 있든지 간에, 개인이 운명적으로 행동문제를 가지고 태어나는 것은 아니다. 가족이 보호장치(보호요인)와 위험요소(위험요인) 간의 상호작용을 관리하는 방식이 더 중요하다. 왜냐하면 가족관계패턴은 위험요인과 보호요인 모두를 자기파괴적 사이클과 해로운 정서적 반응으로 흡수할 수 있기 때문인데, 그렇게 되면 정서적으로 피폐해지고 폭발하기 쉬운 관계가 초래되기 쉽다. 가족 밖의 사람들(예: 치료사, 청소년사법기관과 교육관계자, 발달연구자, 연구자)은 일반적으로 이 요인들의 균형을 높이고 행동문제를 해결하기 위해서 가족원들이 어떻게 변화해야 하는지를 볼 수 있다. 하지만 겉으로는 단순하고 확실한 적응으로 보여지는 변화가 가족, 청소년, 다른 원조자에게는 굉장히 어려울 수 있다. FFT 관점에서 볼 때, 그 이유는 위험에 처한 청소년과 가족의 문제는 본질적으로 관계적이기 때문이다. 임상 의뢰자들이 흔히 그러는 것처럼 행동을 분리해서 다루면 변화가 충분하게 지속되지 않는다. 대신에 치료사는 개별 가족의 관계체계 안에서 개별 청소년과 부모의 행동의 의미를 찾아서 각 가족의 고유한 특성에 맞춘 임상적 개입을 해야 한다.

임상적 문제의 관계적 본질에는 세 가지 구성요소가 있다. 그것은 핵심적인 관계패턴, 문제정의, 관계기능이다. 이 특성들을 통해 관계들이 맺어지는 실상을 파악할 수 있고, 또 그 안에서 치료적 과정이 일어난다. [그림 2-3]은 이 아이디어들을 모두 합쳐 놓은 것이다. 핵심적인 관계패턴은 FFT에서 임상적인 사정과 개입의 주요 표적이다.

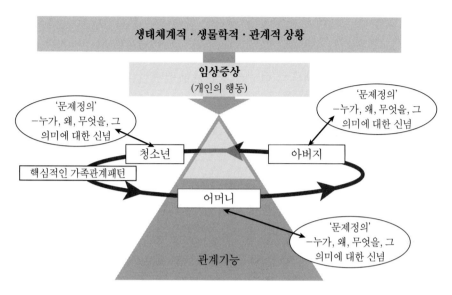

[그림 2-3] 상황, 증상, 관계패턴과 기능

출처: Alexander & Sexton (2004).

10) 핵심적인 관계패턴

FFT는 가족의 관계과정이 분석의 주요 단위가 되는 순환적인 인과모델로 접근한다. 분석의 목적은 행동패턴의 순서와 그 안에서의 규칙성을 확인함으로써 의미를 끌어내는 것이다(Barton & Alexander, 1981; Sexton & Alexander, 2004, 2005). 그 결과 인식된 관계패턴은 개인의 행동(예: 약물남용, 비행, 부적절한 행동 등)이 어떻게 필연적으로 관계과정과 연결되는가를 살펴보는 기초가 된다. 그런데 개인의 행동은 관계과정에 포함되어 있고, 그 행동의 의미 역시 관계과정에서 비롯된다.

FFT는 개인의 문제가 핵심적인 가족관계 패턴에 뿌리박혀 있는 것으로 보는데, 그 패턴은 가족이 문제행동을 둘러싸고 상호작용하는 방식이다. 체계적 관계과정의 개념들이 보여 주듯이, 관계패턴은 매우 고정적이 되고 일단 확립되면 문제행동을 영속시킨다. 그래서 가족치료사의 주요 관심은 각각의 개별적인 문제가 아니라 핵심적인 관계패턴이다.

　FFT 치료사는 개인의 문제를 지속적인 가족행동패턴의 발현으로 본다. 개인의 행동만큼 관찰하기가 쉽지는 않지만, 가족의 행동패턴은 가족의 정체성과 일상생활을 토대로 드러나는 행동들의 관계적 순서이다. 몇 가지 패턴은 필요한 과업(예: 부모역할, 의사소통, 지지하기)을 완수하는 데 아주 효과적이며, 특정 문제행동이 일어나는 것을 예방함으로써 가족과 구성원을 보호할 수 있다. 또 다른 패턴은 외현화 행동문제, 약물 사용이나 남용, 관계갈등, 정신건강 문제의 증상을 일으킴으로써 가족을 위험에 처하게 하여 개인 혹은 전체로서의 가족을 위험하게 할 수 있다. 관계패턴은 중요한 위험패턴이나 보호패턴을 파악하기 위한 출처가 될 수 있다. 왜냐하면 관계패턴은 관계가 가족 안에서, 그리고 개인을 위해 기능하는 방식에 의해 유지되고 지지되기 때문이다.

　Stanton과 Welsh(2011)는 이와 관련하여 관계체계의 역할에 대한 가장 논리 정연한 논의를 다음과 같이 하였다.

　　아마도 가장 중요한 습관은 커플가족심리(CFP) 서비스에 호소하는 사람들과 관련된 체계를 떠올려 볼 수 있는 능력이다. 체계를 보는 것은 추상적인 과정으로서, 호소문제나 문제를 둘러싼 맥락 속의 역동적 요인을 개념화하기 위해서 실제 사람이나 문제 이상을 바라본다는 것이다. 체계를 본다는 것은 우선 전체 체계를 고려한다는 것이고, 그다음에는 그 구성요소에 초점을 둔다는 것이다. 이 점은 중요하다. 그 이유는, 이것이 유럽계 미국인 무대에서 교육을 받은 많은 사람의 환원주의 경향에 반기를 들기 때문이다. 환원주의 경향은 부분을 먼저 보고, 체계의 부분들 간의 상호작용이나 연결을 포함하는 전체를 보지 못하게 할 수 있다. 다양한 개념이 이러한 관습과 연관되어 있는데, 하위체계와 체계를 둘러싼 경계선의 기능과 체계의 자기조직화(즉, 체계는 요구에 따라 조직되고 재조직된다.) 같은 개념이 여기에 포함된다.

앞서 보았듯이, 가족 내 관계패턴을 보는 것이 늘 쉽지만은 않다. 관계패턴은 대개 가족원이 치료에 가져오는 문제에 대한 서술 혹은 각 가족원이 "문제가 무엇이지요?"라는 질문을 받았을 때 치료사에게 말하는 것의 기초가 되는 것이다. 이러한 문제정의는 각 구성원이 가족의 고통과 어려움의 원인이 무엇인지를 이해하기 위한 자연스럽고도 정상적인 시도를 나타낸다. 각 가족원은 문제에 대한 원인이 있다고 보고 그 사건에 대해 정서적인 반응을 하며 그와 관련된 행동 반응을 보이는데, 이 모든 것은 문제에 대한 정의를 기초로 한다. 문제에 대해 붙인 이유는 현재의 사건에 대한 정서적 반응을 이해할 수 있게 한다. 그리고 이러한 정서와 인과 귀인(causal attributions)을 수반하는 행동은 문제정의에 대해 상당히 논리적인 반응으로 인식될 수 있다.

적응 행동이든 부적응 행동이든 모든 행동에는 타당하고 이해할 만한 맥락이 있으며, 또 모든 행동은 일반 가족과 문화 체계 안에서 볼 때 이해가 되며, 또 각 가족원에게 특유의 어떤 것을 의미한다. 말하자면, 환경과는 아무 관계없이 단지 행동만 별도로 일어나지 않으며 생물학적 성향 혹은 의식적인 이성적 선택의 기능으로서만 행동을 하게 되는 것은 아니다. 가족행동패턴이 궁극적으로 기능적인지 여부는 맥락에 달려 있다. 즉, 가족 내력의 고유한 구성요소, 개인의 기질, 환경적인 상황 같은 맥락에 달려 있다. FFT 치료사는 가족원 간의 관계패턴에 초점을 두며, 그 패턴이 가족의 고유한 상황에서 어떻게 기능하는지를 살펴본다.

11) 접착제로서의 관계기능

가족패턴이 고통스럽게 느껴지고 또 역기능적으로 보일 때에도 왜 지속되는지 질문할 필요가 있다. 이 질문은 초기의 가족체계이론의 선구자들이 고심했던 질문이기도 했다. 즉, 가족체계 내 문제의 지속성을 어떻게 설명할 것인가? 이렇게 역설적으로 보이는 면을 설명하기 위해서 항상성(모든 체계가 안정성을 향하는 내재적 경향) 개념이 초기 모델에서 제안되었다. 관계기

능의 개념은 이 아이디어에 기초하지만, 동시에 이 아이디어에서 벗어난 것
이기도 하다. Barton과 Alexander(1981)가 개발한 관계기능의 개념은 왜 문
제가 지속되는지에 대한 가설을 나타낸다. 관계기능은 특정 행동 그 자체
가 아니라 행동 순서가 패턴화된 결과를 구체적으로 나타낸다. 다른 말로 하
면, 관계기능은 대체로 가족 내 관계패턴들의 개별적인 결과물이다(Sexton &
Alexander, 2004). 가족체계 이론가와 많은 대인관계 이론가는 가족 내 관계
기능(혹은 관계공간)의 두 가지 주요 차원을 파악했는데, 그것은 관계 연결성
(혹은 상호의존성)과 관계상 위계이다(Alexander & Parsons, 1982; Alexander et
al., 2000; Claiborn & Lichtenberg, 1989; Watzlawick et al., 1974). 이와 같이 관
계기능은 시간이 지남에 따라 역기능적이고 고통스럽게 보이는 행동패턴을
붙여 주는 접착제 역할을 한다.

　　개인은 관계패턴을 거의 의식하지 못한다. 대신에 개인은 전면에 드러나
있는 안정적인 패턴(예: 어떻게 느끼는지, 무엇을 의미하는지, 상징적 해석은 어
떠한지 등)을 경험한다. 이것을 묘사하기 위해서 Sexton과 Alexander(2004)
가 사용했던 그럴듯한 은유는, "자기가 헤엄치고 있는 곳이 물이라는 것을
모르는 것은 물고기 밖에 없다."이다. '물고기'처럼 우리는 우리를 다른 사람
들과 묶어 주는 관계패턴을 보지 못한다. 하지만 우리는 기대하게 되고 재생
산하게 되는 이러한 패턴에 대한 내적 표상과 경험을 가지고 있다. 이것은
우리가 관계의 지속성을 판단하는 기준이 된다.

　　상호의존성(연결성)과 독립성(자율성)의 견지에서 볼 때, 관계패턴은 다양
하다(Sexton & Alexander, 2004). 하지만 상호의존성과 독립성이 연속선상의
양극단을 말하는 것은 아니다. 모든 관계에는 상호의존성과 독립성이 어느
정도 있으며, 이 둘이 반드시 사랑의 감정이 있다거나 부족하다는 것과 연관
되는 것은 아니다(Sexton & Alexander, 2004). 상호의존성이 높으면 심리적으
로 강렬한 경험을 하고 연결감뿐 아니라 밀착된 느낌을 경험할 수 있다. 반
대로, 독립성이 높으면 심리적인 강도가 훨씬 낮으며 자율성이나 거리감을
경험할 수 있다. 중간지점은 상호의존성과 독립성이 섞이는 지점이다. 이 지

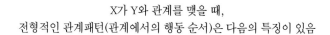

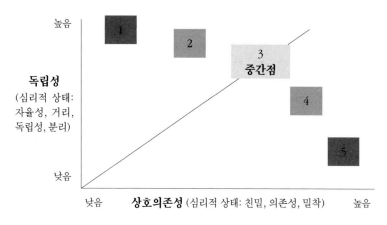

[그림 2-4] 관계기능으로서의 관련성

출처: Alexander & Sexton (2004).

점에서는 허용할 수 있는 관계패턴(건강한 발달을 격려함) 혹은 부적응적 패턴(경계선적 혹은 양가적 부모역할)으로 나타날 수 있다.

[그림 2-4]는 관련성(relatedness)의 범위를 보여 준다. '1'은 상호의존성(연결)이 매우 낮고 독립성(자율)이 매우 높은 정도의 관계기능을 보여 준다. '5'는 독립성이 낮고 상호의존성이 매우 높은 관계기능을 보여 준다. 이러한 특성은 임상개입을 내담자의 관계체계에 맞추어 진행하는 데 도움이 된다.

관계상 위계는 관계기능의 또 다른 차원이다. 이 차원은 구조와 자원에 기반한 관계적 통제와 영향력의 척도이다(Sexton & Alexander, 2004). 위계상의 영향력은 높음에서 낮음의 범주에 있다. 구조가 균형을 이루고 있고 관계에서 자원을 공유하는 경우, 대칭적 관계를 경험한다. '한 단계 위'와 '한 단계 아래' 관계[Haley(1964)는 '보완적 관계'라고 함]는 관계 내 한 구성원이 다른 구성원들이 덜 가질 수 있는 자원(경제적·신체적 힘, 외체계에 의해 지지되는 입장이나 역할에 따른 권력)을 갖고 영향을 미치는 관계이다([그림 2-5] 참조). 관계상 위계는 많은 서구 문화에서 채택되었으며, 대인관계에 대한 단순하고 실용적인 접근법을 나타낸다. 반면에, 관련성은 관계를 통제하기 위해 상호 간에 강화하는 접근방식을 나타낸다. 말하자면, 사람들은 위계상의 권력을 통해서가 아니라 관계에 대한 애정과 헌신을 통해서 서로 영향을 미친다.

임상 현장에서 관계기능을 확인하기는 쉽지 않다(Sexton & Alexander, 2004). 동일결과성의 개념[초기의 의사소통 체계이론가들이 제안함(Watzlawick et al., 1974)]과 임상경험에 의해서 볼 때, FFT는 매우 다른 가족관계패턴(끊임없는 말다툼 대 따뜻하고 협동적임)이 동일한 관계경험(높은 수준의 상호연결)을 낳을 수 있다고 본다. 반대로 매우 비슷한 상호작용 순서(예: 훈훈한 의사소통과 친밀감 행동)가 완전히 다른 관계 결과(어떤 한 관계에서는 접촉을 높이고, 다른 관계에서는 거리감을 높임)를 가져올 수 있다. FFT 관점에서 볼 때, 통제감을 갖든 주목을 받든 소속감을 느끼든, 이런 경험들의 그 어떤 것도 잘못된 것이 아니다. 각 경험에는 강점도 있고 약점도 있다. FFT는 가족원들의 핵심적인 관계기능을 변화시키려고 하지 않는다. 사실 FFT의 주장에 따르

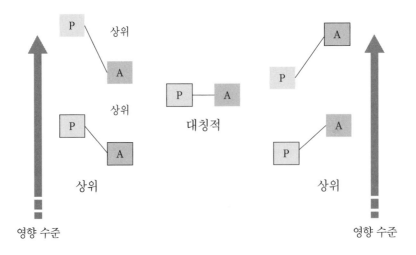

X가 Y와 관계를 맺을 때,
전형적인 관계패턴(관계에서의 행동 순서)은 다음의 특징이 있음

[그림 2-5] 관계기능으로서의 위계

출처: Alexander & Sexton (2004).

면, 다양한 문화, 가족구도, 학습력이 폭넓은 범주의 관계패턴을 만들어 내고 또 그러한 패턴을 가치 있게 여기는데, 각 패턴은 긍정적 행동과 부정적 행동 표현을 모두 만들어 낼 수 있다.

그렇다면 왜 관계기능에 초점을 두는가? FFT의 이슈는 관계기능이 어떻게 표현되며, 그 표현이 사람들에게 어떤 상처를 주는가이다. 예를 들면, 폭력으로 자녀들을 통제하는 부모는 폭력 대신에 돌봄과 안내로 통제하는 법을 배울 수 있다. 부모역할의 '한 단계 위' 패턴에 신체적 · 정서적 학대가 포함되어 있다면, 그 패턴이 변화의 표적이 될 수 있다. 하지만 일반적으로 부모역할 패턴에 권위가 있고 또 자녀들에게 민감하게 자원을 배분하고 온정적 양육이 포함되어 있다면 박수를 받을 것이다. 다른 말로 하면, 부모가 학대를 할 때, FFT는 관계상 위계를 변화시키려고 하지 않고, (한 단계 위) 관계기능을 하게 하는 학대행동 패턴만 변화시키려고 할 것이다. 마찬가지로, FFT는 밀착된 부모가 연결성의 관계기능을 변화시키라고 강요하지 않는다. 대신에 FFT는 부모가 청소년 자녀의 행동에 따라 애정과 보살핌을 적절히 표현하기 위해 유능하게 행동할 수 있도록 돕는다(Sexton & Alexander, 2004).

다음 단락에서는 관계기능을 임상 치료와 사정에 적용하여 설명하고자 한다. 레지나의 사례는 가족의 다중체계의 일부로서 관계기능을 강조하는 것이 가치 있음을 보여 준다. 사실 임상 프로토콜에 관계기능을 추가하면, 가족이 기능하는 방식을 더욱 개별적이고 구체적으로 사정하는 데 도움이 된다. 레지나와 어머니 사이에서 일어난 공통적인 패턴을 떠올려 보자. 어머니가 레지나를 지도하려고 할 때 레지나는 그 주제가 무엇이든(통행금지, 공부, 혹은 더 심각하게는 우울증 대처법 등) 상관없이 맞서 싸우는 방식으로 계속해서 반응한다("너는 … 해야 돼."라고 하면, "아니요, 안 해요."라고 답하는 식이다).

시간이 지나면서 레지나와 어머니 모두 문제를 자신들의 방식으로 정의했다. 레지나는 어머니가 혼자 남고 싶지 않기 때문에 자기가 독립하는 길을 가로막는 것으로 경험한다. 어머니는 레지나가 혼자서는 할 수 없고 돌봄

을 필요로 하는 심각한 정신건강 문제를 가지고 있다고 생각한다. 문제정의
가 다르듯이 해결책도 따로 제시하게 되었다. 더욱이 둘 사이에서 일어난 상
세 내용이 아니라 관계기능에 대해 생각해 보면, 각자의 의도는 좋지만 잘못
된 동기가 부각되어 드러난다. 레지나의 경우에 그 패턴은 어머니와의 관계
적 상호의존성을 더 크게 느낀다는 특징을 보인다. 이 말은 어머니와의 싸움
에도 불구하고, 레지나는 어머니와 연결되어 있고 심리적으로 강렬한 경험
을 한다는 것을 뜻한다. 어머니도 그 패턴을 비슷하게 경험한다. 레지나와 '
다시금 겪어 가는' 경험이 힘들지만, 그런 과정의 결과로서 둘을 함께 연결해
주는 정도의 상호의존성을 경험한다. FFT 치료사는 레지나와 어머니가 맺고
있는 관계형태(친밀감과 심리적 상호의존)를 바꾸려고 하지는 않겠지만, 그들
이 그렇게 된 방식을 변화시키도록 돕는다. 이 사례가 보여 주듯이, 관계기능
은 이런 식으로 내담자에게 '맞는' 치료를 명확하게 하는 데 도움이 되는데,
그렇게 하면 변화의 장애요인을 찾아내기가 더 쉬워진다.

4. 임상적 변화: 중심 가정과 핵심 기제

필자가 가족치료에 입문하게 된 것은 문제 때문에 힘들어하는 가족과 무
엇을 어떻게 해야 할지를 정확히 알고 있는 것 같은 숙련된 임상가들 사이에
서 일어났던 마법 같고 강력한 순간을 목격하고서였다. 상담실에서 분노의
주기가 상승하고 있는 상황에 개입해야 하는 임상가에게, 혹은 양성 약물검
사에 반응을 해야 하는 보호관찰관에게 치료원칙은 특별히 도움이 될 것 같
지가 않다. 하지만 FFT 훈련을 받은 수많은 치료사에 대한 필자의 경험에 따
르면, 정확히 무엇을 하는지를 아는 것은 모델의 원칙에 대한 이해에 달려 있
다. FFT의 경우, 이것은 FFT의 임상적 변화모델에 대한 이해를 포함한다.

Sexton, Ridley와 Kliner(2004)에 따르면, 현재의 가족치료모델에서 정의
하는 치료적 변화는 다음과 같은 세 영역에서 일어난다.

- 치료사가 적용하는 치료모델 고유의 치료과정/절차와 그 결과로 일어나는 변화기제
- 내담자가 치료절차를 경험해 감에 따라 겪는 변화 경험
- 변화가 일어나는 과정에서 내담자와 치료사 간의 즉각적인 관계적 상호작용

Kazdin(2008)은 치료의 효과적인 부분을 이루는 변화기제에 대해 체계론적으로 이해하고 공부하고 생각하는 것은 임상성과를 높이기 위해 필요하다고 주장했다. FFT는 핵심 기제, 구체적 목표, 관계적 성과, 치료로 인한 장기적 변화로 특징되는 체계적 변화를 모두 통합한다. 다음 장에서는 변화과정에 대해서 자세히 살펴본다.

앞의 사례로 돌아가서, FFT의 임상개입 원칙에 따라 치료사는 각 회기마다 레지나를 포함한 전체 가족과 함께 작업한다. 레지나와 어머니는 걱정이 되는 문제를 가져올 것이고, 치료사와 신뢰관계를 발전시켜서 치료사를 신뢰할 만한 사람으로 보게 될 것이다. 말하자면, 치료사를 두 사람 모두 이해할 수 있고 변화를 가져올 능력이 있는 사람으로 볼 것이다. 치료는 관계형성과 동기부여에서부터 행동변화와 일반화에 이르기까지 FFT의 임상모델의 단계들에 따라 진행될 것이다. 하지만 관계과정의 내용과 느낌, 구체적 사건과 그에 대한 논의는 레지나와 어머니가 한 가족으로서 존재하는 방식과 맞아야 할 것이다.

다중체계적 관점의 치료사는 레지나와 어머니 관계의 핵심패턴과 관계기능을 확인할 수 있고, 또 변화에 가장 잘 다가갈 수 있는 핵심적인 관계요소를 파악할 수 있다. 레지나와 어머니는 바라는 결과에 대해 서로 동의할 것이며, 이는 미래에 가족원들의 역량을 강화하는 데 도움이 될 가족 내 위험요인을 줄이고 보호요인을 증가시킨다는 원칙에 기초할 것이다. 치료는 공통의 위험요인(또래, 학교, 가족 내 갈등)을 다루지만, 레지나와 어머니 간의 고유한 관계패턴을 통해서 그 요인들을 개념화한다. 치료목표는 레지나와

어머니가 미래에 직면할 가능성이 큰 도전에 대처할 수 있도록 하는 것인데, 이때 그들의 특수 상황을 고려한다.

5. 결론: 이론과 실천 반영하기

FFT는 임상적 변화를 위한 가족체계 접근이다. 하나의 모델로서 FFT는 시작 당시에 퍼져 있던 사고방식의 영향과 지도를 받았으며, 그렇게 FFT는 내담자, 그들의 문제, 임상변화를 고려하기 위해 체계적·관계적·통합적 방법을 지향하였다. 그러나 동시에 FFT는 단지 전통적인 가족체계 접근에 불과한 것은 아니다. 개인의 역할, 문화·민족·인종의 입장, 문제의 관계적·체계적 본질에 대한 고유의 관점을 취하며, 뿐만 아니라 단순한 강점기반 접근을 넘어서 내담자에 대한 하나의 총체적 사고방식이다. 또한 FFT는 사람들, 치료, 모델의 원칙을 이해하는 방식에 있어서 '기능적'이라는 원칙을 치료에 적용한다. 마지막으로, FFT는 청소년과 가족에 대해서 작업하는 것이 아니라, 청소년 및 가족과 함께 작업하는 것을 지향하는 수많은 가정을 포함하는 변화모델이다. 이 모델은 청소년과 가족의 현재 문제를 해결하는 데 도움이 되며, 동시에 그들이 미래의 도전에 대처할 수 있도록 역량을 강화한다.

하나의 변화모델로서 FFT는 외견상 모순적인 것처럼 보인다. 즉, FFT는 모델 지향인데 내담자중심이고, 체계적이지만 융통성이 있으며, 관계지향이지만 행동에 초점을 두고, 가족중심이지만 다중체계적이다. 이처럼 겉으로 보이는 모순이 있음에도 FFT가 일관적이고 체계적이며 포괄적인 치료모델의 길을 가는 구체적인 방법은 다음 장의 주제로 다뤄진다. 이제 남아 있는 질문은 가족이 문제가 있고 상처를 입었으며 희망이 없는 상태로부터 문제해결을 위해서 유능하고 효과적이며 자신감 있게 움직일 때, 어떠한 변화과정이 일어나는가이다.

제3장

임상적 변화

행동문제가 있는 청소년 치료는 정해진 절차를 단순히 따르거나 변화의 조건을 만들어 주는 것보다 훨씬 복잡하다. 이러한 치료에서는 호소문제를 다루는 것뿐만 아니라, 청소년과 그 가족이 당면한 다양한 위기요소를 다루는 목적지향적 방향이 필요하다. 치료과정의 구조는 내담자 변화를 지속시키기 위해 마련된 시간적 순서에 있어서 모든 내담자에게 어느 정도 유사한 측면이 있다. 상담치료는 가족원 사이에, 또는 가족원과 치료사 사이에 일어나는 즉각적이고 비예측적인 과정이며, 그렇기 때문에 치료사는 치료 중에 나타나는 중요한 관계적 사건에 반응할 수 있어야 한다. 이러한 사건들이 제대로 다루어질 때 치료가 보다 신속하고 적절하게 이루어지며 보다 좋은 결과를 얻게 된다. 치료사는 내담자가 자신이 필요로 하는 것과 원하는 것 그리고 어려움 등에 대해 표현할 수 있도록 충분히 여유를 주는 동시에, 치료의 관계적 과정을 이끌 수 있는 구조를 제대로 유지하는 데 신경을 써야 한다. 이것이 좋은 치료가 가지는 역설이라 할 수 있다. FFT는 '임상적 변화모델'이라는 체계적인 틀을 제공해 준다. 이

틀이 있기 때문에 치료사는 상담실에서 만들어지는 기회를 잘 활용하여, 가족이 청소년을 돕는 과정에서 부딪힌 장애물을 극복하도록 도울 수 있다. 이 장에서는 이 변화모델에 대해 설명한다.

1. 체계적인 임상적 변화: 중심 가정과 핵심 기제

현대 심리학의 근본적 질문 중 하나는 치료적 변화의 속성, 구조 그리고 변화를 위한 필수 조건이 무엇인가 하는 것이다. 우리는 지금 아주 단순한 체계 수준에서의 변화의 복잡성과 역동을 파악하기 시작했을 뿐이며, 변화가 인간에게 어떤 방식으로 일어나는지에 대한 지식은 턱없이 부족하다(Mahoney, 1991). 지금까지 알려진 바에 따르면 인간은 변화할 수 있지만 그 변화는 대부분의 치료모델이 가정하는 것보다 어렵다. 확실한 결과를 만들어 내는 제대로 된 변화는 단순히 작은 변화가 점점 커져서 이루어지는 것이 아니다. Mahoney(1991)는 변화란 "변화의 단계와 힘이 안정화 단계와 힘과 번갈아 섞여 있는 역동적이고 단속(斷續)적인 평형(punctuated equilibrium)[1]"이라고 말한다. 즉, 변화는 두 걸음 앞으로 갔다가 한 걸음 뒤로 물러서는 방식으로 일어난다. 청소년과 가족을 위한 치료에서 자주 접하는 매우 신비로운 것 중 하나는, 변화에 대한 내담자들의 욕구 수준 및 그 문제로 인해 경험하는 정서적 고통의 크기와 상관없이, 변화의 과정에는 전진과 역기능적 체계로의 퇴보 간의 지속적 긴장이 포함되어 있는 것 같다는 점이다. 일반적으로 적용되는 변화과정과 기제가 있지만, 더 깊이 들어가 보면, 각 개인은 고유한 개인체계이기 때문에 각자에게 적용 가능한 변화과정이 필요하다.

---

1) 역자 주: 단속적인 평형이란 균형상태/안정상태(stasis)가 오랜 시간 존재하고 급격한 변화는 짧은 시간대에 이루어진다는 진화생물학의 개념으로서, 변화가 점진적이지 않고 불연속적 과정을 통해 일어난다는 점을 시사한다.

즉, 널리 알려진 좋은 치료법도 각 개인의 특성에 맞게 적용되어야 한다는 것이다.

앞서 언급하였듯이, FFT는 치료과정의 여러 영역, 내담자의 경험 그리고 상담실에서의 즉시적 상호작용으로 형성된 체계적 변화모델이다. 내담자 변화과정의 길잡이가 될 이론적으로 통합된 5대 원칙은 다음과 같다.

- 변화는 치료적 동맹으로 촉진된 내담자의 동기수준에 달려 있다.
- 행동변화를 위해서는 먼저 의미의 변화가 필요하며, 의미변화는 재구성 (reframing) 등의 기법을 통해 도출될 수 있다.
- 행동변화의 목표는 반드시 달성 가능하고 가족의 문화와 능력 및 생활 맥락에 잘 부합해야 한다.
- 개입전략은 반드시 개별 가족의 특성에 맞는 것이어야 한다.
- 치료는 내담자의 절실한 욕구를 다루는 목적지향적이고, 개인적이고, 영향력 있는 대화에 기반해야 한다.

이 원칙은 치료사가 가족원 간의 상호작용과 행동패턴에 내재한 혼류(混流)를 잘 파악할 수 있게 하고, 그 상호작용을 이해할 수 있는 기반을 제공해 주며, 가족의 변화가 지속될 수 있게 도움을 준다.

사례

세스는 홀어머니와 살고 있는 16세의 소년이다. 그의 어머니는 식당종업원으로 저녁시간에 일을 하고 있다. 약물문제와 규칙위반문제가 점점 심해지고 있는 세스는 어머니가 일하는 동안 돈생을 돌보는 경우가 많다. 세스는 최근에 규칙위반으로 방과 후에 조사를 받게 되었는데, 이때 마리화나 양성반응이 나와 보호관찰 대상이 되었다. 세스가 법원심리를 받는 날, 그의 어머니가 잠시 식당에 갔다와 보니 그는 또 마리화나를 피우고 있었다. 첫 회기 초반에 세스의 어머니 앤은 "난 할 만큼 했어요. 그 녀석을 먹여 살리느라 전 밤낮으로 일해요. 좀 더 나은 직업을 가지려고 오전에는 학교를 다니죠. 저 애는 지 아버지보다 더 배은망덕해요."라고 말한다. 그녀는 잠시 멈추더니 말을 이었다. "우리 둘 사이에는 너무 많은 일이 있었어요. 이제 모르 겠어요. 세스를 처벌해 주면 좋겠어요. 단단히 혼이 나야 내가 못 고친 그 아이의 버 릇을 고칠 수 있을 거예요." 세스는 앉아서 조용히 듣고 있었다. 마침내 그는 머리를 흔들면서 고개를 숙이더니 말했다. "그렇게 하세요. 하지만 그런다고 문제가 해결되 진 않을 거예요. 마리화나 피우는 게 왜 안 돼요? 나한테는 그거밖에 없는데."

가족치료사는 약물사용이 심각한 문제이며, 어머니와 세스 사이의 폭력이 중단 되어야 한다는 것을 안다. 또한 이 행동들이 관계적 기능을 통해 가족 안에 깊이 내 재된 패턴의 한 부분이라는 것도 안다. 치료사는 세스와 그의 어머니가 상담으로 도 움을 받아서 의사소통이 나아지고 상처받은 감정을 거두고 당면한 과제에 직면할 수 있을 것이라고 쉽게 생각할 수 있다. 세스는 어머니의 지도를 받아들이고, 어머니는 집안일 등에서 아들의 도움을 받을 수 있을 것이다.

그러나 다른 한편으로 상담실 안에 흐르는 감정은 다른 면을 보여 준다. 가족치료 사는 내담자들이 상담을 그만두고 싶어 하는 감정이 상담실을 가득 채우고 있다는 것을 예민하게 느끼고 있다. 치료사는 이런 절망감과 무력감의 깊이는 내담자들이 평소 경험하고 있는 정서의 강도와 같다는 것을 잘 알고 있다. 치료사는 신속하게 개 입해야 한다는 것을 알고 있다. 그렇지 않으면 세스와 그의 어머니는 상담을 포기하 거나 세스를 치료시설로 보내는 결정을 쉽게 해 버릴 것이기 때문이다.

1) 치료적 변화는 동맹에 기반한 동기부여의 결과이다

가족치료사는 먼저 무엇을 어떤 순서로 할 것인지 결정해야 한다. 이때 FFT 치료적 변화의 핵심 원칙과 구체적인 단계별 목표가 그 가치를 발휘한다.

치료적 관계의 중요성은 임상에서 가장 널리 수용되는 원칙 중 하나이 다. 그 중심적 역할에도 불구하고 치료적 관계는 매우 다양한 의미를 갖는 다. Rogers(1957)에게 치료적 관계란 내담자를 지지하고 인정하는 것이었다. Henry와 Strup(1994)은 동맹이란 내담자가 예상했던 관계패턴에서와는 다른 교정적 정서 경험을 제공해 주는 치료의 적극적인 요소라고 했다. 또 다른 학자들은 치료적 관계를 내담자의 변화에 필요한 조건인 공감을 근간으로 하는 개인적 유대로 본다. 따라서 그 관계는 복합적이며, 그것을 임상적으로 유용하게 사용하려면 더 명확하게 정의를 내리고 구체화해야 한다(Sexton & Whiston, 1998).

치료적 관계를 고려하는 가장 유용한 방법 중 하나는 치료동맹이라는 개념 안에 담겨 있다. 치료동맹 또한 심리치료 문헌에서 자주 나오는 개념인데, 치료사와 내담자가 정서적 유대의 맥락 안에서 과업과 목표에 대해 동의하는 것이라고 일반적으로 정의된다(Horvath, 2001). 개인·커플·가족 치료에서 상담의 지속 여부, 내담자 만족, 상담의 결과 등에 영향을 미치는 치료동맹의 가치에 대해서는 잘 알려져 있다(Pinsof & Catherall, 1984; Quinn, Dotson, & Jordon, 1997). 그러나 다수의 내담자가 참여함으로써 다수의 관점이 존재하는 가족치료의 경우, 동맹이 작동하는 과정에 대한 이해는 쉽지 않다. 예를 들어, Heatherington과 Friedlander(1990)는 치료사와의 동맹이 치료사가 주도권을 가질 때 더 좋아진다는 것을 발견했다. 치료사의 지시성이 치료사의 역량이나 권위로 해석된다는 것이다.

FFT에서 사용되는 치료동맹의 개념은 Bordin(1979)이 언급한 개념과 유사하다. Bordin은 동맹이란 다른 사람과 인간적으로 연결되는 것이며, 상대방으로부터 이해받는다는 느낌과 상대방에 대한 신뢰감을 갖는 특성이 있다고 했다. 또한 동맹이 치료적이려면 치료적 작업의 구체적 과업과 목표에 대한 합의도 동맹에 포함되어야 한다(Bordin, 1967). 치료동맹은 개인적 신뢰 이상의 개념이며, 어떤 형태로든 내담자와 치료사가 함께 작업하는 과업과 목표에 대해 합의하는 경험을 포함해야 한다. 가족원들에게 있어서 동맹은 상대방의 감정과 분투를 있는 그대로 인정해 주고 자신도 상대방으로부터 이해받는다고 느끼는 것을 의미한다. 또한 가족원들 모두가 '상황에 대한 이해가 같다'고 느끼면서 변화를 위한 과정을 납득할 때 치료동맹이 증가한다. 치료적 상황에서 동맹은 함께 작업하기 위한 관계적 기반이다(Sexton & Whiston,

1994).

　제시된 특정 문제가 무엇이든 간에 가족들이 목표와 목표달성에 필요한 과제 그리고 가족 간의 분위기나 유대감에 집중하려고 애를 쓰는 것은 드문 일이 아니다. 가족 간에 동맹이 이루어지면 가족원들은 당면한 문제와 그 최선의 해결책에 대해서 최소한 암묵적으로라도 동의하게 된다. 동맹 여부는 가족원들이 서로를 존중하면서 같은 목적을 향해 함께 노력하는 것을 통해서 알 수 있다. 청소년 및 그 가족들과 일해 본 경험이 있으면, 그들이 부정적 감정에 차 있고 서로 복잡한 행동을 주고받는다는 점을 감안할 때, 가족원 간의 동맹을 형성하기 위해 많은 작업을 해야 한다는 점을 안다. FFT에서는 이러한 동맹의 수립이 초기 단계의 목표이다.

　치료가 효과적이려면 가족과 가족치료사 간의 동맹이라는 또 하나의 중요한 동맹이 형성되어야 한다. 가족원들 간에 일어나는 것과 비슷한 형식으로, 이 유형의 동맹도 상호 이해, 치료 목표와 과업에 대한 동의, 신뢰와 이해에 기반한 인간적 유대 등으로 표현된다. 이 유형의 동맹은 가족과 치료사가 문제에 대해 동일한 관점을 가지게 되고, 문제해결에 어떻게 도달할지에 대해서 역시 최소한 암묵적으로라도 동의할 수 있을 때 이루어진다. FFT의 초기 단계에는 치료사가 가족 자신들의 입장이나 중요한 사안을 이해하고 있는지, 전체 가족을 공동 목표를 향해 이끌어 갈 만큼 치료사가 믿음직스러운지 등에 대한 개별 가족원들의 인식이 치료적 동맹의 형성에 상당히 관여한다. 가족치료사가 자신들을 도울 수 있는 기술 · 능력 · 지식을 가지고 있다는 믿음은 가족치료사와 가족 간의 동맹에서 핵심적인 요소이다.

　동맹이 가족원 간에, 그리고 가족과 치료사 간에 발달하게 될 때 얻어지는 성과 중 하나는 동기부여이며, 이는 잘 드러나지는 않지만 치료에 결정적인 요소이다. 모든 치료의 목표 중 하나는 내담자가 자발적으로 새로운 행동을 취하고 새로운 해결책을 시도하며 스스로를 도울 수 있는 방법을 찾게 되는 것이다. 『웹스터 사전』에서 동기화/동기부여(motivation)는 '추진력(incentive)' 이라고 정의되어 있다. 청소년과의 작업에서는 종종 모든 내담자가 심지어 첫 회기부터도 동기를 가지고 있는 것처럼 보이는 경우도 있다. 그러나 주의 깊게 듣다 보면 각자가 다른 목표를 향해 동기화되어 있음을 발견하는 경우가 많다. 각자가 자신들로서는 불가능했던 부모 혹은 자녀의 변화를 치료사가 도와줄 것이라는 생각을 가지고 있는 것이다. 내담자들은 치료사가 제시하는 새로운 방향이나 제안을 수용하고 따를 만큼 동기화되어 있지 않은 경우가 많다. 거기에 어려움이 있다. 즉, 추진력 또는 치료에 대한 동기는 변화에 필수적이며 많은 치료적 접근에서 내담자의 동기는 치료가 시작될 수 있는 필수조건으로 간주되지만, 내담자들이 그렇게까지 동기화가 된 후에 치료를 받으러 오는 경우는 극히 드물다. 덧붙여서, 많은 경우에 동기는 내담자에게 내재적으로 고정되어 있는 성격구조적 특성으로 간주된다. 예를 들어, Prochaska(1999)는 초기 사정 시에 내담자의 준비도 혹은 내담자가 변화 과정에서 어느 단계에 있는지를 사정해야 한다고 했다. 이러한 관점은 지역사회 실무자들이 변화될 준비가 된 것으로 보이는 내담자를 선택하거나 최소한 더 선호하게 하는 데 종종 영향을 미친다. 동기가 잘 생기지 않는 내담자를 변화에 저항적이라고 보는 경향도 드물지 않다.

현장에서 상담을 할 때 FFT에 의뢰된 가족들 중에는 가족원 중의 1명 혹은 그 이상이 변화에 대한 동기가 없는 경우가 빈번하게 발견된다. 사실 많은 경우 처음에는 전화를 받거나 예약을 하려고 하지 않을 정도로 비협조적이다. FFT는 동기의 역할에 대해 다른 관점을 취한다. 즉, 동기는 치료 이전에 마련되어야 하는 필요 조건이라기보다는 치료 초기 단계의 목표라는 관점을 취한다. FFT에서 동기는 치료과정에서 생성되는 일단의 상호작용의 결과로 만들어지며, 각 가족원들에게 문제에 대한 각자의 책임의식을 만들고, 공유된 관점을 만들어 내고, 나아갈 방향이 보인다고 느끼게 하고, 현재 문제와 앞으로 닥칠 미래의 문제까지도 해결하고자 하는 동맹을 형성하게 한다. FFT에 있어서 동기는 너무나 핵심적인 것이어서 모델 개발자들의 연구와 임상에서는 변화 동기를 북돋우는 전략과 기법이 많이 만들어졌다. 그로인해 FFT는 흔히 "동기가 없다."라고 하는 내담자 집단에서도 높은 성공률을 만들어 낸다. 동기는 치료사와 가족 간에 그리고 가족원들 간에 좋은 동맹이 형성될 때 나오는 결과물인 것이다.

동기에 대한 이러한 관점이 시사하는 것 중 하나는 FFT 치료사들이 내담자가 변화에 저항적이라고 보지는 않는다는 것이다. 대신 내담자들이 상담에 대해 경계를 할 것이고 희망을 잃었으며 가족원들끼리는 서로 비난하고 부정적일 것이라고 예상한다. 그들이 상담실에 왔을 때는 많은 아픔과 상처가 되는 어려운 일이 있었을 것이며, 문제해결을 위한 그들의 많은 시도가 실패로 돌아갔고, 문제가 지속되어 가족의 일상에 심각한 부정적 영향을 주고 있었을 것이다. 성공적인 FFT의 경우 치료사는 내담자의 동기 결여 상태를 포용하면서 동맹을 형성하여 상황을 변화시키는 구체적 행동들을 제시한다. 치료사가 가족들로 하여금 다른 관점, 즉 모두가 제시된 문제에 관여되어 있지만 어느 누구도 비난받을 필요는 없다는 관점으로 현재의 문제를 볼 수 있도록 돕는다면 가족원들에게는 (긍정적 행동에 대한) 동기가 성공적으로 형성되게 된다.

2) 행동변화는 의미변화에서 시작된다

FFT에 오는 아이들은 특정 행동에서의 변화를 나타내야 할 필요를 가지고 온다. 여기에는 폭력성의 감소, 약물을 끊는 것, 경찰에 불려 가지 않는 것, 다른 사람 괴롭히지 않는 것 등이 포함된다. 그 결과 상담실에서는 아이가 의뢰된 이유에 초점을 두며 장기목표의 일환으로 그런 특정 행동의 변화에 집중하게 된다. 그러나 그 목표에 도달하기 위해 우선적으로 초점을 두어야 하고 치료에서도 핵심적으로 다루어야 할 것은 가족의 관계적 체계이다. 가족의 관계적 체계는 청소년의 행동과 가족이 매일 직면하는 어려움을 다루는 능력에 궁극적인 영향을 미치게 될 변화가 일어나는 지점이기 때문이다.

성공적 행동변화의 기제를 이해하는 것은 수십 년간 모든 응용심리학 분야의 어려운 목표 중 하나였다. 행동변화의 핵심 기제를 파악하기 위해 현장에서는 행동 강화ㆍ심리적 자각ㆍ합리적 선택 같은 다양한 행동적 접근이 시도되었다. 해결책을 찾는 것은 어려운 것이 아니며 사실 해결책은 분명하다. 좋은 부모가 되려면 부모가 뭔가 새로운 시도를 하고 좋은 의사소통 기술로 갈등을 해결하면 된다. 이런 간단한 해결책을 실행에 옮기는 것이 그토록 어려운 것은 가족원 간의 관계문제를 극복하는 것이 어렵기 때문이다. 가족은 서로를 비난하고, 안 된다고 생각하고, 갈등이 생겨 왔기 때문에 상담실로 오게 된 것이다. 그래서 FFT는 호소문제의 관계적인 측면에 초점을 두고 있다.

변화가 왜 그렇게 어려운가 하는 수수께끼의 실마리는 청소년의 행동문제에 대한 각자의 의미부여와 강한 감정상태 그리고 패턴화된 행동에 있다. Mahoney(1991)는 중요한 심리적 변화는 개인적인 의미의 변화를 포함하며, 의미의 변화는 우리의 행동ㆍ지각ㆍ정서를 통하여 드러나게 된다고 했다. 즉, 어떤 형태의 행동문제도 그 핵심에는 문제와 그것과 관련된 사람과 발생한 사건의 동기와 의도에 대한 우리의 개인적인 해석이나 논리가 내포되어 있다는 것이다(Mahoney, 1991). 개인적 논리는 사건에 부여하는 의미의 형태로 구성된 것이다(예: 아들이 가출했다는 건 무슨 의미인지, 누가 소리를 지르는 것은 어떤 의미인지, 화를 내는 것은 어떤 의미인지 등). 이런 관점이 시사하는 중요한 점은 어떤 사건(자극이나 신체적인 행동)이 갖는 의미는 그 행동이나 사건 자체에 있는 것이 아니라, 그 사건의 맥락에 대한 개인적 논리를 통해 일상에서 경험하는 각 사건들의 의미에 색과 모양을 입히게 된다는 것이다. 이런 의미들을 항상 쉽게 알 수 있는 것은 아니다. 즉, 의미는 종종 드러난 행동의 이면에 숨겨져 있는 경우가 많다. 의미는 사건의 배경을 형성하며, 사건 그 자체에 의해 쉽게 가려지게 된다.

시간이 지나면서 각 사건에 대한 의미는 공통된 주제로 통합되며, 이는 또 새로운 사건에 빠르게 적용된다. 사람들은 과거의 비슷한 사건과 관련된 기억ㆍ기대ㆍ신념에 맞추어서 현재의 경험을 왜곡하는 경향이 있는데, 이런 현상을 '**확증 편향**(confirmatory bias)'이라고 한다. 이 개념은 사회심리학 문헌에는 자주 나타나지만 가족치료에는 잘 적용되지 않았다. Mahoney(1991)는 이미 수백 년 전에 이와 같은 현상에 대해 설명했던 Francis Bacon을 인용하였다.

> 인간의 이해 방식이란, 일단 하나의 견해를 가지게 되면… 그 견해를 지지하고 거기에 부합하도록 그 외의 모든 것을 거기에 끌어다 붙인다. 그리고 그 반대 측에 상당수의 사례가 발견된다 할지라도 그것을 무시하거나 왜곡하여 그 견해와 다른 것들을 받아들이지 않는다. 그렇게 하여 이전에 내렸던 결론이 가지는 권위가 손상되지 않게 한다(p. 97).

따라서 '내담자에게 어느 정도의 동기만 있으면 행동문제의 해결이 가능하다'는 생각은 환상에 불과하다. 이보다는 훨씬 많은 것이 연루된다. 행동변화를 위해서는 그 사건을 둘러싼 의미의 변화가 반드시 포함되어야 한다. 가족원 각자는 의미 형성과정의 적극적 참여자라고 할 수 있다. 따라서 가족치료사는 사건 자체보다 각 가족원이 그 사건에 부여하는 의미에 초점을 둔다. FFT에서는 각 가족원이 초기에 가졌던 '문제에 대한 정의'에 직접적으로 개입하여, 문제와 관련된 정서와 행동을 만들어 내는 '사건에 대한 개인적 해석이나 논리'를 바꾸어 주는 작업을 통해서 이러한 초점에 집중한다.

3) 인지 · 정서 · 행동의 역할

행동이나 이에 대한 개인의 논리나 의미를 변화시키는 것이 어려운 이유는 내담자 문제를 특징짓는 각각의 다른 기능 영역들(즉, 행동적 · 정서적 · 인지적 부분)이 모두 연결되어 있기 때문이다. 즉, 모든 의미체계에는 귀인(누가 그랬으며, 왜 그랬는지)과 감정반사의 정도(그것이 자기에게 얼마나 중요한지, 왜 그것이 중요한지) 그리고 그 귀인과 감정에 뒤따르기 마련인 행동들이 포함된다. FFT에서는 인지 재구조화, 의미변화를 통한 감정조절, 인지 부조화 다루기의 세 가지 주요 기제를 적용해서 모델의 목표를 치료적 관계과정으로 전환한다.

행동의 중심 요소인 개인적 현실(personal realities)에는 인지적 이유 못지않게 정서적 이유도 들어 있다. 정서는 교사, 다른 가족원 혹은 치료사가 관찰할 수 있는 청소년의 문제행동을 만들어 내는 엔진 같은 역할을 한다. 아는 것과 느끼는 것과 행동은 동일한 체계에 의해 형성되어 따로 분리되지 않고 함께 표출되는 것이다(Mahoney, 1991). 가족치료 회기에 참여해 본 사람은 누구나 문제를 둘러싼 가족원 간의 대화 속에서 뿜어져 나오는 강렬한 감정을 안다.

마찬가지로, 감정은 변화과정에서 중요한 역할을 한다. 가족치료과정에 관한 연구들은 치료의 성공을 위해 중요하며, 긍정적 감정 발달에 의해 촉진될 수 있는 개인 내적 과정의 세 가지 형태를 일관되게 보고하고 있다. 그것은, 첫째, 다른 가족원으로부터 인정받는 느낌, 희망적 기분, 안전감 등의 정서적 경험, 둘째, 인지적 변화, 통찰, 자각, 셋째, 배려심 있고 유능하며 적극적이면서도 가족의 호소문제에 초점을 맞추는 가족치료사와의 강력한 유대감 등이다(Heatherington, Friedlander, & Greenberg, 2005). 여기서 분명히 알게 되다시피, 긍정적 감정의 치료적 역할은 치료를 통해 단순히 좋은 기분을 갖게 되는 것을 훨씬 넘어선다. 사실 우리는 긍정적 감정 자체가 치료적이라고 보지는 않는다.

4) 인지 재구조화

인지 재구조화는 FFT에서 개발된 것이 아니며, 심리치료의 공통 요소들 중 하나이다. 이것이 FFT에 적용될 때, 인지 재구조화의 목표는 가족원들이 가지고 오는 개인적 의미와 해석을 변화시키는 것이다. 각자가 상호 비난을 멈추고, 문제를 보이는 한 사람에게만 집중하는 것을 멈추면서, 모두가 관련되어 있다는 것을 보기 시작하고, 어떤 해결책이든 전체 가족이 함께해야 가능하다는 것을 알기 전까지 그들은 한 발자국도 나아가지 못한다. 그들이 그 정체 상태에서 벗어난다는 것은 호소문제에 대한 각자의 해석을 새로이 하거나 확장시키는 것을 의미한다. 어떤 행동을 고의적이고 악의적이라고 전제하고 보던 것에서 이해할 만하고 무해한 것으로 다르게 보게 되면 문제에 대한 정의가 바뀌게 된다. 이러한 변화는 부모로 하여금 문제의 원인을 보다 건설적으로 파악하게 만든다. 따라서 문제를 규정하는 것과 그것을 뒷받침하는 부정적 귀인에 대한 개입은 가족의 기능을 향상시키고 가족이 치료에 더 적극적으로 참여하게 만든다.

Friedlander와 Heatherington(1998)은 광범위한 연구를 통해 재귀인 · 인지 재구조화가 다양한 이론적 관점에서 필수적으로 제시되는 기제라는 사실을 발견했다. 무엇보다 주목할 것은 귀인의 변화를 이끌어 내는 결정적인 방법을 찾아낸 것이다(Coulehan, Friedlander, & Heatherington, 1998). 이를 순서대로 보면 문제에 대한 개인의 관점과 문제의 원인에 대한 생각 파악하기, 문제에 각자가 서로 기여한 점 파악하기, 관점의 차이 인정하기, 반드시 자녀 때문에 문제가 발생한 것만은 아니었음을 인정하기, 문제행동을 가족의 스트레스 요인들과 연결시키기 그리고 강점 파악하기 등이다.

FFT에서도 문제에 부여하는 의미의 체계적인 재구성이 유사한 단계를 통해 이루어진다. 이를 통해 부정적 감정과 비난을 줄이고, 가족을 치료에 참여하게 하고, 가족원들이 새로운 행동을 수용하고 유지하는 것을 돕는다. 가족원들이 모두에게 책임이 있다는 생각과 가족 전체에 더 초점을 두는 새로운 관점을 가짐으로써 감정이 조절되고 행동패턴에서의 변화가 시작된다. 재구성(reframing)은 부정적 상호작용, 고통스러운 정서 그리고 성공적이지 못한 변화전략을 만들어 냈던 인지와 지각의 근간을 관계기반 방식으로 변화시키는 방법이다(다음 장에서 재구성에 대해 보다 심도 있게 다룰 것이다).

5) 행동변화의 목표는 달성 가능하고 가족의 특성에 맞는 것으로

치료사들은 가끔 내담자들에게 너무 많은 것을 주문한다. 예를 들어, 강렬한 관계패턴의 한가운데에 있는 가족원에게 합리적인 사고를 하라거나, 안정적이고 침착한 감정을 가지라거나, 안정적인 행동패턴을 보이라는 것이 그것이다. 어떤 치료사는 가족들을 누군가가 규정해 놓은 '건강한' 모양새로 만들고자 하고 혹은 치료사의 모델에 맞추어 가족 혹은 개인의 성격을 재구성해 보려고 노력한다. 그 목표는 고상하고 바람직할지 모르지만 그들은 종종 가족에게 정말 필요한 것보다 치료사가 생각하기에 좋은 것을 더 많이 생각한다. 사실 가족은 현재의 필요와 미래에 닥칠 어려움을 해결할 수 있는 역량을 키워야 하며 이를 위해 더 필요한 것들이 있는데 말이다. 이와는 달리, FFT에서는 가족의 가치관이나 능력, 스타일에 맞는 달성 가능한 결과를 추구한다. 그리고 가족에게 지속적으로 영향을 미칠 수 있는 중요하면서도 달성 가능한 행동적 변화를 만들어 내는 것을 핵심 원칙 중 하나로 꼽는다.

이런 방식으로 구체적인 행동변화의 내용이 설정되었을 때 치료가 가장 잘 되는 것 같다. 이런 식으로 얻어지는 구체적이고 달성 가능한 행동변화는 가족기능에 중요한 영향을 준다. 왜냐하면 이 행동변화는 다른 문제행동을 유발하고 유지하는 '잠재적 위험요인'과 '보호적 패턴' 자체를 변화시키는 데 주안점을 두기 때문이다. 그래서 그것이 우선은 가족과정 안에서 일어나는 작은 행동변화(예: 상처가 되도록 비난하는 대신 긍정적 의미로 자녀의 행동에 관심을 보이거나 자녀의 좋은 행동에 대해 인정해 주는 것)처럼 보일지 모르지만 그 변화가 지속되는 것이다. 치료를 통해 보호요인은 상승되고 중요한 위험요인은 감소되기 때문이다. 이러한 접근방법을 통한 변화는 특정 행동문제의 당면한 변화뿐 아니라 이 변화를 향후의 상황에 적용할 수 있는 가족의 역량강화라는 부가적인 효과를 만들어 낸다. 지금은 작은 변화처럼 보이는 것이 시간이 흐르면서 가족기능적 측면에서 중요하고 지속적인 변화로 이어진다. 그리고 그러한 가족의 변화는 약물이나 가족 내 폭력을 중단하는 것과 같은 중요한 행동적 결과로 반영된다.

6) 가족의 특성에 맞는 개입전략 선택

이 원칙은 바로 앞에서 언급한 원칙을 보완하는 것이다. FFT는 개입전략을 세 가지 차원에서 개별 가족의 특성에 맞게 선택하는데, 치료의 단계 차원에서, 내담자 차원에서 그리고 특정 사례의 차원에서 개입전략을 맞춰 나가게 된다. 여기서 맞춰 나간다는 말은 가족치료사가 모델의 이론적이고 임상적인 목표와 특정 내담자의 개인적 특성 사이에서 변증법적으로 타협해 나가는 방식을 말한다(Sexton & Alexander, 2004).

FFT 변화모델(이 장의 후반부에서 상세히 다룬다)은 단계적이다. 즉, 시간적 순서에 따른 변화 단계가 있으며, 각 단계마다 특정 결과에 초점을 두는 특정 변화기제가 있다. **치료단계 차원에서 맞춘다는 것**은 치료사가 치료를 진행해 나가면서 자신이 어느 단계에 있는지, 그 단계의 목표가 무엇인지에 주의하고 그러한 목표에 준하여 상담장면에서 어떻게 대응해야 할지, 개입이나 사정활동의 어디에 초점을 두어야 할지를 정하는 것을 의미한다.

내담자 차원에서 맞춘다는 것은 각 단계의 목표를 내담자의 관계적 욕구, 호소문제 그리고 가족의 역량 수준에 맞는 방법으로 달성하는 것을 말한다. 또한 문화, 인종, 종교, 성별에 기반한 내담자의 가치를 존중하면서 그것에 부합하게 치료한다는 의미이다.

특정 사례에 맞춘다는 것은 치료사가 특정 내담자와 가족의 상황에 잘 맞게 목표를 설정한다는 뜻이다. 이 원칙으로 인해 치료사는 자신의 가치관, 사회현상에 대한 관점 혹은 관계 욕구 등을 내담자에게 일방적으로 부과하지 않게 된다.

치료사가 치료의 단계, 내담자 그리고 특정 사례에 맞춘다는 원칙을 가지면 저항에 대한 관점이 바뀐다. 즉, 저항은 '1명 이상의 가족원이, 치료에서 제공되는 활동, 개입, 새로운 신념 같은 것들이 자신에게 도움이 되지 않는다고 느낄 때 발생하는 상황'이라고 볼 수 있게 된다.

　FFT에서 치료와 치료결과를 내담자에게 맞추는 것은 클라이언트를 존중하는 기본 태도 때문이다. 존중은 다양한 방식으로 치료의 핵심 요인이 된다. 첫째, 모든 치료와 마찬가지로 FFT 치료사도 존중하는 태도로 상담에 임한다. 훌륭한 FFT 치료사는 자신이 내담자를 이해하며, 지지적이고, 공감과 존중을 하고 있음을 가족원 각자에게 보여 준다. 둘째, FFT는 특정 호소문제(임상적 증상)를 관계의 문제로 본다. 즉, 특정 문제행동은 가족원 간의 지속적이며 고착된 관계적 기능의 근간이 되는 행동패턴에 내재한다고 본다 (Alexander & Sexton, 2002; Sexton & Alexander, 2002). 따라서 문제행동을 탓하는 것이 아니라 가족들이 어떻게 기능하는지에 대해 가설을 세울 뿐이다. FFT는 가족 전체의 기능에 초점을 두기 때문에 행동적인 면에서는 구체적이지만 각 내담자에 대해서는 존중하면서 지지적일 수가 있다. 이 모델은 '문제아'가 지지받는다고 느끼게 하며, 이런 점에서는 다른 가족원도 마찬가지다. 이 모델은 내담자가 이전에 문제를 해결하려고 시도했던 방식이 도움이 되지 않았음에도 불구하고 내담자가 스스로를 괜찮다고 느끼게 하는 흐름을 만들어 낸다. 내담자는 해 볼 만한 일이 아직 있고, 가족원이 함께 변해야 그것이 성취되며, 모든 사람이 문제와 해법의 일부라는 것을 느끼게 된다.

7) 내담자의 시급한 필요에 맞춘 목적지향적 대화에 기반한 치료

　치료는 가족 및 청소년과 가족치료사 간의 대화를 통해 일어난다. 이 대화가 이루어지면서 과거와 현재, 미래 사건들의 의미를 변화시키는 일이 일어난다. 향후 문제가 발생했을 때 가족원 각자가 이전과는 다르게 행동할 가능성을 만들어 내는 어떤 것이 생겨나는 것이다. 문제는 어떻게 내화가 내담자들의 지각과 행동 그리고 정서에 있어서 그러한 변화를 가능하게 만드는가 하는 것이다.

　Martin(1997)은 "내담자는 자신과 타인, 상황에 대해 (이전부터 지속되고 있

는) 사적·사회적·문화적 경험을 통해 얻게 된 개인적 견해를 가지고 있는
데, 심리치료는 이 개인적인 견해를 변화시키기 위한 독특한 형태의 대화이
다."(p. 3)라고 하였다. 치료과정에서 청소년과 가족원 그리고 치료사 사이
에 일어나는 사회적 상호작용으로서의 대화는 심리치료의 변화과정의 원천
이다. 치료가 앞으로의 행동에 궁극적 영향을 미치기 위해 이 대화는 대인관
계의 영향력을 이용해야 하며(Jackson & Messick, 1961; Kiesler, 1982; Strong &
Claiborn, 1982) 목적지향적인 동시에 상호 협력과 존중에 기반을 두고 있어
야 한다. FFT는 이러한 모든 기준을 충족한다.

  이러한 다차원적 대화를 통해서 가족원들과 가족치료사는 사건, 기억, 타
인의 행동 등에 부여한 의미를 변화시키기 위해 최선의 노력을 한다. 각 내
담자는 나름의 대안이나 걱정, 생각, 기대 등을 갖고 치료에 오며, 치료사는
그것에 대해 인정하고 반응할 필요가 있다. FFT 치료사는 계획을 가지고 치
료회기에 임하는데, 그 계획이란 치료실에서 어떤 일이 일어날 것인지에 대
한 것이 아니고, 어떤 과정목표가 가족의 변화를 만들어 내는 데 가장 도움
이 될지에 대한 것이다. 그 결과, 비난적이며 부정적인 상호작용이 협력에
보다 초점을 둔 형태로 바뀌게 된다.

  이야기기반의 심리치료모델 중 일부에서는 이렇게 계획에 의존하는 것이
내담자중심적이지 않다고 본다. 그러한 비판적 관점에서는 내담자가 자신
에 대해, 그리고 자신에게 필요한 것에 대해 알고 있으며, 그 목표를 성취하
기 위해 필요한 자원을 가지고 있는 존재라고 본다. 즉, 내담자가 자기 문제
의 전문가라고 본다. 하지만 FFT의 존중과 협력의 렌즈를 통해 볼 때는 '누
가 전문가인가'라는 부분에서 다소 복잡한 면이 있다. 내담자가 분명 자신의
삶·가치·희망·꿈의 전문가이다. 앞에서 언급하였듯이, FFT는 내담자들
이 자신이 원하는 방식으로 살게 해 주려는 치료이다. 즉, 그들이 선택한 생
활방식에 대해서 문화적·역사적으로 규정된 '건강성'을 강요하지 않는다.
하지만 다른 한편으로 우리의 입장은, 내담자들을 여전히 존중하지만, 그들
이 특히 자신이 고착되어 있는 상황에서 잘 벗어나지 못하는 존재라는 점을

인정한다. 사실 내담자는 문제에 대한 독창적인 해법을 찾는 데 가장 능력이 없는 상태일 수 있다(Bateson, 1972). 대신 우리는 가족치료사가 가족체계를 어떻게 변화시킬 것인지에 대해 전문성을 갖고 도와주는 역할을 한다고 본다. 가족치료사는 이론적·과학적으로 입증된 치료과정과 개입방법을 도입하여 가족이 어려운 시간을 벗어날 수 있도록 돕는다. 이 점에서 가족치료사는 전문가, 즉 변화 전문가라고 할 수 있다. FFT모델에 내재된 존중이란 우리가 내담자의 분투, 그들의 도움 요청 그리고 이를 위한 치료사의 역할을 기꺼이 존중한다는 것을 뜻한다. FFT에서는 가족원의 특수성에 맞으면서도 긍정적인 결과를 얻기 위해, 가장 신뢰할 수 있고 효율적인 과정을 만들어 낼 수 있게끔, 모든 치료에 2명의 전문가가 들어가서 협력을 하게 된다.

사례

세스와 그의 어머니에게 도움이 될 만한 변화에는 꽤 여러 가지가 있다. 예를 들어, 의사소통과 문제해결 방식에서 변화가 일어나면 어머니는 아들이 가진 독립 욕구를 존중해 주는 방식으로 아들의 행동을 살피고 감독할 수 있게 될 것이다. 그러나 세스와 어머니에게 닥친 가장 시급한 도전과제는 이런 기술을 습득하는 것이 아니다. 이들에게 당면한 문제는 동기가 없다는 점이다. 만일 그들이 치료에 참여하더라도, 자기들이 생각하는 문제에 있어서 자신이 기여하고 있는 부분에 대해 자신이 바뀌겠다는 동기가 충분히 강하지 못하다면, 그들이 새로운 행동기술을 시도해 볼 것이라는 기대를 하기는 어렵다. 동기가 있어야 그들이 이 힘겨운 시간을 헤쳐 나가는 데 도움이 되고 치료가 성공적으로 될 것이기 때문이다.

따라서 FFT 치료 초기에는 동맹에 기반을 둔 동기부여가 첫 목표이며, 이것이 치료사가 가족개입의 틀을 만들어 가는 기본 원칙이 된다. 가족과 치료사 사이의 상호작용, 대화, 경험들은 동맹과 동기를 향상시키는 통로로 활용된다. FFT 치료사는 세스와 그의 어머니 모두에게 지지와 공감이 필요하다는 것을 알았지만, 공감에 주력하기보다는 이들이 자신들의 문제에 대해 다시 생각해 보도록 요구했다. FFT 가족치료사는 문제 자체나 가족관계에 대한 자세한 내력을 묻지 않았고, 문제해결이나 세스와 어머니 간 의사소통 개선 작업을 바로 시작하지도 않았다. 대신, 가족치료사는 동맹을 이루기 위한 대화를 해 나가면서 위험요인 및 보호요인, 관계패턴과 관계 기능들을 살펴보았다. 이러한 대화 중에 치료사는 세스와 어머니 사이에 일어난 특정 사건들에 대해 모자간의 동맹을 장려하고 지원하고 동기부여하는 방식으로 표현하였다. FFT 치료사는 내담자를 다른 서비스(예: 약물중독치료)로 의뢰해 버리려고 하지 않으며, 그 문제가 관계패턴과 관계기능에 내재되어 있는 것으로 보았다.

세스와 어머니에게는 의미의 문제도 똑같이 중요했다. 자세히 보면, 가족과의 초기 대화에서 세스는 어머니의 의도에 대해 들으려 하지 않는 모습을 여러 번 보였다. 그의 눈에 어머니는 지나치게 통제적이고 자신의 사회생활을 방해하며, 과도한 죄책감으로 불필요한 것까지 바꾸려고 너무 애를 쓰는 것으로 보였다. 그는 어머니가 자신의 학업에 바쁘다 보니 '아들이 문제가 너무 많아서 다루기 힘들다'고 생각해 버리면서 아들을 버려 두고 있는 것으로 보았다. 세스가 어머니의 행동을 그렇게 부정적으로 보기 때문에 그가 매사 즉각적으로 어머니를 피하거나 방어적이며 반대를 하는 것이 놀라운 일은 아니다. 왜 안 그러겠는가? 그로서는 다르게 행동해 봐야 얻는 것이 없었을 테니까 말이다. 어머니 앤 또한 아들의 행동이 가진 의도와 의미에 대해 똑같이 부정적인 관점을 가지고 있었다. 그녀의 입장에서 아들은 이기적이고 '삶이 얼마나 힘든 것인지를 모르는' 사람이었다. 아들이 약물을 남용하는 것은 자기 행동에 대한 책임을 지지 않기 위한 핑계일 뿐이며 자기 마음대로 하고 싶어서 반항하는 것이라고 보고 있었다. 그녀는 만일 아들이 삶이 얼마나 힘든 것인지를 알 수 있다면 엄마인 자신이 애쓰고 있는 것을 고마워할 것이라고 생각했다. 아들이 잘못을 저지르면 어머니는 그때가 아들이 '자신의 행동에 대해 책임을 질 수 있도록 따끔하게 가르칠 수 있는' 기회라고 보았다.

이 사례에서 세스와 앤은 두 사람의 관계 안에 흐르는 의미의 문제로 씨름하고 있었다. 두 사람 다 이 문제가 누구의 책임인지, 상대는 어떤 의도로 저런 행동을 하는지, 문제를 해결하려면 어떤 행동이 필요한지에 대한 자신들의 신념에 맞춰서 행동하고 있었다. FFT는 특히 세스와 앤이 경험하고 있는 것과 같은 문제들에 잘 들어맞는 접근법이다. 의미변화는 더 장기적인 행동변화를 이끌어 내는 기제이다. 따라서 의미변화는 FFT의 초기 단계의 목표이기도 하다.

어떤 변화가 얻어질 수 있으며 지속될 가능성이 있는지, 또 적절한지를 결정하는 것은 쉬운 일이 아니다. 치료사는 구체적으로 무엇을 변화시킬 것이며 어떤 분야에서 얼마만큼의 변화를 기대할 수 있는지에 대해 미리 생각해야 한다. 세스의 사례에서, 또래, 학교, 사회, 가족 영역에서 내담자들이 원하는 변화는 FFT 치료사에 의해서 세스와 어머니 사이에 있는 구체적인 관계적 교류의 문제로 전환됨으로써 치료사가 그들에게 영향을 미칠 수 있게 된다. 그들이 씨름하는 문제 중 하나인 약물문제는 즉각적인 변화가 나타날 수는 있으나 문제가 계속 재발될 수 있는 영역에 해당한다. 이는 행동기술과 상호작용 방식을 개선시켜 향후 그들이 문제에 대처하는 방법의 기반을 마련해야 하는 종류의 문제이다. 따라서 치료목표는 가족에게 영향력과 의미가 있어야 한다. 치료사는 가족 상호작용의 한 측면에서 나타나는 작은 단초를 파악해서 FFT 초기 단계의 직접적인 표적으로 삼게끔 신경을 써야 한다. 이러한 작은 변화가 성공하게 되면 치료적 변화가 일어날 수 있으며, 이후의 동기부여와 관계형성도 잘 이루어질 수 있다.

　가족치료를 가족원들의 행동 방식과 유형, 개인적 선호 등과 맞추면 관계형성과 동기부여에 도움이 된다. FFT 치료사는 세스 모자와 대화하면서 장단기적인 치료요소들을 어떻게 그들에게 맞출지에 관한 다양한 단서를 얻게 된다. 치료사는 상담 내용의 심각함과 모자의 절망감을 감안해서 가라앉은 목소리 톤으로 상담을 시작했다. 첫 회기 초반에 FFT 치료사는 구체적인 이야기를 시작하면 두 모자의 분노수준이 올라가면서 분위기가 험악해지는 것을 알았다. 이러한 관찰에 기초해서 치료사는 질문과 설명을 보다 일반적 주제 차원에서 이끌어 나갔다. 치료결과에 대해 이야기할 때도 모자가 느끼고 있는 절망감을 고려하였다. 치료사는 장밋빛 그림을 그리는 대신에 "치료가 물론 가능하지만 쉽지는 않은 일이다."라고 말해 주었다. 이런 방식으로 치료사는 그들의 낮은 기대수준을 인정해 주고자 했다. 이렇게 작은 변화부터 시도하는 것이 치료를 내담자 맞춤형으로 하는 데 도움이 된다.

　FFT의 첫 회기에 세스는 유달리 조용했다. 그는 가끔 아래를 쳐다보거나 다른 곳을 바라보았으며, 치료에 관심이 없는 듯이 보였다. FFT 치료사는 빨리 세스와 친해져서 힘든 문제에 관해 얘기하게 할 방법을 찾고 싶은 유혹을 물리쳤다. 대신 치료사는 과정목표인 동맹형성과 의미변화에 세스의 관심을 돌리려고 노력했다. FFT는 치료 초기 대화가 매우 인간적이면서 가족 전체를 보는 관점에 초점을 두고 있으며, 직접적인 동시에 목적 지향적이라는 특징을 가진다. 치료사가 회기목표를 분명히 해야 치료 초기에 필요한 어떤 변화를 얻기 위한 구체적인 초점을 잃지 않을 수

있다. 세스는 매번 치료사를 무시했고, 치료사는 세스의 침묵을 재구성하면서 그를
대화에 끌어들였다. 앤은 매번 세스를 비난했는데, 치료사는 그것을 그들 모자가 서
로 간의 이해를 높이는 데 활용하였다. 동시에 치료사는 문제가 생겼을 때 각자가 경
험한 것에 대해 서로 이야기하도록 권유하고 독려하였다. 이러한 대화에서 나타난
강한 감정과 힘겨운 투쟁은 치료사로서는 치료동맹을 더 많이 구축하게 하는 기회가
되었다.

2. FFT의 임상적 과정

상담실에서 행해지는 가족치료는 마치 마술처럼 보인다. 내담자나 가족
을 괴롭히던 '주문'을 깨는 어떤 일이 일어난 것처럼 보인다. 그러나 알다시
피, 이러한 변화를 위해서는 핵심 원칙에 기반한 체계적 작업이 부단히 필요
하다. 치료사는 치료계획을 어떻게 세울지, 회기목표를 어떻게 설정할지, 문
제가 어떻게 나아지고 있는지 등에 대한 답을 얻기 위해 수많은 어려운 과정
을 통해서 방법을 찾아야 한다. 이런 질문들에 대한 답은 치료사가 기준으
로 삼는 변화모델에 포함되어 있다. Diamond, Reis, Diamond, Siqueland와
Isaacs(2002)는 "치료모델이란 다중의, 개별적이면서 동시에 상호 연관된 과
업들로 구성된 것이다."(p. 44)라고 개념화하였다. 그들의 정의에 따르면, 치
료는 하나의 사건이 아니고 여러 요소가 상호작용하고 겹치고 뒤섞이는 다
중적 과업이며, 다중적 기제에 의한 과정이다. 변화모델은 치료사에게 상담
실천의 두 가지 큰 질문인 무엇을, 그리고 어떻게 해야 하는지에 대한 답을
준다. '무엇'이라 함은, 청소년과 그 가족에게 중요하고 지속적인 변화가 일
어나서 미래의 어려움에 잘 대처할 수 있는 역량을 강화시키는 것을 말한다.
변화모델들은 일련의 원칙을 기반으로 만들어지는데, 효율성을 위해 시간적
순서를 따르며, 잘 이행될 때 좋은 결과를 얻게 된다. 변화모델에 대해서는
연구와 평가가 계속 이루어져야 한다. 그러나 모델을 실천에 옮기는 측면인

'어떻게'는 다른 과제이다. 모델을 실행할 때, 치료사는 내담자 맞춤식으로 지속적인 사정(문제, 가족, 상황에 대해)과 개입(단계별 목표를 성취하는 것)이라는 서로 밀접하게 얽힌 과업들을 수행하면서, 모델의 원칙과 과정을 자신이 만나는 청소년과 가족과의 관계로 풀어낸다. 치료사는 모델의 핵심 원칙인 존중, 동맹, 호기심, 적극적 참여와 같은 원칙을 구현하고, 한낱 장밋빛 약속이 아닌, 실제 수행을 통해 얻어진 신뢰에서 발생된 관계적 영향력을 내담자에게 주면서, 치료적 입장을 취한다.

1) FFT 변화모델

앞에서 보았듯이, FFT에는 임상적 개입에 세 단계가 있고, 각 단계마다 구체적인 단기 목표와 이 목표를 달성하기 위해 고안된 개입전략이 있다. 치료사는 그 변화모델(관계형성/동기부여, 행동변화, 일반화)을 지도(map)처럼 사용하면서 가족 간에 나타나는 강렬하고 감정적이며 갈등적인 상호작용에서 길을 잃지 않을 수 있다(Sexton & Alexander, 2004). 한편, 가족원은 그 변화과정을 부드럽게 이어지는 연속적 과정으로, 지극히 인간적이면서도 호소문제에 대해서는 매우 구체적이고 적절하게 개입을 하며 모든 가족원을 참여시키는 어떤 것으로 느낀다. FFT의 세 단계 각각에는 별도의 목표와 치료기술이 정해져 있는데, 이 치료기술들이 잘 사용될 때 각 목표를 성공적으로 달성할 가능성이 최대화된다. [그림 3-1]은 FFT 변화모델을 나타낸다.

관계형성과 동기부여 단계에는 세 가지 주요 목표가 있다.

- 가족원 간의 동맹형성
- 부정성(negativity)과 비난의 감소
- 호소문제에 대한 공유된 가족초점(family focus)의 개발

관계형성과 동기부여는 치료사가 가족을 치료회기 혹은 초기 전화면접으

로 이끌기 위한 최초의 접촉을 할 때부터 시작된다. 이때 가족들은 치료에 관심을 보이고 참여하고자 한다. FFT 치료사는 즉시 그 단계의 과정목표에 초점을 맞추는데, 즉 가족원 사이의 부정성과 비난을 감소시키면서 적극적인 재구성을 통해 호소문제에 대해 가족 전체가 관여된 것으로 보는 관점(가족초점)을 발달시키려 노력하는 동시에, 균형 잡힌 치료동맹을 만들어 내는 데 집중한다. 이러한 초기 상호작용에서 원하는 결과는 가족이 치료에 대해 동기부여되는 것이다. 동기부여는 가족이 지지받는 경험을 통해 변화의 가능성에 대한 희망을 가지며, 가족치료사와 치료가 그러한 변화에 도움이 될 것이라는 믿음을 가지면서 일어난다. 부정성과 비난이 감소할 때 가족원 사이의 긍정적 상호작용이 늘어나면서 희망이 생겨난다. 이를 통해 가족치료사는 가족이 변화할 수 있도록 안내하는 능력을 보여 줄 수 있다. 동맹은 각 가족원이 치료사가 자신의 입장과 신념과 가치관을 지지하고 이해한다고 믿을 때 생겨난다.

행동변화 단계의 주요 목표는 개인과 가족의 구체적인 위험행동을 표적화하여 변화시키는 것이다. 위험행동을 변화시키는 것에는 가족원이 여러 과업(예: 의사소통, 부모역할, 감독, 문제해결, 갈등관리)을 잘 수행할 수 있는 능력을 증진시키는 것이 포함되며, 이를 통해 가족기능이 향상된다. 가족원이 이러한 가족의 공동과업에서 보호적인 행동을 보다 많이 하게 되면 위험요인들은 감소된다. 이 단계는 여타 다른 접근방식처럼 정해진 일반적인 교육 내용을 따르는 것이 아니다. 오히려 가족들이 자신들의 특정 문제에 새로운 기술을 적용해 보는 구체적인 방식을 사용한다. 행동변화 단계에서는 개인과 가족의 위험패턴을 변화시키는 목표를 치료회기 중과 이후의 활동을 통해 달성한다. 이 활동들은 가족의 독특한 관계기능 수준에 맞추면서도, 현 상황에서 가족이 달성 가능한 것으로 신중하게 선택된 것이다.

두 번째 단계에서는 특정 영역에 초점을 두고 변화를 도모하는 것이었지만, **일반화** 단계에서는 관심의 초점을 가족관계의 다른 영역으로 옮겨 간다. 이 단계의 주요 관심은 외부세계와 가족 간의 교차가 일어나는 부분이다. 여

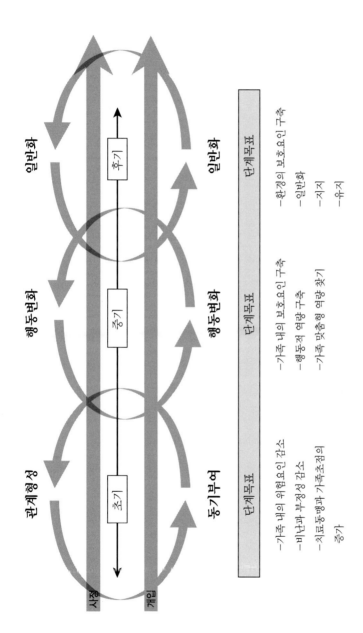

[그림 3-1] FFT의 단계

출처: Alexander & Sexton (2002); Sexton & Alexander (2002)에서 수정·인용함

기에서도 치료사는 정해진 프로그램보다는 그 가족에게 중요한 구체적 문제에 대해 대화를 나눔으로써 그 단계의 목표를 성취한다. 재발방지에 초점을 둔 구체적 전략을 세워서 치료를 통해 형성된 변화를 유지할 수 있도록 한다. 이러한 변화는 이들에게 필요한 지역사회 자원을 치료와 연결시킴으로써 지원되고 확장된다.

2) 사정과 개입, 그리고 가족

FFT에서 치료사가 하는 일의 상당 부분은 사정(개인·가족·상황에 대한 이해)과 개입(가족의 관계적·정서적·인지적·행동적 부분을 변화시키기 위한 목적지향적 활동)이라는 두 가지 과업 속에 포함되어 있다. 주지하였듯이, 이런 활동들은 치료적 대화를 통해 일어난다. 그 과정에서 변화 및 사정의 초점은 Mahoney(1991)가 3P라고 부르는 문제(problem), 패턴(pattern), 과정(process)을 중심으로 일어난다. 문제란 현재 상태와 바라는 상태가 불일치한다고 느끼는 것이다. 패턴은 문제에 내재된 규칙성 혹은 자주 나타나는 주제를 말한다. 임상적 과정은 그 둘을 모두 다룬다.

사정과 개입은 분리시킬 수 없을 정도로 서로 엮여 있다. 각 단계에서 치료사가 취하는 모든 행동이 치료적 요소를 가져야 하는 것과 마찬가지로, 사정은 치료모델의 모든 단계에서 이루어진다. 단계별 변화에 따라서 사정의 초점이 바뀔 뿐이다. FFT의 변화모델은 사정과 더불어 내담자를 존중하면서도 체계적으로 지도하는 동시다발적인 과업을 가급적 단순화시킨다. FFT에서 이러한 기능들은 치료적 상호작용의 역동적 과정에서 내담가족 고유의 특성에 따라 함께 엮인다.

다른 형식의 가족치료(예: 구조적 가족치료)와 달리, FFT 임상모델은 별도의 실연이나 사정 단계를 설정하지 않는다. 대신 사정은 임상적 관찰에 기반한 지속적 과정이라고 본다. 치료사는 가족의 행동패턴이 어떤 식으로 기능하는지, 무엇이 그것을 유지시키는지 등에 대한 가설을 형성하여 가족의 관계적 체계에 대한 가설적 그림을 만든다. 치료사가 보다 많은 정보를 얻게 될수록 그 그림은 더욱 발전되고 정교화된다. 치료사는 이렇게 지속되는 과정 가운데, 경청과 동시에 가족의 위험요인과 보호요인을 관찰하면서, 그것을 변화시키기 위하여 (재구성 같은 방법을 통해) 체계적으로 개입한다.

임상적 관찰에서 포괄적인 개념모델을 잘 활용할 경우 믿을 만하고 타당한 사정이 가능해진다. 초기 단계에서 각 가족원이 호소문제가 자신에게 얼마나 힘이 드는지를 말할 때부터 치료사는 문제 원인에 대한 각자의 설명, 감정, 비난적 상호작용 등을 파악할 수 있다. 이러한 사정은 치료사가 개입의 방향을 정하는 데 도움을 준다. 치료사가 문제를 둘러싼 가족기능이 어떻게 작동하는지를 이해하려면, 그들이 치료에 의뢰된 이유와 그들이 경험하고 있는 문제와 관계에서 경험하는 각자의 어려움 등과 관련된, 대화에서 나타나는 가족원 사이의 교류를 관찰해야 한다. 치료사는 관계의 역사와 환경적인 맥락 그리고 각 가족원의 생물학적인 특성(제2장 참조) 등에 기초하여 문제에 대한 가설을 발전시키면서 일어난 일들의 순서와 관계적 교류의 연쇄 고리를 추측하기 시작한다.

이는 이런 식의 임상적 사정이 더 정확하다는 것이 아니다. 제2장에서 살펴보았듯이, 사정을 정확하게 하기 위해서는 행동과 발달정신병리학, 위험 및 보호 요인 등에 대한 철저한 이해가 필요하다. 그러나 FFT 변화모델은 치료사가 임상적 관찰을 통해 맥락적으로 타당한 사정을 하는 것을 지향한다. 치료사는 FFT모델을 준수함으로써 행동에 대한 가족체계론적인 의미를 발전시키게 되는데, 그것은 규범에 기반한 법칙정립적인 것이라기보다는 개별기술적 성격을 띤다. 이런 식으로 치료사는 개인과 가족의 기능에 대한 포괄적인 이해를 구축하는 동시에, 치료 초기 단계의 매우 중요한 목표인 관계형성과 농기부여를 성취하게 된다.

사례

세스와 그의 어머니에게는 FFT의 초기 단계가 가장 힘들었다. 그들은 지난 18개월 동안의 상처와 고통, 누적된 부정성과 비난의 수준이 너무 커서, 상대방의 의도와 동기에 대해 굳어진 생각으로부터 벗어나는 것이 매우 힘들었다. 분노의 패턴이 그들을 사로잡는 것을 막는 것이 불가능해 보였다. 관계형성과 동기부여 단계가 끝나갈 무렵에 세스와 그의 어머니 모두 자신들의 가장 큰 어려움은 과거를 떠나보내고 각각의 문제를 있는 그대로 보는 것이었다고 인정하였다. 어머니 앤은 자신과 세스둘 다 문제와 해결책의 부분임을 믿을 필요가 있었다. 세스는 자신이 이전에 경험했던 것, 즉 어머니가 자신을 '포기하는 것'으로 경험했던 것이 사실은 아들이 살아 나갈 준비를 해 줌으로써 아들을 미래의 문제로부터 보호하는 방법이었고, 또한 '뭔가를 함으로써' 어머니 자신을 보호하고자 했던 것임을 알게 되었다.

행동변화 및 일반화 단계 또한 모델에서 제시한 과정을 따랐다. 치료사는 세스와 앤과 함께 행동적이고 구체적인 방식으로 문제해결을 위해 작업하였고, 계획을 실천에 옮길 때 나타날 문제점을 미리 고려하였다. 치료사는 학교문제와 향후 약물사용에 대한 토론을 통해 치료모델과 일치하는 변화를 만들어 낼 수 있게 되었다. 치료사는 상담실 안에서 일어나는 모든 상호작용을 가족에게 적절한 방식으로, 그들의 관계를 연결시킬 수 있도록, 그들이 가진 자원이나 가치관과 잘 부합할 수 있도록 맞추었다. 그 결과, 앤은 상당히 일관된 방식으로 문제해결에 집중할 수 있었고, 세스는 그것을 실천할 수 있는 방법을 찾아냈으며, 두 사람 모두에게서 부정성과 비난이 줄어들었다. 그들은 이와 같은 문제해결 방식을 다른 많은 문제(학교문제나 약물문제)에 활용할 수 있었고, 일상생활에서 그러한 능력을 사용할 수 있음을 보여 주었다. 세스는 치료기간 동안 두 번의 사법적 문제를 경험했는데, 둘 다 통행금지조치위반 문제였고, 이로 인해 보호감찰관에 의해 추가 제재를 받게 되었다. 앤은 더 이상 세스에게 시설로 가야 한다고 말하지 않았다. 오히려 자신의 일터에서 아들이 일자리를 얻을 수 있도록 도왔다. 세스는 매달 어머니에게 월세의 일정 부분을 낼 수 있게 되었고, 그로 인해 어머니의 경제적 어려움이 완화되어 근무시간을 조금 줄일 수 있게 되었다. 세스와 앤은 FFT 치료사로부터 5개월 동안 상담을 받았으며, 이 기간 중 열네 번의 공동회기를 가졌다.

3) FFT모델의 작동방식에 대한 과학적 토대

FFT는 여러 치료장면에서 수많은 다양한 내담자에게 긍정적인 결과를 가져왔다. 청소년과 가족치료의 세 가지 핵심 이슈를 중심으로 이 결과들을 살펴보고자 한다. 그 핵심 이슈는 다음과 같다.

- 외현화 행동장애와 관련된 다양한 문제행동(예: 폭력, 약물 사용과 남용, 품행장애)
- 어려운 문제를 가진 청소년 내담자를 치료에 끌어들이고 중도탈락률을 줄이는 데 있어서의 효과성
- 비용 대비 효과성

이와 관련된 연구들은 지역사회 기반의 효과성 연구뿐만 아니라 전통적인 임상연구와 통제집단을 둔 실험설계연구까지 모두 포함한다. 지역사회 효과성 연구는 다양한 인종 및 사회경제적 배경의 다중적 문제를 가진 청소년에게 치료가 어떻게 효과를 발휘하는지 탐구함으로써 전통적 임상연구에 대한 여러 비판을 극복한다.

또한 이들 연구는, 다양한 훈련 배경을 가진 전문 치료사들이 가정에서 치료를 할 때와 지역사회 현장에서 치료할 때에 대한 비교연구도 하고 있다. 이러한 연구들은 약물남용예방센터(Center for Substance Abuse Prevention)와 청소년사법 및 비행방지국(Office of Juvenile Justice and Delinquency Prevention)으로 하여금 FFT를 약물남용과 청소년범죄 예방을 위한 모델 프로그램으로 인정하도록 이끌었다(Alvarado, Kendall, Beesley, & Lee-Cavaness, 2000). 마찬가지로 폭력연구예방센터(Center for the Study and Prevention of Violence)에서는 FFT를 11개의 '청사진 프로그램'[2] 중의 하나로 지정하였다

---

2) 역자 주: 청사진 프로그램(Blueprint Program)은 미국의 폭력연구예방센터에서 과학적으로 효

(Elliott, 1998). 그리고 미연방 공중보건국에서는 FFT를 폭력적이고 행동통제가 어려운 청소년들을 성공적으로 다루는 4대 개입 프로그램 중의 하나로 인정하였다. 지금부터는 FFT효과의 과학적 증거를 중도탈락률, 행동적 결과, 가족기능의 변화라는 세 가지 영역별로 간략히 살펴보려고 한다.

중도탈락률에 있어서 FFT를 다른 치료와 비교한 연구들에서는 FFT가 지역사회 상황에서 지역사회에 기반을 둔 치료사에 의해 실시되었을 때 78~89%의 청소년을 성공적으로 치료에 끌어들였다고 보고하였다(Sexton, Ostrom, Bonomo, & Alexander, 2000). 이와 대조적으로, Kazdin(1997)은 여타 다른 임상적 개입 서비스를 받은 청소년들의 치료 완료 비율이 25~50%에 불과하다고 밝혔다. 이 연구에서 FFT의 경우에는 첫 회기에 온 청소년의 91.7%가 치료를 끝까지 마쳤다. 전통적으로 이런 범주의 청소년을 치료에 끌어들이기 어렵다는 점을 감안할 때 이것은 매우 인상적인 결과이다. 우리는 내담자와의 유대 형성과 치료유지가 성공적인 치료에 필요하긴 하나 충분 조건은 아니라고 보는 대다수 임상가의 관점도 알고 있다. 하지만 관계형성이 잘 될수록 행동변화도 더 잘 일어난다.

FFT를 통해 변화되는 청소년의 구체적인 행동에 대해서도 연구가 잘 이루어져 있다. 이 주제에 관한 첫 번째 연구(Alexander & Parsons, 1973; Parsons & Alexander, 1973)는 법원으로부터 의뢰된 13~16세의 비행청소년들이었다. 이 청소년들과 그 가족들은 FFT 집단, 무개입 집단(통제집단), 다른 치료조건(내담자중심 가족집단치료 혹은 절충주의 정신역동가족치료) 중 하나에 배치된 집단 등으로 나뉘었다. 6~18개월 후의 추후검증에서 FFT 치료를 받은 99명의 청소년 집단은 재범률이 26%였으며, 무개입 집단은 50%, 가족집단치료 집단은 47%, 정신역동가족치료 집단은 73%로 나타났다. 또한 이 연구에서

과성이 우수하다고 검증한 청소년의 폭력과 약물남용의 예방 및 치료를 위한 개입 프로그램으로, 여기에는 2020년 현재 FFT를 포함하여 미국 전역에서 17개 모델 및 프로그램이 선정되어 있고 76개 프로그램이 후보군에 속해 있다. 상세한 사항은 https://www.blueprintsprograms.org/를 참조하시오.

는 FFT가 의사소통패턴과 상호작용의 빈도에 영향을 주었다는 점을 입증하였다. 특별히 주목할 것은, 명확한 의사소통이나 피드백 의사소통이 증가하였다는 점과 부정적 감정과 비난이 감소하였다는 점이다. 당시의 상황에서 이 연구가 보여 준 가장 극적인 부분은 가족치료가 습관적 범행을 멈추는 데 긍정적 효과를 보여 줄 수 있었다는 점이었다. 이는 이 부류의 청소년들을 위한 강력하고 훌륭한 성과였다.

　이후의 한 연구(Klein, Alexander, & Parsons, 1997)는 FFT와 같은 가족치료 모델의 체계적 효과를 측정하고자 하는 의도를 가지고 대상 청소년의 형제자매들의 재체포율에 주목했다. 2~3년 후의 추후 연구에서, FFT를 받은 가족의 형제자매는 FFT 이후의 법정 의뢰율이 20%였는 데 비해서, 다른 치료집단 청소년들의 형제자매는 재범률이 유의미하게 높게 나타났다(무처치 집단 40%, 내담자중심 가족집단치료 집단 59%, 절충적 정신역동가족치료 집단 63%). 이런 극적인 연구결과는 FFT가, 치료의 주된 초점도 아니었던 형제자매에게 상대적으로(다른 치료방법과 비교하였을 때), 그리고 절대적으로(무처치 집단과 비교하였을 때) 유의미하게 큰 효과를 미친다는 것을 보여 주었다. 그들은 또한 FFT를 받은 가족들이 다른 치료를 받은 가족들에 비해 가족 상호작용이 더 많이 개선된다는 것을 발견했다. 결국 이 연구자들은 가족과정의 개선이 차후에 내담자 형제자매의 법정 의뢰 경험 여부를 결정짓는다는, 임상적으로 매우 중요한 연구결과를 보고했다. 이는 치료사가 가족 상호작용패턴의 개선이라는 현재에 임박한 임상 목표에 집중할 수 있고, 그것이 가족의 장기적인 행동에 영향을 미칠 수 있다는 확신을 갖게 한다.

　Barton, Alexander, Waldron, Turner와 Warburton(1985)은 비행의 심각도에 차이가 있는 청소년들에 대한 일련의 소규모 연구과제 세 가지를 수행하였다. 첫 번째 연구에서는 FFT가 학부생 준전문가들에 의해 '지위비행자' 집단에게 시행되었다. 대상 청소년들은 가출, 알코올 소지, 난잡함, 통제불가 등 전형적인 경범죄를 저지른 청소년들이었다. 이 청소년들은 무작위로 배정된 것은 아니고 보호관찰관에 의해 치료사에게 직접 의뢰되었다. FFT 훈련을 받은 학부생들은 그들의 이후 1년간의 재범률을 유의미하게 낮추었다 (청소년사법체계 전체적으로는 재범률이 51%였으나 FFT 집단의 경우 26%였음). 이러한 결과는 이전에 행해진 선임급/대학원생 수준의 치료사들에 의해 얻어진 것과 같은 수준이었다. 이를 통해 FFT를 성공적으로 수행하기 위해 요구되는 훈련의 수준을 어느 정도 파악할 수 있었다. 또한 이 연구대상자들에게서도 가족과정의 변화가 관찰되었는데, 가족의 방어적 태도가 현저히 줄어든 것이었다. 이는 선임 치료사들에게 치료를 받을 때와 다름이 없었다.

두 번째 연구는 방임, 파괴적 행동, 가족갈등과 같은 아동복지체계상 심각한 문제가 있을 때 가정 외 보호조치를 취하는 비율이 얼마나 낮아지는지에 대한 것이었다. FFT 기법을 훈련받은 실무자의 경우에는 대상 가정 아동의 가정 외 보호조치 비율이 유의미하게 낮아지는 것으로 나타났다(48%에서 11%로 감소). 집단 간 비교를 보면, FFT를 훈련받지 않은 사례관리자의 경우, 초기의 높은 가정 외 보호조치 비율(49%)이 그대로 유지되었다. 이 연구는 소규모의 기초적인 연구임에도 불구하고 사례관리자들이 문제 청소년에 대하여, 고비용이 들며 정서적으로는 외상적 사건이 되는, 가정 외 보호조치를 취하는 것을 방지하는 데 FFT 기법이 활용될 수 있음을 보여 주었다. 그와 같은 조치를 예방하는 것은 그 자체로 청소년의 발달과정에 긍정적 영향을 미치게 된다.

이 일련의 연구 중 마지막 연구는 심각한 범죄를 저지른 청소년에게 FFT가 가지는 효과성에 관한 것이다. 연구자들은 여러 번의 중범죄, 약물남용, 심각한 가족 내 폭력 등에 연루되어 중대 범죄로 주립시설에 수감된 적이 있었던 청소년들과 상담을 수행하였다. 이들 중에는 전과가 20건에 이른 경우도 있었다. 평균 30시간의 치료가 시행되었는데, FFT 집단은 16개월 후에 60%의 재범률을 보인 반면, 대안 프로그램(주로 그룹홈)으로 재배치된 청소년 집단의 경우 93%의 재범률을 나타냈으며, 교정시설 전반의 연간 통계는 89%의 재범률을 보고하였다. 또한 FFT를 받은 청소년들이 재범을 할 때는 다른 집단의 재범자들에 비해 대체로 훨씬 덜 심각한 범죄를 저지르는 경향을 나타냈다.

오하이오주의 Don Gordon과 그의 제자들은 FFT의 효과성을 연구하기 위해 최초의 독립적 실험실을 운영하였다. 두 차례의 연구(Gordon, Arbuthnot, Gustafson, & McGreen, 1988; Gordon, 1995)를 통해서 그들은 FFT가 유타주 외에서도 동일한 결과를 나타낸다는 것을 입증하였다. 대상 청소년들은 가정 외 보호조치의 위기 상태에서 법원으로부터 FFT로 의뢰되었다. 이 두 연구에 참여한 가족들은 이전 연구대상자들에 비해서 사회경제적 지위가 낮은 경향이 있었으며, 지역적으로는 보다 농촌지역에 해당하였다. 연구자들은 문제해결과 구체적인 행동변화 기술을 강조하는 FFT모델을 적용함으로써 FFT가 치료 후 2년과 5년 모두 재체포율을 현저하게 낮춘다는 것을 발견했다. 보호감찰관의 정기적인 감독을 받는 청소년들(n=27, 재범률 67%)과 비교하였을 때, FFT의 내담자 집단은 2년 후 시점의 재범률이 유의미하게 낮았다(n=27, 재범률 27%). 1년 단위로 산출했을 때 FFT 집단은 1.29회의 비행이 있었지만, 일반적인 처치를 받은 집단은 10.29회의 비행을 저질렀다. 동일한 대상자들의 5년 후의 성인기 범죄율을 비교하였을 때, FFT 집단은 성인이 되어 9%의 재범률을 나타냈고 통제집단의 경우는 41%의 범죄율을 나타냈다. 이 연구는 FFT의 확실한 효과성을 재확인해 주었을 뿐 아니라 상당히 긴 시간 이후까지 그 효과가 남아 있다는 것을 입증하였다. 이는 FFT가 청소년들이 십 대 후반과 초기 성인기 사이의 어려운 전이기 동안 성공적 전이를 할 수 있도록 도움을 줄 수 있다는 것을 의미하며, 또한 치료사나 지역사회 실천 현장의 입장에서는 FFT의 장기적인 결과에 대하여 신뢰할 수 있음을 의미한다.

Hansson(1998)은 1990년대 중반 스웨덴에서 FFT에 대한 일련의 연구를 시작했다. 심각한 범죄로 체포된 적이 있는 청소년들을 FFT 또는 사례관리자와 개인상담이 결합된 치료에 무작위로 배치하였다. 스웨덴에서는 청소년의 경우 체포되었더라도 교정체계로 옮겨지기 전에 수차례의 개입을 시도하도록 되어 있으므로 체포율의 변화에 관심이 크다. 치료 후 2년이 지난 시점에 FFT 집단의 재범률은 유의미하게 낮게 나타났다(82%에서 48%로). FFT 집단의 어머니들은 우울증, 불안, 신체화 증상 등의 다양한 개인적 증상에서 호전을 보였다. 주목할 것은, 이 연구가 초창기 모델 개발자가 아닌 사람에 의한 첫 번째 연구로서 이전 결과와 동일한 결과가 나왔다는 점과, 교정체계가 다른 미국 이외의 나라에서 행해진 연구라는 점이다. 이 결과는 FFT가 지역사회 기반에서 적용 가능성이 있으며, 미국과는 다른 문화적 맥락에서도 긍정적인 결과를 얻을 수 있음을 보여 준다.

    FFT에 대한 최근 연구(Waldron, Slesnick, Turner, Brody, & Peterson, 2001)에서는 약물사용 청소년을 대상으로 하였다. 이 연구는 치료방법이 청소년들의 약물사용에 미치는 전반적이고 누적적인 치료효과를 알아보기 위해 몇 가지 유력한 치료방법들(CBT, 심리교육 집단, 가족치료)을 비교하고 평가하였다. FFT나 FFT와 다른 치료를 결합하였을 경우, 치료 전과 치료 시작 4개월 후를 비교하였을 때 청소년들의 마리화나 사용 일수가 유의미하게 감소하였다. 이런 결과는 약물남용 청소년에 대한 가족치료의 즉각적 유익을 지지하는 것이며, 청소년 관련 가족치료 문헌들이 제시하고 있는 약물남용 청소년에 대한 가족치료의 효과와 일반적으로 일치한다. 심리교육 집단치료를 받은 청소년들의 마리화나 사용은 4개월 후에 측정했을 때는 처음 상태에 비해 유의미하게 낮아지지 않았지만 7개월 후에는 유의미하게 낮아졌다. CBT집단은 어떤 측정 시점에서도 처음과 비교해 유의미한 차이가 없었다($t < 1.0$). 이러한 결과는 가족치료가 집단치료에 비해 보다 신속한 변화를 만들어 내지만(즉, 4개월 내에), 집단치료는 약물남용을 줄이는 데 장기적 효과가 있다는 잠정적 증거를 제공한다.

    워싱턴주에서는 실제 임상 현장을 구축하는 복잡함을 감수하면서 FFT에 대한 연구를 수행하였는데, 다음의 세 가지 연구문제를 설정하였다. FFT가 실제 임상 현장에서도 효과가 있을 것인가? 치료사가 임상적 성과를 얻기 위해 주력해야 하는 역할은 무엇인가? FFT의 임상적 결과를 제한하는 가족의 위험요인은 무엇인가? 이 연구는 FFT의 효과성을 세 가지 주요 성과(재범률, 치료 지속률과 중도탈락률, 지역사회의 비용 절감)의 측면에서 보여 주었고, 또 훈련 프로토콜을 검증했기 때문에 특히 유용하다. 이 연구의 결과는 Barnoski(2002b), Sexton과 Alexander(2004) 그리고 Sexton과 Turner(2010) 등의 논문에서 각각 다른 하위집단의 연구대상자들에 대해 다양한 형태로 보고되었다.

이 프로젝트는 그 규모 면(14개 카운티의 치료사 38명과 917개의 가족이 참여함)에서나 표준화된 치료를 체계적으로 실시했다는 점(치료사들을 공통의 매뉴얼화된 임상적 프로토콜에 따른 치료원칙과 개입모델을 사용하도록 훈련시킴)에서 인상적이다. 이 연구에는 다양한 치료사와 가족이 다양한 임상 현장에서 참여하였다.

연구에 참여한 청소년들은 FFT를 시작하기 전에 심각한 문제를 가지고 있었다. 참가청소년 중 85.4%는 약물남용 문제가 있었고, 대다수가 음주를 하거나 알코올남용 문제를 가지고 있었다(80.47%). 정신건강 문제나 행동 문제를 가진 경우(27%)도 있었다. 대부분의 참가자는 중범죄를 저지르거나(56.2%) 경범죄를 저지른 경험이 있었다(41.5%). 이들 중 10.4%는 무기 사용 범죄로 재판받은 적이 있었고 16.1%는 갱단에 연루되어 있었다. 10.5%는 가정 외 보호조치를 받았고, 14.1%는 가출했었으며, 46.3%는 학교를 중퇴하였다. 이 청소년들 중 13.1%는 12세 이전에, 63%는 12~14세에, 23%는 14~17세에 최초로 범죄를 저질렀다. 치료성과를 측정하기 위해서 전체 재범률, 중범죄 재범률, 폭력 재범률 등에 관해 FFT모델을 준수하는 치료사의 치료를 받는 가족들과 통제집단 가족들을 비교하였다.

[그림 3-2]는 이 대규모 지역사회 프로젝트의 결과를 보여 준다. 결정적인 변수들을 상수로 둘 때(즉, 이전 범죄 경력, 연령, 가족의 위기변수 등을 공변량으로 처리한 상태에서) 중범죄 경험이 있는 청소년들이 FFT를 받았을 때 범죄행위가 31% 감소하였다(재범률이 19.2%에서 13.2%로 줄어듦). 또한 폭력 재범률은 FFT를 경험한 집단에서 43% 감소하였다(재범률이 4.4%에서 2.5%로 줄어듦). 이러한 차이는 통계적으로 유의미하였다(b=−.51, p<.033).

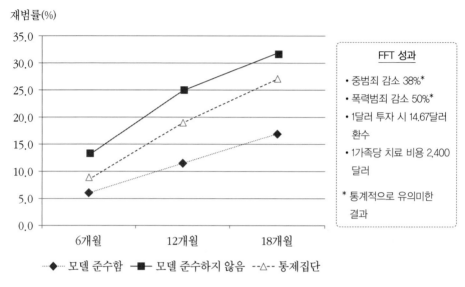

재범률(%)

···◆··· 모델 준수함   ─■─ 모델 준수하지 않음   --△-- 통제집단

[그림 3-2] FFT 및 치료모델의 구체성 준수 여부에 따른 성과 비교

하지만 이 연구는 FFT의 긍정적 효과가 일률적이지 않다는 것도 보여 준다. FFT를 원래 설계되었던 대로 모델에 아주 충실하게 수행한 치료사는 [그림 3-2]와 같은 결과를 얻었다. 그러나 모델에 충실하지 않았던 치료사는 아무 치료 서비스도 받지 않고 보호감찰관의 감독만 받은 집단보다 더 나쁜 결과를 얻었다. 즉, 개입모델은 성공적일 수 있으나 성공의 가능성은 그 모델이 실행되는 방식에 의해 매우 큰 영향을 받는다는 것을 알 수 있다. 이는 FFT의 질적 관리와 실행계획 측면이 지역사회에서의 성공적인 수행을 위한 결정적인 요소라는 것을 시사한다.

마지막으로, 이러한 결과는 비용 절감의 차원에서 중요하게 받아들여진다. 〈표 3-1〉은 FFT의 비용 대비 효과의 범위를 보여 주며, 이 자료는 워싱턴 연구의 비용 관련 결과와 일관된다. Sexton과 Alexander(2004)가 보고한 바와 같이, FFT를 실시하는 총비용은 가족당 2,500달러라는 상당히 적은 금액이다. Aos와 Barnoski(1997)가 개발한 알고리즘에 준하면, FFT는 가족원들이 겪는 정서적 고통 부분은 논외로 하고, 워싱턴주 체계에서 범죄 처벌과

표 3-1 타 청소년 치료프로그램과 비교했을 때 FFT의 비용 대비 이익

개입 프로그램	프로그램 실행 시 중범죄율의 변화	프로그램 비용	피할 수 있는 범죄 처벌 관련 비용	피할 수 있는 범죄 피해자 비용	순수 이익(손실), 피할 수 있는 납세자와 범죄 피해자 비용	순익분기점에 도달하기까지의 기간(년)
기능적 가족치료 (Functional Family Therapy)	-27%	$1,900	$7,168	$8,640	$13,908	1
다중체계치료 (Multisystemic Therapy)	-44%	$4,500	$12,381	$13,982	$21,863	2
청소년 극기훈련 (Juvenile Boot Camp)	+16%	N/A	$4,426	+4,998	(-$7,910)	도달 못함
심화 보호관찰(오하이오 주) (Intensive Supervision(Ohio))	-13%	$5,959	$1,955	$4,159	$2,204	도달 못함
심화 보호관찰 (캘리포니아주, 오렌지 카운티) (Intensive Supervision(Orange County, CA))	-22%	$4,446	$6,164	$6,961	$8,569	4
청소년 전향 프로젝트 (미시간주) (Adolescent Diversion Project (Michigan))	-34%	$1,028	$6,055	$7,299	$12,326	1
치료적 위탁양육 (오리건주) (Treatment Foster Care (Oregon))	-37%	$3,941	$9,757	$11,760	$17,575	2

범죄 피해자 비용 측면에서 청소년 1명당 16,250달러를 절약하였다. 이는 프로젝트의 첫해에 1,121,250달러를 절약했다는 의미이다. FFT 치료에 투자된 1달러마다 14.67달러 이상이 절약된 것이다.

3. 결론: 체계적이면서 모델에 충실한 프로그램 시행을 위하여

증거기반 모델들은 치료사가 청소년과 그 가족을 위한 긍정적 결과를 만들어 낼 수 있는 치료방법을 알려 주는 중요한 자원이다. 그 모델들은 치료의 향방을 안내하는 구조를 제공하여 치료사가 관련된 위험요인을 적절하게 다루고 유용한 보호 기능들을 증진시킬 수 있게 한다. 그와 동시에 개인과 가족의 일상세계에서의 독특한 모습에 맞는 적절한 방식을 도입하게 하여 변화를 위한 경로를 만들어 낸다. 이 모델들이 제공하는 구조는 초점화되고 개인적이며 상대를 존중하는 방식의 창의성을 만들어 내며, 그 창의성은 가족을 이해하고 변화하도록 돕는 데 도움을 준다(사실 이 창의성은 치료사에게는 부담스러운 과업이다).

물론 도전도 만만치 않다. 어떤 모델이든 그 임상적 핵심이 상실되고 단순한 하나의 교육과정이나 행동체크목록 정도로 전락하기 쉽다. 그러나 FFT에는 치료사들이 기본 구조를 특정 가족의 역동적 관계체계에 창의적으로 적용할 수 있도록 하는 임상적이고 이론적인 구체성이 있다. 이로 인해 치료사들은 효율적이면서 내담자중심적인 방법으로 유용한 임상적 선택을 해 나갈 가능성이 높아진다. 그렇다고 FFT모델이 모든 모델이 직면하게 되는 환원주의의 위험을 완전히 피할 수 있다는 것은 아니다. 치료단계를 지시대로 맹목적으로 따라가기만 할 경우에 이런 위험이 생길 수 있고 생기게 된다.

FFT는 지속적인 변화와 변용을 허락해 왔기 때문에 그 효과성을 유지할 수 있었다. 지속적인 피드백 과정을 거쳐 모델의 이론과 개념이 정교하게 발전되어 왔다. 많은 모델 개발자가 독립적이면서도 협력적으로 이 진화적 과정에 계속 관여하고 있다는 점은 기쁜 일이다.

   제2부에서는 FFT모델의 임상적 적용에 있어서의 방법과 특성을 자세히 살펴보고자 한다. 이 부분에서는 FFT가 실제 치료현장의 전형적 내담자에게 실시될 때의 구체적인 모습을 소개하고자 한다. 임상적 실제는 모델의 이론적인 부분들이 가족의 구체적인 모습으로 변환되어 각 가족의 독특한 작동방식에 따라 실천되는 곳이다. 제4~6장에서는 FFT의 각 단계에 대해 자세히 살펴본다. 각 장에서는 각 단계에 대한 설명과, 단계 목표, 성과, 단계별로 필요한 기술 등이 설명된다. 또한 FFT의 각 단계별 속성을 보여 주기 위해 사례를 제시할 것이다.

제2부

FFT의 실천

평소의 임상실천에서 임상가들은 이론적 모델을 직접적인 근거로 삼아서 작업하지는 않는다. 대신에 임상가들은 자신의 신념, 지식, 치료 기술을 임상에 가져와서 의사결정과 사례계획의 기초로 삼는다. 매일매일 임상가들은 화가 나고, 감정적이며, 겉으로 보기에 별 동기가 없어 보이고, 또 서로에게 부정적인, 그래서 그런 고착상태에서 빠져나와 앞으로 더 나아가기 위해 필요한 자원이 부족한 내담자들의 실제적인 현실과 마주친다. 흔히 가족치료에서는 분명한 내용을 가지고 말하고 행동하는 것 같지만, 숨은 의미가 있는, 너무 많은 관계적 메시지를 포함하고 있기 때문에 공통점을 찾고 공동 작업을 하며 문제를 해결하기가 쉽지 않다. 필자는 치료사로서 이러한 도전들에 어떻게 반응하는지 알고 싶다. 필자는 특정 회기의 목표에 대해 임상적으로 유용한 지침, 목표를 완수하기 위해 대화를 관리하는 전략 그리고 특정 가족에 적합한 방식으로 그렇게 하는 방법의 예를 알고 싶다. 필자는 일반적인 이론적 접근으로부터 치료과정의 단기 목표(예: 동맹, 정서조절, 동기부여)와 장기적인 행동 성과(예: 학교에서의 행동 개선, 사법기관과의 접촉 감소, 행동문제의 감소)를 통합하는 임상적 프로토콜을 구할 수가 없다. 필자에게 도움이 되는 것은 치료과정을 계획하고 상담실에서 일어나는 목전의 여러 기회를 활용하는 방법을 이해하기 위한 체계적 방법인데, 이것들은 모두 지속적인 영향을 미치는 데 큰 도움이 된다.

많은 임상가는 도구상자 접근방식을 이용한다. 이 접근방식은 내담자의 문제를 고치기 위해서 임상가들이 골라 쓸 수 있는 아주 다양한 종류의 개입방법이 있다는 사고방식이다. 이 접근은 마치 목수가 전동공구를 수집하는 것처럼, 치료사가 유용한 치료전략을 가능한 한 많이 수집하도록 독려한다. 그 개입방법에는 지시를 하는 특정한 방법(역설), 과제 부여, 내담자가 다양한 형태의 비합리적 신념에 도전하는 데 도움이 되는 인지적 기법들, 안구운동 민감소실 재처리요법(EMDR: 트라우마 극복을 돕기 위한 뇌의 재프로그래밍) 같은 특정 기법, 혹은 부모교육이나 훈련(교육과정 기반 접근에 의한 기술 교육)이 포함될 수 있다. 도구상자 모델이 직관적으로는 매력이 있을 것 같지만 치료사가 가족들, 특히 큰 위험에 처한 가족들을 변화과정에 개입시키기 위해서 필요한 치료적 역량을 실제로 갖추게 하지는 못한다. 도구상자 접근은 도구들의 사용을 안내하는 포괄적인 이론이 부족하다는 제한점이 있다. 이 접근은 임상가가 그러한 도구들을 어떻게, 언제 혹은 어떤 순서로 사용하는가를 안내하지 못한다. 건축을 위해서는 도구들이 필요함에도, 도구상자 접근은 영향을 극대화하고 작업을 효과적으로 수행하는 방식으로 도구를 사용할 수 있게 하는 도구들과 기술훈련과 건설계획의 필요성을 무시한다.

FFT 임상적 변화모델은 이 간극을 메꾸어 준다. 이 모델은 임상가에게 가족을 돕기 위한 포괄적이고 체계적인 접근을 제공한다. 즉, 이 모델은 시간적(단계에 기반한), 관계적(회기 중의 관계과정에서 일어나는) 그리고 내담자중심적(내담자의 관계체계에 적합한) 접근이다. 이 변화모델은 이론과 연구(제1장과 제2장에서 고찰함)와 임상실천(제2부에서 고찰함)을 통합한 것이다. 이 모델의 실천 원칙은 관계적이고, 가족중심이며, 동맹에 기반한다.

별개의 기법과 개입으로 이루어진 도구상자가 되는 대신에 FFT는 인간의 복잡한 구조물의 변경을 지휘하기 위한 건축 계획이다. 이 모델은 인간행동과 가족관계체계 연구의 견실한 원칙들을 보다 높은 차원에서 조직한 것이다. 마찬가지로 FFT의 핵심 원칙은 임상가들만이 아니라, FFT 서비스를 지도하는 임상슈퍼바이저, FFT 운용이 필요한 서비스전달체계를 만드는 행정가, 품질 보증을 추적하는 평가자들에게까지 확장되어 적용될 수 있다. 임상적으로 적합한 프로토콜이 있을 경우, 이렇게 여러 참여자가 모두 똑같이 체계적이지만 역동적인 방식으로 FFT에 접근할 수 있다. 즉, 모델을 높이 준수하고 계획을 따르며, 동시에 어떤 과업도 불변의 고정된 것으로 이해하지 않고 새롭고 예측하기 힘든 각 사건에 대해서는 내담자의 특수한 상황을 존중한다는 원칙에 기반하여 작업한다.

임상적으로 FFT는 임상적 사정과 개입의 동시 작업을 변화의 단계들에 통합한다. 임상적 사정과 개입, 가족, 시간의 관계는 실을 꼬아서 만든 장식용 수술에 비할 수 있다. 한 올 한 올은 자체의 강점과 약점을 가진 한 가닥의 실이다. 이런 실 가닥들을 함께 꼴 때, 가닥 가닥은 힘을 얻게 된다. FFT에서 시간이 흐름에 따라 특정 가족의 고유한 욕구와 패턴을 나타내는 실을 첨가함으로써 사정과 개입의 실 뭉치 가닥은 더 튼튼해진다. 가족이라는 가닥에다가 체계적인 사정과 개입의 가닥을 꼬아 넣으면, FFT의 임상실천에 튼튼한 심지가 만들어진다.

다음의 네 장은 FFT 임상모델의 현장 적용에 할애한다. 제4장, 제5장, 제6장에서는 서로 다른 임상 사례의 예를 들어서 임상에 초점을 둔 구체적인 방식으로 FFT의 세 단계를 차례차례 살펴본다. 제시된 예들은 해당 장의 단계에 맞는 구성개념과 치료기술을 설명하기 위한 것이다. 제7장에서는 치료사가 FFT모델을 행동으로 옮길 때, 치료 및 회기계획과 관련하여 FFT의 전체 과정을 살펴본다.

　제2부에서는 '상담실에서' FFT가 작업하는, 많고 다양한 가족원을 이해하고 또 치료적인 관계를 형성하여 동기부여를 시도하는 임상 현실에 초점을 둔다. 필자가 '상담실에서'라는 말을 사용하는 것은 FFT 치료사와 가족이 만날 때마다 그들 간에 오가는 임상적인 '춤'을 드러내기 위해서이다. 치료사와 가족 간에 이루어지는 순간순간의 상호 교류는 FFT가 이루어지는 '무대'이다. 이 장들의 주된 이야기는 임상가가 따라갈 분명한 경로를 제공하기 위해서 '이론'을 임상 현실과 통합하는 것이다. 그렇게 하여 임상가들은 어떤 목표를 추구하고, 어떤 성과를 기대하며, 또 가족의 목표달성을 도울 가능성을 높이기 위해 관계에 기반한 어떤 개입을 사용하는지를 알게 된다. 이 부분은 FFT의 임상적 동력을 설명하기 위한 것이다. 즉, 내담자와 상황에 대해 밀접하게 얽혀 있는 사정을 하는 가운데 가족에 대한 개별적이고 직접적인 개입, 그리고 가족의 욕구에 맞고 도움이 되는 쪽으로 각 단계의 목표수행을 위해 매 순간 최고의 조처로 체계적 개입을 한다.

　먼저 명확한 설명이 필요하다. 그다음에 관계적·임상적 과정을 설명한다. 각 단계의 목표와 바라는 성과는 분명하다. 목표가 성취되는 방법은 결코 선형적으로 이루어지지 않는다. 필자는 가능한 한 모든 방식으로 각 단계를 설명하고자 노력했다. 이는 마치 치료사가 가족과 작업할 때 실제로 경험하는 것과 같을 것이다. 말하자면, 필자는 개념들을 반복해서 설명할 것인데, 이는 임상가가 작업을 할 때 가족패턴이 보이기도 하고 안 보이기도 하는 그런 상태가 반복되는 것과 같을 것이다. Sexton과 Alexander(2004)가 설명했듯이, 이는 치료사가 가족과 함께 상담실에 있을 때 치료가 이루어져야 하는 방법이기도 하다. FFT에서는 대개 상황을 한 번 이상 언급한다. 하지만 과정은 그저 반복되는 것이 아니라, 초점을 유지하고 발전하는 방식이어야 한다. 제시된 사례들은 늘 도움이 되지만, 충분히 상세하게 제시될 수는 결코 없다. 그래서 제2부의 의도는 '의도적으로 서술하는 것'이다.

제4장
관계형성과 동기부여 단계

행동문제를 가진 청소년 및 그 가족과 작업할 때, 치료적 동맹형성, 공동의 목표 수립, 문제의 이해와 사정이라는 모든 치료모델이 갖는 겉으로 보기에 단순한 목표를 가지고 시작하는 것이 생각만큼 쉽지 않다. 가족과 그들이 상담실에 갖고 오는 상호작용은 혼란스럽고 정서적으로 격렬하고 관계적으로 복잡하게 느껴진다. 이런 점들 때문에 치료사는 가족에 대항해서 작업하는 것처럼, 말하자면 가족을 잡아끌고 갈 필요가 있는 것처럼 느낀다. 실제로 청소년과 가족이 일상의 삶에서 여러 가지 도전에 맞서 싸워 나갈 때 어떤 일들을 겪는지 생각해 보면, 이런 느낌은 별로 놀랍지 않다. 앞의 장들에서 주목했듯이, 그들은 힘겨운 싸움과 그에 대한 해결책의 시도에 관한 복잡한 역사, 때로는 가족 안팎의 여러 체계, 다른 가족원들, 자신에 대한 무기력감을 가지고 상담에 온다. 판사, 보호관찰관, 정신건강 관련 종사자 혹은 아동복지기관의 명령에 의해 상담실에 강제로 오는 사람들도 있다. 이 경우, 가족은 종종 이 모든 것 외에도 의뢰 자체에 대한 분노와 우려를 함께 가지고 온다. 그러나 특정 문제나 의뢰 이유를 떠나서 들여다보면, 모든 가족은 격렬한 정서적 경험을 상담실에 가져온다는 점에서 분명히 비슷한 방식으로 치료에 온다. FFT의 관점에서 볼 때, 이러한 강력한 경험은 모두 가족을 이해하는 데 열쇠가 되고, 또한 가족이 변화하도록 돕는 길을 열어 준다.

FFT를 색다른 접근으로 만드는 것들 중 한 가지는 즉시성(immediacy)이다. 오리엔테이션, 사정 혹은 시작 단계가 따로 있는 것은 아니다. 대신에 치료사는 이러한 경험의 한가운데로 뛰어들어서 상담실에서 일어나는 사건들에 대해 가능한 한 가장 도움이 되는 방식으로 반응한다. 동시에 치료사는 사정(무엇이 문제이고, 내담자는 어떻게 기능하며, 어떤 체계가 관여되어 있는지 등)을 해야 할 필요에 직면하며, 가족이 자신들의 이야기를 할 때 그들 자신을 드러내는 기회에 맞추어서 행동하고 개입한다. 이렇게 초기의 중요한 일들을 활용하기 위해서 치료사는 능동적·적극적으로 개입해야 하며, 다음과 같은 관계형성(engagement)과 동기부여 단계의 과정목표에 초점을 두어야 한다.

- 가족원들 간의 부정성과 비난을 줄이기
- 가족이 제시한 문제에 대해 가족에 초점을 둔 관점을 발전시키기
- 가족이 지지를 받는다는 느낌과 문제가 변화할 수 있다는 희망감을 경험하도록 돕기
- 치료사와 치료가 변화의 촉진에 도움이 될 수 있음을 확고히 하기

필자가 늘 아주 흥미롭다고 생각했던 점은 이러한 초기 과정의 관찰자로서 몸부림치는 청소년, 맞서 싸우는 가족 그리고 그들에게 낯선 이방인 간의 대화 이상은 아무것도 보지 못한다는 점이다. 대화는 마치 무슨 일이 있었고 어떻게 되기를 원하는지에 대해 가족이 일일이 보고하고 있는 것처럼 보일 것이다. 하지만 실제로는 이방인들(상담실에서 펼쳐지는 복잡하고 다층적인 의사소통과 상호작용을 이해하기 위한 방법을 찾으려고 애쓰는 치료사, 이해받고 도

움을 받으며 고통과 불편으로부터 안도감을 찾고자 하는 가족)이 서로 간의 돌고 도는 상호 교류에 관여하고 있는 것이다.

FFT 관점에서 볼 때, 이러한 초기의 대화는 가족이 어떻게 기능하는가를 이해하고, 변화의 초기 단계에서 관계에 초점을 둔 몇 가지 목표를 달성하기 위한 일련의 기회가 된다. 사정 측면에서 볼 때, 치료사는 호소문제가 가족의 관계체계 안에서 어떻게 기능하는지에 대한 시각뿐 아니라 호소문제에 대한 각 구성원의 기여 정도 및 특성, 가족의 고유한 조직에 관한 다중체계적 그림을 종합해야 한다. 동시에 치료사는 자신이 신뢰할 만하고 지지적이며 가족에 초점을 두지만 동시에 각 가족원의 특정 관점에 잘 반응한다는 점을 말로 하는 것이 아니라 직접 보여 주는 방식으로 개입해야 한다.

이 과업들은 간단하지가 않다. 임상 현실에서 치료사는 각 가족원, 치료사 자신의 가치, 그리고 치료가 '차이를 만들 수 있고' '청소년의 행동을 변화시킬 수 있다'는 의뢰기관과 다른 외부체계의 기대에 끌려 다니게 된다. 하지만 가족에서 이러한 차이를 만드는 것은 단순한 문제해결, 협상, 차이의 중재 이상을 필요로 한다는 점을 치료사는 알고 있다. 치료사는 현재에 초점을 두어야 하고, 또한 초기 단계에서 관계에 초점을 둔 몇 가지 목표달성을 위한 기회들을 포착해야 한다.

1. 초기 단계의 변화목표: 관계형성과 동기부여

FFT의 목표와 바라는 성과는 분명하고 간단하다. 가족과 작업할 때 치료적 창의성은 어떻게 그러한 목표를 달성하는가에 있다. 이는 어려운 작업이다. 그 이유는 각본도 없고 체크리스트도 없으며, 다만 일어나고 있는 것을 이해하는 데 기초가 되는 일련의 핵심 원칙과 더불어 임상적인 의사결정, 회기목표, 치료성과(치료사가 진전을 판단하기 위해서 사용함)를 안내하는 임상지도만 있기 때문이다. 어려운 점은 다중의 목표가 동시에 완수되어야 하는 데 그런 작업이 강제로 이루어지게 할 수는 없다는 점이다. 그보다도 상담실에서 일어나는 바로 그 작업으로부터 진전이 일어나야 한다. 상담실은 내담자가 문제와 문제의 특성을 가져오는 바로 그 맥락이다. 치료사는 당면한 사건들을 보고 이해하고, 동시에 치료의 초기 단계의 목표를 달성하기 위해서 그것들을 이용해야 한다. 하지만 상담실에서 각 가족원은 치료사가 자신의 욕구와 개인적인 의제를 지지하는 행동을 해 주기를 바라면서 자신의 욕구를 내세운다. 상담실에서 일어나는 일들은 흔히 즉각적인 문제해결이나 개입을 절실히 필요로 하는 것처럼 보이는 문제와 위기이다. 목전의 욕구가 중요하지 않다는 것이 아니다. 당연히 중요하다. 하지만 치료사는 그런 욕구를 해결할 문제로서가 아니라 변화과정의 첫 번째 단계인 관계에 기반한 목표들을 추적할 기회로 삼아야 하며, 그렇게 하면 궁극적으로 내담자들이 장기적인 목표를 성취하는 데 도움이 될 것이다.

[그림 4-1]은 이 단계의 FFT에서 치료사의 활동을 안내하는 사정과 개입 목표를 보여 준다. 이 그림에서 보여 준 목표와 성과는 초기 회기를 위한 지도이다. 다음에서는 이러한 목표들을 위한 임상적이고 이론적이며 연구에

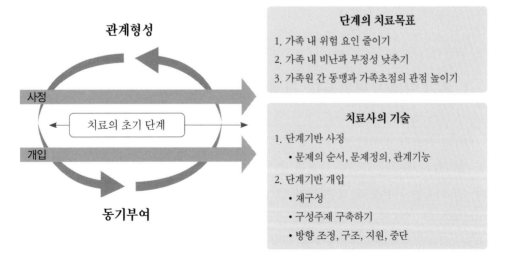

[그림 4-1] 관계형성 및 동기부여 단계에서의 치료목표와 치료사의 기술

기반한 연구결과를 제시한다.

사례

피터는 13세이다. 피터의 어머니는 인도네시아인이고, 아버지는 독일인이다. 그는 어머니와 새아버지와 함께 살고 있다. 그에게는 5세 어린 쌍둥이 남동생들이 있다. 첫 번째 FFT 회기는 집에서 이루어졌다. 의뢰기관에 따르면, 피터는 작년에 3명의 서로 다른 치료사를 '해고했다'. 매번 그는 치료회기가 '지루하다'고 하였고, 어머니와 얘기하는 데 대부분의 시간을 보냈다. 의뢰기관은 피터의 어머니인 안야가 '도움이 되기 위해서는 무엇이든 할 동기가 있는' 사람이라고 하였다. 새아버지에 대한 언급은 없었는데, 새아버지는 초기 회기에 참석하지 않았다. 치료사는 첫 번째 단계에서 피터, 어머니, 새아버지가 치료관계를 형성해서 새로운 단계를 밟을 동기를 느끼도록 하는 데 초점을 두어야 함을 알고 있었다. 마지막으로, 치료사는 피터가 의뢰된 이유가 '정신건강에 대한 걱정'과 규칙을 따르고 학교생활을 유지할 수 없음이었다는 정보를 알게 되었다. 의뢰서의 마지막 부분에 "이번이 우리가 제공하는 치료의 기회에 피터가 편승해야 하는 마지막일 수 있습니다. 이번의 의뢰도 효과가 없으면, 이런 배치가 실행 가능한 옵션인지 다시 평가해야 합니다."라는 메시지가 적혀 있었다.

첫 회기의 시작 부분에서 가족이 집에서와 똑같은 패턴을 보여 줄 것임이 자명했다. 피터는 지루하고 관심이 없는 태도로 회기를 시작했고, 어머니는 뭐든 도우려는 듯했으며, 새아버지는 일을 해야 해서 그 자리에 없었다. 피터와 어머니가 집에서와 똑같은 패턴으로 시작하는 데는 오래 걸리지 않았다. 어머니는 피터에게 "내가 뭘 할 수 있는지 말 좀 해."라고 조용히 말했다. 피터는 즉시 역겨워하며, "혼자 좀 내버려 둬요! 지구 반대쪽으로 이사 가라니까요."라고 답했다. 그는 몸을 뒤로 하고, 스웨터의 후드를 머리에 쓰고 바닥을 내려다보았다. 어머니는 울기 시작했다.

피터와 가족이 치료에 왔다는 점을 놓고 볼 때, 무엇이 가장 도움이 될 것인가? 그들의 상호작용과 관계체계에 들어가서 즉각적인 변화를 만들고, 동시에 다음에 이루어져야 할 것들을 설정하기 위한 최상의 방법은 무엇인가? 피터와 그의 가족이 피터, 부모 그리고 현재의 고착된 느낌을 지지하는 관계체계에서 단기적·장기적 변화를 일으킬 가능성이 가장 높은 방식으로 치료를 시작하는 데 필요한 것은 무엇인가? 동시에 가족이 자신의 삶에서 전문가 역할을 맡는 동안, 치료사는 변화가 일어나는 방식에 관해 전문가 역할을 수행하기 위한 최선의 방법을 고려해야 했다.

네 가지가 피터와 가족으로 하여금 그들의 어려움을 극복하는 데 도움이 될 것이다. 즉, 치료과정에 참여하기, 새로운 행동을 취하는 데 대해 동기를 부여하고 인센티브를 주기, 가족에 초점을 두고 문제를 정의하기 그리고 치료사를 신뢰할 수 있는 조력가로 수용하기이다.

1) 치료과정에 참여하기

관계형성은 가족의 각 구성원이 상담회기의 당면한 활동에 참여하게 될 때 일어난다. 관계형성은 초기 회기의 활동들이 가족원들에게 적절하다는 점, 치료가 도움이 될 수 있는 유용한 방식으로 인식된다는 점 그리고 가족원들이 문제해결을 위해서 과거와는 다른 방식으로 앞으로 나아갈 용의가 있음을 보여 준다. 관계형성은 주어지는 것이 아니다. 그것은 기존의 내담자 상태 혹은 내담자가 '진짜로 변화를 원한다'면 '반드시' 해야 하는 어떤 것이 아니다. 그보다 관계형성은 치료사가 가족과의 초기 회기에서 행한 일들의 결과로서 이루어지는 것이다. 관계형성은 유머 사용, 흥미로운 질문하기, 가족원들을 이해하고 존중하기 위해 지속적으로 작업하기 그리고 치료사가 상담실 바로 그 자리에 존재하는 것으로부터 나온다. 또한 관계형성은 가족이 경험하는 '문제들'을 동맹에 기반하고 비난하지 않으며 강점에 기반한 방식으로 이야기하는 데서 이루어진다. 관계형성은 목표(치료사가 성취하려고 하는 것)이자 성과(가족이 보여 주는 것)이며 회기에 가족이 고유하게 참여하는 수준에 의해 측정될 수 있다.

2) 새로운 것의 시도에 대해 인센티브 주기

얼핏 보기에 피터와 어머니 모두 동기가 부여되어 있다고 생각할 수 있다. 피터에게 강한 인센티브가 되는 것은 학교 일을 자기 혼자 하도록 어머니가 간섭하지 않고 내버려 두는 것이다. 한편, 어머니에게 보상이 되는 것은 피터가 제시간에 귀가하고, 좀 더 예의 바르게 행동하고, 약물사용을 중단하는 것이다. 각자 혼자 힘으로는 상대방에게 대처할 수 없었던 것을 시도하기 위해서 치료사의 도움을 받는 데 대한 동기를 갖고 있었다. 각자는 문제의 원인과 상대방의 동기에 대한 자신의 신념을 기반으로 해결책을 찾으려고 하는 데 있어서 동기가 부여되어 있었다. 이런 형태의 동기부여는 분명히 행동을 하는 데 인센티브가 되기는 하지만, 새로운 뭔가를 하거나 색다른 행동을 하거나 혹은 서로에게 다른 방식으로 작업하는 데 있어서는 어느 편에도 도움이 되지 못한다. 대신에 그것은 피터와 부모가 모두 같은 것(아마 좀 더 크게, 좀 더 자주, 좀 더 세게)을 더 많이 하게 하는 동기가 될 뿐이다. 임상적으로 유용하기 위해서는 동기부여가 과거와는 다른 해결책을 추구하는 데 대해 인센티브가 된다는 의미에서 치료적이어야 한다. 치료적 동기부여는 성공적인 FFT 회기의 성과이다. 즉, 가족원들이 문제가 해결될 수 있다는 희망을 갖게 되고, 치료사와 치료는 변화를 촉진하는 데 도움이 될 수 있다고 믿으며, 상황이 달라질 수 있다고 믿으며, 또 가족의 다른 구성원들과 더불어 변화를 기꺼이 받아들인다.

3) 전체 가족에 초점을 두고 문제정의하기

피터의 가족은 삶의 이 단계에서 각 사건에 직면하게 되었고, 그들이 직면한 문제는 누군가의 잘못이라는 시각을 가지고 FFT에 왔다. 피터에게 그것은 부모의 잘못이었고, 부모에게 문제는 분명히 피터에게 있었다. 그런 믿음을 놓고 볼 때, 그리고 그런 믿음이 상대방의 의도와 동기에 대해 무엇을 암시하는가를 놓고 볼 때, 왜 양측이 모두 겉으로 보기에 새롭고 상이한 개별 문제에 대해 계속해서 똑같은 전략으로 반응하는지를 쉽게 알 수 있다. 또한 문제해결에 성공하기 위해서는 그들이 함께 작업하기만 하면 된다는 비교적 단순한 해결책을 받아들이기가 왜 그토록 어려운지를 쉽게 이해할 수 있다.

피터와 부모는 서로에게 감정적으로 격하게 반응했고, 그들을 지지하고 끊임없이 강화했던 원인 부여와 감정에 따라 행동하는 패턴을 발전시켰다. 만일 그들 자신이 모두 문제의 일부였으며(즉, 개인의 책임을 일정 부분 인정함) 모두가 변화를 위해 뭔가를 해야 하고, 또 성공하기 위해서는 모두 함께 작업해야 한다고 각자가 생각했다면 피터와 부모가 취한 관계와 행동이 얼마나 달라졌을지 상상해 보라. 아마 가족은 매우 다른 방식으로 보이고 또 다른 방식으로 기능할 것이다.

4) 치료사를 신뢰할 수 있는 조력자로 수용하기

치료사가 자신을 신뢰할 수 있는 조력자로 확립하는 작업은 치료 초기에 이루어져야 한다. Frank(1969)와 다른 연구자들에 따르면, 지식 및 전문기술 영역과 연관된 '치료사' '심리학자' 혹은 기타 전문가 명칭과 함께 '조력자' 역할에는 사회적으로 정의된 역할이 부여되어 있지만, 청소년들과 작업할 때는 이러한 근거가 신뢰성을 갖게 하기에 적절한 것은 아니다. 마찬가지로 부모와 다른 가족원이 한동안 치료체계에 관여되어 있었다면, 그들은 많은 '조력자'를 보았을 것이고 함께 작업했을 것이다. 그런 가족에게 신뢰는 치료사가 약속하는 어떤 것(예: "치료 후반에 우리는… 할 것입니다.")이 아니다. FFT에서 치료사의 신뢰성은 상담실에서 일어나는 여러 일에 반응하여 치료사가 초기 회기에서 어떻게 하는가에서부터 비롯된다. 치료사는 첫 회기에도 뭔가 다를 수 있고 관계형성을 할 수 있으며 동기부여를 할 수 있음을 보여 주어야 한다.

관계형성, 동맹에 기반한 동기부여, 가족에 초점을 두고 문제정의하기, 치료사를 신뢰할 수 있는 조력자로 수용하는 것은 모두 초기 치료단계의 목표이다. 이러한 각 목표는 치료사가 상담실에서 일어나는 사건에 대해 반응하는 방식 때문에 일어난다. 이런 목표들이 상담실에서의 상호작용을 통해 성취될 때, 청소년이 변화되고 부모가 변화되며, 전체 가족체계가 변화된다. 사건과 행동에 뭔가 새로운 의미가 부여되고, 그들을 따라다닌 격렬한 감정과 악화되던 행동의 소용돌이가 중단되고 변화된다. 변화는 새로운 해결의 형태로 오는 것이 아니라 함께 작업하려는 의지, 때로는 성가시고 화가 나는 누군가의 행동 뒤에 있는 것에 대한 새로운 이해, 가족원 간의 정서가 순화되는 형태로 이루어진다. 그리하여 FFT가 성공할 때, FFT의 관계형성과 동기부여 단계는 다음 단계 기술들의 기초가 될 뿐 아니라, 그 자체로서 저절로 중요하고 강력한 변화를 일으키는 국면에 이르게 한다.

사례

치료사를 이끌어 가는 초기의 목표는 FFT의 각 사례의 시작 지점에서 동일하다. 첫 번째 회기를 위해서 피터 집에 도착하기 전부터 치료사는 준비를 시작했다. 치료사는 두 가지 대립되는 관심사를 가지고 있었다. 그것은 피터와 가족에 대해 더 잘 이해하는 것과 서로에 대한 비난과 부정성 수준을 사정하는 것이었다. 회기의 목표는 그들 간의 비난과 부정성을 낮추고, 그들이 직면한 문제들을 가족에 초점을 두고 보게 하는 것이며, 개인적인 어려움과 기여를 인정하게 하는 것이었다. 그러나 치료사는 또 다른 현실에 직면했다. 이번 회기에 치료사가 피터와 가족에게 강한 감동을 주어야 했고, 또 그들이 직면했던 이슈들에 대해 적절하면서도 지지적인 대화를 해야 했던 한 번의 기회였다. 현실적인 질문은 가족원 간에 일어나는 여러 기회와 경험을 활용함과 동시에 어떻게 계속해서 목표에 초점을 맞출 것인가였다.

당면한 임상적 사정과 개입의 초점은 가족원 간의 상호작용이었다. 치료사는 피터의 학교생활에서 어떤 어려움이 있는지, 가족 안에서 어떤 일이 일어났는지, 피터의 격한 감정 뒤에는 무엇이 있는지를 더 잘 이해해야 했다. 치료사는 어머니가 많은 일을 겪었고, 현재 남편이 더 많이 도와주지 않는 데 대해 약간 분노하고 있었음을 감지했다. 치료사는 분명히 피터가 정신건강서비스를 추가적으로 필요로 하고, 강력한 책임감이 따른 투약치료가 그를 옳은 길로 인도할 것이라고 믿었다. 또한 치료사는 그들 간의 싸움에 몹시 겁이 났지만, 피터를 잃고 싶지 않았다. 치료사가 관계형성, 동기부여, 문제에 대한 공통의 정의 찾기라는 당면한 이슈를 잘 처리하지 못하면, 학교문제와 부모-자녀 갈등이라는 긴급한 사안에 결코 도움이 될 수 없을 것임을 잘 알고 있었다. 치료사는 이 가족이 어떻게 기능하는지를 온전히 이해하지는 못한다고 하더라도, 즉각적인 행동과 이해가 균형을 이루어야 한다고 느꼈다.

2. 초기 단계의 사정과 개입

가족이 상담실에 들어갈 때는 복잡하고 다층적인 관계체계를 가지고 온다. 문제는 그런 관계체계에 깊이 뿌리박혀 있다. 누구든지 개인적 요인을 가지고 온다. 가족의 행동과 행위에 강한 영향을 미치는 또래, 학교, 지역사회 맥락이 있다. 문제를 둘러싼 강력하고 핵심적인 관계패턴도 있다. 치료사는 중요한 위험요인을 성공적으로 다루기 위해서, 그리고 신속한 영향을 미치기 위해서 내담자의 현재 상황을 사정하고 회기 중에 일어나는 사건들에 개입해야 한다. 앞서 다루었듯이, 이런 사건들은 가족이 어떻게 기능하는지를 이해하고, 또한 당면한 순간에 가족이 그렇게 기능하는 방법을 변화시키기 위한 기회가 되기도 한다. 그러한 사건들이 도움이 되는 까닭은 그것들은 가족의 어려움을 강력하게 표현하는 것이고, 그래서 가족을 이해하고 가족에게 영향을 미칠 적절한 지점을 알려 주기 때문이다. FFT 임상모델의 독특한 측면 중 하나는 각 단계에 걸쳐 사정과 개입이 서로 엮여서 이루어진다는 점이다. 이는 치료사가 각 만남을 치료적 기회이자 동시에 가족의 고유한 욕구, 스타일, 가치 및 자원에 치료를 맞추기 위해 가족의 기능 방식을 이해하는 데 필요한 자료로 봐야 함을 뜻한다.

일방경 뒤에서 FFT를 지켜보는 관찰자는 Hoffman(1981)이 '덤불 속에 숨어 있는' 것을 가져오는 것이라고 말한 점을 보게 될 것이다. 내담자중심의,

모델에 초점을 둔, 내담자에 반응하는 과정으로 일어나는 사정과 중재가 얼마나 역동적으로 혼합되어 일어나는가를 인쇄된 페이지로 전달하기란 쉽지 않다. 관찰자가 보게 될 것은 치료사의 뻔하고 일률적인 진술과 선언이 아니라 가설검증의 순환적 과정이며, 그 과정에서 치료사가 독특한 가족체계를 이해하고 중재할 방법을 찾는다는 것이다. 치료사는 가족이 수정하거나 덧붙일 수도 있을 추측을 하기도 한다. 필요한 정보를 모두 얻기도 전에 FFT 치료사가 잘 행동하는 것을 보면 그저 놀라울 뿐일 것이다. 치료사는 무엇인가를 시도해 보기로 판단한다. 그 결과를 기초로 해서 치료사는 그다음에 올 질문, 진술 혹은 중재를 조율할 것이다. 시간이 지남에 따라 치료사의 추측, 경청, 덧붙임의 결과로서 가족의 다층의 모습을 보게 될 것이며, 또한 가족이 어떻게 기능하는가를 보게 될 것이다. 제3장에서 주목했듯이, FFT는 이런 미로에서 치료사가 살펴볼 영역과 추구할 구체적인 목표를 밝혀 준다.

1) 임상적 사정

사정은 실제로 이해의 과정에 불과하다. 관계형성과 동기부여 단계에서 이해의 두 가지 주요 영역이 있다. 첫째는 문제가 가족의 관계체계 안에서 어떻게 기능하는지를 이해하는 것이고, 둘째는 비난 수준, 부정성 수준, 가족이 상담실에 가져오는 문제정의를 사정하는 것이다. 하지만 FFT 사정은 내부에서 외부로 진행되는 방식으로 이루어진다. 치료사는 가족의 호소문제와 그 문제가 가족원들에게 갖는 의미로 시작한다. 다른 치료와 달리, FFT에서 치료사는 심리사회적 내력을 살펴보거나 문제에 대한 공식적인 사정을 하지 않는다. 대신에 가족원들이 문제를 어떻게 보고 경험하는지에 대한 이야기를 통해서 치료사는 행동의 특성과 정도가 무엇이며, 이러한 특정 행동이 가족의 주요 관계패턴에 어떻게 들어맞는지, 관련된 위험요인과 보호요인은 무엇인지에 대해 이해하기 시작한다. 개인, 가족, 관계 맥락에 대한 다중체계적 이해를 위해서 치료사는 가족의 관계체계 저변에 있는 문제의 순

서를 살펴본다. 저변의 문제를 사정하는 것은 치료사가 가족이 그들에게 잘
어울리도록 기능하는 방식을 이해하고 행동변화의 단계에 대한 계획을 시작
하는 데 도움이 된다. FFT 회기를 관찰하는 사람은 누구든지, 치료사가 이해
한 내용을 진술하는 형태를 제외하고는, 사정을 공식적으로 하지 않음을 보
게 될 것이다. 이런 식으로 생각하면, 사정은 가족이 무엇을 말하고 어떻게
반응하는지를 기초로 해서 치료사 내면에서 이루어진다고 할 수 있다.

(1) 호소문제에 대한 사정

특정 문제에 대해 이해해야 하는 중요한 요소는 많다. 우선, 의뢰의 성격
및 그것과 관련된 특정 행동은 가족이 무엇에 직면하고 있는가에 대해 유용
한 정보를 제공한다. 그것이 약물사용, 폭력과 분열 행동, 귀가시간 위반, 학
교문제 혹은 가족원 간의 갈등인지 여부와 상관없이, 문제에 대한 진술은 무
엇이 중요한지를 보여 준다. 의뢰는 문제를 한 가지 형태로만 정의한다는 점
을 기억해야 한다. 문제의 정의는 누가, 왜, 무엇이 문제 경험을 일으켰는지에
대해 각 개인이 부여하는 귀인(attributions)이다. 가족원들은 문제를 자기 상황
과 관련지어서 살펴보고 또 그것에 의미를 부여한다. 제3장에서 주목하였듯
이, 문제정의는 한 사람의 관점에 대한 인지적 · 정서적 · 행동적 표현이다.

FFT에서 사정은 정서 표현의 이면에 있는 것, 각 개인의 행동, 가족원 간의
투쟁에 대한 가설 만들기를 포함한다. 사정 작업은 무엇이 개인, 맥락, 가족
관련 요인들을 특정한 기능 방식으로 조직하는가를 이해하는 것이다. 그 결
과, 사정은 행동의 원인을 발견하기보다는 가족에 대한 모델을 구축하는 것
에 더 가깝다고 볼 수 있다. 다양한 가족원의 관점에서 본 정의가 반드시 '진
짜'라거나 혹은 사례의 실제 사실들에 기반한 것은 아니라는 점을 염두에 두
어야 한다. 대신에 가족원이 지각한 문제는 사건에 대해 가족이 부여한 의미
를 나타내며, 관련된 개인들의 행동과 반응을 촉진하는 관계적 기제를 파악
하는 데 도움이 된다. 문제에 대한 정의는 치료사가 '이유'를 캐내는 것이 아
니라 관찰되고 이해되고 개입되어야 하는 것이다.

(2) 개인의 문제정의 이해와 가족에 초점을 둔 주제 만들기

기억해야 하지만 때로 파악하기가 어려운 점은 피터와 가족이 한동안 현재의 문제와 싸우면서 상담실에 온다는 점이다. 우리 모두 우리에게 어떤 일이 일어났고 어떤 일이 일어나고 있는지를 이해하려고 노력하는 것은 당연하며, 이것은 인간의 고유한 점이기도 하다(Mahoney, 1991). 치료맥락에서 인식되고 경험된 문제와 가능한 해결책을 처음으로 연결지은 것은 초기의 정신건강연구소(MRI)의 체계론적 치료모델이다(Watzlawick, Weakland, & Fisch, 1974). 그들의 연구에 따르면, 문제에 대한 우리의 경험은 우리가 알 수 있는 해결책을 만들어 내기도 하고 한정 짓기도 한다. 가족원들의 문제정의는 정서("상처가 되고 화가 나요."), 행동("나한테서 멀어져요." "당신은 쉴 자격이 없어요.") 혹은 인지("당신은 나에게 상처를 주려고만 하지요." "왜 저 사람은 고의로 그런 짓을 할까요?")의 관점에서 말로 표현될 것이다. 이렇게 개인의 문제정의는 일련의 인지세트로서, 가족원들 사이에서 종종 볼 수 있는 정서적으로 강한 부정적 교류에 기여한다. 반대로, 가족에 초점을 두고 문제를 정의하는 것은 가족의 모든 구성원이 문제의 어떤 부분에 기여하며, 그래서 모든 가족원이 일정 부분 책임이 있다는 것이다. 하지만 어떤 가족원도 가족의 상황에 대해 모든 책임을 져야 하는 것은 아니다. 치료사는 내담자가 자신의 행동에 대해 개인적으로 책임을 지고 또 그 책임을 계속 지도록 돕는 동시에 비난을 줄이도록 한다는 어려운 작업을 한다.

문제정의라는 발상은 또 다른 방식에서도 중요하다. 우리 모두의 경험에 따르면, 우리는 문제라고 생각하는 것을 표적으로 해서 해결책을 찾으려고 한다. 어느 날 밤에 혼자서 집에 있는 상상을 해 보자. 잠을 자는데 어떤 소리가 들린다. 만일 첫 번째 드는 생각이 '누군가가 밖에 있다'는 것이면, 자신을 보호하기 위해 어떻게 대응할지, 즉 싸울지 도망갈지를 마음으로 준비한다. 그것이 가장 자연스럽고, 적절하고, 또 자동적인 반응이다. 한편, 만일 이웃이 온종일 밖에서 시끄럽게 하는 짜증나는 고양이를 기르고 있음을 기억하면, 뒤척이다가 다시 잠드는 것이 더 적절한 반응일 것이다.

가족치료에서 가장 큰 도전 중 하나는 가족원의 수만큼 문제에 대한 정의와 의미도 많다는 점이다. 사실, 가족원 간의 많은 부정성과 비난은 문제적 상호작용의 불을 지피는데, 이는 상충되는 문제정의와 문제해결 간에 충돌을 느끼는 각 구성원으로부터 비롯된다. 전체 가족이 상담실에 있고, 또 강력한 관계 싸움이 오고 가기에 심리치료에서 흔히 활용되는 훨씬 단순한 인지 재구조화 접근을 하기가 쉽지 않다. 대신 더욱 즉각적이고 관계에 초점을 둔 접근을 하여 각 가족원이 문제로 경험하는 것, 그래서 각자가 그 문제에 대해 기꺼이 하고자 하는 것으로 주의를 돌린다.

가족에 초점을 두고 문제정의를 하기 위해서는 가족원 각자가 인식하고 있는 동기, 의도, 행동의 원인을 재고해야 한다. 이것은 제3장에서 자세히 논의하였듯이, 의미변화의 결과로서 나타난 행동변화의 원칙이다. 재귀인 (reattribution)을 위해서는 호소문제에 대한 가족원들의 정의에 대해 인지 재구조화(수정, 재정의, 확장)가 필요하며, 더불어 치료사는 동기, 정서, 행동에 대한 귀인을 더욱 건설적으로 끌어내야 한다. 인지 재구조화는 피차간의 행동의 의미와 그 행동 뒤의 의도와 동기에 대한 신념, 가족원들이 목격한 정서 표현의 정의에 초점을 둘 수 있다. 예를 들어, 피터의 '무례한' 행동은 실제로 생산적인 방식으로 처리할 수 없다고 느끼는 분노에서 자신을 거리두기하는 하나의 방법으로 볼 수 있다.

(3) 문제의 진행순서 파악하기

FFT의 기본 원칙 중 하나는 문제가 핵심적인 관계패턴에 뿌리박혀 있다는 것이다(제3장 참조). 핵심적인 관계패턴은 문제로 확인된 특정 행동의 '앞에 온 것'과 '그다음에 오는 것'의 맥락이다. 부정성과 비난을 줄이고 가족에 초점을 둔 관점을 위한 개입을 하는 한편, 치료사는 이러한 핵심패턴이 어떻게 작동하는지를 관찰하고, 적합한 가설을 세워서 가족에 맞추어야 한다. FFT에서는 이러한 핵심패턴을 '문제의 진행순서' 또는 문제행동을 둘러싸고 있고 그것을 유지시키며 촉진하기까지 하는 행동패턴이라고 한다. 여기서 패턴은 순차적인 행동패턴과 그 패턴 속의 규칙성을 말한다(Barton & Alexander, 1981; Sexton & Alexander, 2004, 2005). 개인 행동(예: 약물남용, 비행, 외현화 행동 등)의 의미를 파악하기 위해서 치료사는 시간이 지남에 따라 문제행동이 그 행동의 뿌리가 되는 관계과정과 연결되어 있는 방식을 관찰한다. 체계적 관계과정의 개념이 암시하듯이, 이러한 핵심패턴은 매우 안정적이 될 수 있고 결국에는 문제행동을 유지시키는 기능을 한다. 개인의 행동패턴을 파악하는 것만큼 쉽지는 않겠지만, 가족의 행동패턴은 가족 '고유특성'의 핵심에 있는 행동이 관계 속에서 진행되는 순서로서 가족의 일상생활의 기초가 된다. 그 패턴 중 어떤 것은 필요한 과업(예: 부모역할, 의사소통, 지지하기)을 효과적으로 완수하며, 특정 행동문제를 예방함으로써 가족과 구성원을 보호하기도 한다.

(4) 위험요인과 보호요인 파악하기

현재의 호소문제 너머에는 가족이 어려움을 겪을 가능성을 높이는 개인, 가족, 지역사회 및 맥락이라는 많은 간접적인 특성이 더 있다. 이러한 위험요인들은 가족원들의 보고에서 직접적으로 눈에 띄게 드러나지는 않지만, 치료사의 임상적 사정에서 드러난다. 사정은 직접적인 개입 전략과 혼합되어 이루어진다. 제2장과 제3장에서 논의했듯이, 위험요인과 보호요인은 개인, 가족, 맥락의 특성들, 또는 가족이 투쟁하고 어려움을 겪게 할 개연성을 더 크게 만드는 특성들 또는 내력, 현재 상황, 혹은 개인이 주는 압박과 영향에서 가족을 보호하고 완충하는 기능을 하는 각 특성들이다. 어떤 위험요인과 보호요인은 치료의 초기 단계에서 구체적으로 다루어진다. 예를 들면, 〈표 1-1〉에서 볼 수 있듯이, 갈등과 위험에 대해 정서적 스트레스를 많이 받고 또 더 많이 노출되는 것은 개인적인 요인들이며, 가족이 다르게 기능하는 방법을 발견하는 것을 더욱 어렵게 만든다. 혼란스럽고, 강압적이며, 심하게 비난하는 관계는 내담자들을 자주 상담실로 데려오는 가족 수준의 위험요인이다. 강력한 유대감, 부모의 관여, 지원의 계발은 모두 완충요인이자 보호요인으로 기능한다. 위험요인과 보호요인 모두 치료의 초기 단계에서 다루어져야 한다. 그렇게 하면 부모와 자녀로 이루어진 작업 '팀'이 만들어져서, 그 이상의 문제들과 맞서 싸울 수 있게 된다. 또한 가족의 유대를 강화하는 치료프로그램은 중도 포기율을 낮추어서 결국에는 청소년을 돕는 데 아주 중요하다는 사실에 주목해야 한다. 개인과 가족 및 치료 프로그램의 특성은 모두 FFT의 관계형성과 동기부여 단계에서 체계적 사정과 개입을 통해 다루어진다.

(5) 치료의 진행 상황을 모니터링하기

사정은 흔히 문제를 발견하고 내담자를 평가하는 과정으로 간주된다. FFT에서도 사정은 치료의 각 단계에서 진행되는 과정을 살펴보고 평가하는 것을 의미한다. 이것은 좀 다른 형태의 사정으로서, 진단에 초점을 두는 것이 아니고 어떠한 특성들이 현재의 맥락과 치료의 진척에 얼마큼 중요한가를 모니터링하는 데 초점을 둔다. 이 점은 매우 중요하다. 왜냐하면 이는 치료사가 앞으로 더 나아가서, 현재의 치료과정을 계속하고 더 많은 것을 할지, 혹은 치료단계를 바꾸어야 할지를 결정하는 근거가 되기 때문이다. 예를 들어, 초기의 관계형성과 동기부여 단계에서 사정은 부정성과 비난의 수준, 가족이 문제에 대한 개인의 책임과 가족에 초점을 두는 관점을 택하고 표현하는 정도에 초점을 둔다. 치료의 진행 상황에 대한 모니터링은 치료사가 끊임없이 다음의 질문을 내담자에게 하는 것을 의미한다. "그렇게 해서 괜찮았습니까?" "좀 더 개인적으로 접근하거나 더 큰 영향을 미치려면 무엇을 좀 더 해야 할까요?" "부정성과 비난의 수준은 어떤가요? 더 높은가요, 아니면 더 낮은가요?" 이런 형태의 사정은 임상적 의사결정의 아주 중요한 특징이다.

사례

　이제 피터와 그의 가족과 함께 일하는 FFT 치료사에게 앞의 측면들이 어떻게 일어날 수 있는지 살펴보자. 치료사는 모든 FFT 사례의 공통적인 회기목표를 가지고 첫 회기를 시작했다. 피터의 집에 도착하기 전부터, FFT 치료사는 이미 얻은 약간의 정보를 가지고 가족이 어떻게 기능할지를 예측하면서 준비를 시작했다. 앞에서 살펴보았듯이, 첫 회기는 피터와 어머니 간의 부정성과 비난 수준이 높았다는 특징이 있었다. 둘 사이의 대화에 즉각 끼어들 필요가 있다는 점을 알고서, 그리고 둘 사이의 부정성과 비난을 줄이고 동시에 공통점을 찾으려고 시도하면서, 치료사는 직접적인 질문뿐 아니라 관찰과 추론을 통해서 피터와 어머니가 모두 문제의 원인을 어떻게 돌렸는지 알게 되었다. 그 점은 두 사람에게 개인적으로 중요했고, 자신의 행위가 자기가 인식했던 대로의 문제를 해결하려는 논리적인 시도였음을 알게 되었다. 우리가 본 것처럼, 피터가 볼 때 문제는 어머니의 잘못이었다. 비록 피터가 어려움을 겪고 있었지만, 그는 자기가 학교에서 대처했던 방식과 새아버지의 스타일에 맞추기 위해 대처했던 방식을 매우 자랑스러워했다. 피터의 관점에서 볼 때, 어머니는 자기를 '그만 잊어버리고' 그만 놔두어야 했다. 어머니가 그렇게 잔소리하지 않으면, 피터는 괜찮을 것이다. 한편, 어머니가 생각했던 것은 피터가 심각한 정서적 문제가 있어서 피터를 위해 도움을 찾는 것 밖에는 자신이 할 수 있는 것이 아무것도 없다는 것이다. 치료사에게 이러한 문제정의가 개입의 목표가 되었다.

　더 많은 부분을 이야기하면서 문제의 진행 순서가 더 확실하게 드러났다. [그림 4-2]는 치료사가 초기의 대화에서 조금씩 수집했던 핵심패턴 혹은 문제의 진행 순서를 보여 준다. 정확한 시작점을 파악하는 일은 패턴이 어떻게 작동하고 또 누가 관여되어 있는가에 대한 아이디어를 얻는 것보다는 덜 중요하다. 피터의 경우에는 실제로 두 가지 상호연결된 순서가 있는 것으로 보인다. 첫 번째는 피터와 어머니 사이에 이루어진 것이다. 이는 흔히 피터에게 요구, 걱정 혹은 모니터링 질문을 하는 것으로 시작한다. 피터의 반응에 대해 어머니는 화를 내며 반응한다. 피터는 그 자리를 떠나고, 어머니는 주저 않는다. 어느 지점에서 어머니가 남편에게 불평을 하고, 결국 남편에게 도와달라고 직접 요구한다. 남편의 주저는 어머니 반응의 도화선이 된다. 새아버지는 이러한 상황에 불만이다. 나중에 피터가 집에 돌아오면 어머니와 새

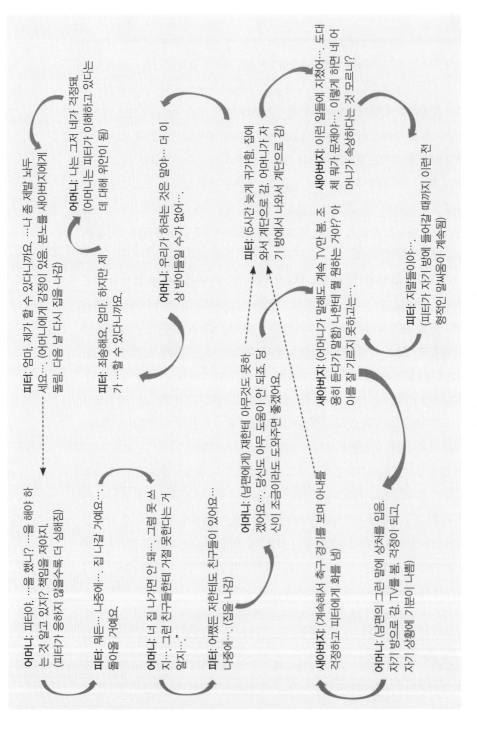

[그림 4-2] 피터와 어머니 간의 관계맺기 순서

아버지는 때로 그에게 더 심한 폭력까지 포함하는 행동을 계속한다. 피터는 어머니에게 자기는 괜찮다고 어머니를 안심시키는 데서 약간의 안도감을 느낀다. 어머니의 행동은 절대 바뀌지 않는다. 하지만 어머니는 실제로 아무 진전이 이루어지지 않는 상황에서 화가 나지만, 동시에 상황이 평소대로 돌아왔다는 점을 다행으로 여긴다.

이 사례의 초기 단계에서도 몇 가지 위험요인은 분명하게 보였다. 치료사는 즉시 피터가 주의집중 문제로 학교생활에 어려움이 있을 수 있겠다고 생각했다. 게다가 치료사는 피터가 장기결석을 하며 길거리 방식에 익숙해져 있다는 점에 비추어 볼 때, 정규적인 학교생활 적응에 어려움이 있을 수 있다고 보았다. 또래나 기타의 환경요인이 위험요인인 것 같지는 않았다. 하지만 피터와 새아버지 사이의 가족 내 싸움이 염려가 되었다. 치료사는 또한 어머니가 피터의 행동을 어디까지 모니터링하고 감독해야 하는지를 몰랐기 때문에 통제할 수 없다고 느꼈던 것은 아닌지 궁금했다. 때로 그녀는 피터에게 어머니라기보다는 친구처럼 보이는 경향이 더 컸다.

2) 관계형성과 동기부여를 위한 개입

무엇을 하는지를 아는 것은 FFT 치료의 특정 단계별 목표(치료사가 이루고자 하는 것)와 그 단계에서 바라는 성과를 자각하는 것을 중심으로 이루어진다([그림 4-2] 참조). 어떤 면에서 이것들은 똑같다. 즉, 목표는 열망과 방향을 나타내는 한편, 성과는 일단 성취되면 치료사와 가족이 다음 단계로 옮겨 갈 수 있음을 뜻하는 상태이다. 목표와 바라는 성과 모두 가족이 상호작용하면서 자연스레 일어나는 기회들과 사건들에 반응함으로써 이루어진다. 이러한 상호작용 동안에 치료사는 정보, 부정적 상호작용, 한 개인에게만 문제의 원인을 돌리는 방식으로 말하는 예, 혹은 다른 사람의 동기에 악의적인 의도가 있다고 보는 예와 같은 것들을 살펴본다. 초기 단계에서 바라는 성과는 가족원 간의 동맹 증가, 부정적이고 비난하는 상호작용의 감소, 호소문제에 대해 가족에 초점을 둔 관점을 공유하기를 포함한다([그림 4-1] 참조).

목표는 알고 기억하기가 쉽다. 하지만 목표를 상담실에서 적용하는 것은 완전히 다른 작업이다. 가족이 비난이나 부정적 상호작용을 감소시키는 데 도움을 받거나 호소문제에 대해 가족에 초점을 둔 관점을 갖기 위해서 찾아오는 경우는 거의 없다. 대신에 가족은 호소문제가 그들에게 무엇을 의미하는지를 드러내는 식으로 행동한다. 말하자면, 그들은 화를 내고, 비난하고, 침묵을 지키고, 겉으로 무심하게 보일 수 있다. 부모는 청소년 자녀의 약물사용, 폭력행동 혹은 기타의 증상에 초점을 두는 한편, 청소년은 부모의 과잉간섭, 과도한 통제, 이해 부족 같은 것에 초점을 둘 수 있다. 치료사의 어려움은 구체적인 호소문제나 진단 범주의 내용에는 초점을 적게 두고, 특정 행동의 기저에 있는 가족과정에 더 많은 초점을 두는 것에 있다. 이때 치료사는 특정 문제행동을 고려하지 않으며 관계과정(예: 비난, 부정성, 가족에 초점을 둔 관점의 부족 등)을 살펴본다. 각 경우에 치료사는 이러한 가족과정을 드러내는 가족 고유의 방식에 주의를 기울인다. 이는 모든 FFT 치료회기의 관계형성과 동기부여 단계에 공통적인 목표를 강조하며, 마찬가지로 각 개인과 가족의 고유한 행동과 관계를 모두 강조한다. 즉, 목표와 바라는 성과는 같지만, 각 가족에게 개별적이고 고유한 방식으로 이루어진다.

(1) 신뢰할 수 있는 조력가 되기

치료사는 자신이 치료에 가지고 가는 전문지식 때문만이 아니라, 그것을 어떻게 활용하는지 그 방식 때문에도 가족에게 도움이 된다. 가족이 치료사를 신뢰할 수 있다고 인식할 때만 치료사가 도움이 될 수 있음은 당연하다. 신뢰성은 치료사의 제안·방향·충고·안내가 신뢰할 수 있고 또 도움이 될 수 있다고 여겨지는 것이다. 제3장에서 사회적 영향과정의 성과로서 치료적 신뢰성을 확립하는 잘 구축된 모델(Strong, 1988; Strong & Claiborn, 1989)에 초점을 두고 논의하였다. 이 아이디어에 따르면, 치료사는 적극적이고, 회기의 방향을 이끌어 가며, 상담실에서 드러난 중요하고 명백하며 암시적인 이슈에 주의를 기울임으로써 신뢰할 수 있음을 보여 준다. 치료사는 경청을 하고 치료의 방향을 이끌어 갈 수 있음을 보여 주는 과정에서 전문성을 보여 준다. 또 치료사는 각 가족원이 가져오는 고조된 정서와 분노 그리고 가족력 안에서 형성된 장벽 같은 것을 극복함으로써 가족을 도울 능력이 있음을 보여 준다. 치료사는 가족의 대화에 개입하고 관여하며, 진정한 일부분이 된다는 면에서 호소력이 있다. 이러한 세 가지 특징(전문성, 신뢰성, 호소력)은 뭔가가 변화되어야 한다고 느끼는 가족의 필요와 결합되어 치료사가 일정 수준의 영향을 미칠 수 있게 한다. 여기서 영향이란 치료사가 가족에게 어떻게 해야 한다고 말하는 그런 것이 아니라, 치료사가 영향을 미치도록 만들고 치료사의 말을 듣게 하고 또 가족이 변화되도록 하는 그런 종류의 영향을 말한다. FFT 관점에서 볼 때, 이런 형태의 신뢰성은 상담회기의 통제에 관한 것이 아니다. 대신 이러한 신뢰성은 가족이 치료사를 믿을 수 있어서 치료사가 가족이 처해 있는 바로 그 지점에서 가족을 만날 수 있고, 그들이 느끼는 어려움과 그들이 표현하는 정서를 껴안을 수 있으며, 동시에 가족을 새로운 곳으로 안내할 수 있음을 보여 주는 것에 관한 것이다.

(2) 존중과 협력의 태도를 취하기

이 단계에서 가장 중요한 개입 중 하나는 기술이 아니라 태도이다. FFT의 태도는 관계패턴에 대한 믿음, 사람들이 좋은 의도를 가지고 있음에 대한 믿음, 사람들이 어떻게 기능하는지에 대한 호기심, 가족이 어떻게 살아가고 또 어떤 구조를 이루고 있는지를 경험하는 데 대한 개방성으로 드러난다. FFT를 효과적으로 수행하기 위해 필요한 태도는 제1장과 제2장에서 서술한 FFT의 핵심 원칙에 기반한다. 이는 각 가족원의 회복탄력성과 강점에 대한 존중과 이해와 믿음이다.

이런 태도는 실제로 가르쳐서 배울 수 있는 것이 아니다. 이것은 앞서 서술했던 대로 속속들이 뒤집어서 생각해 보는 접근을 하는 치료사에게서 찾아볼 수 있다. 이런 접근에서 치료사는 초기의 많은 심리치료모델이 내담자

편에서 생각해 보는, 즉 '역지사지'라 불렀던 입장에서 행한다. Greenberg와
Safrin(1990)이 말했듯이, 이는 치료사가 가족에 동의하는 것이 아니라 가족
과 똑같은 체계와 맥락에 속해 있는 것처럼 가족의 기능을 이해한다는 것을
바탕으로 하는 형태의 공감이다. 이처럼 내담한 가족체계 안에 깊이 들어가
기 위해서 많은 치료사가 자신의 가치와 신념에 맞서 싸운다.

(3) 가족과 치료적 관계형성하기

관계형성(engagement)은 FFT에 새로운 개념이 아니다. 내담자와의 치료
적 관계형성이 간접적이긴 하지만 정신건강 분야의 많은 전통적인 이론적
접근의 일부였다. 사실 행동문제를 가진 청소년의 경우 전통적인 치료의 중
도 포기율이 75%(Kazdin, 2003)까지라는 증거가 늘어나면서 대부분의 접근
방법은 최근에 특정 치료에 부속된 관계형성 '모듈' 혹은 '개입'을 개발했다.
많은 접근방법은 관계형성을 핵심적인 변화기제가 일어나는 기초로 간주한
다. 전통적으로 내담자가 말을 하고, 몸을 앞으로 숙이고, 재미있어 하고, 문
제와 감정을 나누면, 관계형성을 한 것으로 간주한다. 많은 경우, 관계형성
은 내담자가 '자신의 이야기를 말하는 것'과 동의어로 여겨진다. 이러한 접근
방식에 따라 치료사는 내담자가 미리 정해진 일련의 특정 행동을 하는지 찾
아보고 또 그런 행동을 하도록 요청한다.

FFT 관점에서 볼 때, 관계형성과 함께 이루어지는 참여는 가족과 상황에
따라 많은 형태를 취할 수 있다. FFT에서는 가족이 그들의 어려움을 공개적
으로 나눌 수 있기를 바라지만, 이것이 언어적으로 혹은 비언어적으로, 크게
혹은 조용히 등등으로 이루어지는지 여부는 모두 개인과 가족의 독특한 스
타일에 달려 있다고 본다. 예를 들어, 치료사를 쳐다보지도 않고, 무례하다
고 할 만한 행동을 하며(눈알을 굴리거나 아주 작은 소리로 말하는 등), 얼굴을
후드티의 모자에 파묻기까지 하는 청소년과 작업하는 것이 드문 일은 아니
다. 하지만 그런 청소년도 듣고는 있고, 또 딱히 착하게 굴지는 않지만 그런
반응은 자기가 듣고 있으며 자기만의 방식으로 참여하고 있음을 보여 주는

것이다.

치료사의 역할은 각 가족원의 어려움을 논의할 때 지지적이지만 지시적인 관계적 환경을 제공함으로써 그들과 치료적 관계를 형성하는 것이다. 어떤 부모는 거칠게 비난하고 즉각적인 변화를 요구하는 식으로 자신을 드러낸다. 치료사는 그런 행동이 앞으로 나아가는 데 도움이 되도록 이끌어 나가고, 또 그런 행동이 이해될 수 있게 여겨지는 관계맥락을 제공해야 한다. FFT에서는 치료사가 "서로에 대해 알아봅시다."라거나 "자신에 대해 말씀해 주세요."라고 말하는 전통적인 방식으로 관계형성을 하는 일은 거의 없다. 대신에 치료사는 목전의 행동과 보고된 행동, 그런 행동 뒤에 있을지도 모를 정서, 그 둘의 기초가 되는 귀인과 의미에 대해 말하도록 하는 점에 있어서 지시적일 수 있다. FFT의 관점에서 볼 때, 그것은 치료사가 이런 이슈들에 대해 말하는지 **여부**가 아니라 관계형성을 위해 관계적 환경을 만드는 바로 그것들에 대해서 말하는 **방법**이다. 그래서 관계형성은 치료사의 의도적인 반응의 결과로서 가족이 직면한 중요한 이슈들에 관한 대화에서 비롯된다. 다음 단락에서는 관계형성을 하게 하는 임상적인 '방법'에 초점을 둘 것이다.

(4) 부정성과 비난의 감소 및 개인적인 책임지기

주요한 가족 내적 위험요인 중 하나는 가족이 일상생활과 문제에 직면할 때 일어나는 강압적이고 정서적으로 부정적인 갈등이다. 가족이 부정성과 비난을 FFT 상담에 가져오는 것은 흔한 일이다. 부정성과 비난은 대개 각 가족원이 문제에 대한 정의를 할 때 느껴질 수 있다. 부정성은 문제정의를 말하는 것과 관련된 정서적 표현과 가족의 전반적인 분위기 둘 다를 말한다. 비난은 문제를 특정 원천에 귀인하는 것이다. 이 책의 앞부분에서 살펴보았듯이, 귀인은 사람들이 자기 주변의 세상을 되돌아보고 이해하며, 또 그에 따라 행동하는 공통된 방식이다. 많은 연구에 따르면, 비난을 줄이고 재정의만 해도 가족 내 위험 수준이 내려가고, 동맹은 물론 문제해결이 더욱 효과적으로 이루어진다.

Nitza(2002)의 가족 부정성에 관한 연구에 따르면, 모든 다른 것을 상수로 고정할 때, FFT에 계속 참여해서 종결까지 한 가족은 회기를 시작할 때 부정성이 자명했고, 회기의 중반 1/3 지점에서 부정성이 높은 수준으로 올라갔다가, 회기의 후반 1/3 지점에서 시작점 수준으로 떨어졌던 가족이었다. 중도에 탈락했던 가족은 부정성이 회기의 시작 지점에서 자명했고, 중간 1/3 지점에서 높은 수준으로 올라갔으나 회기의 후반에 떨어지지 않았고 오히려 더 높아졌던 가족인 경향이 더 높았다. 부정성은 회기에서 긴급히 다룰 이슈인지 그리고 회기에서 다룰 적합한 이슈인지 여부의 지표가 되기 때문에 회기의 시작 지점에서 중요하다. 회기가 진행되는 동안에 가족은 그들이 느낀 부정성을 표현한다. 하지만 회기가 끝나기 전에 부정성은 약화되어야 한다. 만일 치료사가 회기를 진행하는 동안에 줄곧 재구성, 방향 바꾸기(redirecting), 중단, 과정에 대해 말하기 기법을 활용하면, 회기가 끝나기 전에 비난과 부정성이 줄어들 것이라고 기대할 수 있다.

또한 비난과 개인적인 책임 간에는 중요한 부적 관계가 있다. 즉, 가족원들이 비난을 하면 할수록, 자기가 경험하는 문제에 대해 개인적인 책임을 더 적게 진다. 비난이 다른 어떤 것에 원인을 돌리는 것이라는 점을 놓고 볼 때, 이러한 부적 관계는 전적으로 이해가 된다. 만일 당신이 특정 상황의 원인이나 변화에 있어서 자신의 역할을 보지 못하면, 당신은 새로운 행동을 시도하고 또 그런 행동을 지속하기 위해 필요한 것을 해 볼 동기가 더 낮을 것이다. 이러한 관계의 이면에는 개인적인 책임을 더 많이 질수록 비난이 더 줄어든다는 시각이 있다. FFT에서는 대개 재구성을 사용한다. 이는 비난하지 않으면서 문제에 대한 가족원의 역할을 인정하는 방식으로 가족원에게 반응하기 위한 것이다.

(5) 균형 잡힌 동맹을 통한 치료적 동기부여

동맹은 모든 치료에서 변화의 중요 기제이다. 제3장에서 밝혔듯이, 동맹은 목표에 대한 동의, 목표달성을 위해 필요한 과업, 과업 수행의 방법에 관해서 이루어진다. FFT에서 치료적 동기부여는 변화를 위한 세 가지 상이한 기제의 결과이다. 즉, 동맹, 문제에 대해 가족에 초점을 둔 정의의 공유, 치료사가 뭔가 다른 것을 제공할 능력을 가지고 있다는 가족의 지각은 도움이 될 수 있고 또 차이를 만들 수 있다. 이렇게 동맹에 기초한 동기부여는 관계적인 인센티브에 기반한다. 이는 치료사와 각 가족원 간의 관계 그리고 가족원들 간의 관계가 개선되거나 지속되기를 원하는 것에서부터 생긴다(Sexton & Alexander, 2004).

최초의 FFT 만남에서 함께 작업하고 이해받고 도움을 받은 경험은 가족원들에게 변화를 향해 뭔가 다른 행동을 취하게 하는 강력한 관계적인 인센티브가 된다. 동맹에 기반한 동기부여는 두려움에 기반한 접근방식이 발휘하는 즉각적인 영향을 미치지는 못할 것이며, 보상에 대한 협상을 할 만큼 신속히 작동하지는 않을 것이다. 하지만 일단 가족원들이 동맹에 기반하여 동기부여가 되고 또 그런 경험을 하면, 가족은 그들간의 문제에 대한 힘겨운 대화를 이어 갈 힘을 지속적으로 갖게 된다. 게다가 처벌, 약속, 보상이 갖는 상황적 영향력과는 달리, 관계적이며 동맹에 기반한 동기부여는 행동변화와 문제해결의 기초로 작용할 수 있다. 기억해야 할 점은 동맹에 기반한 동기부여는 내담자가 변화하기를 원하기 때문에 내담자에게 자연스레 존재하는 것이 아니라, FFT의 초기 회기를 진행한 결과라는 점이다. 그래서 동맹과 동기부여는 상담 초기부터 그런 기회가 있을 때마다 다루어져야 한다. 이 장의 다음 단락은 동기부여를 위해 상담실에서 필요한 구체적 전략을 개괄한다.

균형 잡힌 동맹은 이 단계에서 특히 중요한 성과이다. 높은 수준의 동맹이 겉으로 보기에는 개입 초기에서 바라는 목표처럼 보일 수 있지만 모든 사람과 높은 동맹을 맺는 것이 늘 쉽지만은 않다. FFT에서 높은 동맹이 치료성과에 가장 효과적인 요인이 아닐 수 있음에 주목하는 것은 대단히 흥미롭다. Robbins와 동료들(2002)은 치료 초기 단계에서 중도탈락하는 사례들을 대상으로 동맹의 역할을 연구했다. 이 연구자들은 높은 동맹이 성공적인 FFT 사

례와 연관이 있을 것이라고 기대하였으나, 놀랍게도 가족의 중도탈락을 예
측했던 것은 동맹의 총량이 아니라 동맹의 불일치임을 발견하였다. 이는 부
모와 청소년 자녀가 치료사와 거의 같은 수준의 동맹을 느꼈을 때, 전반적인
동맹 수준이 낮았을 때조차도 중도탈락의 가능성이 낮았음을 뜻한다.

사례

　　첫 회기의 가장 앞부분에서 치료사는 매우 적극적인 역할을 했다. 치료사는 신속
하게 피터와 어머니가 무엇을 나누었고 문제의 악화에 각자가 어떤 역할을 했으며
앞으로의 변화를 위해 어떤 기회가 있는지에 대한 대화에 재집중함으로써 피터와 어
머니 사이의 악화에 신속하게 개입했다. 첫 20분 동안에는 치료사가 70% 이상을 말
했다. 어머니가 직간접적 귀인을 통해서 피터를 비난할 때마다, 치료사는 대화의 방
향을 어머니의 역할에 관한 것으로 돌렸다. 피터가 어머니를 비난했을 때 치료사는
그 과정을 뒤집어서 했다. 치료사가 반응을 할 때마다 그들의 걱정을 인정함으로써
동맹을 맺으려 했고, 또 적극적인 호기심으로 치료적 관계를 형성하고자 했다. 시간
이 지나면서 부정성과 비난은 줄어들었고, 각자의 개인적인 책임에 대한 이야기를
더 많이 하게 되었다. 두 사람이 서로 다른 종류의 변화를 원했던 문제에 대해 이제
비로소 그들은 문제에 대해 함께 책임지는 부분을 찾았던 것 같다.

---

3) 관계형성과 동기부여를 위한 전략

(1) 관계적 재구성

　　재구성은 부정적 상호작용, 고통스러운 정서, 성공하지 못한 변화 전략
에 대한 인지와 지각의 근거를 바꿈으로써 관계에 기초하여 가족의 관계형
성과 동기부여를 높이는 방법이다. 초기의 의사소통 이론가들(Watzlawick,
Weakland, & Fisch, 1974)과 전략적 가족치료(Selvini-Palazoli, 1979)에 의해 유
명해진 재구성은 모든 가족치료에서 거의 보편적으로 사용된다. 세월이 흐

르면서 재구성은 긍정적 의미부여, 긍정적 의도 발견하기, 해석과 같이 많은 다른 명칭으로 불렸다. 어떤 명칭으로 불리든 재구성은 하나의 기법으로 분류되며, 내담자가 새로운 해석을 받아들이고 또 그렇게 해서 부정성과 비난의 감정을 줄인다는 희망으로 치료사가 내담자에게 제시하는 준거틀이다. 하지만 재구성의 전통적인 정의는 문제 청소년 및 그 가족과 작업할 때 일어나는 강력한 관계적 상호작용을 다루는 데 도움이 될 정도로 충분하지는 않다. 그 이유는 그런 정의가 너무 일반적이고 충분히 개인적이지 못하며 치료적인 동력이 부족해서 차이를 만들지 못하기 때문이다.

FFT에서 재구성은 관계적이고 치료적인 과정이다. 재구성은 치료과정을 통해서 치료사와 내담자 간에 이루어지는 일련의 지속적인 상호교환이다. 재구성이 성공할 때 내담자가 대안적인 관점을 갖게 되어서 사건에 부여한 의미를 재정의하게 되며, 부정성이 줄어들고 또 사건을 둘러싼 정서성의 방향이 달라지게 된다. 재구성은 내담자가 미래의 새로운 가능성을 찾도록 도전하며(처음에는 암묵적으로, 나중에는 명백하게), 각 가족원이 가족의 문제에 책임을 공유하는 방식으로 가족원들을 서로 연결해 준다. 재구성에 대한 이러한 이해는 인지심리학의 귀인 및 정보처리 구성개념(Jones & Nisbett, 1972; Kelley, 1973; Taylor & Fiske, 1978), 사회심리학의 사회적 영향 과정(Heppner & Claiborn, 1989), 그리고 보다 최근의 체계론적 사고(Claiborn & Lichtenberg, 1989)와 문제정의의 의미에 관한 사회구성주의 사고(Gergen, 1995; Friedlander & Heatherington, 1998; Sexton & Griffin, 1997)에 뿌리를 둔다.

첫 번째 질문은 '무엇을 재구성하는가'이다. 제2장과 제3장에서 설명했듯이, FFT의 목표는 결국 개인이 특정 관계나 일반적인 관계에 대해 갖는 가정, 관계가 어떻게 기능해야 하는가에 대해 개인이 가지고 있는 기준, 일어난 사건을 설명하기 위해 개인이 부여하는 귀인을 바꿈으로써 행동을 변화시키는 것이다. 치료사에게 이 말은 재구성이 특정 사건(보고한 사건, 상담실에서의 싸움)과 일반적인 관계(다른 사람의 동기에 대한 가정)를 모두 표적으로 삼는다는 것을 뜻한다. 회기 내내 치료사는 재구성 과정에 초점을 두면서 각각의 새로운 사건을 추가해 재구성 과정을 순환적으로 진행해야 한다.

관계적 재구성(Alexander, Pugh, Parsons, & Sexton, 2000; Alexander & Sexton, 2002; Sexton & Alexander, 2004; Sexton, 2009)의 FFT 버전은 다음과 같은 세 가지 구성요소 혹은 단계를 갖는다.

- 인정하기
- 재귀인/재구성
- 구성주제를 위한 재구성의 영향 평가

[그림 4-3]은 재구성의 구성요소의 역동적 본질을 잘 보여 준다.

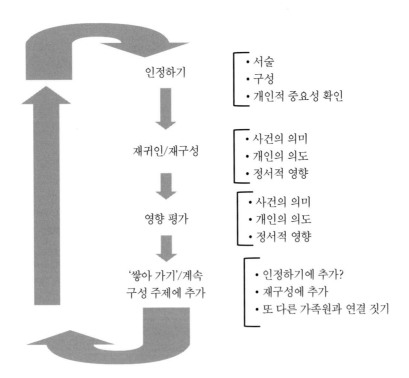

[그림 4-3] 관계적 재구성

출처: Sexton & Alexander (2003)

(2) 인정하기

재구성은 치료사가 화자의 입장, 진술, 정서, 혹은 주요 의미를 인정하는 것으로 시작한다. 인정하기는 사건을 서술하는 형태로도 이루어질 수 있다('당신이 화가 났을 때' '당신이 소리를 질렀을 때' '이런 일이 일어났을 때'). 사건, 그 사건이 내담자에게 주는 개인적인 중요성 그리고 표현된 정서를 인정함으로써 치료사는 내담자를 지지하고 내담자와 관계를 맺는다. 인정하기는 내담자가 한 말을 치료사가 이해하고 있음을 보여 주는 것으로서, 내담자의 말이 중요하다는 점은 지지하지만 말의 내용을 지지하는 것은 아니며, 내담자의 입장과 감정을 존중한다는 것이다. 성공적인 인정하기는 포괄적인 일반화("부모라면 모두 그렇게 느끼죠.")를 하지 않는다. 대신에 인정하기는 사적이고 개인적이며 통찰력이 있어서 내담자는 치료사가 자신의 관점을 이해하기 위해 열심히 노력하고 있음을 믿을 수 있다. 따라서 인정을 효과적으로 하기 위해서 치료사는 직접 말해야 하며, 가족원들 간의 곤란하지만 중요한 이슈에 대해 흔쾌히 말해야 한다. 만일 인정하기가 직접적이거나 구체적이지 않으면, 재귀인할 것이 아무것도 없게 된다.

(3) 재귀인/재구성

인정한 다음에 치료사는 **재귀인 진술**(reattribution statement)을 한다. 이것은 내담자가 제시한 것에 내포되어 있는 귀인 도식을 표적으로 해서 대안적인 주제를 제시하는 것이다([그림 4–2] 참조). 재귀인 진술은 여러 형태를 띨 수 있지만, 세 가지 일반적인 개연성이 눈에 쉽게 띈다. 즉, 재귀인 진술은 문제 행동의 원인에 대해 대안적인 설명을 할 수도 있고, 문제의 대안적 구성을 암시하는 은유를 제시할 수도 있으며, 혹은 모든 것이 다 겉으로 보이는 그대로가 아님을 암시하는 유머를 사용할 수도 있다. 내담자는 대안적인 의미나 주제가 타당한 것 같아 보여야 하고 그것이 자기에게 맞는다고 느껴야 한다.

의미의 변화는 정서, 행동 혹은 다른 사람의 의도를 좀 더 선한 원인으로 재귀인하는 데 도움이 된다. 예를 들면, 치료사는 한 가족원의 분노를 가족의 싸움에 대해 그가 느끼는 고통으로 재구성할 수 있다. 이렇게 재귀인을 하면, 화가 난 사람은 '고통을 기꺼이 느끼려 하며 전체 가족의 정서적 지표가 되는 사람'으로 보이게 된다. 재귀인이 도움이 되는 까닭은 분노를 다른 사람을 향해 내뿜는 어떤 것이 아니라 화를 낸 사람의 내적 상태로 재정의하기 때문이다. 그래서 분노에 내재된 비난은 이제 상처와 심지어 희생으로 재정의되며, 그리하여 화를 낸 사람이 행동에 대한 책임을 지게 되고 동시에 가족 내 부정적 정서가 줄어든다. 또한 재구성은 가족원들을 함께 연결하여 가족싸움에 대해 가족이 공동으로 정의할 수 있게 한다([그림 4-3] 참조). 호소문제에 대해 가족이 합동으로 혹은 가족에 초점을 두고 정의를 하는 것은 FFT의 초기 단계에서 필수적이다. 앞서 언급하였듯이, 가족은 자신들이 경험하는 문제를 아주 잘 정의하는 설명을 갖고서 상담실에 오며, 그런 정의를 정서적 · 행동적 · 인지적 용어로 표현할 수 있다. 하지만 분명한 사실은 각각의 설명이 개인에 따라 독특하다는 점이다.

재구성이 효과적일 때, 재구성 과정의 첫 단계에서 인정되었던 것의 의미가 변화된다. 이것은 두 가지 중요한 시사점을 갖는다. 첫째, 의미를 성공적으로 변화시키기 위해서 인정하기는 가족원이 제시한 구체적이고 분명하게 확인된 행동, 사건, 정서, 의도에 관한 것이어야 한다. 모호하거나 구체적이지 않은 인정은 공감에 더 가까우며 재귀인을 통해 의미를 변화시킬 기회를 제공하지 못한다. 둘째, 의미를 재귀인하기 위해서 치료사는 대화에 뭔가를 추가해야 한다. 치료사는 자기가 들은 것을 단지 반영만 하는 것이 아니라 대화에 새로운 뭔가를 집어넣어야 한다. 대화에 뭔가를 추가하는 것은 우리가 주제(themes)라고 부르는 것을 따름으로써 이루어진다(이 부분은 이후의 단락에서 다룸).

재구성이 잘되지 않을 때도 있다. 일반적으로 그럴 때는 내용의 이슈, 혹은 재구성의 타이밍이나 맥락과 관계가 있다. 치료사는 흔히 재구성되는 행동의 문제 측면을 적절히 인정하지 못하며 그렇게 되면 그것을 축소하거나 변명하는 것처럼 보인다. 치료사가 행동이나 사건이 문제임(타인에게 고통스러운, 위험한 등)을 먼저 인정하지 않고 재구성의 재귀인 부분에 직접 들어가는 때와 같이, 치료사가 부정성을 회피하고 꺼리는 것은 흔한 일이다. 만일 가족이 치료사가 그저 '좋게만 하려고 하며' 문제행동이 그들에게 얼마나 좌절이 되고 고통스러운지를 이해하지 못한다고 느끼면, 이렇게 얼버무린 행동으로 인해 치료사의 신뢰성은 감소한다.

　문제행동의 의도에 대해 괜찮게 보이지만 잘못 이해해서 말하는 치료사가 가족에게는 그저 문제행동을 정상화하거나 구실을 대는 것("그 애가 학교에 가려고 했지만, 늦잠을 잔 것이죠. 피곤하면 자연히 그렇게 되지요.")으로 보일지 모른다. 재구성은 문제행동에 구실을 대는 것이 아니며, 또 문제행동이 '정상적'이라거나 '돌발적인' 것이라고 말하는 것이 아니다. 재구성에는 책임의 개념이 포함되어 있다. 말하자면, 어떤 행동을 의도해서 하였지만 그 이면의 동기가 반드시 악의적이지는 않았다고 하는 것이 재구성이라고 할 수 있다. 치료사가 가족의 누군가를 무심코 비하하거나 비난을 암시하는 일이 일어날 수도 있다("아이는 당신이 일하러 가지 않기를 바랐다는 것을 당신에게 알리려고 노력했을 뿐입니다."라는 말은 부모가 일하러 감으로써 문제를 '일으켰다'는 것을 암시한다). 재구성을 하기 전에 치료사는 일하러 가는 데 대해 부모가 어떻게 느꼈는지를(죄책감/방어 측면에서) 먼저 사정했어야 한다.

　재구성은 급하게 하거나 복잡한 행동을 심하게 단순화할 때 잘 되지 않는다. 재구성의 타이밍에 관한 문제는 두 가지 방식으로 일어날 수 있다. 치료사는 내담자가 표현하는 고통스러운 정서를 기다려 주고 받아 주기보다는 '안심'을 시키거나 '도움'을 주기 위해 불쑥 끼어들고, 때로는 재구성을 서둘러서 하느라 화자의 말을 끊을 수도 있다. 그런 의도는 좋지만 그렇게 급하게 개입하면 변화를 만들어 내기 위해 필요한 정서적 동력이 제공되는 경험을 못한다. 그것은 당사자를 무시하는 것으로 가족원이 자기의 경험에서 핵심적이고 중요한 이슈에 개입하여 논의할 기회를 빼앗는 것이고, 어떤 의미에서는 그 사람의 경험을 묵살하는 것이다. 그런 방식은 치료과정도 무시하는 것이다. 한편, 치료사는 가족원이 전부 각자의 감정을 표현할 때까지 기다리면서 재구성을 너무 늦게 할 수도 있다. 앞에서 주지하였듯이, 솔직하고 개방적인 의사소통이 부정성과 비난으로 이루어지면 늘 도움이 되는 것은 아니다. 치료사가 모든 사람의 이야기를 다 듣기 위해서 너무 오래 기다리면, 가족원들 간의 부정적인 관계패턴이 자체적으로 확립될 여지를 너무 많이 제공함으로써 실제로 치료사가 줄이고자 하는 바로 그 부정성을 오히려 높일 수도 있다. 이것 역시 일종의 무시로서 이 경우는 가족원들의 변화 능력을 무시하는 것이다. 그래서 재구성에서 타이밍은 아주 중요한 요소이다. 변화를 위한 에너지를 제공할 만큼 충분한 치료적 관계형성 경험이 있어야 하며, 한편으로는 핵심문제를 둘러싼 상호작용 수순이 너무 오랫동안 계속되지 않도록 해야 한다. 재구성은 지속적인 맥락적·관계적 과정이며 특정 행동에만 초점을 둔 고립된 진술이 아니다.

(4) 영향 평가와 구성주제를 구축하기

재구성은 하나의 개입으로 끝나지 않는다. 대신에 치료사는 그 '적합성'을 평가해 가면서 인정하기와 재구성을 치료기간 내내 계속한다. 즉, 치료사는 내담자의 반응을 잘 들은 후에 인정하기와 재구성 진술을 하며, 거기에 변화나 대안적 아이디어를 통합한다. 이런 식으로 재구성은 치료목표를 향해 구축되는 치료사-내담자 간의 지속적인 상호작용 고리가 된다. 이런 과정에 의해서 치료사와 내담자는 실제로 사건들이나 일련의 행동에 대한 감정들에 대해 서로 동의하고 수용할 수 있는 대안적인 설명을 구성하게 된다. 그렇게 하여 대안적인 설명은 치료사와 내담자 모두에게 현실적이고 적합한 것이 된다. 시간이 지나면서 작고 개별적인 재구성의 예들이 하나의 주제가 된다. 이때 그런 예들은 많은 가족원, 일련의 사건들, 문제에 대한 복잡한 대안적 설명을 포함하여 서로 연결된다. 가족에 초점을 두고 또 구성된 문제정의는 치료가 형태를 갖추는 데 도움이 된다. 그것은 가족의 문제를 설명하고 행동변화 노력을 조직하는 주요 주제가 된다. 모든 가족원을 포함시키기 위한 이렇게 반복적인 재정의 과정을 거치지 않고서는 모든 가족원을 행동변화 단계에 포함시키기가 거의 불가능하다.

(5) 이전 재구성에 기반하여 재구성 반복하기

재구성은 단일한 사건이 아니라 순환적인 과정이기 때문에 재구성에 대한 내담자의 반응은 치료사가 그다음의 재구성을 더욱 개인적이고 포괄적으로 하기 위해 무엇을 첨가·삭제할 것인가에 대한 방향을 안내한다.

은유는 재구성 과정과 그 성과를 서술하는 데 도움이 될 수 있다. 추운 기후에서 사는 사람들은 눈사람을 만든 경험이 있을 것이다. 필자의 경험에 따르면, 모든 눈사람은 많은 면에서 똑같아 보이지만 각각의 눈사람은 다 다르며 또 독특한 특징과 속성이 있다. 재구성의 결과도 이와 같다. 즉, 재구성이 모두 비슷해 보이지만 각 가족마다 독특한 특징이 있다. 눈사람을 만드는 과정은 손으로 작은 눈덩이를 만드는 것부터 시작한다. 일단 눈덩이를 하나 뭉치면 그 눈덩이를 땅에 놓고 굴린다. 굴릴 때마다 눈덩이는 새로운 눈 층을 끌어 모은다. 굴리는 과정의 방향이 그 결과를 결정한다. 만일 통통한 눈사람을 원하면 방향을 자주 바꾸어 가면서 눈덩이를 굴려서 크게 만든다. 다른 모양을 만들려면 눈이 다르게 뭉쳐지도록 굴린다. 사람들이 눈덩이를 차례차례로 굴리거나 한 사람이 맡아서 굴리도록 도와줄 수 있다. 어떻게 하든지 눈덩이를 굴릴 때마다 새로운 눈 층이 뭉쳐진다. 이것은 관계적 재구성의 과정과 같다. 즉, 치료사는 바라는 모양이 얻어질 때까지 내담자가 한 말을 통합해서 마지막 진술에 끊임없이 추가한다. 눈사람 모양은 눈사람을 만든 사람이 어떤 모양을 원하는지에 일부 달려 있으며, 다른 일부는 눈사람을 만들기 위해 어떤 것을 활용할 수 있는지에 달려 있다. 재구성의 구축과정은 이와 거의 같다. 늘 마음속에 바라는 결과가 있다. 비난을 덜하고 부정성을 더 낮추고 모든 사람을 포함하는 이야기를 구성하는 것이 바라는 결과이다. 하지만 그 순간에 이용할 수 있는 구체적인 특성과 구성요소, 즉 가족이 상담실에 가지고 오는 것들 역시 고려한다. 거기에는 세부 내용, 중요한 특징, 강조할 부분들이 다 모여 있다.

(6) 회기 구조화를 위한 중단과 전환

재구성을 할 수 없을 때도 많이 있다. 그런 경우에는 가족원 간에 악화되고 있고 자기패배적인 패턴을 중단시키고 그들의 주의와 에너지를 다른 방향으로 전환시키는 것이 도움이 될 수 있다. 중단과 전환은 질문의 형태를 띨 수 있고("당신이 정말 화가 났다는 것을 이해합니다. 이런 일이 일어나는 것이 어떤지, 무엇으로 힘겨워하는지 여쭤어 봐도 될까요?"), 단지 대화의 방향에 대한 초점을 달리할 수도 있다("무슨 일이 일어나고 있는지를 이해하기 위해서 제가 알아야 할 중요한 일이 있습니다. 학교에서는 어떤 일이 있는지 제게 말씀해 주실 수 있습니까?"). 재구성만큼 고상하거나 완벽한 치료적 개입은 아니지만, 가족원 간 상호작용패턴의 악화 순서를 중단하고 전환하는 것은 상담실의 긴장을 즉각적으로 줄여 준다. 중단과 전환의 가장 직접적이고 치료적인 요소는 이 단계의 목표인 부정성과 비난 수준의 즉각적인 변화이다.

(7) 과정에 대해 말하기

회기의 전환과 중단의 구체적인 형식 중에 특별히 주목할 만한 것은 과정에 대한 의견을 말하거나 상담실에서의 사건이나 상호작용을 되짚어서 말해 주는 형식이다. 이 개입은 가족원 간의 흔한 관계패턴의 특정 부분을 집중적으로 조명하는 것과 다소 비슷하다. 예를 들면, 치료사는 다음과 같이 말할 수 있다. "이것이 바로 네가 학교에 대해 말하려고 할 때 주로 일어나는 점인 것 같니?" 혹은 "어떻게 되어 가는지 한번 살펴보자. 어머니가 네게 공손해야 한다고 말씀하실 때 너는 즉각 되받아쳐 어머니에게 반응하는구나. 그런데 그렇게 하면 대화가 악화될 뿐이지." 과정에 대해 말하기의 특별한 가치는 그것이 패턴 중단에 효과가 있으며, 동시에 가족에게 그들 간에 어떤 일이 일어나고 있는지에 관한 예를 제공한다는 점이다. 이러한 지식은 FFT의 후기 단계에 도움이 될 가능성이 있는데, 이때는 치료사가 특히 관계패턴에 사회적 기술을 첨가하려고 할 때이다. 게다가 과정에 대해 말하기는 치료사가 관계패턴을 이해하고 가족원들과 함께 그 패턴을 확인하는 데 도움이 된다.

관계적 재구성은 부과되는 것이 아니라 제안하고 반응하며, 세부 내용과 속성과 구성요소를 추가하는 관계과정을 통해서 치료사와 가족이 구성하는 것이다. 이 말은 치료사가 바로 그 자리에 있는 것을 가족에게 되돌려서 반응만 하는 것이 아니라 대화에 새로운 어떤 것, 즉 가족이 이전에는 알지 못했거나 생각지도 못했던 어떤 것을 실제로 추가한다는 뜻이다. 눈사람이 층층이 쌓여서 만들어지는 것과 같이 재구성에는 직접적이고 개인적이며 또 치료를 받는 특정 가족에 초점을 두는 데 도움이 되는 여러 층이 있다.

(8) 구성주제 구축하기

관계형성과 동기부여 단계에서 재구성 과정의 주요 성과 중 하나는 우리가 구성주제(organizing themes)라고 부르는 것이다. 구성주제는 긍정적인 (하지만 아주 잘못된) 의도에 의해 동기가 부여될 수 있음을 시사하는 방식으로 문제가 되는 행동패턴과 관계를 말한다. 주제는 재구성 과정 동안 형성되는 재귀인을 파악하는 데 도움이 된다. 주제 목록이 확정되어 있는 것은 아니고 그런 목록을 만드는 공식이 있는 것도 아니지만, 관계형성과 동기부여 단계의 목표달성을 촉진하는 성공적인 주제의 기준은 있다.

FFT의 임상 작업에서 주제는 가족과 그들의 문제 및 경험에 관해 설명하는 것으로 나쁜 행동을 비난하지 않는 대안적인 설명이다. 대안적인 설명은 회자되고 있는 당사자나 사건의 책임을 그 사람에 대해 이해 가능하고 악의적이지 않은 측면에 다시 초점을 돌려서 바라보는 것으로, 그렇게 되면 부정적인 행동의 교류가 줄어든다. 주제가 언제 도움이 될 것인지를 기억하는 것이 중요하다. 즉, 주제는 치료사와 가족에 의해 (동맹에 기반하여) 상호적으로 발전되었고 각 개인에게 중요한 것이 무엇인지에 대한 이해를 포함하며, 또한 가족에 대한 설명이 부정적이지 않을 때만 도움이 된다.

이런 기준에 맞는 몇 가지 가능한 주제는 Alexander, Pugh, Parsons와 Sexton(2000)이 다음과 같이 기술한 것에 포함되어 있다.

- 분노는 상처를 암시함

- 분노는 상실을 암시함

- 방어행동은 관계가 정서적으로 연결되어 있음을 암시함

- 잔소리는 그것이 중요하다는 점을 나타냄

- 고통은 경청을 방해함

- 차이 때문에 겁을 먹음

- 문제 상황에서 자신에 대해 괜찮다고 느낄 필요

- 보호

- 타인에게 너무 많은 힘을 양도함

구성주제들은 개인들(부모와 청소년)과 가족 전체의 관심사를 말한다. 이런 식으로 주제는 땋아서 만든 장식용 수술과 같다. 즉, 주제는 각각의 시각을 모두 함께 문제에 대한 설명으로 짜서 엮는다. 그 설명은 문제의 기원에 모든 사람을 포함하지만 어느 누구도 비난하지 않는다. 구성주제는 행동변화와 일반화 단계의 기초가 된다. 현실적인 도전은 구성주제가 반드시 상호적으로 만들어지고 구체적이어야 한다는 점이다. 즉, 가족을 연결하고 적절하며 도움이 될 수 있다고 느끼며 지지받는다고 느낄 만큼 충분히 개인적인 방식으로 구체적이어야 한다.

치료사가 구성주제의 가치에 대해 생각해 보는 한 가지 방법은 구성주제가 내담자로 하여금 소소한 세부사항 속에서 길을 잃지 않고 큰 그림을 보게하는 데 도움이 된다는 것이다. 소소한 세부사항들은 가족을 어려움에 갇히게 하는 바로 그런 것들이며, 또 "너, 그거 해!" "싫어요, 안 해요!"라는 대화에서 드러나듯이, 악화되는 많은 패턴을 만드는 바로 그런 점들이다. 가족을 주제에 따라 생각해 보면 가족에 대해 폭넓고 다중체계적인 그림을 그려 볼수 있다. 사람들이 주제에 대해 생각해 보면 해결할 수 없는 세부 내용들에서 벗어나는 데 도움이 되며, 한 발짝 더 나아가서 서로 비난하지 않는 방식으로 개별 가족원들을 연결하는 데 초점을 둘 수 있다.

사례

　피터와 어머니 사이에 처음에는 높은 수준의 부정성과 비난이 있었다는 점을 놓고 볼 때, 재구성은 특히 유용한 도구였다. 가족과 함께 상담실에 앉아서 치료사는 먼저 각자의 진술 이면에 있는 귀인에 초점을 두었다. 피터가 화가 나서 어머니를 거부했을 때, 치료사는 "이것이 바로… 이런 이런 점이었고(인정하기)… 이건 중요한 이슈이며(구성)… 이것은 네가 이렇게 말할 때 두 사람 사이에서 잃어버렸던 부분이구나(재구성)."라고 반응하였다. 어머니의 더 강렬한 감정적 반응을 감지한 치료사는 다르게 반응했다. 어머니가 가족의 어려움의 원인을 몽땅 피터의 '문제'로 돌릴 때마다, 치료사는 어머니를 보며 다음과 같이 반응했다. "이제 이해할 수 있을 것 같군요. 이 상황은 어머니와 직접 관련된 것이 아니며 어머니가 바라던 것도 아니군요. 이것은 어머니가 피터를 정말 많이 돕고 싶어 하는 것과 관련이 있군요(인정하기)…. 피터를 보호하려던 면이 더 컸던 거죠(재구성)."

　이런 주제들은 피터와 어머니가 말했던 것들을 근거로 해서 치료사가 단지 추측한 것들이지만, 상실과 보호라는 주제는 즉시 어머니와 피터를 연결해 주고 거의 대부분의 상호작용에서 각자가 느꼈던 정서적 싸움을 극복하는 데 도움이 되는 듯 보였다. 회기가 진행되면서 그런 주제들은 더 다듬어졌고 더 많은 사건이 그 주제 아래 들어맞았다.

　회기가 끝날 무렵 치료사는 어머니에게 다음과 같이 말했다. "이렇게 요약이 되는 것 같아요. 어머니가 말씀하셨던 것은 결코 피터를 통제하려던 것이 아니라 단지 도우려고 했을 뿐이었습니다. 이 점은 중요합니다. 왜냐하면 어머니가 가장 중요하게 여기는 가치에 속하니까요. 하지만 어머니는 곧 자신이 짜증을 내고 있고 또 떠나려고만 하는 아들을 기다리고 있음을 알게 되셨지요. 그러나 동시에 피터가 겉으로 보이는 것보다 뭔가 훨씬 더 불안정하고 실제로 더 절박하다는 것이지요. 피터의 화는 보통 상처를 입었다는 것이며 커다란 상실의 감정이지요. 어머니를 잃은 감정… 이제 가장 큰 문제는 피터가 아니라, 어머니가 좀 더 눈감아지는 방법, 그리고 현실에 머물러 있으면서도 긴장되는 순간들 너머를 볼 수 있는 방법을 찾는 것입니다."

　그리고 어머니에 대한 피터의 강한 거부반응에 대해서 치료사는 피터에게 다음과 같이 말했다. "이해할 수 있을 것 같구나. …이제 좀 더 괜찮은 생각이 드는 것 같아.

네가 때로 어머니에게 한 그런 반응에 내가 어떻게 얘기해 줄지를 곰곰이 생각하면
서 늘 여기에 앉아 있었다는 점을 말해 주고 싶구나. 처음에는 어쩌면 어머니가 옳고
네가 버릇이 없는 것 같다고 생각했지만, 더 주의를 기울여서 너의 말을 들었단다.
실제로 내가 들은 것은, 비록 너의 목소리 톤 때문에 실제 메시지를 듣는 것이 어렵
기도 했지만… 하지만 너는 어머니를 보호하려는 의도가 있고 동시에 너 자신의 삶
에 대해 통제감을 느끼고 싶어 한다는 생각이 들었어. 안타깝게도 너는 화를 너무 빨
리 내서 어머니가 너를 도와주려고 한다는 교훈을 놓치기 쉬웠다는 생각이 들어. 그
러니 어머니의 좋은 의도를 알기가 더 어렵지 않았을까 싶다. …그래서 결국 화를 내
게 되는 것 같아. 내가 무슨 말을 하는지 알겠니?"

치료사는 어머니와 피터가 부정적이고 비난하는 상호작용에서부터 약간의 안도
감을 느꼈던 상호작용으로 이동하도록 돕기 위해서 전체 회기 내내 집중적인 경청과
적극적인 관계맺기를 하였다.

3. 관계형성과 동기부여 단계의 성과

관계형성과 동기부여 단계는 모든 가족원이 각자의 고유한 방식으로 '문
제'에 서로 다르게 기여한다고 생각하며 한편으로는 모두가 감정 싸움에 지
속적으로 참여하고 있음을 믿기 시작할 때 성공적이다. 가족은 치료사를 신
뢰하고 자신의 고유한 입장을 치료사가 이해한다고 믿으며(비록 가족원들이
각자의 입장에 대해 동의하지 않을지라도), 또 치료사가 도울 능력이 있다고 믿
는다. 각 구성원은 자기가 무엇을 하든지 간에 가족치료사가 가족원들을 똑
같이 보호하고 모두에게 도움을 줄 것이라는 점을 알게 된다. 치료사가 누구
편을 들거나 한 사람을 변화시키려고 그 자리에 있는 것이 아니라는 점을 알
게 된다. 가족원들은 치료과정에서 관계를 맺고 각자가 개인적으로 그리고
가족이 전체로서 도움을 받을 것이라고 믿으며, 해결을 위해서는 각자가 변
화할 필요가 있음을 깨닫는다. 가족원들은 해결이 가능하다는 더 큰 희망을

갖게 될 것이고, 해결을 찾아서 새로운 행동과 기술을 시도할 동기를 느낀다. 초기의 주제와 재구성은 구성주제가 되고, 그 결과 문제에 대한 정의를 새롭게 합동으로 구성함으로써 부정성과 비난이 줄어들고 개인이 아닌 가족 초점의 관점을 더 많이 갖게 된다.

　관계형성과 동기부여 단계에서 이루어지는 FFT의 주요 개입은 어떤 독자에게든 새롭지 않을 것이다. 이 기법들은 가족치료의 많은 다양한 접근의 일부이다. 하지만 그 기법들이 FFT의 일부로 사용될 때는 중요한 차이가 있다. 예를 들어, FFT에서의 재구성은 구체적인데, 이는 재구성 과정의 인정하기 부분이 사건을 집중 조명하여 그것을 가족과 연관된 어떤 것으로 직접 연결한다는 뜻이다. 즉, 재구성이 단순히 재정의를 한다거나 강점을 부각시킨다는 뜻이 아니다. 재구성이 문제행동을 없애지는 못한다. 대신 재구성은 문제행동에 개입해서 그것을 나쁜 것으로 확인을 하지만 인정을 한다는 것이다. 이와 같은 구체성으로 FFT의 관계적 재구성은 차이를 만들어 낼 동력을 갖게 된다.

　마찬가지로 주제 사용도 흔한 개입이다. FFT에서 주제는 각 가족원이 말하는 구체적이고 다층적이며 체계적인 이야기로서, 그 이야기는 결국 가족의 이야기로 엮인다. 이 이야기의 목표는 해석하는 것이 아니라 대화과정을 통해서 상호 간에 다른 관점을 구성하는 것이다.

　전환과 중단 역시 FFT에 독특한 것은 아니며, 이 기법들은 회기를 통제하기 위해 사용되는 것이 아니다. 대신에 이 기법들은 당면한 순간의 행동 순서에 재초점을 두기 위해서 사용된다. FFT에서 전환이나 중단 이후에 오는 것은 재구성으로서, 가족이 어떤 새로운 것으로 방향을 다시 돌리게 한다. 이런 모든 활동의 목적은 직접적이고 개인적이며 즉각적이 되는 것이다.

1) 가족관계의 변화

FFT의 초기 단계를 관계형성과 동기부여로 이름 붙이는 것의 한 가지 문

제는, 이 단계의 결과는 실제적인 변화가 아니라 단지 기초이고 시작임을 내
담자들이 믿을 수 있도록 하는 것이다. 사실, 관계형성과 동기부여 단계가
성공할 때 가족은 변한다. 아주 많이 변한다. 귀인과 정서의 변화가 일어나
고, 또 동맹을 맺음으로써 동기에 대한 느낌뿐 아니라 행동의 변화도 일어난
다. 부정성이 감소되고 비난이 줄어들 때 가족원들은 서로를 향해서 다르게
행동한다. 이러한 행동변화는 치료사가 구체적으로 처방하거나 제안한 것
이 아니며 대화의 주요 주제도 아니다. 그럼에도 가족은 이러한 초기의 치료
단계의 결과로서 더 좋아졌다고 보고한다. 관계형성과 동기부여의 결과로서
나타난 가족의 변화는 강력하고 의미 있으며, 가족문화와 가족원 간의 상호
작용에 큰 영향을 미친다. 이런 식으로 관계형성과 동기부여는 가족의 많은
내적 위험요인을 줄이며, 그래서 마주친 문제에 직면하여 가족이 문제를 변
화시키기 위한 생산적인 변화 방식에 참여하게 한다.

2) 추후를 위해 준비된 내담자

이 단계의 마지막 결과는 가족이 추후의 더 많은 것에 대해 준비태세를 갖
추게 된다는 것이다. 그 경험은 좋은 책을 읽는 경험과 같다. 책의 앞부분은
무대를 만들어서 독자를 이야기로 끌어들이며 더 많이 읽고 싶다는 소망을
갖게 한다. 관계형성과 동기부여를 잘하면, 가족은 앞으로 진행될 것에 대
한 준비를 갖추게 된다. 사실 가장 성공적인 관계형성과 동기부여 단계에서
가족은 이 단계에서 일어난 것을 자신들의 세계관에 통합하는 지점에 도달
하며, "그렇지요, 당연해요. 이제는 뭔가요?"라고 말하면서 반응하기 시작한
다. 이는 마치 가족원들이 자기 자리에서 일어나 앞으로 몸을 기울여 머리를
내밀고 다음 단계를 기다리기 시작하는 것과 같다.

3) 동맹에 기반한 치료적 관계

치료사들은 종종 동맹을 일시적이고 순간적인 것으로 여기는데, 사실 늘

주의가 필요하다. 동맹은 끊임없는 모니터링을 필요로 한다. 동맹이 시들해질 때는 상담을 진행하는 동안에 동맹이 다시 살아 있게 하는 것이 중요하다. 한편, FFT의 중심인 동맹에 기반한 관계가 발전되면 상당히 안정적이고 오래간다. 이것이 의미하는 것은 이 단계의 실제로 중요한 한 가지 성과로서 치료사와 가족원들은 더욱 개방적이고 자유롭고 직접적이 될 만큼 강력한 기초를 형성하게 된다는 것이다. 말하자면, 치료사는 좀 더 대담해질 수 있고, 내담자들은 치료사의 의도를 이해할 수 있을 것이다. 반대로, 가족은 치료사가 이해하지 못할 것이라는 걱정 없이 모험을 무릅쓸 수 있다. 이렇게 오래 지속되는 동맹은 가족이 그다음의 단계들로 이동해 갈 때 중요하다. 왜냐하면 그런 형태의 동맹은 치료사와 내담자가 다른 이슈들에도 초점을 둘 수 있게 하기 때문이다. 이것은 마치 동맹은 남아 있지만 배경으로 이동해서 그다음 작업의 기초가 되며 뒷배경이 되어 주는 것과 같다. 이러한 형태의 동맹은 다른 치료모델에서도 흔하다. 하지만 FFT에서는 그 자체가 당연한 목표라기보다는 사정과 개입 활동의 결과이다.

사례

　　FFT의 관계형성과 동기부여 단계에서 4회기를 마친 후에도 어머니와 피터의 싸움은 끝나지 않았지만 두 사람은 상담에서뿐만 아니라 그들 스스로 새로운 뭔가를 시도해 보기로 결심하였다. 그들은 아직 상황이 좋지는 않지만 더 좋아질 가능성이 있다는 느낌을 가지게 되었다. 피터는 어머니가 어머니만의 방식으로 자기를 보호한다는 것을 알았고, 어머니는 피터가 독립해 간다는 것을 알았다. 이전에도 겪어 본 적이 있듯이, 이런 현실이 그렇게 많이 힘들지는 않았고 또 두 사람의 모든 움직임을 삶의 궤도에서 이탈하게 만들지는 않았다. 어머니와 아들은 더 많은 것에 준비가 되었고, 치료사가 제 역할을 해 줄 것이라고 믿었다.

4. 관계형성과 동기부여 단계의 도전과제

FFT의 이 단계를 실행할 때 치료사에게는 많은 중요한 도전과제가 있는
데, 특히 용기가 필요하다. 관계형성과 동기부여 작업을 위해서 치료사는 직
접적이고 능동적이어야 한다. 때로 치료사는 전체 이야기를 다 듣기 전에 행
동할 필요가 있다. 이 단계에서 어려움을 겪는 치료사는 흔히 소심하고 겁이
많으며 다루기 어려운(때로는 못되게 굴고 폭력적인) 청소년과 가족원들에게
마지못해서 반응한다. 성공적인 FFT 치료사는 자신이 직면하는 저항의 다양
한 표현들 때문에 좌절하지 않으며, 내담자를 치료하기 전에 가족에게 증상
을 없애라고(예: 약물을 더 이상 사용하지 않기, 서로 미워하면서 상호작용하지 않
기, 자살 사고를 하지 않기) 요구하지 않는다. 그 대신에 성공적인 치료사는 가
족원들의 용어로 그들을 수용하며, 그들의 용어나 말투가 전통적으로는 치
료에 대한 저항으로 여겨졌던 행동패턴을 보일 때도 그들을 수용한다. 관계
형성과 동기부여 단계의 모델, 목표, 구체적 개입은 치료사가 겁낼 필요가
없다는 점을 지지하기 위해서 수립된 것이다. 하지만 성공적이기 위해서 치
료사는 치료의 강도에 합류할 수 있어야 하고, 가족원들이 치료사의 규칙을
받아들이지 않는다고 해서 투약, 규칙과 구조 혹은 결과에 대해 위협함으로
써 문을 닫으려고 해서는 안 된다. FFT 치료사는 가족원들이 가져오는 모든
고통의 강도와 솔직한 표현으로부터 도망가지 않는다. 대신에 치료사는 가
족을 수용하고 가족에 합류하여 이러한 힘든 도전들에 직면한다.

이 단계에서 가장 어려운 도전과제 중 하나는 상담실에서 일어난 것을 그
다음 단계로 나아가기 위해 사용하는 것이다. 전통적인 정신역동적 모델은
해석과 같은 개입기술로 가능할 수 있는 치료적 동맹을 발전시키기 위해서
상당히 많은 시간을 할애한다. 성과 자료에 따르면, 이 접근은 FFT가 상대
하는 집단에게는 그야말로 효과적이지 못하다. 또한 행동문제가 있는 청소
년의 높은 위험성을 고려할 때, FFT 치료사는 보통 이런 형태의 기법을 사용

하는 데 소모할 시간이 없다. 전통적으로 하던 인지적 재귀인 개입(예: 비합리적 신념에 도전하고 반박하기)은 더 빠르지만 저항을 불러올 위험이 있으며, 그리하여 청소년을 시설로 보내게 되거나 치료의 중도탈락률을 높일 수 있다. 어떤 면에서 인지적 재귀인 개입은 가라테와 같다. 상대방을 제압하기 위한 일련의 전략적인 움직임이 계획되고, 가라테 선수가 얼마나 많은 힘을 상대 선수에게 가하는지 여부에 따라 성공이 결정된다. 더 좋은 은유는 유도가 될 수 있는데, 유도 선수의 힘은 상대 선수에게서 나온다. 유도 선수가 상대방에 접근할 때는 본능적으로 상대 선수와 함께 움직이며 자기에게 오는 바로 그 순간에 힘을 모으고 그리고 나서 힘의 방향을 바꾸어 움직여서 상대 선수를 '뒤집는다'. FFT의 관계적 재구성 방식도 이와 같다. 즉, 임상적 변화를 위해 필요한 에너지를 만들기 위해서 치료사는 내담자의 경험이라는 힘을 이용한다. 성공적인 FFT 치료사는 나쁜 행동에 의해 부정적인 영향을 받았던 가족원들의 구체적인 경험을 인정하고 그 경험의 기저에 있을 수 있는 동기를 즉시 재귀인하기 위해서 에너지를 사용하며, 그리하여 가족원들이 가족의 대인관계 맥락에서 행동, 사건, 상대방을 경험하는 방식에서 강력한 변화를 만들어 낸다.

피터와 가족의 대화는 선형적이지 않았다. 피터가 자기 이야기를 하고 그 다음에 어머니가 자기 이야기를 하는 그런 식이 아니었다. 대신에 그들은 거의 모든 대화에 분노로 가득 차서 임했다. 그들이 얘기할 때마다 분위기는 정보만이 아니라 분노로 가득 채워졌다. 치료사는 이러한 표현들을 인정하기와 재구성으로 대처했다. 분노는 가족원 개인이 가족 내의 어려움에 대응하여 느끼는 상처이며, 청소년 자녀의 반항은 독립성이고 심지어 부모가 의존적인 자녀에게 갖는 부담을 줄여 줌으로써 부모를 '보호하기' 위한 시도로 재구성되었다. 치료사는 실제적인 행동변화 단계에 앞서 자신이 선택한 해결책이 가족의 자연스러운 다음 단계인 것처럼 보이게 만들었던 방식으로 가족에 도전함으로써 그들이 느꼈던 절망감에 대처했다.

5. 결론: 초기의 단계들

오늘날 많은 치료모델은 내담자와 치료관계를 형성하고 내담자에게 동기를 부여할 필요를 인정한다. FFT에서는 항상 관계형성과 동기부여가 내담자의 특징이 아니라 초기 단계 치료의 목표라고 생각했다. 이것이 치료사에게 많은 것을 요구한다는 점도 알고 있다. 하지만 치료사들이 이 장에서 설명한 관계형성과 동기부여에 근접할 때, 그들은 치료의 초기 단계가 그 자체로서 막강하고 강력하며 중요한 치료적 변화를 일으킨다는 점을 알게 된다.

치료단계의 구체적 목표를 갖는 한 가지 이점은 치료사가 회기의 진전을 판단할 수 있다는 점이다. FFT에서 치료사는 부정성과 비난의 감소, 가족에 초점을 둔 관점의 발전, 동맹구축을 평가하기 위해서 직접적인 관찰과 가족의 보고를 이용한다. 이러한 변화가 일어나면 FFT의 다음 단계로 이동하며 가족의 대화를 또 다른 일련의 목표(즉, 행동변화가 목표임)에 다시 초점을 두는 방향으로 재조정할 것을 생각한다.

제5장

행동변화 단계

F FT가 잘 해낸 것 중 하나는 전통적 가족치료의 관계적 초
점과 다른 접근방식들의 행동적 초점을 통합한 것이다.
특히, 가족구성원들이 서로 간에 또는 주변 사람들과 상호작용하는 역량을
증대시킬 수 있는 행동기반 기술을 다루는 것은 항상 FFT의 중요한 특징이
었다. 실제로,『가족치료 핸드북 제1판』(Gurman & Kniskern, 1981)에서 FFT
는 가족 대상의 행동치료법으로 분류되었다. 이는 한편으로는, 기술을 구축
하는 것이 가족치료적 개입의 성과와 관련되며 친사회적 행동기술을 사용하
는 것이 가족기능에서 중요하다는 것을 발견한, 많은 연구논문 때문이기도
했다. 그러나 FFT는 청소년과 가족이 필요로 하는 특정 기술 자체뿐만 아니
라, 이러한 변화를 돕는 데 필요한 관계에 초점을 둔 '어떻게'까지 모두 촉진
한다는 점에서 확실히 독특한 것이었다.

　FFT모델은 또한 행동기술의 발전을 위한 역할에서도 진전이 있었다. 초기
FFT모델에는 치료단계와 교육단계의 두 가지 기본 처리 단계가 있었다. 치
료단계는 현재는 관계형성/동기부여로 불리는 단계에 대해 처음으로 설명

한 것이다. 교육단계는 그 명칭이 시사하듯 비행과 기타 행동문제들을 줄일 수 있는 여러 행동기술을 사용하는 방법을 가족에게 가르쳐 주는 시간이다. 실제 FFT 초창기에는, 치료단계(관계형성/동기부여)는 관계적 상호작용 작업에 익숙한 가족치료사가 수행해야 하고, 교육단계는 행동모델들과 특정 행동기술을 가르치는 것에 숙련된 기술자가 수행해야 한다는 제안도 있었다. 초창기에, 기법을 중심으로 하고 기술기반 교육과정을 통해 행동의 변화에 초점을 두었던 것은 시대적 반영이었다. Gerald Patterson 등(1982)의 연구에서는, 상담실이나 지역사회 기관을 찾는 정신건강 및 행동문제를 가진 많은 청소년을 위한 치료적 초점으로는 부모교육을, 주요 변화기제로는 부모의 육아능력 향상을 강조하였다.

부모교육은 가족을 위한 주된 방식이 되면서 실천 현장에서 공고한 위치를 차지했고 초창기 FFT의 발전에도 커다란 영향을 미쳤다. 초기에는 청소년의 모니터링과 감독을 포함하는 부모의 양육 전략에 중점을 두었기 때문이다. 그런데 과거나 현재의 많은 치료모델은 부모의 감독 방식이 아니라 감독 여부 자체만 중요하게 보는 경향이 있다. 그러나 점차 더 분명해진 사실은 어떤 일의 수행 여부가 아니라 수행 방식이 중요하다는 것이며, 이는 현재 가족들이 FFT를 통해서 성공적인 경험을 하게 된 핵심적인 측면이다. 또한, FFT에서는 청소년들의 문제해결을 돕는 데 성공적으로 개입하기 위해서는, 새로운 가족치료의 개념(상담실에서의 관계기능과 상호작용에 초점을 두는 접근)뿐만 아니라 특화된 행동기술의 사용도 중요하다는 사실을 항상 분명히 해 왔다.

필자가 FFT에 대해 처음 느낀 매력은 관계형성과 동기부여에 초점을 두는 것이었다. 필자는 초기 단계(재구성, 의미변화, 동맹형성)에 더 중점을 두었으며, 가족에게 가르쳐 주어야 할 의사소통, 문제해결 및 기타 친사회적 기술 등이 어느 정도는 단지 기법일 뿐이라고 생각했다. 그러나 많은 시간을 가족들과 직접 만나 작업한 후에는, 관계형성과 동기부여가 여전히 흥미롭고 힘이 있다는 것을 확인하면서도, 새로운 행동기술을 가족에게 소개하여 익히도록 돕는 것이 관계적이고 치료적이며 역동적으로 훨씬 더 흥미롭다는 사실도 발견했다. FFT모델의 이러한 행동변화 단계의 특성은 초창기부터 크게 발전했다. 기법적 활동에서 치료적 활동으로 나아간 것으로, 단순히 할 일을 가르쳐 주는 것에서 벗어나 가족치료과정의 필수요소인 임상기반의 가족개입으로 넘어간 것이다.

행동변화 단계의 주요 목표는, 가족원들의 특정 행동기술을 변화시켜서 성공적인 가족기능에 필요한 수많은 과제를(예: 의사소통, 부모역할, 관리감독, 문제해결) 보다 유능하게 수행하도록, 가족의 역량을 향상시키는 것이다. 행동을 성공적으로 바꾸는 것은, 문제행동을 일으키는 구체적인 위험요인을 파악해서 가족에게 맞는 방식으로 변화시키도록 도와줌으로써 이루어진다. 이 단계에서는 가족과 청소년을 위험에 빠뜨리는 요인을 완화시킬 수 있는 보호적 가족기술의 구축을 강조한다. 이 단계에서의 바람직한 결과는 위험요인과 관련된 주요 활동들(부모역할, 보상과 처벌의 사용, 청소년과 부모 간의 의사소통, 제한과 규칙에 대한 협상, 문제해결과 갈등관리 등)을 가족의 발달단계와 관계역량 및 가족문화에 적합한 방식으로 유능하게 수행하는 것이다. 따라서 이 단계의 목표는 의사소통 능력을 증대시키는 것이 될 수도 있지만, 부모와 청소년의 관계기능에 맞는 방식으로 접근하는 것이 관건일 것이다.

이 장의 목적은 이러한 기술들의 유형을 파악하는 것이며, 보다 중요하게는, 이 기술들이 가족 고유의 방식에 맞게 작동되어 가족관계체계에서 변화가 유지될 수 있도록, 임상적으로 잘 구현할 수 있는 방법을 찾는 것이다. 실질적으로는 보호요인과 관련된 기술을 습득하는 방법을 찾고, 이를 가족이 직면한 문제와 연결하고, 가족의 현재 및 과거 경험, 가족구조, 그리고 가족 고유의 문화적·인종적·종교적 배경과 일치하는 방식으로 실행할 방법을 찾는 것이다.

1. 중간 단계의 변화목표: 가족 내 보호요인 구축

성공적인 행동변화는 가족이 당면한 가장 시급한 문제를 해결하는 동시에, 가족기능의 수행에 도움이 되는 핵심적 관계기술을 익히도록 가족을 돕는 과정을 통해 이루어지며, 가족 안팎에 있는 현재나 미래의 위험요인으로부터 가족을 보호할 수 있는 행동기술이 포함된다. FFT의 중간 단계에 치료사에게는 다음 두 가지 질문이 제기된다. 이 가족이 기능하는 고유한 방식을 고려할 때, 이 가족에게는 어떤 기술이 필요하며, 어떻게 수행되어야 하는가? 치료사의 임상적 과제는 가족이 상담실에 가져오는 행동, 감정, 문제의 특수한 내용에 대해 어떻게 대처할지 결정하는 것이며, 동시에 그 문제들의 해결책으로 작동할 새롭고 구체적인 행동기술(인지적·정서적 행동 수준 포함)을 의도적으로 구축하는 것이다. 이 어려운 과제를 완수하기 위해서, 치료사는 당면한 특정 행동문제를 다루는 개별화된 변화계획을 필요로 하며, 각 가족구성원의 고유한 관계기능에 맞춰서 가족이 성취할 수 있는 변화목표를 설정한다. 행동변화 단계의 과정목표와 가족치료사의 기법은 [그림 5-1]에 설명되어 있다.

> **사례**

14세의 시몬은 아버지, 오빠와 함께 살고 있다. 7년 전에 부모가 이혼을 하면서 아버지가 시몬의 양육권을 가지게 되었다. 아버지 버나드는 건축공사 기간에는 일을 하지만 비수기에는 장기간 무직 상태에 놓이는 건설 노동자이다. 시몬은 좋은 학생으로 학교에 잘 다니고 있으며, 집안일을 잘 돕는다. 그런데 그녀는 다른 그룹 소녀들과의 길거리 싸움에 끼어들게 되어 가택연금처분을 받았다. 시몬이 경찰의 처분을 받은 것은 이번이 처음은 아니다. 학년 초에 시몬은 학교에서 놀림과 집단따돌림을 당했는데, 그녀의 말에 따르면 자기가 '무너졌던' 그날까지 몇 주 동안은 많이 참았지만, 그날은 선생님이 싸움을 말릴 때까지 다른 소녀(따돌림 가해자)를 계속 때

렸다고 했다. 판사는 GPS 모니터링과 함께 가택연금처분을 내렸다. 이는 그녀의 모든 움직임이 컴퓨터로 감시되고 집을 떠나면 소년법원에 보고되어 보호관찰 위반으로 처벌을 받아야 한다는 것을 의미했다. 버나드에 따르면, 시몬이 오빠에게 화를 내기 전까지는 별 문제 없이 잘 지냈다. 그녀는 오빠와 싸우다가 GPS 모니터를 끊고 집을 나가서 두 시간이 지난 후에 돌아왔으며, 이 위반으로 14일 동안 구금되었다. 시몬이 집에 돌아온 지 이제 2주일이 지났으며, 그녀는 이젠 다 괜찮다고 하였다. 그녀의 아버지도 마찬가지로 그녀가 '교훈'을 얻었기에 다행이라고 하였다.

시몬과 아버지와 오빠는 행동변화 단계를 시작하기 전에 여섯 번의 FFT 회기에 참석했다. 가족은 각 회기마다 새로운 걱정거리들(친구들로부터의 나쁜 평판, 그들 서로 간의 언쟁 등)을 가지고 왔다. 치료사는 공통의 연결고리(가족초점)를 찾아 사건을 재구성했다. 여러 번의 힘겹고 분노에 찬 토론을 거친 후 발굴된 주제는 시몬이 열정적이고 적극적인 여자 청소년이라는 것과, 이러한 열정이 장점이기는 하지만 아직 자기 행동의 결과를 신중하게 고려할 수 있는 능력을 개발하지는 못했다는 의견이었다. 그것은 오랫동안 싸움과 술에 젖어서 젊은 시절을 보낸 적이 있는 아버지가 자신의 경험을 통해 어렵게 배운 교훈이기도 했다. 그의 짜증, 절박감, 잔소리는 딸에게 이러한 교훈을 가르쳐 주려는 그의 시도가 반영된 것이었다. 주제를 찾고 재구성하는 과정은 분노에 찬 상호작용을 크게 완화시켰다. 마지막 회기가 되자, 시몬은 "좀 지루해지네요…. 저번에도 그렇게 얘기했잖아요? 그래요, 알았다고요. 아빠는 최선을 다하시는데 단지 방법을 모르신다는 거죠?"라고 말했다.

행동변화 단계에서 시몬과 가족을 위한 주요 목표는 가족들이 문제적 관계행동 패턴에서 (인지적·정서적 반응과 함께) 벗어나 오랫동안 유지될 수 있는 새로운 행동방식을 갖는 것이다. 또한 새로운 가족 분위기에 맞는 특수한 보호행동을 추가하여 가족 내 위험요인을 줄이는 것이다. 가족치료는 FFT 초기 단계의 작업을 기반으로 친사회적 관계기술을 추가하고, 이러한 기술을 시몬과 가족이 현재 사용하는 방식과 조화시키는 것을 목표로 한다. 이를 통해 기대하는 것은 그들이 현재 직면하고 있고 미래에도 직면하게 될 어쩔 수 없는 수많은 위험요인을 완화시키도록 돕는 것이다.

새로운 행동기술이 가족의 핵심 관계방식에 포함되면, 위험요인이나 현재 겪고 있는 문제와 어려움이 끼치는 영향력이 완화된다. 이런 목표와 관련된 변화기제는 가족관계체계에서는 가족구성원의 위험행동이 줄어들면 청소년의 문제행동도 더 이상 작동하지 않는다는 사실이다. 또한 가족 내 보호요인이 증가하면 가족관계 역량이 증가해서 미래의 새롭고 불가피한 도전과제를 다룰 수 있는 능력이 축적된다. 만약 가족치료사가 성공한다면, 시몬과 가족은 가족관계체계 내에서의 부정적 위험행동 요인들을 변화시킬 수 있는 새로운 기술들을 사용할 수 있게 된다. 그리고 가족 내의 강점과 보호요인을 구축하지 않으면, 관계형성 및 동기부여 단계에서 부정성과 비난이 감소하는 긍정적 효과에도 불구하고, 그들은 향후 매우 자주 접하게 될 부정적 지역사회 요인들을 성공적으로 다루는 데 심한 어려움을 겪게 될 것이다.

이러한 목표들을 달성하기 위해 시몬과 가족들은 이전 회기까지 경험한 것에 덧붙여 몇 가지 추가적인 도움이 필요했다. 가족치료사의 임무는 가족이 새로운 행동방식을 발견하고 새로운 행동을 일상생활에 통합해서 변화를 이룩하고 잘 유지해서 더 큰 문제를 해결하도록 돕는 것이었다.

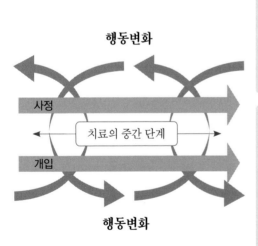

단계의 치료목표
1. 가족에게 맞는 행동역량 개발하기
2. 가장 관련이 크고, 이루기 쉽고, 유지할 수 있는 역량을 목표로 하기
3. 행동역량을 관계기능과 일치시키기

치료사의 기술
1. 단계기반 사정은
   • 문제 순서에 대한 추가적 정보
   • 관계기능 평가
   • 행동변화 표적들의 우선순위 지정
2. 단계기반 개입
   • 재구성
   • 교육, 코칭, 지지, 가족에게 맞는 기술 채택

[그림 5-1] 행동변화 단계에서의 치료목표와 치료사의 기술

1) 새로운 행동방법 찾기

가족치료사가 확보하려는 작고 간단한 변화도 가족이 실제로 실행하기에는 어려운 경우가 많다. 가족원들은 비난과 부정성이 감소하고, 관계형성 및 동기부여 단계에서 재구성과 관계적 초점의 변화가 일어나고, 여러 차례 긍정적 관계를 경험하면서, 서로 간의 관계동맹이 강화되었음에도 불구하고, 나타난 변화를 확인하고 새로운 행동을 구현하는 방법을 배우는 데 상당한 어려움을 겪는다. FFT 치료사는 가족이 고군분투하고 있는 가족 고유의 특별한 내용을 잘 들어야 하며, 이를 가족관계에서 확인되는 핵심적 위험요인과 보호요인 간의 충돌로 해석해야 한다.

시몬과 그녀의 아버지에게 있어서도, 이는 그들이 지금은 할 줄 모르거나 상호작용할 때 쓰지 않는 행동으로 바꾸어야 하는 것을 의미한다. 이는 효과적인 의사소통이나 문제해결을 촉진하는 작은 변화일 것이며, 관계기능과 구조를 근본적으로 재구성하는 것은 지금 필요하지 않을 것이다. 대신, 그들은 문제가 진행되는 순서를 바꿀 수 있는 새로운 기술을 더 갖추게 된다.

2) 새로운 행동을 일상생활에 통합하기

시몬과 가족은 그들이 기능하는 방식의 핵심패턴을 크게 바꾸게 되지는 않을 것이다. 그들에게 주어진 과제는, 가족에게 적합하며 기존 패턴과는 다른 상호작용 기술을 추가하는 것이다. 시몬의 행동변화를 돕기 위해서 아버지는 딸의 활동을 점검하고 감독하는 새로운 방법을 찾을 필요가 있다. 현재 그들의 상호작용 대부분은, 높은 갈등, 기본적인 의사소통 기술의 부족, 직면한 문제를 잘 협의하거나 해소하는 능력의 부재로 표현된다. 즉, 의사소통, 문제해결, 부모역할(감독 및 모니터링 포함), 평범한 일상적 스트레스로 발생되는 갈등관리에 필요한 개인과 가족의 대인관계 역량이 부족한 것이다.

따라서 주요 질문은 다음과 같다. 시몬의 모든 가족이 필요로 하는 발달적으로 적합한 측면은 무엇이며, 이 상황에서 가족에게 필요한 능력은 무엇인가? 현재는, 행동변화 단계의 토대가 되는 가족 내 보호요인으로 네 가지 행동영역이 구성된다. 의사소통, 문제해결/협상, 갈등관리, 부모역할이 그것이다. 이러한 행동 표적들은 친숙하고 분명해 보이기는 하지만, 성공의 열쇠는 이를 임상적·관계적 맥락에 적용하는 데 있다. FFT 접근법에서는 또한, 행동기술들을 독립된 별개의 단위로 보지 않는다는 점에 주목해야 한다. 그 기술들은 넓게는 모두 관계행동 패턴과 관련된 특정 조치 행동들의 일부이다 (제3장 참조). 즉, 의사소통은 문제해결을 위해 늘 필요하며, 갈등관리는 어떤 문제 때문에 감정적으로 고조된 가족들이 거쳐야 하는 협상과정의 부분적 특성일 것이다. FFT에서 행동의 변화를 구현하는 것은 단순히 가르치거나 말하거나 과제를 주는 것 이상이며, 이런 방법들은 통합적으로 받아들여지고 실행되어야 한다.

3) 성취 가능하면서도 지속적인 변화 이룩하기

시몬과 가족은, 성공할 가능성이 있고 그들의 가치와 상황에 맞으며 직접 실천할 수 있는, 기술이 필요하다. FFT의 독특한 특성 중 하나는, 가족치료사가 경험적인 근거가 있는 변화의 표적을 설정할 수 있고, 동시에 그러한 변화가 가족들에게 의미를 주는 방법을 찾을 수 있다는 것이다. 즉, FFT의 핵심 원칙은, 가족에게 지속적인 영향을 미칠 수 있는 작지만 중요하고 성취할 수 있는 행동의 변화에 초점을 두는 것이다. 따라서 FFT가 추구하는 결과를 위한 변화목표들은, 다른 사람들의 '건강' 버전을 모방하거나 '성격' 특성을 재구성하기보다는 가족 고유의 가치관과 능력 및 방식에 맞추어야 한다.

가족관계에서는 작은 행동의 변화들이(긍정적 모니터링, 정서학대적 비판이 아닌 따뜻한 태도 등) 지속되어야 하는데, 이는 그 행동들이 관련된 보호요인을 강화해 주고 주요 위험요인을 감소시켜 주기 때문이다. 이런 변화가 일어나면 특정 문제에 대해 직접적으로 영향을 미치게 되고, 향후에도 가족이 그런 변화를 적용하도록 지속적으로 임파워링할 수 있게 된다. 따라서 작은 변화의 시작이 시간이 흐르면서 약물사용이나 가정폭력의 중단과 같은 중요한 행동의 변화로 이어지게 되어, 가족기능에서 유의미하고 지속적인 변화가 일어나게 된다.

4) 더 큰 문제들 다루기

가족치료사는 두 가지 중요한 일로 가족을 도와야 한다. 첫째는 당장 급한 문제를 해결해 주는 것이다. 이는 주로, 의뢰를 한 이유가 되는 문제이거나, 성공적인 해결을 가로막는 문제 진행과정상의 어떤 요인일 수 있다. 두 번째 는 보다 장기적인 작업으로, 간접적인 위험요인과 보호요인을 다루고 이러한 간접적이고 상황적인 특성들이 청소년의 특정 행동과 연결된 인과관계를 찾아내는 것이다. 사회경제적 수준이나 부모가 가진 문제(범죄행위, 알코올 및 약물 사용 등)와 같은 위험요인들은 종종 가족의 일상적인 기능에 즉각적으로 영향을 미치는 중요한 간접적 요인이다. 가족구성원들의 관계적 상호작용을 목표로 하는 가족치료기반 접근방식의 가장 큰 가치 중 하나는, 그 상호작용 이 가족과정에 의해서 실질적으로 조정이 되기 때문에 이러한 요인들을 변화시키거나 완화하는 것이 가능하다는 것이다(Sampson & Laub, 1993). 위험 및 보호 요인에 관한 문헌들이 행동변화 단계에서의 구체적인 표적을 파악할 수 있는 일차적 근거가 될 수 있다. 초기의 관계형성 및 동기부여 단계의 표적은 가족 내의 위험을 줄이는 것이었으며, 이 단계에서는 가족 내 보호요인을 구축하는 것이다.

이러한 사실은 청소년의 행동문제해결을 돕는 치료적 접근은 부모의 모니터링과 감독 방법을 체계적으로 변화시켜야 한다는 것을 시사한다. 즉, 부모-청소년 자녀 간의 의사소통, 문제해결과 협상, 발달적으로 적절한 결과를 제공하는 일관성, 그리고 갈등을 줄이는 방법 등이 포함된다. 실제로, 많은 연구자들은 가족 내 요인을 개선하기 위한 특정 행동기술이 추가되면 또래나 학교 및 지역사회의 위험요인으로부터 청소년을 보호하는 데 도움이 된다는 것을 발견했다. 이러한 연구들은 또한 '어떻게'가 '무엇'만큼이나 중요하다고 보았다. 다시 말해서, 부모가 청소년 자녀를 어떻게 감독하는지가 중요하며, 자녀와 부모의 관계 맥락에서 어떻게 행동조절이 이루어지는지는 더욱 중요한 것이다. 이러한 것들이 FFT 행동변화의 구체적 표적이다. FFT는 이런 위험요인 및 보호요인들을 가족의 핵심기능 패턴에 포함함으로써 관계치료적 접근방식에 기여하며, 무엇과 어떻게를 모두 충족시킨다.

2. 행동변화 단계의 사정과 개입

FFT에서, 가족이 보다 효과적인 행동기술들을 변화기제로 사용하도록 돕는 작업은 독특하다는 느낌을 준다. FFT는 관계적 접근방식이며, 그 주요 특성 중 하나는 부모와 청소년 자녀 간의 상호작용패턴에 초점을 맞추는 것이다. 다른 접근방식들과 달리, FFT는 현재까지 소개된 다양한 기술들이 모두 양면성이 있다고 보고 각 행동마다 나타나는 반응을 고려하면서 기술을 사용한다. 이러한 상호작용은 구체적이고 개별적인 관계과정과 더불어 전체 가족구성원의 복합적인 관계에도 적용된다. 예를 들어, 의사소통을 위해서는 한쪽의 긍정적이고 분명한 메시지와 상대방의 적극적인 응답이 필요하다. 문제해결은 양쪽 당사자가 관여하고 참여할 때만 이루어진다. 갈등관리는 한쪽 사람이 시도하고 상대방의 적절한 응답이 있을 때 성공한다. 따라서, 이 과정에서 가장 작은 공통분모는 관계 단위이며, 모든 당사자가 동맹적 관계에서 함께 작업하면서 기술을 습득해야 이 작업이 성공할 수 있다. FFT에서 이 단계는 행동의 변화에 더 초점을 두지만, 변화의 핵심기제는 여전히 다중체계적이고 관계적이므로 동맹형성에도 집중해야 하는 것이다.

1) 임상적 사정

행동변화 기간의 핵심적 사정목표는 다음과 같다.

- 변화의 표적 파악하기(위험요인 및 보호요인)
- 변화의 장애물 파악하기
- 행동변화 전략을 구현하기 위한 특별하고 적절한 방법 결정하기
- 문제행동의 관계기능에 맞춘 행동변화 개입방법 결정하기

이러한 목표에 도달하기 위해, 가족치료사는 원하는 변화를 위한 특정 목표 또는 기술을 파악해야 한다. 즉, 그 기술이 언제, 어디서, 어떻게 사용되는지를 알고 그 행동이 가족의 일반적인 행동 순서에서 어떻게 작용하는지 이해해야 한다. 이러한 요소들에 대한 사정은 치료사가 가족과 접촉하는 모든 과정 동안 계속 진행되어야 하며, 치료사는 어떤 방식으로 가족을 보호하며, 문제 순서의 어디에서 개입해야 하는지 미리 생각하고 있어야 한다. 다른 모든 단계처럼 사정은 지속적으로 이루어지며, 치료사가 가족의 역량을 구축하도록 시범을 보이며 제안하고 돕는 동안에도 이루어진다. 실제 임상 실천에서는 관련된 위험 및 보호 요인, 특정 문제의 순서, 관계기능, 가족의 고유한 구조 및 기능 등을 더욱 고려해야 한다. 이러한 특성이 행동변화를 성공시키는 근간이다.

(1) 구체적 위험요인과 보호요인의 확인

위험요인과 보호요인에 대한 사정은 주로 임상적 관찰을 통해서 이루어진다. 이 요인들은 가족이 현재 문제를 해설하고 향후 문제가 발생할 때 보다 효과적으로 기능할 수 있도록 돕는, 가족 내의 보호 기술들이다. 그러나 가족은 독특하므로 모든 가족이 모든 보호요인을 필요로 하는 것은 아니다. 임상 실천에서는 위험 및 보호 요인들이 가족의 현재 상황과 환경 및 기능에 매우

구체적이고 명확하게 관련되어 있을 때만 유용하다는 것이다. 예를 들어, 시몬 가족에서 부모의 감독은 특히 필요한 기술로 보인다. 다른 가족의 경우에는 문제해결 또는 의사소통 기술이 당면한 문제와 관련성이 가장 높을 수도 있다. 대개는 부모의 감독과 의사소통의 변화를 강조하는 것이 가장 큰 도움이 될 수 있다. 가족의 감독 유형과 방식은 가족의 특성을 감안한다. 예를 들어, 시몬 아버지의 감독은 궤도에서 벗어나지 않는 지속적인 토론과 협상을 바탕으로, 꽤 일반적으로 수행될 수 있는 방식이다. 다른 가족의 경우에는, 서면 계약서의 작성과 더불어 분명한 평가에 준해서 보다 구체적이고 상세하게 감독이 이루어져야 할 필요가 있을 수도 있다. 따라서, 가족치료사는 의사소통 기술, 부모의 감독 등 일반적 방법과 함께, 특정 가족에게는 정확하게 어떤 기술이 필요할 것인지에 대해 구체적으로 설명을 해 주어야 한다. 문제의 진행과정을 이해하면, 어떤 기술이 관련되어야 하며 그 기술의 어떤 기능이 가장 도움이 되는지를 파악할 수 있다. 이는 FFT의 고유한 특성 중 하나이다. 즉, 가족별로 필요한 특정 기술을 파악해서 꾸준하게 사용하도록 지도함으로써 가족이 지속적으로 변하고 좋아지도록 돕는 데 중점을 둔다.

가족체계와 관련된 많은 일반적 위험요인과 보호요인이 있다. 어떤 이들은 부모의 훈육, 감독과 애정이 문제행동의 중요한 매개체라고 주장한다(Sampson & Laub, 1993). 가족관계패턴 내에서 부모의 거부, 무관심 또는 적대감, 가혹하고 불규칙한 처벌이나 비효율적인 감독은 아동의 비행행동과 관련된 주요 위험요인이다. 범죄자의 가족 환경에 관한 연구에서 Kogan(1990)은 가족의 단란함 부족 및 비효율적인 가족관리와 더불어, 심한 갈등이 가장 중요한 가족 위험요인 중 하나라는 것을 발견했다. 위험요인에 관한 또 다른 연구들(Kazdin, 2001; Kumpfer, 1999; Patterson & Stouthamer-Loeber, 1984)은, 청소년의 품행장애가 가혹하고 비일관적인 처벌, 감독과 점검 부족, 부모의 자녀에 대한 수용 부족, 부모-자녀 간 의사소통의 부족과 직접적으로 관련되어 있음을 시사하였다. Patterson과 Stouthamer-Loeber는 부모의 점검 부족으로 인해 자녀의 비행행동이 2배 증가하는 것을 발견했다(Patterson & Stouthamer-Loeber, 1984). 또한, 의사소통과 문제해결 기술이 증가하면 비행으로 인한 구속과 유죄판결이 줄어드는 것으로 나타났으며(Clark & Shields, 1997; Klein et al., 1997), 이러한 특성은 연령대와 문화를 초월하였다(Griffin, Botvin, Scheier, Diaz, & Miller, 2000). Mulford와 Redding(2008)도 부모의 양육태도가 비행청소년 행동문제의 중요한 변수인 것을 발견했다. 이러한 연구결과는 Dodge 등(2008)의 연구에서도 지지되는데, 그들은 일관적이지 않은 양육태도는 아동의 사회적·인지적 결함을 예측하며, 행동문제도 예측한다는 사실을 발견했다(Pettit, Bates, & Dodge, 1997). 이 분야에서 가장 완벽하게 수행된 연구에서, Dishion과 그의 동료들은 아동의 행방에 대한 부모의 모니터링 부족, 아동의 행동과 시간 조절에 대한 부모의 감독 태만, 아동·청소년의 학교생활 참여 부족이 아동·청소년의 반사회적 행동과 높은 상관관계가 있음을 확인하였다(Dishion & McMahon, 1998).

(2) 문제의 진행순서에 대한 추가 사정

문제발생 및 진행과정의 순서와 그 기능을 이해하는 것이 중요하다. 앞에서 살펴보았듯이, 문제의 과정 또는 진행순서는 상담 의뢰의 계기가 되는 특정 행동문제를 둘러싼 주요 관계패턴이다. 관계패턴으로서의 문제순서는, 소위 호소문제가 나타날 때까지 가족원들이 보여 주는 모든 행동을 포함한다. FFT에서는 문제의 진행순서를 문제행동과 관련된 최소한의 공통분모 또는 문제가 줄어들 수 있는 가장 작은 단위로 본다.

하나의 예로, 당신 또는 배우자가 알고 있는 부부나 자주 만나는 사람들을 잠시 생각해 보라. 당신은 아마도 그들이 서로 언쟁을 할 때 특정하게 유형화된 행동을 한다는 것을 알 것이다. 예를 들어, 주로 한쪽이 표현하고 다른 쪽은 공격을 받는 입장이거나, 한쪽이 대화를 지배하고 다른 쪽은 침묵을 지킨다. 논쟁의 내용(자녀, 배우자의 긴 근무시간, 경제관념 등)과는 관계없이, 논쟁의 관계적 측면을 관찰하면 동일한 패턴이 반복되는 것을 볼 수 있다. 이는 외현적 행동장애가 있는 청소년 가족에서도 다르지 않다. 문제의 내용은 통금시간, 친구, 규칙을 지키는 것, 존중심의 표현 유무 등으로 다양하지만, 문제가 발생할 때마다 가족들은 매우 유사한 패턴을 따른다. 가족체계이론의 근간인 이러한 측면을 인식함으로써, 우리는 행동변화 단계에서 문제의 진행순서를 사정의 중심에 두게 되었다.

문제의 진행순서를 주의해서 살펴보면, 두 가지 중요한 치료적 요소, 즉 특정 변화목표와 그 목표가 가족기능에 작용하는 고유의 역할이 드러난다. 여러 번 언급했듯이, 문제의 진행순서를 이해하면 가족치료사가 개입할 사안과 시기에 관해 임상적으로 구체적이고 정확하게 판단할 수 있다. 어떤 가족은 조기에 의사소통 연습을 하도록 개입함으로써 문제의 확대를 멈추게 하는 것이 가장 좋다. 또 어떤 경우에는 문제가 진행되면서 무엇인가 해야 할 필요를 강하게 느낄 때 실행하는 것이 가장 효과가 좋을 것이다. 치료사가 특정한 행동목표(변해야 하는 행동)와 그 목표의 위치(상태)를 파악하고 나면, 그다음 문제는 관계형성/동기부여 단계의 초기 작업을 기반으로 새로운 행동기술들을 실행하기 위해서 어떻게 그 시점에서 개입하는가이다. 어떤 구체적인 요소와 기술이 이 순서에서 가장 적합한지를 임상적으로 판단하는 것은 치료사에게 달려 있다. 문제의 순서를 파악하는 것은 행동의 변화가 어디에서, 어떻게, 언제 일어나야 하는지를 명시하는 것을 돕는 수단일 따름이다.

(3) 관계기능의 사정

가족의 관계기능을 파악하면, 행동변화 단계에서 변화의 표적으로 선정된 위험요인을 어떻게 변화시킬 것인지에 대한 전략을 결정하는 데 도움이 된다. 관계기능의 이론적인 면은 제3장에서 논의하였다. 임상 목적의 중요한 질문은 "X와 Y 간의 전형적인 관계패턴의 특성은 무엇인가?"이다. FFT에 있어서 관계기능은 행동패턴의 동인이며 궁극적 동기화의 에너지, 원하는 결과이다. 문제의 순서를 파악하면 관계의 기능을 쉽게 알 수 있다. 관계기능은 시간과 상황에 따른 관계의 상태로 이해될 수 있다. FFT의 목적에서 볼 때 관계기능은, 가족이 새로운 기술을 사용해서 부정적 문제행동을 바꿀 필요가 있는 것으로 문제사정 시에 평가된, 가족 간의 일정한 패턴이다.

사례

처음 여섯 차례의 회기 동안에는 문제해결과 협상의 두 보호적 행동기술이 시몬과 버나드가 협력해서 시몬의 분노라는 꽤 심각한 문제를 해결하는 데 효과적으로 도움을 줄 수 있는 것임이 분명해졌다. 문제해결과 갈등관리가 서로의 분노를 줄이는 데 도움이 될 수 있다. 즉, 문제를 해결하는 다른 방법을 찾는 것이 분노 방지에 도움이 될 수 있는 것이다. 동시에, 가족치료사가 상담 초기에 개발했던 구성주제는 과거에 일어났던 무수한 상황을 묘사하는 데 있어서 치료사와 가족이 의견의 일치를 보는 새로운 설명 방식이 되었다. 구성주제는 사건의 순간순간을 재구성해서 보다 포괄적 대응방식으로 통합하는 데 도움을 주었으며, 이는 비난과 부정성을 줄이고, 가족 전체를 초점으로 문제를 이해하게 해 주었다. 마지막 회기에 치료사는 가족이 추후에 직면할 문제에 대해서도 알려 주었다. 특히 일상적인 단순한 요구나 문제로 시작된 것이 버나드와 시몬 사이의 행동패턴의 결과인 분노의 폭발로 확대된다는 것을 알려 주고, 문제해결과 협상이 서로의 목적을 달성할 수 있는 다른 방법이라는 것을 확인하게 도와주었다.

관계적 상호의존성은 관계의 유지를 위해 높은 수준의 정서적 표현을 필요로 하는 성격적 패턴을 뜻한다. 치료사는 문제의 진행순서에 근거해서 시몬이 아버지에 대해서 의존적 상태에 있다고 보게 되었다(제2장의 [그림 2-4]에서 4와 5에 해당). 시몬과 버나드 간의 전형적인 패턴에서 시몬은 아버지와 서로 연결된 느낌, 심리적 강렬함, 아버지와 자주 접촉하려는 강한 욕구를 보여 주었기 때문이다. 그러나 버나드는 전형적인 관계적 독립성의 특성을 보여 주었다. 자기지향성을 추구하고, 거리를 유지하며, 심리적 강도가 낮고([그림 2-4]에서 1 또는 2로 표시), 사람들과 오래 접촉하고 싶은 욕구가 낮은 특성을 나타냈다. 가족치료사는 버나드가 시몬보다 상위에 있는 것으로 보았다. 즉, 관계적 위계로는 버나드가 시몬에게 훨씬 크게 영향을 미치는 것으로 판단했다.

이 사례의 목표는 시몬이 상호연결된 느낌을 유지하는 반면 버나드는 독립감을 유지하는 방식으로 문제를 해결하는 것이었다. 행동변화를 위한 개입이 시작됨에 따라 치료사는 관계기능을 버나드(짧은 토론)와 시몬(잦은 토론)에게 맞춰 가면서 문제해결 작업을 비교적 짧게, 그러나 자주 수행했다. 그녀는 느낌이 아닌 사실에 관해서, 즉 객관적으로 문제를 해결하기 위해서 노력하였다.

2) 개입: 보호적 행동기술 구축

이 치료단계의 '실행(doing)' 부분은 여러 면에서 관계형성 및 동기부여 단계에서의 개입 부분과 다르지 않다. 상담실에서 상담이 진행되고 있는 동안에 변화가 즉시 일어나게 하는 데 초점이 있는 것이다. 초기 단계에는, 가족들이 문제를 바라보는 관점이 문제였다는 사실을 깨닫게 해서 초점을 바꾸어 주는 재구성, 부정적 감정과 비난을 줄이는 것, 행동변화 방법을 알려 달라는 가족의 요구에 응하기 전에 우선 가족과 동맹을 구축하는 것에 초점을 맞추었다. 행동변화 단계에 가족치료사는 가족이 일으키는 사건과 문제에 집중해서 관련되는 행동의 변화에 초점을 맞춘다. 전 단계와 마찬가지로, 가족치료사는 위험요인을 완화시키는 역량을 구축할 수 있는 대화방법을 지도함으로써 가족에게 맞는 방식으로 가족문제에 체계적으로 대응한다. 가족관계 특성을 더 깊게 파악함으로써 변화목표를 확인하고, 가족문제의 기능을 보다 완전하게 이해하면, 가족치료사는 행동변화 단계를 시작한다. 변화가 필요한 위험행동에 변화를 일으키기 위해 치료사가 새로운 대화방식을 유도하려고 할 경우는, 가족들이 이미 해 본 방법들을 활용할 수도 있다. 초기 단계에 희망과 참여의식을 형성함으로써 가족에게 동기부여가 되고, 가족 전체에 초점을 두고 문제를 바라볼 수 있게 되면, 개입의 근거를 가족이 이해하게 되어 행동변화가 더 잘 이루어질 수 있다.

FFT 가족치료사는 행동변화 단계에서도 관계형성 및 동기부여 단계에서와 마찬가지로 적극적으로 작업하며, 치료사 활동의 초점은 행동변화 단계의 목표달성으로 바뀐다. 이 단계로 넘어오기 위해, 치료사는 기존의 위험 및 보호 요인에 대해 정확하게 사정/평가를 했어야 한다. 사정 결과는 개인별 변화계획을 세우기 위한 근거가 되는데, 구체적인 행동변화목표와 실천적 관계전략이 포함되며, 이 두 가지 모두 가족의 고유한 관계체계에 맞춰야 한다. 관계형성 및 동기부여 단계에서 설정된 구성주제는 변화계획을 세우기 위한 합리적 근거가 된다. 즉, 논리적으로 관련되어 있어야 한다. 치료사는 다음 세 가지 중요한 질문에 답을 할 필요가 있다.

- 치료에 가장 도움이 되는 행동변화의 표적은 어떤 것들인가? 즉, 어떤 행동변화가 위험을 줄이고 가족 내의 보호요인을 구축할 가능성이 제일 높은가?
- 행동변화를 위한 개입을 어떻게 가족에게 맞게 사용할 수 있는가?
- 가족치료사는 가족의 관계패턴, 과거 내력, 감정적 격렬함이 강하게 작동하는 와중에, 그들이 이러한 새로운 행동을 할 수 있도록 어떻게 도울 수 있는가? 다시 말해서, 치료 초기의 관계형성 및 동기부여 단계에서 다루어졌던 호소문제들을 고려할 때, 가족들이 이해할 만한 행동변화의 목표를 어떻게 잡아야 하는가?

이 단계에서의 개입목표는 두 가지이다. 즉, 행동문제(예: 의사소통, 부모역할, 문제해결)가 있는 청소년과 가족이 갖고 있는 위험요인들을 감소시키거나 보호요인을 증대시키는 것이다. 그리고 문제의 진행순서의 핵심인 특정행동의 변화를 일으키는 것이다. 이런 기술들은 단순한 실행 목록이 아니며, 가족치료사가 가족 고유의 관계구조에 근거해서 개입할 수 있는 역량에 따라서 구현된다.

행동변화는 상담회기 중 또는 가족치료사가 다음 회기까지 집에서 해 보도록 가족들에게 주는 과제를 통해서 일어나게 된다. 상담회기 동안에 가족치료사는 의사소통에 초점을 둘 수 있다. 가족이 사건이나 문제에 대해 논의하기 시작할 때, 가족치료사는 의사소통을 향상시킬 수 있는 토론 방식에 중점을 둔다. 가족치료사는 상담 중에 이러한 새로운 기술들을 코칭, 지도함으로써, 문제를 바라보는 초점을 바꾸게 하고 의사소통을 연습시키며, 상담 후에 집에서도 가족들이 계속 연습을 하도록 권유한다. 치료사는 과제의 목표를 명확하고 구체적으로 가족들에게 제시하도록 유의해야 하며, 그들이 성공적으로 과제를 해낼 수 있다는 기대를 높게 가져야 한다.

(1) 개입표적: 양육기술

양육기술 또는 부모역할은 일련의 특정한 행동기술을 기반으로 하는데, 이는 가족 내의 보호요인으로 작동하는 기술들이다. 이 기술들은 자주 발생하는 가족의 위험행동패턴에 변화가 일어나게 함으로써, 관계형성 및 동기부여 단계에서 이루어진 변화를 보완해 준다. 변화가 필요한 행동표적은 행동문제가 있는 가족과 청소년들의 대표적 위험 예측요인에 관한 최신의 과학적 연구논문들에 근거하였다. 즉, FFT에 있어서 행동변화의 목표들은 새삼 특별한 것은 아니며 다른 많은 치료모델에서 적용되는 것과 같다. 그러나, FFT는 기술적 측면에서 다른 접근방식을 취한다. 이 기술들은 부모와 청소년이 서로 논의해서 결정하게 하는데, 부모의 행동을 변화시킴으로써 청소년의 행동이 달라지게 하거나, 가족체계의 구조를 변경시켜서 개별 가족원들의 행동변화를 유도하는 등의 기술이 포함된다. 행동변화 단계는 가족치료사로서는 고도의 창의성이 요구되는 치료적 활동이며, 매우 일반적인 원칙들을 특정 가족에게 적용하는 과정이다.

부모는 가정에서 교사, 감독자 및 관리자로서의 역할을 수행하는데, 그 방식이 위험요인 또는 보호요인으로 작용해서 청소년 자녀가 행동장애를 외현화할 가능성을 높이게 하거나 낮추게 한다. 양육방식을 개선하는 것은 가족치료의 오랜 주안점이었다. 아동발달에 관한 연구들도 부모 양육유형(지지적·도전적·권위주의적 등)의 중요성을 제시하였고, 이를 학업성취도 및 사회적응도 등의 결과와 연결시켰다(Baumrind, 1967; Maccoby & Martin, 1983).

아동의 행동에 대한 명확한 규준, 규칙의 일관된 실행, 모니터링은 청소년기의 정서 및 행동문제를 확실히 줄이는 것으로 오랫동안 알려져 왔다(Block, Block, & Keyes, 1988; Loeber & Stouthamer-Lober, 1986; Patterson, 1982). 부모교육은 어린 아동들을 위한 가장 효과적인 개입방법이겠지만, 청소년과 비행청소년을 위한 부모훈련 프로그램의 효력을 뒷받침하는 증거는 이보다는 훨씬 적다. 대신, 양육전략을 가족관계과정에서 구현하는 것이 비행청소년의 행동문제를 다루는 데 가장 유망한 방법일 것이다. 청소년을 위한 효과적인 양육행동, 특히 행동문제를 가진 비행청소년들을 위한 효과적인 부모역할은 부모와 청소년이 함께 노력해야 하는 복잡한 과정이라는 것이 분명하다. 부모역할에 대한 다른 접근법들과 마찬가지로, FFT는 다음 세 가지 필수적인 측면을 구현하는 데 중점을 둔다.

- **명확한 기대와 규칙:** 예상되는 사건에 대비해서 규칙을 정해서 지키고 이에 관해 대화하는 것은, 부모와 청소년들에게 있어 가장 어려운 과제 중하나일 것이다. 청소년과 부모들이, 어떻게 되어야 하는지에 대해 서로 다른 생각을 갖고 규칙을 정하게 되는 것은 자명하다. 따라서, 서로 합의할 수 있고 발달적으로 적절한 예상행동을 구체적으로 찾아내도록 분명하게 의사소통하는 것이 목표가 된다. 이는 다음에서 설명할 문제해결 및 의사소통 원칙을 사용할 때 가장 잘 수행될 수 있다. 상담회기 중에 합의한 규칙은 서로의 기억이 달라질 때를 대비해서 치료사가 기록해 두는 것도 좋다. **계약**(contract)은 가족들이 합의한 규칙과 기대를 잘 준수하는 것과 상대방이 자기에게 해 주기 바라는 것을 확인하는 것을 포함한다. 계약은 그 상호성 때문에 청소년들에게 특히 중요하며, 청소년뿐만 아니라 부모들을 서로 묶어 준다. 체계 내의 모든 관계자가 계약과정에 참여해야 하므로 FFT에서도 계약은 유용하다. 계약은 FFT의 초기에, 가족치료사가 전 과정을 안내하는 회기 중에 이루어져야 한다. 가능한 한 처음부터 긍정적이고 성공적이어야 한다.

- **능동적 모니터링과 감독:** 부모의 모니터링은 넓게는 유아기부터 청소년기에 이르기까지, 어쩌면 초기 성인기 때까지도 관련된 기술이다. 모니터링의 구체적인 방법과 초점은 자녀의 발달시기에 따라 달라지지만, 기능은 본질적으로 같다. 자녀의 활동에 대한 부모의 인식을 촉진하고, 부모가 자녀의 활동에 대해 알고 있고 염려하고 있다는 것을 자녀에게 알려 주는 것이다. 예방 활동으로서의 모니터링은 부모가 십 대 자녀의 삶에 참여하는 것을 의미하며, 관심 깊고 능동적인 청취자가 되는 것을 포함한다. 부모는 청소년 자녀가 하루를 어떻게 보냈는지에 대해 들어 주는 것만으로도 자녀의 일에 진심으로 관심이 있다는 것을 보여 줄 수 있다. 부모가 집중해야 하는 시간은 하루 15분 정도면 될 것이다. 딸은 어떤 수업을 좋아하는지, 아들은 친구들과 어떻게 지내고 있는지, 자녀에게 무슨 문제가 있는지 등에 관해 묻고 들어 주는 것이다. 십 대 자녀가 다니는 곳과 친구, 학교 과제 수행에 대해 적극적으로 알아야 한다는 점에서, 감독은 모니터링과 비슷하다. 적극적인 모니터링과 감독은 부모가 대개 다음 네 가지 질문에 항상 대답할 수 있어야 한다는 것을 의미한다. 십 대 자녀가 누구와 있는가? 어디에 있는가? 무엇을 하고 있는가? 언제 집에 올 것인가?

- **우발적 행동에 대한 일관된 태도:** 우발적 문제행동에 대해 발달적으로 적합한 방법으로 일관되게 단속하는 것은 중요한 양육수단이다. 사실 많은 부모는 발달과정에 적합한 새로운 방법을 찾겠다면서 가족치료를 받으러 온다. 불행히도, 많은 경우에 그들이 원하는 것은 청소년들을 강제로 따르게 만드는 커다란 망치이다. 다양한 치료모델이 있고 많은 부모가 청소년 자녀에 대한 적절한 통제방법을 찾기 위해 노력해 왔음에도 불구하고, 실제로는 생각보다 훨씬 어렵다. 한마디로 말하면, 대다수의 청소년은 부모가 통제할 수 없다. 그들이 하려고 들면, 꽤 힘든 상황이 생기더라도 부모의 규칙이나 영향을 무시해 버릴 수도 있다. 따라서 대부분의 치료과정은 정확성보다는 결과가 성공적이 되는 방식으로 수

행되어야 한다. 또한, 모든 과정은 짧아야 하고 분노표출 없이 이루어져
야 하며, 문제가 되는 행동에만 관련되어야 한다.

(2) 개입표적: 의사소통의 개선

의사소통 방식을 파악하고 개선하는 것은 거의 모든 치료적 접근법에서
공통된 활동이다. FFT 행동변화 단계에서의 목표는, 변화가 필요한 가족 간
의 의사소통 방식을 파악해서 성공적이고 효과적인 의사소통 방식을 구축하
는 것이다. FFT에서는 의사소통 기술이 행동변화의 주요 표적이 되는 경우
는 드물다. 의사소통 자체는 FFT의 도움을 특히 필요로 하는 청소년과 부모
간의 관계기능 개선의 목표가 될 만큼 충분히 구체적이거나 엄밀하지는 않
다. 사실, 의사소통 기술은 마지막 결과물이 아니라 수단이다. 부모역할, 문
제해결, 갈등관리는 모두 향상된 의사소통 기술에 의해서 개선되는 것이다.

효과적인 의사소통은 핵심 FFT 원칙(Alexander, Pugh, Parsons, & Sexton,
2000; Sexton & Alexander, 2004; Sexton, 2009)을 기반으로 하며, 다음과 같은
여러 특정 기술을 익혀야 한다.

- **책임의 소재**: 자신의 요구와 말이 끼치는 영향에 대해 주인의식을 갖게
  하는 것이 중요하다. 자신의 입장을 밝히면서 말하는 것은 비난과 방어
  적 반응을 줄이는 데 도움이 되므로 가족들이 자신의 말에 책임을 지도
  록 장려한다. 전통적인 '나' 전달문은 책임의 소재를 나타내는 데 도움
  이 될 수도 있지만 반드시 사용할 필요는 없다. 대신, 사용하는 대화, 요
  청, 진술이 자신의 것임을 분명히 하기 위해 자신들의 상호작용 방식 내
  에서 방법을 찾도록 한다. 따라서 "이 집에서….""애들은 … 안 돼,""이
  집 부모가 잭의 부모님 같으면 좋을 텐데."와 같은 표현은 피하게 한다.
- **직접성**: 대화에서 의도한 상대방을 지정함으로써 책임의 소재를 표현하
  게 되므로 제3자지칭, 빈정거림, 도움이 안 되는 일반화를 피할 수 있
  다. "여기 어느 누구도….""와 "그는 절대로…."와 같은 표현을 줄이는

것이다.

- **간결함**: 메시지가 잘 이해되고 적절하게 행동에 옮겨지도록 하는 데 중요하다. 의사소통은 짧아야 한다. 그래야 수신자에게 정보가 과부하되지 않고 메시지의 요점이 보다 쉽게 식별될 수 있다. 간결함은 메시지를 구체적 · 효과적으로 전달하기 위해 되도록 단어를 적게 사용하는 것이다. 즉, 말을 되도록 짧게 하는 것이다.

- **구체성과 행동적 특정성**: 가족 간의 협상에서 특히 중요하다. 애매한 표현 (예: "바로 해.")을 상대방이 이해할 수 있고 행동하고 추정할 수 있는 구체적인 말로 옮기는 것이 그 목적이다. 구체성을 훈련할 때는 치료사가 자주 관여해서, 가족들이 자신의 감정과 요구를 협상이나 계약 또는 대안 제시를 쉽게 만드는 구체적인 요구로 변환시키도록 도와준다.

- **일치성**: 메시지에 대한 저항을 줄이고 혼란을 없애는 데 도움이 되므로 중요하다. 높은 감정 수준과 오랜 가족 투쟁으로 인해서, 간단한 대화에도 종종 언어적 메시지와 비언어적 메시지가 섞이거나 포함된 것으로 인식하게 된다. 일치성을 높이기 위한 코칭의 목표는, 메시지 간의 불일치를 줄여서 혼동이나 오해 또는 요청에 대해 부적절하게 반응할 가능성을 줄이는 것이다.

- **적극적 경청**: 모든 의사소통에서 중요한 보완 요소이다. 어떤 말이나 요청을 단지 적극적으로 들어 주기만 해도 듣는 사람의 관심과 협력을 상대방에게 보여 주게 된다. 영향력 있는 진술(impact statement)처럼 적극적 경청도 가족에게 맞는 형태를 취해야 한다. 따라서 "내가 듣기에 당신이 말한 것은…"과 같은 전형적인 어구를 사용할 필요는 없다. 예를 들어, 적극적 경청은 상대방과 눈을 맞추거나 단순히 메시지를 들었다는 음성 표현으로도 이루어질 수 있다.

전통적 의사소통 훈련과 교육이 매력적이고 친숙하기는 하지만, 행동변화를 위한 주요 수단은 아니라는 것을 기억하는 것이 중요하다. 그 대신, 성공적 의사소통의 원칙은 발달적으로 적합한 핵심적 양육기술과 문제해결 기술을 보다 성공적으로 만들기 위해 활용된다. 문제해결, 협상, 갈등관리, 또는 그 밖의 무엇이든, 의사소통이 가족 내 모든 활동의 핵심이기 때문이다.

(3) 개입표적: 문제해결

문제해결은 가장 중요한 양육기술이다. 필자는 이를 별도의 범주로 설명하고자 하는데, 문제를 가진 청소년의 경우에는 문제해결이 부모의 책임 범위에서만 다루어질 것이 아니라, 관계지향적이며 상호활동적이 되어야 한다고 믿기 때문이다. 청소년과 가족 간의 문제해결이 성공하기 위해서는, 발생한 모든 문제가 해결되어야 하고 새로운 문제는 예방되어야 한다. 때로는 문제해결을 위해 보다 공식적이고 정비된 절차가 필요해지는 경우가 발생하기도 한다. 그러나 문제와 해결 노력은 모두 가족 일상의 한 부분이기 때문에 효과적인 문제해결 전략을 개발하면, 변화가 일어나는 동안 가족이 서로 동맹을 유지하면서 노력하도록 도울 수 있다. 앞서 언급했듯이, 성공적인 문제해결은 긍정적 의사소통의 기술과 전략을 바탕으로 한다. 다양한 문제해결 모델이 있지만, 다음에 설명하는 방식은 성공적 문제해결을 위한 주요 요소를 포함하고 있다(Alexander et al., 2000; Sexton & Alexander, 2004). 그 단계는 다음과 같다.

- 문제 확인: 첫 번째 단계는 구체적인 행동에 대해 문제를 설명함으로써 해결해야 하는 특정 문제를 확인하는 것이다. 여기에서는 '관점'이 본질적인 문제이다. 각자는 서로 상대방이 문제라고 생각하기 쉬우므로, 해결해야 할 문제를 파악하는 것이 생각보다 어려울 수 있다. 따라서 문제해결 과정은 동맹에 기반해야 하며("우리에게 문제가 생겼다."), 협력적으로 접근해야 한다. 그러므로 문제 확인을 위한 접근방법은 책임의 소재 파악, 적극적 경청, 대안의 제시 등에 입각해야 한다.
- 기대 성과의 확인: 참여한 모든 사람들이 같은 목표를 향해 움직이게 하

는 중요한 단계이다. 문제 확인과 마찬가지로, 원하는 성과를 확인하려면 특별한 과정이 필요하다. 즉, 공개적인 토론과 대안의 검토를 거쳐 결정되어야 한다.

- **목표달성에 필요한 것에 대한 동의**: 이는 하위목표(예: 각자가 과제를 완수하기 위한 과정)을 명확히 해야 한다. 기간이나 서로 합의한 과정 및 성과를 명세화한 계약서를 포함할 수 있다.
- **장애물이나 방법에 대한 브레인스토밍**: 문제해결 단계가 끝나기 전에, 향후에 계획한 대로 되지 않을 수 있는 모든 경우를 생각해 두는 것이 좋다. 문제점이 파악되면 계획을 다시 조정할 수도 있다. 이러한 예방책은 관련된 모든 사람이 잠재적 위험에 민감해지고 전체 과정이 성공적으로 끝날 수 있게 돕는다.
- **성과의 재평가**: 목표가 달성되었는지를 확인하기 위한 재평가 과정은 가족치료사의 책무성을 확실히 해 주며, 청소년과 부모가 문제해결 과정을 지속적인 개선과정에 참여하는 공동의 협력과정으로 인식하게끔 돕는다.

문제해결(문제 확산의 예방이든, 발생한 문제의 해결이든)은 동맹과 협력이라는 관계적 맥락에서 이루어질 때 성공하게 된다. 문제해결이 가족에게 맞춘 종합적 행동변화 계획의 일환으로 사용될 때는 위험행동을 변화시키는 데 매우 효과적인 전략이다. 따라서 문제해결은 의사소통 훈련을 한 후에 시작하고, 상담회기 중에 FFT 치료사의 지도하에 진행하면서 이 과정이 유용한 대안이라는 사실을 가족들이 경험하게 하는 것이 가장 좋다. 그 후에 그 과정을 프로그램화해서 가정에서 수행할 과제로 활용할 수 있다.

(4) 개입표적: 갈등관리

지나온 내력과 견고하게 굳어 버린 문제적 상호작용패턴으로 인해서 문제를 해결하거나 성공적으로 해결책을 협상하기가 매우 어려울 때가 있다. 가족치료과정에 수반되는 강력한 정서적 측면을 감안할 때, 오래 지속된 문제 들을 전통적인 방법으로 변화시키는 것이 거의 불가능해 보이는 것은 놀랍 지 않다. 갈등관리는 이런 상황에서 사용하는 전략이다. 갈등을 통제할 수 있도록 관리함으로써, 가족은 정서적·심리적 공간을 만들고 궁극적으로 과 기의 상처와 투쟁을 극복할 새로운 협력 방법을 찾는다. 갈등관리는 문제를 '해결'하기 위한 전략이 아니며, 다른 행동변화 활동들을 방해하지 않으려는 노력이 포함된다.

많은 경우, 타협과 문제해결이 쉽지 않은 유형의 갈등을 관리하는 가장 좋 은 방법은 부정적 소용돌이에 연쇄적으로 빠져드는 상황과 계기를 피하는 것이다. 이것이 가능한지는 가족치료사가 핵심문제의 유형을 정확하게 파 악하는지에 달려 있다(앞에서의 '관계기능의 사정' 참조). 소용돌이치는 상황 이 촉발되면, 치료사 또는 가족은 어떻게 하든지 그 행동방식을 중단시켜 야 할 것이다. 부모와 청소년 사이의 대화가 어느 정도 부정적 수준에 이르 게 되면, 치료사는 대화를 끝내게 하고 타임아웃을 요청하는 형태를 취할 수 있다. 이런 경우에는 '뜨거운' 관심 주제에 대해 모른 체하고 묻지 않는 부모 나, 도화선이 될 만한 오래 쌓인 불만이나 사건을 끄집어내지 않는 청소년들 도 포함될 수 있다. 이 개입의 목표는, 부정적 관계패턴이 자동적으로 작동 되게 만드는 언어적·신체적 단서가 촉발되는 것을 방지하는 것이다.

갈등관리에 일단 성공하면, 가족은 마침내 의사소통 또는 문제해결 기 술을 사용해서 보다 장기적인 해결책을 찾을 수 있다. 갈등을 자제하는 것 은 갈등이 또 다른 행동변화의 성공을 방해하는 것을 막아 준다. 이에 대해 서는 다양한 FFT 간행물에 이미 설명되어 있다(Alexander, Pugh, Parsons, & Sexton, 2000; Sexton & Alexander, 2004). 갈등을 방지하기 위해 치료사는 양 측 당사사들이 나음 세 가지를 수행하도록 도와주어야 한다.

- 당면한 문제에 계속 집중한다. '전반적 문제' 또는 '발생한 모든 일'이 아닌 특정한 문제에 집중함으로써 갈등 감소를 돕는다. 가족치료사의 목표

는 당면한 문제를 명확히 하고 이를 가족생활의 다른 영역으로부터 분
리하는 것이다.
- 화해적 사고방식 또는 기꺼이 대화하려는 의지를 갖는다. 갈등의 감소를 촉진
하는 분위기에 도움이 되는 부드러운 어조로 대화한다.
- 현재 지향적 자세를 유지한다. 문제가 해결된 상태를 시연하기보다는 갈등
의 감소 자체에 계속해서 집중하는 것이다.

한 사람이 갈등을 느끼고 다른 해결책(예: 타협 또는 협상)을 사용할 수 없
는 경우, 치료사(또는 부모나 청소년)가 다음과 같은 질문을 하면서 문제에 대
해 대화하면 도움이 될 것이다. 이는 수사적인 질문들이다. 문제 상황에서
벗어나서 보다 앞으로 나아갈 수 있도록, 어떤 특정한 답이 없으며, 사안에
만 초점을 두고 현재 지향적이며, 화해의 분위기를 촉진하는 데 도움이 될
수 있는 질문이다.

- 당신이 걱정하는 문제가 정확히 무엇입니까?
- 정확히 어떻게 되면 당신이 만족할 수 있을까요?
- 그 목적이 당신에게 얼마나 중요합니까?
- 당신이 원하는 것을 얻기 위해 문제해결을 하려고 노력한 적이 있습니까?
- 당신이 원하는 것을 얻기 위해 얼마나 갈등을 감수할 수 있습니까?

(5) 개입전략: 변화목표를 가족에게 맞추기

앞에서 설명한 행동 기술 또는 기법은 모든 관계에 도움이 된다. 또한 큰
문제든 사소한 문제든, 청소년과 부모가 함께 그들이 직면한 문제를 해결하
고 성공적으로 극복할 수 있는 효과적인 방법을 나타낸다. 그러나 가족치료
에서 이러한 기법은 또 다른 역할이 있다. 어떤 가족이 FFT를 시작할 때는
문제가 심각해져서 감정이 매우 고조된 상태로, 기법의 적용 단계를 훨씬 넘
어섰음을 의미한다. 따라서 이 기법들을 치료적으로 사용하기 위해서는 가

족이 이를 성공적으로 구현하도록 돕는 방법을 잘 아는 것이 필수적이다.

FFT의 행동변화 회기들을 관찰해 보면, 비교적 간단한 기법들이 사용되는 것을 볼 수 있다. 예를 들어, 가족이 그 주나 그날의 문제가 된 사안을 상담실로 갖고 왔을 때, 가족치료사는 코칭("그녀와 얘기할 때 이런 식으로 해 보면 어떻습니까?"), 지시("잠깐만, 문제해결 단계를 사용하세요."), 모델링을 하게 된다. 그러나 겉으로 드러나지 않는 것은, 의사소통, 육아방식, 또는 여타 행동 기술의 변화를 성공적으로 구현하는 방법을 결정하는 이른바 치료적 '계산법'이다. 이 계산법에서는 가족치료사가 특정 변화의 목표를 가족에게 일치시킬 것이 요구된다. 행동변화 단계의 회기가 진행되면서, 가족치료사는 가족에게 새로운 기술의 시범을 보여 주거나, 새로운 행동 또는 상호작용패턴을 연습하도록 요청하거나, 또는 이러한 새로운 행동을 잘 해내도록 지도해 줄 수도 있다. 다음 내용은 앞에서 설명한 기술들을 치료사가 가족의 특성에 맞게 적용하는 데 도움을 줄 수 있다.

실제 가족치료 현장에서, 관계기술의 일반적 표준처럼 알려진 방법들은 가족들이 그 행동기술들을 실제로 사용하는 방법과는 일치하지 않는다는 것이 분명해졌다. 따라서 가족치료사로서의 첫 단계는, 어떻게 의사소통이나 문제해결을 통해서 가족의 '건강함'을 찾아낼지에 대한 자신의 판단을 넘어서, 그 기술들이 이 특정 가족에서 어떻게 쓰일 수 있는지에 초점을 두는 것이다. 이러한 점을 분명히 하기 위해, 일반적 행동변화의 예로 의사소통의 변화를 고려해 보자. 많은 가족치료사는 고함을 지르는 것과 분노표출이 무례한 행동이며, 솔직하고 개방적이며 '건강한' 의사소통을 본질적으로 차단한다고 믿는다. '고함지르기는 나쁘다'는 신념 때문에 치료사는 이러한 행동이 그 가족에서 어떻게 기능하는지와는 상관없이 그런 행동을 감소시키는 것만을 목표로 삼을 수 있다. 그 결과, 관계기능을 방해하지 않는 시끄럽고 열정적인 논쟁 방식을 가진 가족이 고압적이고 비난적으로 고함을 지르는 가족과 같은 범주에 놓이게 된다.

새로운 행동기술을 가족의 관계체계에 '맞추게' 되면, 가족치료사는 저항을 최소화해서 치료가 성공할 가능성을 극대화할 수 있다. 즉, 가족치료사가 특정 기술을 구현하기 위해서는 다음 세 가지 측면을 적용해야 한다. 치료사는 코칭, 교육, 또는 모델링을 사용해서 이러한 면들을 상담에 적용함으로써 가족들이 자신의 주요 상호작용 방식의 새로운 대안으로 치료사가 제시하는 행동기술들을 채택할 수 있게 돕는다.

- **문제의 진행과정에 일치시킨다.** 가족치료사는 문제의 진행과정에서 가장 적절하거나 변화 가능성이 큰 시점을 찾아내어, 새로운 기법을 시도해 보도록 가족에게 요청해야 한다. 이는 치료사가 치료계획을 세울 때 확실히 결정해서, 회기 중에 실행에 옮겨야 하는 분석적 작업이다. 치료사는 문제 진행순서 어디에 어떤 행동이 주로 관련되며 가장 변화가 일어날 가능성이 높은지 그 순위를 정할 수 있고, 동시에 '차이를 만드는 차이'를 만들 수 있다(Bateson, 1972).

- **부모 및 청소년의 관계기능과 일치시킨다.** 이는 대체로 가족치료사가 가족에게 제안한 기술을 적용하는 강도, 빈도, 정도의 조절에 관한 것이다. 서로 밀접하게 접촉할 수밖에 없는 부모와 청소년의 관계특성상, 문제해결을 위해서는 발생한 사건에 대한 속마음을 표현하면서 자주 접촉해야 한다고, 가족치료사가 설명하는 것도 좋다. 서로의 관계가 독립적이라고 생각하는 청소년과 부모에게는 문제해결 과정이 하루에 한 번씩 짧게 이루어져야 하며, 감정보다는 문제 내용 자체에 중점을 두어야 한다고 알려 줄 수도 있다. 예를 들어, 어떤 가족은 의사소통을 변화시키기 위해 서로 간의 진지한 토론과 타협이 필요한데, 그 과정에서 가족들 모두가 서로 연결되어 있고 협력이 필요하다는 것을 느낄 수 있다. 다른 관계 방식을 가진 또 다른 가족의 경우에는 대화 대신에 짧은 통고로 정보를 교환함으로써 실제로는 의사소통에 변화가 일어났어도 여전히 가족 간의 연계가 끊겨 있고 거리감이 있다고 느낄 수 있다. 따라서 행동개입의 목표는 관계기능의 변화 자체에 있는 것이 아니라, 가족이

변화를 느끼도록 그 성과가 분명히 표출되는 데 있다.

- **구성주제와 일치시킨다.** 이는 상담의 일관성을 제공하고, 이전 단계에서 이루어진 작업과 행동변화를 연결하는 것이다. 예를 들어, 갈등관리를 다른 가족원들이 중요하게 여기는 문제를 예우하고 존중해 줄 기회로, 또는 부모를 고통으로부터 보호하는 일로 묘사할 수 있다. 재구성은 행동변화 기술과 이전 단계에서 수행한 작업을 연결하기에 적합한 방법이다. 예를 들어, 어떤 가정에서는 가족문제해결방식의 변화가 '문제를 함께 해결하는 방법'으로 정의되는 반면, 다른 가정에서는 '부모가 자녀에게 성인이 되기 위한 가르침을 주는 방법'으로 표현될 수 있다.

(6) 재구성의 반복

관계형성과 동기부여가 확실히 중요하지만, 재구성(reframing) 또한 가족이 행동변화를 위해 새로운 기술을 사용하게 돕는 중요한 수단이다. 재구성은 가족들이 행동변화의 목표(예: 역량개발)를 이루기 위해 노력하고 뚜렷하게 드러난 문제에 집중하도록 돕는다. 이 단계에서 재구성이 사용될 때도 제4장에서 설명한 것과 같은 과정을 따르지만([그림 4-3] 참조), 그 목적이 다를 수가 있다. 가족치료사는 관계형성과 동기부여의 작업을 기반으로 행동변화 단계에서도 이를 실행할 수 있는 것이다. 새로 발생한 문제를 새로운 주제로 만들기보다는, 이전에 개발된 주제에 초점을 두어 토론하고 체계화하는 데 재구성이 사용될 수 있다. 이는 구성주제를 단단하게 구축하는 데 도움이 된다. 행동변화 단계에서의 재구성은 특정한 일련의 행동을 변화시켜야 할 필요성에 집중하기 위해 사용될 수 있다. 이때 가족치료사는 가족이 새로운 의사소통 기술, 협상, 갈등관리 등을 사용하도록 명시적으로 요청할 수 있다. 이렇게 사용될 때 재구성은 행동단계로 넘어가는 다리가 된다.

사례

　행동변화는 가족의 특성에 맞게 구체적이고 개별적으로 조정될 때 가장 성공적이다. 시몬의 가족치료사가 두 가지 잠재적 행동변화의 표적을 확인한 것은 첫 회기 초반이었다. 관계형성/동기부여를 위한 상담이 진행되는 동안, 치료사는 가족의 문제 진행순서에 맞춰서 이러한 잠재적 행동목표를 재구성했다. 시몬과 그의 아버지인 버나드는 여러 면에서 부딪혔다. 따라서 그들의 싸움을 막는 것이 급선무였고, 가능해 보였으며, 분명히 도움이 될 것 같았다. 그들이 문제해결을 해야 할 때 적용할 방법도 정할 필요가 있었다. 치료사는 또한 이 방법들을 관계기능에 맞출 필요가 있었으며, 문제의 진행과정과도 일치시켰다. 가족이 경험해 온 강력한 관계과정을 고려할 때, 의사소통과 갈등관리 외에도 몇몇 기술적인 요소를 추가해서 문제해결을 도울 필요가 있었다. [그림 5-2]는 FFT 임상 현장에서 다루어지는 행동변화 표적들의 특성을 보여 준다. 문제해결(행동수정)과 타협(예방)이 이루어지려면 버나드는 시몬에게 보다 직접적이고 구체적으로 요구를 할 필요가 있었고, 시몬은 보다 적극적으로 대응해야 했으며, 둘 다 갈등관리 기술을 사용해야 했다. 행동변화는 가족의 특성에 맞게 구체적이고 개별적으로 조정될 때 가장 성공적이다.

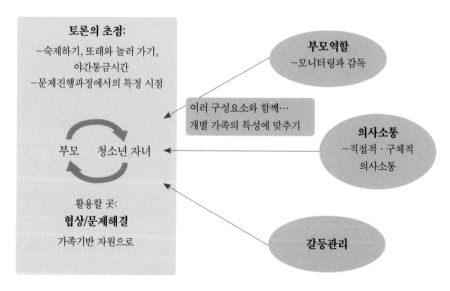

[그림 5-2] FFT의 행동변화 표적

3. 행동변화 단계의 성과

관계형성 및 동기부여 단계를 거치면서 가족은 상당한 안도감을 느끼게 된다. 호소문제에 초점을 두게 되면서, 문제를 둘러싼 부정적 감정과 비난의 수준이 내려가고 함께 노력하고 있다는 느낌이 증가하며 '우리 모두가 같은 상황에 처해 있다'는 생각이 생겨나기 시작한다. FFT의 행동변화 단계가 성공하게 되면 가족의 변화는 한층 더 나아가게 된다. 이 단계에서 가족은 함께 동맹을 형성해서 가족 전체에 초점을 두고 특정 행동과 관련된 문제를 파악할 수 있게된다. 이런 과정이 성공적으로 시도되어 자주 실천되고 일관성 있게 구현되면, 당면한 문제들은 어느 정도 해결이 되며 향후의 문제발생을 방지할 수 있는 완충적 기능이 생겨나게 된다.

이 치료단계의 결과로, 부모와 청소년 모두 외현화 행동장애를 가진 청소년을 도울 수 있는 경험적 기술들(적절한 양육방식, 보상과 처벌의 사용, 청소년과 부모 간의 의사소통, 제한 범위와 규칙에 관한 협상 등)의 사용에 더욱 익숙해진다. 이러한 새로운 역량은 결국, 가족이 의뢰한 특정 문제행동을 변화시키는 것을 돕는다. 그러나 더욱 중요한 것은, 이 단계에서는 가족이 이런 단순해 보이는 기술들을 가족원들의 역할과 자신에 대해 생각하는 방식, 은연중에 이루어지는 관계역할에 맞춰서 적용할 수 있게끔 도움을 받는 것이다.

이렇게 때로는 가족의 변화가 극적으로 일어남에도 불구하고, 문제는 여전히 남아 있기 마련이다. FFT의 행동변화 단계나 다른 단계들의 성과는 문제를 완전히 제거하는 것이 아니다. 대신 가족이 가져가는 것은 현재와 미래의 많은 문제를 해결할 수 있는 능력이다. FFT 치료사들은 모두 위험행동에 일일이 관여하면서 표적으로 삼지는 않는다. 몇 가지 중요한 위험행동을 성공적으로 변화시켜서 일반화 단계로 확장하는 것, 즉 몇몇 행동의 변화를 일반화하는 것을 목표로 한다.

시몬과 버나드의 경우, FFT의 행동변화 부분은 놀랍게 성공했다. 그들은 자주 발생되는 문제를 방지하고 해결하기 위한 다양한 전략을 시도하면서, 보다 안정적으로 가족동맹에 기반한 문제해결 방식을 유지할 수 있었다. 두 사람 모두 한 가지 주제에 계속 집중할 수 있었고, 특정한 문제, 대안적 해결책, 장애물을 함께 정하고 합의를 도출하기 위해 새로운 대화방식을 사용할 수 있었다. 행동변화를 위한 네 번의 상담회기 동안, 그녀의 야간통금시간 문제와(통금시간을 넘긴 적이 세 번 있었음) 바로 최근에 집에서 벌어졌던 논쟁을 포함한 다양한 상황에 이러한 새로운 행동역량을 사용하였다. 가족치료사는 각 회기마다 문제해결이나 협상을 위한 토론에 집중했다. 시간이 지나면서 논쟁이 줄어들었다. 즉, 시몬과 버나드는 대부분의 일상적 상호작용에서 좋은 해결책을 찾아내었다. 치료사에게 가장 큰 도전은 이제 어떤 것이 충족되었는지를 결정하는 것이었다. 보다 동맹기반적이고 가족중심인 분위기에서, 문제해결 기술을 같이 잘 습득하는 것이 시몬의 싸움을 멈추기에 충분한가? 가족 내 위험의 감소와 가족 내 보호기술의 증진은, 시몬이 미래에 더 많은 행동상의 어려움을 겪을 가능성을 줄이는 데 충분할 것인가? FFT의 마지막 단계인 일반화 단계에 그 해답이 있다.

4. 행동변화 단계의 도전과제

관계형성 및 동기부여 단계와 마찬가지로, FFT의 행동변화 단계도 가족치료사에게는 도전과제이다. 사실 이 단계를 성공적으로 구현하는 데 가장 큰 걸림돌은 이 단계에 대한 우리의 친숙함 여부이다. FFT 치료사가 가족들이 적용하도록 도울 수 있는 특정 기술 또는 기법들은 많은 다른 치료모델과 공통적이다. 이러한 기술들은 많은 경우, 사회복지, 상담, 가족치료 및 심리학 분야의 대학원 교육 프로그램의 일부이기도 하다. 이는, 이런 기술들이 성공적으로 사용될 때는 어떻게 되는지에 대해 일반적으로 많이 알려졌고 그 유효성도 증명되었으므로, 행동변화 단계가 되었을 때는 가족치료사들이 이미 많은 아이디어를 갖고 있다는 사실을 의미한다. 이러한 기존의 지식이나 개념은 FFT의 관계적이며 가족중심적인 접근방식에 그 기술들을 적용하는 데 중요한 도전과제가 된다.

성공적인 FFT 치료사는 제1장에서 설명한 핵심 원칙에 따라서 행동변화 단계를 구현한다. 각각의 기술은 범위가 더 넓고 복잡한 관계패턴에 맞는 관계기술이다. 서로 별개로 보이는 이런 관계기술들이 잘 적용되기 위해서는 그들이 관계적 맥락에서 작동하는 단일한 행동으로 간주되어야 한다. 이를 위해서, 가족치료사는 교과서적인 방법을 포기하고 기술을 가족의 특성에 맞추는 데 집중해야 한다. 치료사는 자신의 가치와 신념, 그동안 간직해 온 소위 비장의 개입기술들을 재확인해야 한다.

5. 결론: 중간 단계의 치료

청소년과 그 가족을 위한 개입 분야에는 부모훈련, 부모교육, 양육전략과 관련된 풍부한 전통적 기법들이 있다. 이를 강조하는 데는 충분한 이유가 있다. 방대한 다수의 연구문헌에서, 청소년의 행동문제로 인한 고통을 극복할 수 있는 가족 내의 필수요소가 부모의 모니터링과 감독, 가족 간 의사소통과 유대, 그리고 문제를 효과적으로 해결할 수 있는 능력이라는 사실이 확인되었다. 실제로 이러한 기술들은 가족이 향후 발생할 문제를 처리할 수 있게 돕는 보호적 완충제 역할을 하는 것으로 보인다. FFT는 이러한 개입과정에서 관계적이고 가족중심적인 접근방식을 제공한다. FFT 치료사로서는 변화가 어떻게 일어났는지가 중요한데, 이는 가족이 그 기술을 장기적으로 사용할 수 있을지와 관련되기 때문이다. 청소년 자녀들은 독립성과 역량을 습득하는 매우 자연스러운 발달과정을 따르게 되고, 자녀의 행동을 통제할 수 있는 부모의 능력은 빠르게 줄어들기 때문이다.

FFT는 청소년을 돕는 데 필요한 필수적인 행동변화 기술에 대해서 개별기술적이고 가족중심적인 계획을 제공하기 때문에 성공적이다. FFT는 행동변화를 단순한 기술 또는 기법적 활동이 아니라, 가족치료사가 가족의 주요 관계패턴에서 새로운 보호적 행동을 개발하여 확립하고자 하는, 매우 관계적이고 치료적인 과정으로 본다. 문제해결은 이 과정에서 부차적으로 일어나는데, 행동역량이 향상되면 문제해결은 자연스럽게 이루어지기 때문이다. FFT 치료사들은 특별한 수단이나 맞춤형 개입방법에 의존하기보다는 원칙에 따른 행동의 변화를 추구한다. 관계형성과 동기부여 단계보다 좀 더 기법적이기는 하지만, FFT에서는 행동변화 단계에서도 마찬가지로 치료사의 창의성과 개인적인 참여가 요구되며, 이는 치료사와 가족 간의 관계과정에도 필요하다. 이 행동변화 단계에서 개입과정은 변화과정과 통합적으로 이루어지며, 관계형성 및 동기부여 단계의 핵심적 작업 위에 구축되고, FFT의 최종단계인 일반화 및 가족 역량강화의 성공적 토대를 마련하게 된다.

FFT의 행동변화 단계는 또한, 개별적인 일련의 기법이나 기술만으로 한정되지는 않는다는 점에서 독특하다. FFT에서는 청소년에 관한 많은 새로운 연구에서 실증적으로 검증된 모든 기술이 적용될 수 있다. 따라서 이 단계는 본질적으로 증거를 기반으로 하며, 개방형 체계이기도 하다. 상담 중에 새로운 위험 및 보호 요인이 파악되면, 이들도 FFT의 행동변화목표에 포함되어야 한다. 가장 중요한 것은, 변화를 이루는 방식이 가족치료를 받는 개별 가족의 관계기능에 맞게 독창적으로 정교하게 짜여져야 한다는 것이다.

FFT의 다음 단계는 가족들의 장기적인 변화를 위해 중요한, 그러나 우리를 또다시 다른 방향으로 안내하는 단계이다. 이제 가족들은, 가족 내의 위험요인을 줄이고 문제에 적합한 방식으로 문제를 해결하는 데 도움이 되는 일련의 새로운 기술을 구축했으므로, 충분히 자립적이고 독립적이 될 수 있다. 가족치료사가 만약 가족들이 가져오는 문제마다 대응해서 해결책을 찾는 것을 계속 도와준다면, 가족들은 치료사에게 의존하게 될 수 있다. 가족들은 문제가 있을 때마다 치료사에게 의존하는 '회전문' 같은 사고방식에 쉽게 빠질 수 있다. 가족의 자신감과 역량을 강화하는 것이 자연스럽게 이루어

지는 과정은 아니다. 가족이 지금까지 이룩한 변화를 일반화하고 시간이 지
나도 그 변화를 유지하도록 돕기 위해서, 가족치료사는 자신이 활용할 수 있
는 특별한 기술을 갖출 뿐만 아니라, 가족들과 지역사회 및 다른 잠재적인
전문적 지원체계들을 통합함으로써 가족의 변화를 지원해 주고자 하는, 체
계적인 노력도 해야 한다.

제6장
가족변화의 일반화 단계

제1장에서 열거한 것 같은 심각한 행동문제로 씨름하는 청소년과 가족들은 청소년사법체계, 정신건강체계, 아동복지체계 등에 연결될 가능성이 높다. 각 체계는 각각 다른 종류의 지원과 치료, 도움을 제공하지만, 가족별로 독특하고 특별한 필요에 대해 충분한 도움을 주어 그들이 좀 더 원만하게 살고, 보다 자족적으로 되어 결과적으로 원조체계를 떠날 수 있게 하는 공동의 목표를 가지고 있다. 이것에 성공하려면 서비스 제공자들은 가족이 변화할 수 있도록 돕는 동시에 가족이 원조체계에 더 접근할 필요가 없이 독립적으로 기능할 수 있도록 역량강화를 시킬 필요가 있다.

이러한 역량강화야말로 가장 훌륭한 치료목표라 할 수 있다. 그러나 가족이 치료에서 만늘어진 변화를 매일의 삶에 적용하기 시작하고 또 그것을 유지하는 능력을 발달시키도록 돕는 기제는 엄청나게 복잡하다. 가족치료사들은 청소년과 가족들이 가족 내부에서 상당한 변화가 일어났음에도 불구하고 치료 직후에 일어난 특정 사건에 대응하여 자신들이 배운 것과 그동안 변화해 온 부분을 적절히 사용할 줄 모르는 것 같은 모습을 경험하곤 한다. 또한 가족들이 새로운 문제에 당면할 때 과거와 같은 패턴으로 씨름을 반복하는 모습도 모든 치료사가 경험하는 것이다. 어떤 가족은 학교에서의 문제, 또래관계 문제 그리고 사회관계에서의 문제를 관통하는 공통요인이 무엇인지를 인식하지 못한다. 이러한 공통요인에 대한 인식이 있어야 가족이 보다 효과적으로 행동할 수 있다. 이러한 현상은 치료를 통해 문제가 해결되는 것 같아 치료가 종결되지만, 사실은 가족이 미래에 다가올 문제를 어떻게 다루어야 하는지에 대해 준비가 되지 못한 경우에 일어난다. 어려운 상황을 헤쳐 나가는 가족에게 일어나는 변화란 그들을 돕는 사람 혹은 장소와 연결되어 있는 경우가 있다. 그래서 그들은 문제가 생길 때마다 돕는 자에게 의지하게 되고, 스스로 문제를 해결하는 데에는 서투르게 된다. 가족이 치료에서 만들어진 성공을 미래에 발생할 수 있는 문제 상황에 일반화하고 유지하고 지원할 수 있도록 도와주는 그 어떤 부분이 결여되어 있을 때 이런 경우가 발생한다. 치료에서 가족이 처한 다중체계적 맥락에 대한 관점이 결여되면, 가족의 변화를 지원하고 유지하기 위해 필요한 체계들과 가족 간의 상호작용 그리고 그러한 외부체계를 활용할 수 있게 돕는 기반을 제공할 수 없게 된다.

치료사가 가족을 돕는 마지막 단계에 마주하는 역설이 있다. 내담가족들은 FFT의 초기 단계에 재귀인(reattribution), 부정성의 감소, 그리고 서로 변화를 격려함으로써 중대한 변화를 이루어 냈다. 동시에 가족들은 중요하고 구체적인 행동기술들을 증대해 갈 수 있는데, 특히 그 기술이 판에 찍어 낸 듯한 방식이 아니라 가족 고유의 특성에 맞는 행동기술일 경우 기술의 습득이 더 쉽다. 하지만 치료를 막 종결한 가족들은 변화를 유지하고 변화를 다양한 생활상황에 활용하는 데 있어 어려움을 겪을 가능성이 높은 '고위험군'이다. 초기 가족치료모델들은 가족 세계의 작은 변화가 생활의 다른 영역으로 자연스럽게 확산된다는 믿음을 가지고 있었다. 또 다른 접근모델에서는 가족들이 자신들에게 맞는 방식을 찾고 준비가 되면 그 방식을 자기들의 방식으로 생활에 적용하는 것은 그들의 책임이라고 주장하기도 한다.

FFT는 여러 해 동안 일반화와 변화에 대한 지원, 변화가 지속될 수 있도록 돕는 것을 체계론적으로 다룰 수 있도록 모델을 진화시켜 왔는데, 이 문제는 변화과정 자체와도 깊이 연결되어 있다. Parsons는 일반화 단계의 틀로서 처음에는 '가족사례관리자'라는 개념을 제안했다. 이 개념은 일반화 단계에 치료사가 사례관리자 역할을 하면서 가족을 지역 서비스에 연결해 주는 것을 의미한다. 그렇게 하는 것이 도움이 되긴 하지만, 이 정도로는 재발을 방지하고 가족의 장기적 역량강화를 구축하는 데 충분치 않다는 것을 우리는 쉽게 알 수 있다. 정말 효과가 있으려면 재발을 줄이고 가족의 변화를 장기화하는 데 도움이 되는 가족 내의 요인들에 초점을 맞추어야 한다. 최근 출판된 문헌들에서는 이 단계에 대한 설명에 이러한 요인들이 추가적으로 설명되었다(Alexander, Pugh, Parsons, & Sexton, 2000; Alexander & Sexton, 2002b; Sexton & Alexander, 2002; Sexton & Alexander, 2005). 여기서 초점은, 가족들이 역량강화되도록 돕는 포괄적인 가족기반의 접근을 통해 가족들이 각자의 사회적 상황을 성공적으로 헤쳐 나가게 하는 것이다.

일반화 단계에서는 가족들이 향후 지속될 변화를 만들어 내기 위해 두 단계가 필요하다고 본다. 첫 번째 단계에서 가족은 관계적 상호작용을 변화시키고, 동맹에 기반한 기술을 자신들의 일상 상호작용에 끌어들인다. 두 번째 단계에서는 이 동일한 태도와 기술을 가족의 다른 문제들, 즉 자연스럽게 발생하여 가족에게 어려움을 주고 있는 일상의 문제들에 적용한다. 이 두 번째 단계에서 성공적인 가족은 변화된 태도와 기술을 일상생활에 적용함에 있어서 일관성을 보이게 되고, 재발로 인한 낙담을 줄일 수 있게 된다. 일반화 단계는 치료가 가족의 변화에 대한 일반화·유지·지원에 체계적인 관심을 둘 경우 작은 변화가 다중체계적인 효과를 만들어 낼 수 있다는 원리에 기반하고 있다. 이러한 일반화가 자연스럽게 일어나지 않는 경우가 종종 있다. 그래서 새로운 기술을 일반화하고, 변화를 유지시키고, 일어난 변화를 지원하는 구체적인 전략이 필요하며, 이 전략은 지역사회 지원체계의 공식적·비공식적 원조와 더불어 장기적인 성공을 위해 필요한 체계의 변화를 만들어

내게 한다.

이 원리는 제1장과 제2장에서 말한 다중체계적인 핵심 원칙과 부합한다. 그 원칙이란, 만일 가족 변화가 지속적으로 유지되려면 그 변화가 가족 외부와 가족 주변의 체계에 스며들어 갈 필요가 있다는 것이다. Henggeler, Melton, Brondino, Scherer와 Hanley(1997)는 가족의 변화를 지원하려면 성공적인 인간적 유대와 지역사회 자원에 대한 연결을 만들고 유지하는 것이 중요하다고 보았다. 일반화 단계는 '회전문 증상'이라는 것을 피하고자 만들어진 단계인데, '회전문 증상'은 가족이 서비스를 받을 때마다 그 기관이나 사람을 '필요한 자원'으로 보고 거기에 의존하게 되는 증상을 일컫는 말이다. 회전문 증상에 묶이면 가족은 자신들에게 맞는 지원체계에 접근하는 것을 결코 배우지 못할 것이다. 그들은 새로운 기술을 만들거나 치료에서 배운 것들을 적용하지 않으며, 문제를 독립적으로 다룰 수 있는 효능감이나 자신감을 가지지 못한다. FFT는 가족들이 자연스럽고, 신뢰할 만하며, 효과적인 지원을 위해 필요한 자원인 그들 고유의 지역사회 환경, 확대가족, 친구 등에게 의존할 수 있게 하는 것을 목표로 한다. 이런 환경, 가족, 친구 등은 가족의 삶에서 일어나는 매일의 일상적인 도전들을 다루는 데 필요한 자원을 공급해 준다.

이 장은 가족이 그들의 환경에서 보다 기능적으로 행동하도록 도움으로써 행동변화 단계에서 얻어진 기술 사용을 확대 적용하고, 관계형성과 동기부여 단계에 만들어진 가족초점을 유지하는 치료과정을 설명한다. 이 단계에 이르면 치료의 초점은 가족 내부에서 가족과 그들을 둘러싼 체계와의 교류 지점으로 옮겨 간다. 이를 위해 치료사는 임상적 사정과 개입으로부터 방향 전환을 해야 한다. 이제 치료사는 가족 내의 사건에 반응할 때 가족들이 궁극적으로 자족적이면서 가족 주변 환경과의 상호작용에서 힘을 얻을 수 있는 방식으로 가족을 이끌어 가게 된다. 치료사는 자신의 주안점을 가족의 호소문제해결을 돕는 것에서 또래, 학교, 확대가족 그리고 지역사회 상호작용에 대한 논의로 옮겨 간다. 왜냐하면 그런 것들이 향후 문제 발생 가능성을 지속적으로 감소시킬 수 있는 능력과 관련되기 때문이다. 이 단계는 가족들이 치료회기에서 다루어진 소수의 문제와 해법을 많은 다른 유사한 것으로 일반화하도록 도와 그 문제와 해법이 상당한 시간 동안 내담자의 일상생활에 적용되게 하는 것을 목표로 한다. 이러한 변화는 또래, 학교, 지역사회 체계 등과의 친사회적 관계를 구축하기 위해 필요한 자원이 무엇인지를 파악하고 그러한 자원에 효과적으로 접근하는 방법을 개발시켰을 때 가능하다. 이 치료단계 동안에 문제가 발생하면 치료사는 그 문제를 내담자가 그들 스스로 자신들의 미래를 효과적으로 관리할 수 있는 유능감을 향상시키는 기회로 활용한다.

1. 마지막 단계의 변화목표: 가족변화의 일반화 · 유지 · 지원

FFT 치료사가 모델의 마지막 단계에 마주하는 주요 질문은 어떻게 가족이 특정 문제에 대처하면서 습득한 작고 구체적인 새 기술을 보다 일관되고 꾸준하게 성공적으로 다른 상황에 적용해 볼 수 있도록 돕는가 하는 것이다. 일반화 단계에서 치료사는 다음 세 가지의 기본 목표를 가진다.

- **일반화**: 행동변화 단계에서 만들어진 변화를 가족관계체계의 다른 영역으로 일반화하기
- **유지**: 집중적이고 구체적인 재발방지 전략을 통해 이러한 변화를 유지하기
- **지원과 확대**: 필요한 지역사회 및 가족 자원을 치료에 협력적으로 끌어들임으로써 가족이 만든 변화를 지원하고 확대하기

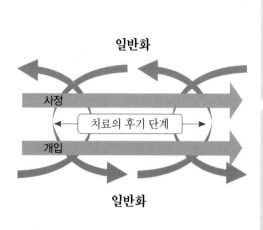

단계의 치료목표
1. 외부환경의 보호요인 구축하기
2. 일반화하기
3. 지원하기
4. 유지하기

치료사의 기술
1. 단계기반 사정
   • 동기수준, 관계패턴, 외부체계
2. 단계기반 개입
   • 재구성
   • 구성주제 만들기
   • 방향 재정립, 구조화, 지원 연결, 재발방지

[그림 6-1] 일반화 단계에서의 치료목표와 치료사 기술

사례

　데이빗은 어머니 앨리스, 할머니 프랜신, 여동생 에일리엔과 함께 살고 있다. 데이빗은 15세, 에일리엔은 9세이며, 어머니 앨리스는 이혼하였고, 할머니 프랜신은 홀몸으로 다섯 자녀를 양육했다. 데이빗의 가족은 아프리카계 미국인이며, 대도시에 살고 있다. 그들의 가계 소득수준은 빈곤선 이하로 가난하다. 데이빗은 어머니에 의해 치료에 의뢰되었다. 그는 청소년사법체계를 들락거리는 것은 아니지만 다양한 여러 형태의 치료 서비스에 참여했다. 앨리스는 자신이 모아 놓은 '데이빗에 관한 자료들'을 가지고 왔다. 그것은 작년에 데이빗과 어머니가 함께 한 네 가지 다른 상담 서비스에 대한 기록이다. 그는 정신과 의사와 가족치료사와 함께 작업해 왔다. 그리고 두 달 이상 멘토가 배치되기도 했지만, 데이빗 측에서 관심을 보이지 않아 중단되었다.

　관계형성과 동기부여, 행동변화를 위한 12회기가 진행되었고, 이로 인해 데이빗과 가족은 작지만 의미 있는 많은 변화를 만들어 냈다. 처음에 그들은 비난으로 시작하였다.

앨리스: 데이빗은 사나이가 되고 싶은 마음밖에 없어요…. 나와는 통 관계를 맺으려 하지 않아요.

프랜신: 안 된다 싶으면 내버려 둬라, 그냥 내버려 둬…. 제 마음대로 하게 둬…. 어쨌든 데이빗은 너를 안 좋아하잖아.

데이빗: 왜 모두 날 가지고 그래요? …자기 엄마를 안 좋아하는 사람이 어디 있어요? 미치겠네.

회기가 진행되면서 부정성의 강도가 줄어들고 각자가 문제의 일부라는 생각과 각자가 문제해결을 위해 노력해야 한다는 점을 보다 자주 진정성 있게 수용하게 되었다. 행동변화 단계에서 치료사는 의사소통과 갈등관리 기술을 향상시킬 수 있도록 도움으로써 데이빗과 앨리스가 보다 효과적인 양육전략(모니터링과 감독)을 사용할 수 있도록 도왔다. 프랜신은 변화에 대해 여전히 회의적 입장을 취하였는데 "이 두 사람을 위해서라면 뭐든지 도와주시는 것이 중요하죠. 어떤 점에서 나는 벌써 할 만큼 했기 때문에 더 이상 내가 할 일은 없네요."라고 말했다.

이제 데이빗, 앨리스 그리고 프랜신에게 필요한 것은, 그들이 지금까지 만들어 온 성공적인 변화를 유지하고 그러한 변화를 미래의 상황과 일상적 삶에 적용하도록 기반을 마련하는 것이다. 치료사는 상담실에서 나타난 이 가족의 변화를 가족의 핵심적 기능 안으로 스며들게 해서 가족의 변화를 유지하고 안정화하는 데 무엇이 필요한지 질문하게 된다. 이 목표를 달성하기 위해 데이빗과 가족은 이전 회기에서의 경험에 더하여 구체적이고 추가적인 도움을 받아야 한다. 그들은 다음 사항에 대해 배워야 한다.

• **노력을 지속한다.** 데이빗과 그의 가족은 많은 어려움을 겪고 있다. 그들에게는 문제가 생기면 예전의 방식으로 물러나 버리는 경향이 나타날 것이다. 이때 필요한 것은 그들이 새로운 문제나 이전 문제의 재발 혹은 또 다른 위험요인으로 인해 방해를 받게 됨에도 불구하고 치료를 통해 얻어진 변화를 유지할 수 있는 길을 찾는 것이다. 그러기 위해서는 이 가족이 기술을 어디에다 적용해야 할지 알고, 서로 대화할 때 어떤 태도

를 취해야 할지 알고(가족 전체에 초점을 둔 문제정의와 동맹에 기반한 관점
을 유지하는 것), 관계형성 및 동기부여 단계와 행동변화 단계에서 만들
어진 '구성주제'를 어떻게 유지시키는지 아는 것이 필요하다.

- **다른 문제들을 좀 더 다루어 본다.** 가족들은 새로운 문제가 생기면 그것을
완전히 새로운 것으로 보는 경향이 있다. 그러나 수많은 다양한 문제에
대해 일일이 대응 요령을 준다는 것은 현실적이지 않다. 사실 가족들에
게 새로운 기술의 가짓수가 늘어날수록 기술 활용 시 성공 가능성은 낮
아진다. 그래서 데이빗과 그 가족은 새로운 기술의 목록을 끝없이 늘이
는 대신 자신들이 가진 기술을 새로운 문제로 확장 적용할 필요가 있다.
이 가족은 작은 행동변화를 일상의 보다 다양한 문제로 응용할 수 있게
될 때 훨씬 성공적일 것이다.

- **일관성을 가진다.** 가족이 한꺼번에 모든 면에서 변화하기를 기대하는 것
은 비현실적이다. 노력을 한다 해도 어려움을 겪을 수밖에 없는 시기나
상황이 있을 것이다. 만일 가족 전체에 초점을 둔 문제정의와 행동기술
들이 지속적으로 시도되고 유지된다면, 완전히 성공적이라고 할 수는
없을지라도, 이런 상황을 극복하기가 보다 쉬울 것이다. 그렇게 하는 것
은 변화의 기복으로 인해 불가피하게 나타나는 의기소침함을 극복하는
데 도움이 될 것이다. 앨리스에게 가장 힘든 점은 직장 업무, 그리고 데
이빗과 어머니, 딸이 각각 경쟁적으로 자신을 필요로 한다는 느낌이다.
그녀가 피로감을 느끼면서 포기하기보다는 일관성을 가지고 자신을 유
지한다면 상황은 한결 나아질 것이다.

- **상담실에서의 변화를 가족 특성에 맞추어 변환한다.** 가족들은 FFT를 통해서
만들어진 구체적인 변화전략들을 사용하면서 그것을 점차 발전시켜 나
가는 경우가 많다. 가족들은 자기 가족 나름의 독특한 가족기반, 관계기
반의 해결책을 만들어 내는 경향이 있다. 그 해결책에는 보호요인 범주
에 들어가는 사회적 기술 등도 포함되어 있다. 데이빗과 그 가족이 향후
새로운 문제에 부딪힐 때, 치료에서 얻은 인지적 변화와 행동 모두를 자

기 가족의 특성에 맞추어 변환해 가는 것이 우리가 기대할 수 있는 가장 성공적인 모습이다.

- 더 큰 문제에 대해 언급한다. FFT의 처음 두 단계를 성공적으로 지나왔다 할지라도 데이빗과 그 가족이 직면해야 하는 위험요인은 여전히 많이 있다. 특히 부정적 영향을 끼치는 또래집단과 학교 수행에서의 문제가 데이빗의 생활에 큰 그늘을 드리운다. 이 부분은 가족과 외부세계 간 상호작용의 주요한 두 영역을 대표하는데, 이 영역들은 가족 내의 변화를 유지하기 위해 언제, 어디서, 어떻게 그 외부체계와 교류해야 하는지에 대해 가족에게 중요한 물음을 던져 주는 부분이다. 데이빗의 가족과 가족 내 관계의 변화가 데이빗의 또래관계에 어떻게 도움을 주고, 어떻게 대안의 원천이 될 수 있는가? 과제하기와 학교에서의 행동, 또래집단과의 관계 등에 필요한 부모역할과 모니터링, 감독의 과업들은 이후의 다른 상황에도 적용될 수 있다. 그래서 이 사안이 능동적으로 다루어질 경우 가족의 성공 가능성은 극대화된다.

- 현실적이 된다. 데이빗에게는 가족이 긍정적으로 변화할 수 있으며 우리 가족은 잘할 수 있다는 믿음을 가지는 것이 중요하다. 이 믿음은 현실적이어야 한다. 지나치게 긍정적인 믿음은 오히려 잘 안 되었을 경우 낭패감을 가져오기 때문이다. 그 믿음은 앞으로 문제가 또 생기고 쉽지 않을 것이지만 노력하면 대안을 찾을 수 있을 것이라는 점을 신뢰하는 것이어야 한다. 그런 믿음은 가족이 새로운 행동을 시작할 만한 동기를 만들어 내고 또 그 노력을 지속할 수 있게 하는 데 도움이 될 것이다.

2. 일반화 단계의 사정과 개입

일반화 단계에서 FFT 치료사의 과업은 임상적 사정과 개입을 활용하여 가족들이 일관성과 독립성을 가질 수 있게 하며, 다양한 문제를 다룰 수 있는 능력을 갖게 하고, 필요시 지역사회와 가족의 자원을 활용할 수 있게 돕는 것이다. 이렇게 초점을 바꾸는 데는 실용적이면서도 기능적인 이유가 있다. 문제란 어느 가족에게나 있는 정상적이고 예측 가능한 부분이다. 그리고 FFT의 궁극적 목표는 개인과 가족의 역량강화를 통해, 피할 수 없는 어려움을 문제행동의 지속이나 향후 문제행동의 발생 위기를 최소화하는 방식으로 다루게 하는 것이다. 치료를 통해 가족 스스로 발전시키고 사용해 온 전략을 자연스러운 상황의 기복에 따라 일반화할 수 있도록 가족들을 체계적으로 준비시키고, 이들이 다가올 재발 상황을 잘 다룰 수 있도록 준비시키는 것이 임상적으로 중요하다. 또한 가족들이 자신들이 만들어 낸 변화가 시간이 지나도 유지될 수 있도록 공식적 · 비공식적 지원체계를 개발 · 유지한다면 향후의 재발 가능성은 줄어들게 된다. 각 가족마다의 고유한 사회적 지원을 활용하면 개별 가족마다의 일종의 '돌봄의 연속체'를 만들어 낼 수 있다. 이 '돌봄의 연속체'는 향후 발생할 일상적인 문제들을 가족이 견딜 수 있도록 도움을 줄 수 있다.

표면적으로 볼 때, 일반화 단계는 FFT의 이전 두 단계와 유사해 보인다. 가족들은 문제로 씨름하고 그 문제들을 치료회기에 가지고 온다. 치료회기에서 치료사는 가족의 노력의 방향성을 재정립한다. 사실 치료사의 마음속에서는 이면적으로 다음과 같은 상당히 복잡한 의사결정 과정이 진행된다. 가족은 이전 단계의 행동변화목표를 관계패턴에 그대로 적용해 보았는가? 가족원 모두가 변화를 향해 나아갈 준비가 되어 있는가? 개입해 들어갈 수 있는 지점은 어디인가? 가족이 치료사에게 의존하여 문제를 풀어 가는 방식으로부터 치료를 통해 얻은 그들 자신의 역량에 의지할 수 있도록 이끄는 가장 좋은 방법은 무엇인가? 가족들이 변화의 동기를 유지하면서 유대가 형성되어 있게 하려면 어떻게 해야 하는가? 어떻게 그들이 미래에 대해 기대감을 갖게 만들 것인가? 또한 치료사는 가족들에게 필요한 비공식적 · 공식적 지역사회 자원과 지원들을 가족에게 소개한다. 일반화 단계에는 그 단계에 맞는 구체적 사정과 개입기술이 있다. 이 단계의 사정과 개입은 긍정적 변화를 유지할 수 있는 동기를 유발하고, 변화를 일반화하고, 재발을 방지하고, 비공식적인 사회관계망을 활용하고, 필요한 공식적 지원 서비스를 파악하도록 하여 치료가 성공적으로 종결되도록 하는 데 초점을 두고 있다.

1) 임상적 사정

일반화 단계의 사정에는 세 가지 영역이 있는데, 그것은 변화를 지속할 동기에 대한 사정, 가족 내부에 대한 사정, 가족을 둘러싼 체계에 대한 사정이다. 각 영역별 임상적 사정의 목표는 현재의 위험요인을 파악하고, 지원받을 수 있는 가능성을 증대시키고, 가족 주변 체계와의 상호 교류 능력을 만들어 내는 것이다.

(1) 동기에 대한 사정

치료의 마지막 부분에서 동기를 계발한다는 것이 언뜻 보면 불필요하게 보일 수도 있다. 그러나 가족의 입장에서 보면 그 중요성을 쉽게 이해할 수 있다. 가족 편에서 보면 이미 치료를 통해 여러 가지 개선이 이루어졌다. 부정성과 비난이 줄어들었고 협력이 늘어났으며, 서로를 대하는 방식이나 환경을 대하는 보다 나은 방식들이 만들어져 가고 있다. 그 결과 가족은 자신들의 치료가 '완료'되었다고 생각하는 경우가 종종 있다. 이것은 박테리아 감염에서 회복되어 가는 사람이 치료가 끝나지 않았음에도 통증이 멈추면 항생제 복용을 멈추는 실수를 하는 것을 보면 이해가 쉽다. 그래서 이후에 더 심하게 감염이 되면서 재발되고 이전보다 내성이 생겨 치료도 더 잘 안 되는 경우를 본다. 치료사는 FFT 치료과정을 마친 가족에게 재발과 문제행동이 다시 나타나는 것을 예방할 수 있도록 조치를 취해야 한다. 그래서 이 단계에서 가족들이 치료에 머물러 있게 하는 동기를 유발하고 유지하는 것이 치료사와 가족 모두에게 중요한 과업이다. 재구성은 이 과업에서 중요한 도구가 된다. 초기의 관계형성과 동기부여 회기들에서 나온 '구성주제'가 다시 한번 가족을 움직이는 데 도움이 된다. 치료사는 문제로 씨름하는 것은 정상적인 것이며, 문제는 가족이 그것을 어떻게 다루느냐에 있다는 점을 다시 부각함으로써 그 주제를 가족이 다르게 행동할 수 있도록 하는 기반으로 사용할 수 있다.

(2) 가족의 관계패턴 사정

이제 사정은 가족의 중심적 관계패턴이 일반화와 변화 유지의 장애물이 될 가능성이 있는지를 판단해 보는 것으로 옮겨 간다. 여기서는 세 가지 구체적인 부분을 사정해야 하는데, 행동변화 단계에서 나타난 작은 변화를 다른 상황에 일반화할 수 있는 가족의 능력이 어떠한지, 가족이 변화의 기복패턴을 다루는 방식은 무엇인지, 그리고 그들이 직면할 향후의 위험요인이 무엇이며 그것으로부터 가족을 어떻게 보호할 것인지 등이 그것이다.

일반화 단계에서 두드러지는 위험요인에는 여러 가지가 있다(〈표 1-1〉 참조). 어떤 것은 치료 초기부터 가족에게 있었던 것이다(예: ADHD나 학습장애, 인지기능장애 등). 또 치료가 진행되면서 보다 분명해지는 것도 있고, 치료의 주요 초점이 되지 못했던 것도 있다(예: 나쁜 또래와 어울리는 것, 폭력배와 어울리는 것, 왕따, 보통 아동들이 하는 활동에 전혀 참여하지 않는 것 등). 이제 이러한 위험요인들이 중요해졌다. 왜냐하면 그 요인들이 가족이 외부체계와 교류하는 방식의 일부가 되기 때문이다. 그래서 임상적 사정에서는 이러한 위험요인들이 가족을 치료 이전에 기능하던 방식으로 되돌리는 데 어느 정도나 중요한 역할을 하는지를 판단하는 것이 중요하다. 어떤 위험요인이 중요한가? 가족은 이것들을 다루기 위해 행동변화 단계에서 형성된 기술을 어떻게 사용할 수 있는가? 특정 위험요인을 다루기 위해 구체적인 전략이 만들어질 수도 있을 것이다. 특정 위험요인이 재발방지를 목표로 표적화되거나 그 단계의 구체적인 개입표적이 될 수도 있을 것이다. 그리고 이 단계의 치료는 이러한 노력을 시작하고 유지할 책임이 치료사뿐 아니라 가족에게도 있다는 것을 암시하면서 전개된다.

(3) 외부체계에 대한 사정

일반화 단계는 각각의 독특한 가족체계가 가족을 넘어선 체계인 지역사회 기관(예: 학교)이나 지역사회 등과 어떻게 교류하고 작동하고 있는지를 생각해야 하는 시기이다. FFT는 증상 행동이 가족 내(관계패턴과 가족기능) 및 가족 외(생태체계) 요인과 연결되어 있다는 입장을 취하고 있으며, 치료사는 이 두 가지 모두에 관심을 기울일 필요가 있다. 이 사정의 목표는 어떤 체계가 위기를 만들어 내며, 어떤 것이 일반화와 지원을 위한 보호적 역할을 할 것인지에 대해 판단하는 것이다. 특정 행동변화가 장기적으로 유지되려면 어떤 체계가 변화 유지를 위한 영향력으로 작용하며, 어떤 체계가 방해물로 작용하는지를 제대로 이해해야 한다. 학교나 또래집단에서, 그리고 청소년에 대한 지역사회의 태도나 가치, 신념, 친사회적 방향으로 지역사회에 참여할 기회, 확대가족과 어울릴 가능성 등 여러 측면에서 이 가족의 위험요인과 보호요인이 무엇인지를 아는 것이 중요하다. 이러한 사정 작업에서 치료사는 가족에게 항상 혹은 특정 시기에 필요하면서 가용한 비공식적 · 공식적 지원체계가 무엇인지 찾아보는 일도 한다. 내담가족에게는 사회적 지지체계가 아예 없거나 있더라도 문제해결에 도움이 안 되는 사회적 지원만 있는 경우가 많다. 행동문제와 더불어 겪게 되는 사회적 고립과 혼란은 많은 여타 심리사회적 문제의 중요한 위험요인이다(Henggeler et al., 1997; House, Landis & Umberson, 1988). 이러한 문제에는 가정폭력, 아동학대와 방임, 정신건강 문제 등이 포함된다. 사회적 고립은 부모–청소년 관계에 과도한 압박감을 만들어 내어 비교적 일상적인 문제를 상당히 큰 문제로 키우기도 한다. 가족이 사회적으로 고립되면 필요할 때 활용할 수 있는 비공식적 · 공식적 자원이 제한된다. 그리고/또는 사회적 고립은 가족 안에 '학습된 무기력'을 조성하여 가족들이 자신들에게 도움이 될 만한 자원이 있는지에 대해 찾아볼 생각을 못하게 만든다.

어떤 경우에는 가족의 사회적 지원체계가 필요시 도움을 주지 않거나 그들에게 더 해를 입히는 방식으로 작동한다. 예를 들어, 확대가족이 청소년에 대해 지속적으로 비관적인 태도로 의심하면서 그 부모에게 자녀를 가족 외부의 시설이나 서비스로 내보내 버리라는 압박을 주기도 한다. 또 어떤 경우에는 배우자나 친구, 이웃, 치료사 혹은 사회서비스 담당자 등과의 어려운 관계로 인해 부모-자녀 관계에 부정적인 영향을 미칠 스트레스가 생기기도 한다(Wahler & Hann, 1987). 또 다른 경우는 부모나 청소년의 친구들이 약물 남용이나 나쁜 행동(예: 약물, 알코올 남용)으로 가는 통로를 제공하여 문제행동과 가족의 곤경을 유발하기도 한다. 그러한 위험요인들은 피하기 어려운 도전이다. 그러나 미리 알고, 도움이 되는 지원체계를 성공적으로 활용하여 가족이 변화를 유지할 수 있게 돕는 것이 이 단계의 중요한 목표이다.

치료사는 또한 이웃들이 문제나 해결책의 일부(예: 이웃들이 부모가 일하는 동안 청소년을 모니터링해 줌, 혹은 청소년이 반사회적 행동에 연루되게 함)가 될 수 있는 경우에 대해 살펴보아야 한다. 부모의 직장에서의 관계가 또 다른 자원이 될 수 있다. 직장은 부모에게 동료와의 유익한 상호작용을 할 수 있게 하며, 가족 안에서 일어난 일을 이해하는 데 도움이 되는 정보를 제공해 주는 소수의 통로 중 하나이다. 마찬가지로, 지역 교회나 지역사회 기관이나 구호 기관 등을 통해 만날 수 있는 지역의 돌봄 제공자나 문지기 역할을 하는 사람들도 문제 혹은 해결책을 지원할 수 있다. 치료사가 변화 유지에 도움이 되거나 걸림돌이 될 만한 지역사회 체계에 대해 파악하였다면 치료사와 가족은 그것을 표적으로 삼고 작업해야 한다.

치료사는 가족이 공식적 · 비공식적 사회 지원체계를 활용할 수 있는 구체적인 방식을 찾아 주기 위해 가족의 맥락에 대한 자신의 사정 지식을 활용하여 가족을 상담실 밖의 자원과 연결해야 한다. 일반적으로 공식적 · 사회적 지원을 확보하려면 추가적 전문 서비스로 가족을 의뢰해야 한다. 어떤 서비스로 의뢰하든지 목표는 가족이 확대된 지역사회의 지지체계에 닻을 내리도록 돕는 것이다. 이를 통해 가족에게 긍정적 변화가 지속되도록 하고 재발을 방지하고자 하는 것이다. 가족을 지역사회 자원에 연결하기 전에 고려해야 할 세 가지 사항이 있다.

- 그들에게 필요한 지원의 유형(예: 정보, 정서적 지지, 도구적 지원 등)은 무엇인가?
- 그러한 지원을 필요한 시점에 받을 수 있게 하려면 가장 적절하고 접근 가능한 장소는 어디인가?
- 어떤 유형의 지지체계가 가족의 관계적 기능에 잘 맞으면서도 필요한 도움을 공급할 가능성이 가장 높을까?

사례

일반화 단계에 이르면서 치료사는 치료의 마지막 단계에서 어떤 영역에 더 신경을 써야 하는지에 대하여 상당량의 정보를 얻게 되었다. 치료사는 일반화 단계를 계획하면서 자신의 질문에 대한 답을 얻기 위해 생각을 종합해 보고, 이를 통해 일반화에 목표를 둔 이후 회기들의 초점이 무엇이어야 하는지 알게 되었다. 다행히 가족 관계체계에는 충분한 변화가 일어나 대부분의 부정성과 비난이 사라졌다. 프랜신과 데이빗은 싸움을 멈추었고, 앨리스와 데이빗은 버림받은 것 같은 느낌을 극복하는 방법을 찾아냈으며, 이 둘은 일상에서 서로에게 보다 많이 관여하고 있다. 앨리스는 점차 데이빗을 '유능하지만 여전히 자신의 독립성 문제로 씨름하고 있는 아이'로 보기 시작했다. 마찬가지로 데이빗도 자기 엄마가 그녀만의 방식으로 자신을 돌보고 있다는 것을 알게 되었다. 갈등이 생기면 두 사람 모두 더 나은 의사소통 기술을 사용했다. 앨리스는 데이빗을 더 적극적으로 모니터링하고 감독했으며, 데이빗은 이에 대해 반응하고 있었다. 문제가 생길 때면 프랜신은 두 사람에게 "극복해야지⋯. 치료사가 이런 일이 일어나면 하라고 했던 대로 해 봐."라고 말했다. 이러한 긍정적 결과가 나타났기에 일반화 단계에서는 무엇을 위해 개입해야 하는지가 분명해진다. 바로 그 변화를 지속하고자 하는 동기 부분에 주력해야 한다. 사실 치료사는 내담가족이 치료를 완주할 수 있을 만큼의 동기를 유지시키기 위해 많은 시간을 사용했다. 치료사의 가장 큰 염려는 내담가족이 자신들의 새로운 노력을 지속하는 데 도움이 될 만한 자기효능감이 축적되어 있지 않았다는 것, 그리고 프랜신의 역할 혹은 프랜신이 앨리스의 변화 유지를 위해 얼마나 더 지원할 수 있을지 불분명하다는 점이었

다. 또한 앨리스가 가족의 요구와 직장의 요구 사이에서 압박을 느끼는 것이 분명했
기에 앨리스에게는 자신의 부재 동안 데이빗을 감독해 줄 사람이 필요했다.

2) 장기적 역량강화를 위한 개입

치료사는 개입을 할 때 일반화 단계의 목표에 따라야 하고, 임상적 사정을
통해 얻은 정보를 활용해야 한다. 그래야 가족 고유의 효능감을 증진시키는
방식으로 개입할 수 있는데, 이 효능감은 가족이 어려운 상황을 대처할 수
있는 능력이 된다. 치료의 가장 중요한 목표는 가족이 자기 신뢰와 유능성을
가지고 앞으로 닥칠 많은 도전을 다룰 수 있게 돕는 것이다. 이 단계의 작업
은 두 가지 이유에서 어려움이 있다. 첫째, 만일 가족이 계속 새로운 문제를
가지고 오게 될 경우 치료사는 단계의 목표에 초점을 유지하는 것이 어려워
진다. 어떤 경우에는 치료사가 그 새로운 문제로 인해 문제해결과 행동변화
를 위한 활동으로 되돌아갈 수 있다. 둘째, 치료를 통해 지금까지 이루어진
가족의 성공으로 인해, 특히 그들에게 구체적인 문제나 이슈들이 나타나지
않을 경우, 가족들은 치료를 끝낼 준비가 되었다고 느낀다. 그럼에도 불구하
고 치료사는 내담가족이 치료 안에 머무르면서 미래를 위해 준비하도록 동
기부여해야 한다. 간혹 가족들은 이러한 치료사의 관점에 동의하지 않는다.
즉, 그들은 그들 사이의 문제가 나아졌다고 보고 치료가 더 필요하지 않다고
본다. 그러나 FFT 치료를 완료하려면 사소한 임상적 문제라도 총 8회기 동
안 치료에 머물러 있어야 하며, 가족에게 심각한 문제 혹은 만연된 문제가
있을 경우 치료는 17~20회기로 늘어난다. 이 기간 동안 가족이 치료에 머물
러 있게 하려면 치료사는 '구성주제'에 의존하는 수밖에 없다. 또한 치료사가
변화를 유지하는 데 어려움을 줄 것으로 생각되는 미래의 사건이나 맥락을
예측하는 데 가족에 대한 자신의 지식을 사용하는 것이 도움이 된다.

FFT 치료사가 일반화 단계의 목표를 위해 사용하는 일곱 가지 주요 개입

전략이 있다.

- 연속성을 유지하고 이전 단계의 성공경험 위에서 작업한다.
- 문제에 대한 관점을 재정립하기 위해 사건을 재구성한다.
- 치료를 통해 얻은 것을 일반화한다.
- 재발을 방지한다.
- 가족의 자기효능감을 구축한다.
- 지역사회와 연결한다.
- 필요하면 다른 전문 서비스로 의뢰한다.

이 전략 중 일부는 다른 단계에서도 보던 것이며, 나머지는 일반화 단계에만 나타나는 것이다. 행동변화 단계와 마찬가지로 이 '개입들'은 가족에게 일어난 사건에 대한 대응으로서, 혹은 치료사에 의해 시작된 가설적 상황에서 치료사에 의해 취해지는 행동들이다.

(1) 연속성을 유지하고 이전 단계의 성공경험 위에서 작업한다

FFT가 가진 장점 중 하나는 단계들 간에 연속성이 있도록 신경을 많이 쓴다는 점이다. 앞의 두 단계에서 만들어진 변화의 동력은 일반화 단계를 이끌 유용한 엔진이 된다. 첫 단계에서 일어난 인지적·감정적 변화는 기대와 동기를 만들어 낸다. 두 번째 단계에는 필요한 행동기술이 가족의 핵심적 관계 패턴에 더해지는데, 이때 가족들은 행동에 의해 동기화된다. 일반화 단계는 앞 단계에서 만들어진 성공과 동기라는 이점을 활용하기 위해 이전 단계의 변화들과 연결될 때 가장 성공적일 수 있다. 구성주제는 이 단계에서도 중심 역할을 담당한다. 그것은 지속적인 노력을 해야 하는 이유가 되기도 하고, 그러한 변화를 적용해야 할 곳이 어디인지를 제안하기도 하고, 그것을 성취하기 위한 방법이 무엇인지를 가리키기도 한다. 구성주제는 일반화의 목표가 가족이 경험한 구체적인 어려움과 연결되게 함으로써 목표가 적절하게 정해질 수 있도록 한다. 연결이 일어나는 또 다른 경우는, 행동변화 단계에서 계발된 바로 그 행동적 유능성이 일반화 단계의 중요 관심이 될 때이다. 예를 들어, 문제해결 기술을 습득한 가족들이 그 기술을 학교나 아동복지 사무실, 집 임대료나 전기료 등의 지원을 받고자 할 때 혹은 청소년을 지원하는 데 필요한 자원을 확보하기 위한 도움을 요청할 때 등에 활용할 수 있다.

(2) 관점의 재정립을 위해 사건을 재구성한다

치료 초기에 있었던 부정성과 비난은 치료가 종결에 가까워져도 나타날수 있다. 만일 부정성과 비난이 새로운 문제와 더불어 다시 나타난다면 치료사가 가장 먼저 해야 할 일은 그 어려움과 고통에 대하여 인정해 주는 것이다. 그리고 그 사건의 의미를 재구성하고 재귀인하면서 대화의 방향을 돌려그 사건이 가족에게 미친 도전에 초점을 맞추도록 한다. 즉, 그 사건은 그들이 새로 발전시킨 친사회적 행동의 능력을 이 새로운 상황에 사용하게 만드는 도전이라고 보게 하는 것이다. 재구성을 통하여 이 사건이 관계형성과 동기부여 단계로의 후퇴라고 보지 않게 하는 것이 중요하다. 여기서 명확히 할것은 새로운 주제를 발전시키는 대신 현재의 정서와 귀인이 갖는 의미를 재구성하고 그것을 치료 초기에 만들어진 구성주제와 연결시킨다는 것이다. 이렇게 함으로써 그 주제는 앞으로의 가족을 도울 수 있는 새로운 이야기로변한다.

(3) 치료를 통해 얻은 것을 일반화한다

마찬가지로 가족은 어떤 새로운 문제도 그들이 이미 성공적으로 극복한그 문제들과 비슷하다는 것을 경험을 통해 알게 되어야 한다. 그렇게 하려면그들은 문제가 발생했을 때 그것을 문제로 파악해야 하고, 그 새로운 문제를그들이 이미 성공적으로 해결한 이전 문제들과 비슷한 것이라고 분류해야한다. 구성주제는 가족이 문제를 이런 식으로 분류할 때 활용할 수 있는 중요한 도구이다. 구성주제의 활용이 성공적일 경우, 그 주제는 가족의 새로운

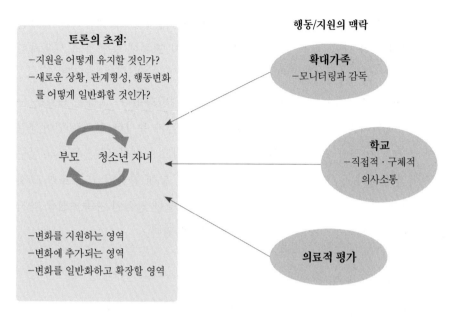

행동/지원의 맥락

토론의 초점:
- 지원을 어떻게 유지할 것인가?
- 새로운 상황, 관계형성, 행동변화를 어떻게 일반화할 것인가?

부모   청소년 자녀

- 변화를 지원하는 영역
- 변화에 추가되는 영역
- 변화를 일반화하고 확장할 영역

확대가족
- 모니터링과 감독

학교
- 직접적·구체적 의사소통

의료적 평가

[그림 6-2] 일반화 단계의 표적

이야기 혹은 가족이 씨름해 온 것들에 대한 설명이 될 수 있다. 즉, 구성주제를 근거로 하여 가족은 그 새로운 문제를 '가족 전체에 초점을 두고 상호 비난 없이 접근한다면 풀 수 있는 문제'라고 보게 되며 문제에도 불구하고 버틸 수 있게 된다. 이러한 통찰을 일반화하면 가족들은 지금뿐 아니라 다가올 미래에 자신들이 경험하는 불가피한 삶의 문제를 '풀 수 있는 문제'로 분류하고 파악할 수 있게 된다. 새로 발생하는 문제에 대해 가족들이 이와 같이 자신들에게 도움이 되는 방식으로 정의하고 받아들이는 결정적인 능력은 저절로 계발되는 것이 아니다. 그것은 치료사의 체계적인 작업에 의해 가능하다. [그림 6-2]는 일반화의 과정을 보여 준다. 변화의 일반화는 치료의 긍정적 결과를 가족이 사회 환경과 교류할 때 활용할 수 있도록 돕는다. 가족 내의 기능 증진과 가족 내의 변화에 필요한 바로 그 친사회적 행동기술(예: 의사소통 기술, 문제해결 기술 등)이 개인이 '현실 세계'와 연결하고 교류하는 방식에 긍정적인 영향을 미칠 수 있다. 그래서 치료사는 가족이 가족 내 상호작용에 필요한 의사소통과 문제해결 기술을 자신들의 삶에 관여되어 있는 중요한 지역사회 기관(학교, 교정기관, 정신건강체계)과의 교류에 동일하게 사용하도록 도울 수 있으며, 그렇게 해서 변화의 일반화가 더 많이 이루어진다.

데이빗과 앨리스는 아주 성공적으로 변화를 일반화했다. 그들은 새로운 문제를 가족원이 이미 경험하고 극복하였던 문제들과 유사한 것으로 받아들일 줄 알았다. 이러한 인식능력은 구성주제를 가지고 문제가 되는 사건의 범주를 이전 문제와 유사한 범주로 연결하는 방식을 통해 향상되었다. 또한 그것은 가족이 행동변화 단계에서 사용했던 것과 동일한 방식인 가족초점을 가지고 새로운 문제들을 바라볼 수 있었을 때 가능하였다.

(4) 재발을 방지한다

재발방지란 중독분야 상담에서 변화 이후 재발이 되는 것을 방지하기 위해 고안된 다양한 종류의 전략을 일컫는다. 이 재발방지라는 개념은, 첫째, 가족들이 FFT 프로그램을 통해 변화가 시작된 이후 최초의 재발을 방지하고, 둘째, 이후의 어떤 재발이라도 그것이 점차 상승작용을 일으켜 가족이 이전에 습득한 새로운 방향이나 기술을 완전히 상실하는 상태로 가지 않도록 개입하는 데 응용하기 아주 좋다.

새로운 문제가 발생하는 상황은 가족의 새로운 관계패턴에 스트레스원으로 작용한다. Marlatt과 Gordon(1997)은 관계의 매개요인(고위험 상황, 청소년의 다루기 힘든 문제, 너무 높은 기대)과 보다 간접적인 선행요인(관계적인 사건, 이전 경험에 비추어 볼 때 혹은 감정적으로 부담스러운 행동이나 말 등) 두 가지 모두 내담자가 가족 전체에 초점을 두는 관점을 상실하게 만들 만한 부정성과 이유를 만들어 내는 행동의 연쇄 고리를 시작할 수 있다고 보았다. 이러한 요인들에 대한 언급은 모든 재발방지 프로그램에서 흔히 발견되는 것이며, 각 프로그램은 특정 장애의 속성에 보다 잘 맞게 응용되어 있다. 예를 들어, 우울증이나 불안증을 방지하려면 자기나 현실에 관련된 사실보다는 자동발생적인 역기능적 사고에 대한 자각을 높이는 데 초점을 두어야 할 것이다. 역기능적 사고에 동반되는 신체감각을 자각하도록 배우는 것도 우울증과 불안증의 예방에 중요하다. 중독 장애의 치료에서는 재발방지 계획의 일환으로 사회적 압력, 대인관계 갈등 그리고 부정적인 감정 상태 등에 대한 반사행동에 초점을 맞춘다.

약물남용 치료 분야의 초기 연구는 성공적인 해독이 끝난 이후 개인이 약이나 알코올을 끊은 상태를 유지할 수 있도록 돕는 기술에 대체로 초점을 두고 있었다. 이런 초점이 생긴 것은 물질을 끊는 것과 끊은 상태를 유지하는 것은 다른 과정이라는 간단한 관찰로부터 나온 것이다. 경험적 연구를 통해 학자들은 재발방지라는 것이 하나의 구성개념이기도 하지만 지원이 필요한 일련의 전략이라는 것을 알게 되었다. 이러한 발견은 약물남용 장애 치료에 있어서 가장 중요한 진보 중의 하나로 여겨진다. 이제 이러한 지원이 필요한 일련의 전략으로서의 재발방지 기법들은 Alan Marlatt, Kathleen Carroll을 포함한 학자들의 연구를 통해 약물남용 치료의 주류에 포함되었다.

어떤 유형의 행동변화든지 시도해 본 적이 있는 사람들에게 재발의 과정은 낯설지 않다. 그것은 특히 상담치료와 관련하여 중요하다. 치료과정 중에 내담자는 자신들에게 스트레스, 분노, 부정성, 비난 같은 것으로 나타났던 상황을 이제 통제할 수 있게 되었다는 생각을 점점 많이 하게 된다. 성공경험이 늘어날수록 개인과 가족의 자기효능감이 축적된다. 이 나선적 과정은 내담자와 가족이 자신들이 지각한 통제력을 위협하고, 자기효능감을 떨어뜨리고, 재발 가능성을 높일 만한 고위험 상황을 경험할 때까지 지속된다. 어떤 사람이 고위험 상황을 효과적으로 대처하면 그 결과 자기효능감이 높아질 가능성이 크다. 새로운 행동이 더 오래 지속될수록 그리고 고위험 상황에 효과적으로 대처해 본 경험이 많을수록 재발 가능성은 낮아진다. 그러나 고위험 상황에 제대로 대응하지 못하게 되면 자기효능감은 낮아지고 무능력감이 생기게 된다. 이 시점에 재발 가능성이 높다. 만일 재발이 일어나면 그 사람은 인지 부조화의 느낌으로 고통을 받는 경우가 종종 있다. 이런 인지 부조화의 느낌은 사건의 원인을 자기 자신에게 비난적 방식으로 돌리게 만들어 자포자기식의 재발을 일으킬 가능성을 높인다.

Marlatt의 원래 연구에서는 치료의 추후 시점에 재발한 사람들에게 재발을 촉발한 상황이 어떤 것이었는지를 묘사하도록 질문하였으며, 이 연구는 재발방지 모델의 주요 부분과 핵심요인들의 기반이 되었다. 이 모델에서는, 재발을 방지하려면 당사자가 고위험 상황을 예견하고 파악할 수 있어야 하고, 그러한 상황을 처리할 수 있는 기술을 개발해야 하고, 그런 기술을 사용하면 긍정적인 결과를 얻게 될 것이라는 점을 기대해야 한다.

FFT에서의 재발방지 절차는 가족의 새로운 문제 상황에 치료사가 반응하면서 시작된다. 치료사는 그 문제 상황을 광범위한 변화과정의 한 부분이라고 재구성하고(예: "문제는 항상 있게 마련이죠. 더 중요한 건 그 문제에 어떻게 반응하느냐입니다.") 새로운 문제를 관리할 수 있는 능력에 대한 가족의 자신감을 북돋우고, (이전의 부정성과 비난적 상호작용의 고통스러운 패턴으로 돌아가지 않기 위하여) 가족들이 '프로그램에 단단히 붙어 있도록' 돕는다. 재발방지가 성공적이려면 치료사가 주도권을 쥐고 다음을 위한 직접적인 대화를 시작해야 한다.

- 고위험 상황이 무엇인지 확인한다. 내담자와의 대화를 통해 위험 신호, 시작 상황, 가족 갈등 및 가족이 기존의 변화를 지속할 수 없게 만드는 고위험 상황의 패턴에 대한 분석이 되어야 한다.
- 대안적인 반응방법을 배운다. 촉발요인이 무엇인지 확인되었다면 취약성을 가진 그 개인은 그 상황에 대처할 수 있는 다른 방법을 찾아야 한다. 고위험 상황에 대한 가장 쉬운 대처기제는 무조건 피해 버리는 것이다. 부정적인 영향을 주는 특정 인물을 피하는 것, 증상이 유발될 것 같은 장소를 피하는 것 등이 포함된다. 어떤 경우에는 회피가 좋은 전략이 된다. 하지만 그 외의 다른 전략이 있어야 한다. 왜냐하면 회피가 항상 가능하지 않을 수 있기 때문이다. 그 외의 전략으로는 이러한 상황에서 개별 가족원으로서, 가족 전체로서 느끼게 되는 부정적인 정서에 대처

하는 방법을 파악하는 것, 갈등관리 원칙을 사용해 대인 간 갈등을 다룰 방법을 결정하는 것, 원근에 있는 지원체계로부터의 압력을 포함한 다양한 사회적 압력에 대처하는 전략을 발견하는 것 등이 포함된다.

- **불필요한 스트레스원을 줄인다.** 가족의 고위험 상황에 대한 대비 이외에도 재발방지는 증상 발현 가능성을 줄이는 데 효과적인 정신건강의 일반적 원리에 초점을 둔다. 여기에는 균형 잡힌 영양, 규칙적인 운동, 충분한 수면, 건강교육, 상호 호혜적인 돌봄 관계, 생산적이고 활력을 주는 취미, 영적인 돌봄과 같은 것이 포함된다.

- **지원체계를 개발한다.** 많은 연구가 건강한 생활양식을 유지하기 위해서는 사회적 지지가 중요하다고 밝히고 있다. 사회적으로 고립된 개인은 정신장애 증상을 보일 가능성이 더 높다. 반대로 정신장애가 있는 개인은 부적절한 사회적 행동으로 인해 관계를 주도하고 유지하는 데 어려움을 겪을 가능성이 더 높다. 그러한 사람들에게는 지원체계가 존재하지 않을 수도 있다. 여러 연구에 따르면, 지원체계는 자연스럽게 만들어질 때 가장 효과적이다. 이 사람을 진정으로 생각하는 가족이나 친구 집단이 가장 좋을 것이다. 그러나 인위적으로 만들어 낸 지원체계도 없는 것보다는 확실히 낫다. 이런 이유에서 재발방지 프로그램은 치료 프로그램에 가족원이나 중요한 타인들을 포함시키려는 노력을 지속하고 있다.

가족의 대처기술 목록 안에 위기 대응전략이 포함되려면 가족은 어떤 시점에서건 재발을 경험해 봐야 한다. 그래야 가족은 그 전략들을 실제 삶의 진짜 사건과 문제에 어떻게 적용하는지 배울 수 있다. 회기가 진행됨에 따라 개입이라는 약의 '복용량'을 조금씩 낮추는 것도 도움이 된다. 이를 위해서는 치료 빈도를 줄이는 방식이 주로 사용된다. 회기 사이의 간격이 늘어나면 재발이 일어날 것 같은 결정적 시점에 치료사가 가족에게 개입하여 가족이 재발방지 전략을 적용할 수 있도록 돕게 될 가능성이 커진다.

재발과 관련하여 가장 어려움이 큰 사람이 앨리스였다. 그녀는 데이빗에 대한 생각을 바꾼 이후에도 그 바꾼 생각을 유지하는 데 어려워했고, 또 그 것을 일상생활 상황에 적용하는 것도 어려워했다. 만일 데이빗이 학교에서 문제가 생기면 앨리스는 곧바로 데이빗이 문제를 일으킨 게 아닐까 생각하였다. 그녀는 자신의 최고 위험 시간이 아들이 자신에게 문제에 대해 처음으로 알릴 때라는 것을 알게 되었다. 그녀는 그럴 때면 당장에 엄습하는 두려움에 굴복하지 않고 대안을 생각하는 방법을 알게 되었다. 하지만 그녀는 데이빗에 대한 걱정과 절망에 깊이 빠져드는 경우가 종종 있었다. 그녀는 이러한 걱정을 일반화 단계의 공동 회기에서 구체적인 대화로 풀어내었다. 이를 통해 '데이빗의 문제'라고 생각했던 모든 문제는 결국 아무런 문제가 아닌 것으로 결말이 났고, 그녀는 자신에게 두려움이 찾아올 때 무엇을 해야 하는지 다시 생각할 수 있게 되었다.

(5) 가족의 효능감을 구축한다

문제 이외의 다른 영역에서도 변화를 지속하게 하는 데 결정적인 요인 중의 하나는 할 수 있을 것이라는 자신감과 믿음이다. Bandura(1982)에 따르면, 대처행동 시작 여부와 어느 정도의 노력을 기울일 것인지 그리고 얼마나 오랫동안 그 노력을 지속할 것인지를 결정하는 데에는 개인적 효능감이 작용한다. 가족원 개인의 자기효능감, 즉 자신의 성공적인 수행능력에 대한 기대는 그들이 새로운 어떤 것을 시도할지 여부와 어느 수준까지 그 노력을 지속할지에 직접적인 영향을 준다. FFT 치료사는 내담자와 대안 및 선택지들을 가지는 것의 중요성, 그리고 무엇을 기대할지 아는 것의 중요성에 대해 이야기를 나눌 수 있는데, 이때 언어적 설득은 변화의 강력한 원천이 된다. 그러나 보다 구체적이고 지속적인 변화는 실제로 새로운 어떤 것을 시도하고 성공해 본 경험(수행의 성취)으로 인해 생긴 기대가 있어야 가능하다. 상황이 도전적(즉, 어렵고, 위협적이고, 불편한)이지만 이겨 낼 수 있을 때, 효능감은 더 향상되고 방어적 태도는 줄어들면서 노력을 지속하고자 하는 힘은 최고로 향상된다. 치료사에게 이것은 가족이 새로운 기회를 붙잡도록 코치하고 가르치고 지시하며 격려하는 것을 의미한다. 효능감은 가족 회기 안에서 일어나는 간접적인 대리경험을 통해서도 얻어진다. 또한 치료사와의 인간적인 대화로부터 유발된 내담자의 감정적 고조 상태가 믿을 만한 사실들에 의해 뒷받침되는 성공적 경험을 통해 효능감이 상징적으로도 구축된다.

데이빗과 그 가족은 Bandura(1982)의 자기 신뢰에 대한 초기 연구결과에 잘 들어맞는 사례이다. 그들은 무엇을 해야 할지, 어떻게 해야 할지 잘 알고 있을 때, 변화를 다른 상황에 더 잘 일반화하였다. 그들이 무엇을 해야 할지를 안다는 점에서는 의문의 여지가 없었다. 그들 각자는 새로운 의사소통패턴을 실패 없이 구사하고 있었다. 이 가족에게 '어떻게'는 말로 전달되기보다는 모델링과 연습을 통해 가능했다. 데이빗, 앨리스 그리고 프랜신은 어려운 상황을 헤쳐 나가는 방법에 대한 구체적이면서 개인적이고 직접적인 경험이 필요했다. 시간이 흐를수록 이러한 경험은 그들이 계속 전진하는 데 필요한 지속적 연습을 가능하게 했다. 그들은 자신들이 언제 어디서 무엇을 해야 하는지를 알고 자신들이 그것을 잘할 수 있을 것이라고 느낄 때 일반화를 잘할 수 있었다.

(6) 지역사회와 연결한다

청소년 행동문제의 가장 효과적인 치료모델은 속성상 다중체계적이다(제2장 참조). 이 다중체계적 관계망의 한 가지 요인은 가족이 소속된 일단의 비공식적 사회관계망이다. 확대가족, 친구, 직장 동료, 이웃, 지역사회 기관 등으로부터의 높은 수준의 사회적 지원은 가족기능과 친사회적 행동의 향상에 좋은 영향을 미친다(Harrison, Wilson, Pine, Chan, & Buriel, 1990; Reiss & Price, 1996; Vondra & Belsky, 1993; Weisz & Tomkins, 1996). 든든하고 가용한 사회적 지원 관계망이 있는 가족은 더 많은 자원에 접근할 수 있고, 자원에 대한 가용성은 변화하는 환경조건이나 외상적 사건에 대한 반응에 영향을 준다(Hobfoll, 1991).

사회적 지원체계는 공식적인 것(정신건강 서비스나 알코올이나 약물 치료 등

과 같은 전문적 서비스)에서부터 비공식적인 것까지 그 폭이 넓다. 가족이 보
유한 사회적 지원 관계망은 매우 가까운 관계(예: 확대가족, 친구, 이웃, 직장
동료)부터 지역사회 기반의 자원과 같은 보다 공식적이고 먼 관계까지 다양
하다. 여기서 지역사회 자원은 공공자원(청소년 교정시설, 아동 및 가족 서비
스)과 사설 자원(예: Big Brothers, Big Sisters[1])이 포함된다. 공식적이건 비공식
적이건 이러한 자원들은 Henggeler와 그의 동료들이 말한 다음 세 가지 중
하나 이상 형태의 지원을 제공해 준다.

- 도구적 지원(예: 재정적 지원, 교통편의 제공, 양육지원)
- 정서적 지원(공감과 돌봄)
- 정보 지원(예: 가장 저렴한 식자재 매장, 맞춤형 학교생활 지원, 렌트비와 전
  기료 지원을 받을 수 있는 곳)

임상적 경험을 통해 보면, 여러 이유에서 비공식적 사회관계망이 가장 효과
적인 지원을 제공한다. 가족의 현존하는 사회적 맥락의 일부로서 비공식적 관
계망은 가족에게 보다 친숙하다는 특징이 있으며, 필요한 지원에 대한 접근이
보다 쉽다. 비공식적 지원은 공식적 지원보다 가족의 당장의 필요를 충족시키
는 데 유리하다. 예를 들어, 가족의 가장 급박한 필요는 자녀의 등교나 부모의
출근을 위해 차에 연료를 채우는 데 필요한 25달러이다. 그런 돈의 경우 친구
로부터 융통하는 것이 시나 주정부 재원으로 운영되는 기관에서 받는 것보다
낫다. 후자의 경우 지정된 항목 이외의 것에 돈을 사용할 수 있는 융통성이 전
혀 없다. 비공식적 지원은 시의적절하고 접근성이 높은 방식으로 자원을 공급
하는 경향이 있다. 새벽 1시에 청소년 자녀와 씨름하고 있는 어느 한부모 어
머니는 정신건강 요원보다는 자기 언니나 친구 혹은 이웃으로부터 정서적 지

---

1) 역자 주: 지역사회의 성인들이 어려움이 있는 청소년들의 멘토가 되어 주는 프로그램으로, 모
   금과 자원봉사를 통해 유지되는 사적 프로그램이다.

원을 얻는 편이 더 쉬울 것이다. 중요한 것은 비공식적 지원은 공식적 지원에 비해 치료가 끝나도 지속되는 경향이 더 크다는 점이다. 또한 비공식적 지원은 어떤 가족이 연료를 사거나 렌트비를 내야 하는 일이 닥쳤을 때 연방이나 주정부 혹은 지방정부의 재원이 고갈되어 지원을 못 받게 되는 일도 없다.

사회적 관계라는 것은 일단 관계가 만들어지면 관계적 상호성과 호혜성 혹은 되돌려 받으리라는 기대의 토대 위에 실물 혹은 정서적 자원을 제공함으로써 유지된다(Uehara, 1990). 즉, 장기적으로 사회적 지원을 유지하려면 지원을 받는 가족이 뭔가를 되돌려 줄 수 있어야 한다. 이 말은 비공식적 지원이 교환체계나 상호 보상체계처럼 작동한다는 의미는 아니다. 비공식적 체계는 사람들 사이의 동맹 의식 혹은 함께함에 대한 상호 호혜적 방식으로 작동하며 인간적이면서 상호작용적인 방식을 취한다는 뜻이다. 치료사는 가족에게 필요한 지원을 연결시켜 주기 위해 어느 정도는 사례관리자의 일을 담당해야 한다. 이 일에는 몇 가지 이유로 가족치료사가 적임자인데, 치료사는 가족의 관계적 체계를 이해하고 있고 그 가족을 가용한 자원에 연결시킬 수 있기 때문이다. 가족이 행동변화 단계로부터 일반화 단계로 나아갈 때 치료사는 이 역할을 점차 더 자주 하게 된다. 치료사는 가족이 치료를 통해 습득한 것을 확장할 수 있게 만드는 상담실 밖의 서비스에는 어떤 것들이 있는지 알아보고 생각해 본다. 가용한 서비스 목록을 길게 만드는 게 능사는 아니다. 오히려 철저하고 체계적인 검토를 통해, 가족에게 잘 맞으면서도 FFT에서 이루어진 것들을 지속하고 지원할 수 있는 기회를 제공하는 서비스를 선별해야 한다. FFT는 가족이 중요한 자원과 연결될 수 있도록 돕는다. 그러한 자원에는 지역의 법 집행기관, 지역사회 기관과 활동, 공원이나 레크리에이션 서비스, 지역 교회와 청소년그룹, 지역 학교, 정신건강 서비스, 남녀 청소년 클럽의 디렉터들, YMCA/YWCA나 여타 청소년 레크리에이션 프로그램 코디네이터, 교육 및 직업 서비스 제공자들 등이 포함된다.

(7) 필요시 다른 전문 서비스로 의뢰한다

어떤 가족이나 가족원의 경우 가용한 비공식적 지원이나 지역사회 지원 서비스에 더하여 전문적 서비스가 필요할 수 있다는 데에는 의문의 여지가 없다. 많은 유형의 전문적 서비스에 대한 의뢰가 FFT를 통해 가족이 만들어 낸 변화를 지원하는 데 도움이 된다. 그중에는 우울한 아버지를 위한 개인상담, 부모를 위한 부모집단, 청소년을 위한 분노관리 지지집단 등이 있는데, 이런 것들은 변화를 공고히 하는 데 필요한 양만큼의 지원을 추가로 제공한다. 이 외에도 주의력결핍장애(ADD)에 대한 정신과적 투약에 대한 검토나 읽기능력 제고를 위해 학습전문가에게 의뢰하는 것 등도 포함된다. 전문 서비스의 유형과 관계없이 그 의뢰가 일어나는 시점과 방식이 가족치료와 잘 부합하는가가 제일 중요하다. 가족의 필요를 채워 주기 위해 의뢰를 하는 것은 전혀 새로운 것이 아니다. 사실 가족에게 맞는 가용한 지역사회 자원이 있을 경우 치료 시작 시점부터 가족에게 포괄적 서비스를 하는 곳이 많다. 하지만 경험을 통해 보면, 의뢰가 가장 도움이 되는 경우는 그것이 큰 치료 계획의 한 부분으로 체계적으로 활용될 때이다. 예를 들어, 우리는 치료 이후에 순차적으로 이루어지는 서비스가 치료와 동시에 제공되는 서비스에 비해 가족에게 더 도움이 된다고 본다. 이 말은 가족들이 한 시점에 한 가지 치료만 경험하는 경우에 치료로부터 더 큰 도움을 얻게 된다는 말이다. 이렇게 해야 각각 다른 목표와 의도를 가진 여러 치료로부터 받게 되는 메시지 간의 혼란 가능성을 줄일 수 있다. 어떤 가족이 가족치료를 받고 있는 동안에 한 부모가 개인상담을 받는 경우를 생각해 보라. 가족치료사는 문제가 가족원 모두와 관련되어 있다는 관점으로 모든 사람의 책임성을 강조할 수 있다. 부모를 상담하는 개인상담사는 부모의 개인적 필요를 지원하려는 경향이 더 클 것이다. 그래서 개인적 관점은 어쩌다 보니 가족치료와 충돌하게 되고, 그 반대도 마찬가지여서 두 가지 개입이 서로 부딪게 된다. FFT 치료를 마칠 즈음이면 가족치료사는 그 가족에 관여하고 있는 어떤 공식적 서비스 제공자보다 그 가족에 대해 더 잘 알게 된다. 치료사는 가족원의 개인적 문제에 대해서도 다른 시각을 가지고 있어서 개인적인 증상이 가족 내의 변화로 인해 경감될 수 있을 것인지 아니면 추가적 서비스가 필요한지를 판단하는 데 도움이 된다. 가족치료사는 가족의 유형과 기능적(관계적) 필요에 맞게 특정 전문가를 맞춤형으로 연결할 수 있다. 이것이 우리가 가족에게 적절한 의뢰를 하는 것이 가족치료사의 영역이 되어야 하며, 그것이 FFT 치료의 마지막에 시행되어야 한다고 생각하는 이유이다.

사례

　남아 있는 두 가지 이슈에 대해 FFT 치료사가 명확하게 파악할 수 있게 된 것은 일반화 단계가 거의 끝나갈 때였다. 그 이슈들은 데이빗의 가족이 변화를 유지할 수 있게 하기 위하여 꼭 다루어야 하는 문제였다. 엘리스는 매일 저녁 8시까지 일을 한다. 가족은 가족 내 부정성을 성공적으로 감소시키고 의사소통의 명확성이 증진되고 있는 상황이었으며, 이 시점에 데이빗이 귀가하는 4시에서 엘리스가 집에 오는 8시 사이의 시간에 대한 관리가 중요해졌다. 이때가 대체로 가정에서 다툼이 시작되는 시점이다. 그 시간에 엘리스는 지치고 배고픈 상태로 귀가를 하게 되는데, 그때 집에서 데이빗과 프랜신 혹은 딸이 싸우는 것과 같은 현실생활에서의 감정적인 문제를 마주하게 된다. 데이빗은 자신이 점점 나빠질 것 같은 상황에서 좀 떨어져 있을 수 있는 완충지대를 필요로 했다.

　치료사는 지역 청소년센터가 이 집에서 도보 거리에 있고 오후 10시까지 개방되어 있다는 것을 알았다. 그러나 치료사는 데이빗이 이 센터를 활용하도록 조언하는 것이 쉽지 않다는 것을 알고 있었다. 엘리스는 그 센터를 싫어했는데, '데이빗이 거기서 나쁜 애들과 사귈까 봐' 그랬다. 그 가족은 자존심을 세우느라 지역사회 자원을 활용하거나 도움을 요청하는 일이 더 어려웠다. 또한 치료사는 그들 모두, 특히 데이빗이 쉽게 좌설하고 시원서 직싱을 잘 히지 못히는 경우도 있다는 것은 알고 있다 치료사는 행동변화 단계에서 발전시킨 가족 의사소통 기술을 활용하여 데이빗이 방과 후 프로그램에 등록하는 것에 대해 가족이 준비될 수 있도록 도왔다. 세 번째 주에 그들은 청소년센터 프로그램에 성공적으로 들어갈 수 있었다. 그 프로그램은 가족 내 변화를 지원하는 데 도움이 되는 지역사회 자원이었다.

두 번째 중요한 이슈는 앨리스의 우울증이었다. 치료사는 치료 초기에 앨리스가 우울증 진단 기준에 부합하는 증상을 경험하고 있음을 명확하게 인식하였다. 치료사는 이미 가족 안의 중요한 문제를 인식하게 되었고, 앨리스의 증상이 일상생활 기능에는 큰 문제가 없었기 때문에, FFT 슈퍼바이저와의 의논 끝에 우울증 이슈는 후반기에 다시 다루기로 결정하였다. 우울증과 같이 정신건강 기준에 맞는 증상이 가족 내의 관계적 문제와 연결되어 있어서 가족의 갈등이 줄어들면 증상도 줄어드는 경우가 드물지 않기 때문이다. 또한 치료사가 우울증을 치료 초기의 주요 문제로 다루기로 결정했다면, 앨리스의 취약점에 집중하느라 가족 전체에 초점을 두고 문제를 정의하기가 어려웠을 것이며, 다른 가족원 사이의 책임공유 의식도 줄어들게 될 것이었다. 일반화 단계 동안 앨리스의 우울증상이 지속되었던 것은 분명하다. 회기 중에 치료사는 재구성을 사용하여 앨리스가 우울증 치료를 위해 전문가를 찾아볼 것을 제안했다. 이런 식으로 말하였다. "슬픔이나 상실감 같은 감정에 대해서 도움을 좀 받는 것이 자신과 가족들이 지금까지 이뤄 온 중요한 변화를 유지할 수 있도록 돕는 방법입니다." 앨리스가 우울증 완화를 위해 외부의 도움을 구하는 행동은 가족문제의 '원인'이 아니라 그들 모두가 이루어 놓은 성취에 대해 그녀가 기여할 수 있는 부분이라고 재구성되었다. FFT 치료사는 앨리스를 조용하면서도 상처받기 쉬운 그녀의 성정에 잘 맞는 치료사와 연결시키고자 대기자 명단에 그녀를 올렸다.

3. 일반화 단계의 성과

일반화 단계의 궁극적 목표는 가족들이 미래에 불가피하게 마주하게 될 문제들을 잘 대처하고 관리하기 위해 필요한 기술과 능력을 발전시키는 것이다. 이 단계의 전략들은 관계형성과 동기부여 단계에서 만들어진 정서적·인지적 전환과, 두 번째 단계에서 위기 상태를 변화시키고 보호요인을 증가시키기 위해 만들어진 구체적인 행동변화를 안정화시키기 위해 설계되었다. 이 목표는 미래 상황을 다루기 위한 가족의 능력이 증진되도록 도움으로써 달성 가능해진다. 또 다른 목표는, 곡예하듯이 벌어지는 삶의 현장에서 가족들이 재발방지 기술을 사용하면서 변화를 유지하는 것이다. 마지막으로, 가족이 필요한 지역사회 자원을 파악하고 활용함으로써 자신감을 가지고 행동할 수 있게 되리라는 것이 이 단계가 가지고 있는 바람이다. 이런 것들이 성공적으로 완수되면 가족들은 다음과 같이 행동한다.

- 그들 스스로의 노력으로 변화가 일어났다고 본다.
- 다가올 문제와의 씨름에 대해 현실적인 관점을 가진다.
- 자신들이 배운 것을 새로운 상황에 어떻게 지속적으로 적용할지에 대해 계획을 가진다.
- 치료 초기에 발전된 구성주제를 기초로 가족 내 관계형성과 가족 전체에 초점을 두는 관점을 지속적으로 유지한다.

　일반화 작업이 성공적으로 진행되면 가족은 문제로 씨름하긴 하지만 그것을 해결해 나갈 수 있는 모습을 보인다. 물론 그렇지 않기를 바라지만, 가족은 미래에 문제가 발생할 것이라는 것을 안다. 그러나 그들은 어떤 상황이 가장 큰 위기를 조성하는지, 그런 상황이 발생하면 어떤 경로로 일이 진행될 것인지를 안다. 그들은 어떤 기술을 써야 하며 그 상황과 더불어 발생하게 되는 사회적 갈등 혹은 대인적 갈등을 어떻게 관리해야 하는지 안다. 성공적인 가족에서는 구성주제를 기반으로 하여 한 가족원이 자기 가족이나 다른 가족원에 대해 비난하지 않는 방식으로 생각할 줄 안다.

　일반화 단계가 성공적이었다는 또 다른 증거는 미래에 대한 가족의 관점에서도 볼 수 있다. 현실적이면서도 가족 전체에 초점을 두고 문제를 보는 관점을 취한다는 것은, 문제는 또 있을 것이지만 모든 가족원이 함께 노력하면, 쉬운 일은 아니지만 변화가 가능함을 인정하는 것이다. 이 관점은, 가족이 도전을 경험할 때, 모든 사람의 노력이 좋은 마음과 선한 의도에서 만들어지는 것이라고 보는 사고방식으로 연결된다.

FFT 치료결과는 가족이 필요한 지원 관계망을 발달시키고, 필요시 기술과 그 기술을 사용할 자신감을 가질 때 한층 좋아진다. 친구나 확대가족의 지원은 이 관계망 중 가장 강력한 부분이다. 지역사회 기반의 서비스 또한 매우 영향력이 크다. 목표는 가족이 어떤 도움을 얻거나 소비 행위를 하거나 필요한 서비스를 찾고 그것을 활용할 때 이미 배운 행동변화 기술을 사용할 수 있도록 돕는 것이다.

데이빗, 앨리스 그리고 프랜신에게 치료가 끝난다는 것은 많은 중요한 변화를 의미한다. 그들은 이전보다 훨씬 나은 상태이며, 더 자신감을 가지게 되었고, 이전의 끔찍하던 느낌은 사라졌다. 마지막 단계에서 그들 모두는 얻어야 할 것들을 상당히 얻었음을 각자 나름의 방식으로 보여 주고 있었다. 모든 사람이 상황이 좋아지고 나빠지는 자연스러운 변화에 적응할 줄 알게 되었다. 앨리스는 도움을 어디로 어떻게 구해야 하는지 알게 되었다. 프랜신은 그녀의 가장 우선적인 자원이었다. 그러나 앨리스는 어머니에게 도움을 구하게 될 경우에는 도움 요청을 명확하고 구체적으로 전달해야 한다는 것을 알게 되었다. 앨리스와 데이빗 둘 다 일단 상황이 발생하면 우선 서로 간에 의도적인 첫 번째 대처가 있어야 함을 알았다. 즉, 그들은 각각 상대의 진정한 의도에 대해 이전과는 다른 방식으로 말하고 느낄 수 있도록 노력해야 한다는 것을 알았다. 그들이 그렇게 함께 노력하는 것이 쉬운 일은 아니지만 최소한 목적지를 향해 약간이라도 다가갈 수 있는 것이다. 두 사람 다 문제에 대해 각자가 어떤 기여를 하고 있는지, 둘이 함께 만들어 내는 부분은 무엇인지, 어떤 부분은 변화가 불가능하여 어느 정도 선에서 받아들여야 하는 것인지 등을 알게 되었다. 또한 치료사 편에서는 이 가족에 대해 이전의 성공적인 치료에서 경험하였던 것과 동일한 느낌이 왔으며, 여러 가지를 종합적으로 고려해 볼 때 이제 앞을 향해 전진할 시기가 되었다는 것을 알게 되었다.

4. 일반화 단계의 도전과제

다른 단계들과 마찬가지로 FFT의 마지막 작업 또한 치료사와 가족들에게 도전을 던진다. 성공적인 일반화를 위한 하나의 분명한 도전은 조금 더 전진할 수 있도록 하기 위한 동기를 불러일으키는 것이다. 가족의 입장에서 보면 이미 많은 변화가 일어났고 상황은 더 나아졌다. 그들로서는 그게 성공이다. 이 상태에서 그들 스스로가 자신들에게 추가적인 작업이 필요하다는 신호를 감지하는 것이 어렵다는 점은 충분히 이해할 만하다. 앞에서도 말했지만, 이러한 현상은 감염이 일어났을 때의 항생제 복용의 비유와도 같다. 약복용 후 얼마 지나지 않아 상태가 상당히 호전된다. 그러나 약을 중단하게 되면 다시 아프게 되는데, 이때는 지난번 항생제에 대한 내성까지 함께 있는 상태라 치료가 더 어렵다. 초기에 좋은 징조를 보이는 가족치료의 경우에도 유사한 과정이 나타난다. 내담자는 성공을 경험하면서 편안하게 일상으로 복귀하고, 치료사는 드러나는 성공으로 인해 행복감에 젖어들게 된다. 이러한 반응들은 이후 더욱 극복하기 어려운 재발로 이어지게 된다.

치료의 마지막 부분에 치료사가 직면하는 또 다른 도전은, 가족에게나 혹은 변화과정에서나 치료사의 중요성이 줄어든다는 점이다. 이전 두 단계에서 치료사는 치료에서 중심적 역할을 하며 관여하였다. 치료사는 성공적인 관계형성과 동기부여를 통해, 가족들이 자신의 삶을 뒤흔드는 감정적 동요를 경험하는 와중에 가족들과 매우 인간적인 여정을 함께해 오는 경험을 했다. 가족들이 그들에게 닥친 도전을 해결할 때 서로의 연대에 기반한 변화이 현장에 치료사가 있었다 치료사는 가족들에게 새로운 행동들을 소개하였고, 그러한 기술들을 사용할 수 있도록 지도하였으며, 이러한 기술을 그들의 상호작용패턴으로 통합하는 방식을 찾을 수 있게 하였다. 앞의 두 단계에서 치료사는 내담자 가까이에서 중심적 역할로 개입하였다. 이제 치료사는 정말로 덜 중요해져야 한다. 치료사는 중심에 있기보다는 가족의 뒤에서 과정을 지켜보면서 지도하고("그렇죠. 그렇다면 이 부분에서 가족으로서 여러분은 무엇을 할 건가요?") 뒤로 물러나서 그들이 궤도를 벗어나지 않도록 도와주는 최소한의 개입을 한다. 이런 식으로 물러나는 일이 치료사에게 항상 쉬운 일은 아니다. 이것은 치료사에게는 마치 자신이 가족과 더 이상 친밀한 관계를 유지하지 않는 것 같거나, 가족체계 밖으로 나가 버리는 것 같거나, 외부 자문가가 된 것 같은 느낌이다. 만일 관찰자가 FFT의 이 단계를 보게 된다면, 치료사가 빈도, 강도, 대화의 양에 있어서 훨씬 덜 참여하며, 그 대신 치료과정 중 향후 발생할 도전을 생각하여 코멘트를 하고, 가족을 치료 바깥의 세상으로 향하게 하고, 가족이 장애물을 극복하도록 제안을 하는 등의 모습을 발견할 것이다.

종결 후 가족이 다시 치료에 오게 될 때 '무엇을 해야 하는가?'라는 것도 생각해 볼 문제이다. 간혹 다시 어려움이 발생했을 때 가족 또는 의뢰했던 기관 쪽에서 상담 요청을 하거나 치료사를 찾는 일이 있다. FFT에서는 이러한 요청을 일반화의 추가 회기를 할 수 있는 기회라고 본다. 물론 치료사는 가족 안에 관계를 재구축하고 동기부여를 하며 명백하게 드러난 부정성을 감소시키는 일을 한다. 그러나 그것을 처음부터 다시 시작하는 것이 아니라 이번에는 원래의 구성주제를 재구축하는 것으로 빠르게 진입한다. 그리고 새롭게 나타난 문제에 치료 중 조성된 행동변화를 일반화시키는 데 초점을 두게 된다. FFT 치료사가 치료를 '반복'하거나 행동변화 단계로 다시 돌아가는 일은 드물다. 대신 치료사는 이전에 이미 만들어진 것들(예: 구성주제, 이미 형성된 유능성 등)을 활용하여 가족이 자신의 기술을 가용한 지역사회 자원을 활용하는 데 일반화할 수 있도록 지원한다. 어떤 가족들의 경우 앞으로 일어날 가능성이 있는 문제를 대비하기 위해 '추가 보강회기'가 필요하기도 하다. 이 보강회기는 뚜렷한 목적을 가지고 진행되는 회기로서, 치료적 변화를 유지하고 지원하는 데 상당한 도움이 있는 것으로 밝혀지고 있다. 많은 상황에서 FFT 치료사는 이 보강회기를 일반화 단계의 연장으로서 체계적으로 진행한다.

치료사는 변화 정도가 충분하여 가족들이 치료에서 얻은 것들을 일상생활에서 지속적으로 사용하는 상태가 되고 있는지 확인해야 한다. 앞의 두 단계 각각에서처럼, Bateson(1972)이 말한 '제대로 된 변화(change that matters)'가 있어야 한다. 이것은 변화의 양을 말하기보다는 영향력이 크고 의미 있으면서 특정 가족에게 가장 알맞은 변화를 말한다. 일반화 단계에서 FFT의 목표는 가족이 변화된 인지적·행동적 역량을 어디에다 사용해야 하는지 알며, 어떻게 해야 그것들을 가장 잘 활용할 수 있는지를 알고, 그것들을 현실에 적용하는 경험을 쌓아 가도록 돕는 것이다. 가족들이 그들의 모든 문제를 '바로잡을' 필요는 없다. 그 대신 그들은 성공 가능성이 높은 변화의 방법을 가져야 한다. 목표는 가족이 '역기능적' 상태에서 '건강한' 상태로 변하게 하는 것이 아니다. 구체적인 인지적·정서적·행동적 변화를 만들고, 그것들이 모두 더해져서 가족이 그들이 직면하는 도전들을 점점 더 성공적으로 해결해 나갈 가능성을 높이도록 하는 것이다.

5. 결론: 치료 종결에 대한 고찰

멈추는 것과 멈춤 상태를 유지하는 것은 늘 동일한 과정이 아니다. 새로운 인지적·행동적 능력을 성공적으로 획득하게 되었다고 할지라도 가족들은 미래에 여전히 어려움을 경험하게 될 것이다. 치료의 마지막 도전은 변화의 방향과 과정을 유지하는 것이다. 즉, 그 변화들을 여러 종류의 다양한 상황에 활용하는 것이다. 이런 것이 지속되면서, 가족들이 구체적이고 보다 일반적인 변화를 지원해 주는 데 필요한 지역사회 자원들을 사용할 수 있다면 성공이다. 그래서 일반화 단계는 성공적 변화과정이라는 케이크 위에 얹힌 장식 이상의 것이다. 그것은 치료의 효과성과 통제의 소재를 치료사에게서 가족에게로 옮기는 것이고, 가족 안에서 일어난 변화와 가족을 둘러싼 환경을 대하는 방식에서의 변화를 통합하는 것이다. 일반화의 목표는 가족들이 보다 생산적인 삶을 자신들만의 방식으로 살 수 있는 능력을 가지고, 미래와

불가피한 문제와 도전을 다룰 수 있도록 돕는 것이다.

실제로 일반화 단계를 체계적 방식으로 활용하는 것은 어렵다. 그렇게 하려면 치료에서 일어난 변화를 자신들의 삶의 세계로 성공적으로 옮겨갈 수 있도록, 사건에 대한 임상적 사정과 체계적 개입이라는 두 가지가 동시에 일어나야 한다. 필자는 매우 다양한 치료 상황에 있는 치료사들과 함께 일해온 결과, 치료에 대한 체계적인 접근을 하려면 사고와 행동이 동반된 사전계획이 필요하다는 것을 알게 되었다. 모델에도 부합하면서 특정 가족의 작동 방식과 그들의 생활 상황에 맞는 형태의 계획이 있으면 긍정적 결과를 얻는 데 도움이 된다.

다음 장에서는 사고와 행동과 계획이 함께 가는 것에 대해 살펴볼 것이다. 이 장의 초점은 FFT를 실제 임상 현장에 적용하는 것이다. 임상 현장에서는 각 회기의 개별 활동들을 구조적으로 의미 있게 만들 수 있는 사례계획을 하기 위해 상당한 시간이 필요하다. 따라서 FFT를 적용한 두 가지 사례를 각 단계별로 자세히 설명하면서 체계적 치료계획의 도구들을 소개할 것이다. 사례의 두 가족은 저마다의 문제를 가지고 있었는데, 이 예시에서는 치료사가 상담실의 순간순간 일어나는 실제 상황에 맞추어 FFT를 적용할 필요가 있음을 보여 주고자 한다. 전체 치료과정을 다 보여 주면서 핵심 원칙과 구체적인 변화단계, 목표 및 방향을 둘러싼 역동성과 임상과정의 발달 상황을 보여 주고자 한다.

제7장

통역사로서의 치료사:
상담실에서 FFT 실천하기

FFT는 세 단계 안에 포함된 치료적 변화에 대한 논리와 간단명료함이라는 장점을 가지고 있다. 각 단계에는 명확한 목표가 있고, 그 단계에 해당하는 치료적 기술이 있다. 이전 장들에서는 각 단계에 대한 FFT의 이론적이고 임상적인 모델의 주요 요소에 대해 서술하였다. 임상모델은 치료사가 다양한 가족에게 변화를 만들어 낼 때 활용할 수 있는 지도 역할을 한다. 이 임상모델은 이론적으로 탄탄하며 과학적 지식의 기반 위에 있다. 모델의 각 단계에서 가족들은 그 모습과 행동이 변화하면서 중요한 이정표들을 지나가게 된다. 외부체계와 새로운 문제들을 다룰 수 있는 새롭고 독특한 가족 역량이 매번 추가된다. 그리고 이러한 모든 과정을 통해 청소년이 향후 행동문제를 일으킬 가능성이 감소된다. 각 단계는 별도의 분리된 단계처럼 제시되고 정태적인 것으로 보이기 쉬우나, 실제로 모델이 상담실의 내담자에게 적용될 때 그것은 지속적으로 발전하는 역동적이고 인간적인 과정이다. 상담실 안에서 FFT는 별도의 구별된 단계의 연결이 아니라 치료사와 가족 간의 역동적인 관계적 과정이 되며, 여기에 통역자로서의 치료사의 중요한 역할이 있다.

치료모델이 실제 상담실에서 역동적으로 구현되는 데 무엇이 필요한지에 대한 관심이나 연구가 별로 이루어지지 않았다는 점이 놀랍다. 심리치료모델들은 전통적으로 효과성 입증을 위해 임상적 실험을 통한 검증을 하고 있으나 그 실험환경은 비현실적으로 설정된 상황이다. 1998년에서 2008년 사이 FFT 보급 프로젝트는 Jim Alexander와 Tom Sexton의 지휘 아래 5개 이상의 나라(미국, 스웨덴, 네덜란드, 아일랜드, 영국)와 20개 이상의 주에서, 250개 기관의 5,000명 이상의 치료사가 FFT를 할 수 있도록 훈련시켰다. 우리는 표준화된 보급과정을 만들었는데, 여기에는 모델에 대한 교육, 서비스전달체계를 조정하기 위한 지역기관과의 작업, 치료사들이 FFT를 자신의 직무에 통합시킬 수 있도록 조력하는 것, 서비스 품질개선을 위한 자료의 축적, FFT 습득 수준별로 다양한 치료사에게 면밀한 임상슈퍼비전을 제공하는 것 등이 포함되어 있다. FFT 훈련의 핵심에는 현장실습 프로그램이 있는데, 이때 여러 나라에서 온 치료사가 대학기반 상담센터에 모여서 실제 가족들과 지속적으로 임상을 하게 된다(제8장의 '가족 프로젝트' 단락 참조). 회기를 진행하는 동안 현장 슈퍼비전(live supervision)이 실시된다. 각 사례마다 회기계획을 세워 보는 매우 좋은 기회를 가지며, 회기마다 계획이 어떻게 현실화되는지를 지켜보고, 각 단계마다 나타나는 장애물을 어떻게 피해 갈지를 본다. 우리는 FFT가 어떻게 실행되며, 치료사의 의사결정 과정이 어떠하며, 다양한 가족에게 나타나는 치료의 성과는 어떠한지에 대한 정보를 수집하였다.

그러한 경험 중 가장 두드러지는 부분은 FFT를 임상적 실제로 통역해 내는 것, 즉 바꾸는 것이 치료사의 일이라는 점이다. 생각(임상적 사정)하고 계획(회기계획과 치료계획)하고 개입(체계적인 임상적 개입)하는 것을 통해 치료사는 FFT를 처음부터 마지막 치료단계까지 움직여 간다. 우리는 가족과의 상담과정을 통해, 그리고 모델을 배우고 있는 수백 명의 훈련생 치료사가 애쓰는 모습을 관찰하면서, 나아가 FFT의 전문성을 가지고 있는 수많은 사람의 경험을 공유함으로써, 치료사들이 FFT모델을 가족과의 작업이라는 임상적 실제로 옮기는 데 도움이 되는 수많은 지침을 개발하였다. 그 지침들은 과학적 검증이 필요한 원칙으로 남아 있지만, 임상적 실제로서의 적합성이 있으며 (제2장과 제3장에서 설명한) 핵심 원칙에 기반을 두고 있다. 이 임상적 지침은 FFT 작업에서의 실질적인 어려움이 무엇인지를 말하고 있다. 이 지침들은 FFT 훈련 프로그램의 기반을 형성하여 지난 십 년간 FFT의 주요 지역사회 기반의 발전을 도왔다(Sexton & Alexander, 2004, 2005).

이 장은 이제 학문적 지향 및 이론적이고 임상적인 원칙으로부터 치료사와 치료사의 실제 임상적 적용과정으로 관심을 돌리려 한다. FFT가 효과적이기 위해서는 이 적용과정이 이루어져야 한다. 이 장의 세 가지 초점은 다음과 같다.

- FFT에서 치료사의 역할을 '통역자'로 보기
- 사례를 통해 드러나고 있는 치료과정의 역동적 속성을 보여 주기
- FFT를 현실 세계에 적용하기 위한 방법 파악하기

1. 치료사의 역할

어떤 유형의 치료에서건 치료사의 역할이 중요하다는 점은 보다 분명해지고 있다. 예를 들어, Blatt, Sanislow, Zuroff와 Pilkonis(1996)는 치료사 간에 치료효과에서 유의미한 차이가 있는 것을 발견했는데, 그 차이는 그들이 연구했던 경험이 많고 잘 훈련된 치료사들 사이에서도 마찬가지로 나타났다. 그들은 이러한 차이가 치료모델이나 치료 상황, 임상가의 경험 수준으로 인한 차이와는 독립적으로 나타나는 차이인 것을 밝혔다. Wampold(2001)는 심리치료에서 나타나는 결과치 변량의 최소 6~9%가 치료사에 의해 설명된다고 추정하였다. Sprenkle과 Blow에 따르면, 변화의 기회를 파악하고 최대화하는 치료사의 능력이 치료의 효과성을 주로 결정한다. 최근 APA에 의해

구성된 전문위원회는 치료사의 결정적인 역할에 대해 다음과 같이 언급하고 있다.

> 임상적 시험에서건 실제 상황에서건 치료사 개인은 결과에 중요한 영향을 미친다…. 치료의 결과가 치료의 제공자와 (치료의 유형을 넘어서는 차원에서) 체계적으로 관계되어 있다는 사실은 내담자의 성과를 증진하는 한 방법으로, 임상적 실제에 있어서의 전문적 기술과 지식에 대한 이해의 중요성에 대해 강력한 증거를 제공한다(APA Task Force, 2006).

하지만 현장에서는 숙련되고 효과적인 치료사임을 보여 주는 특성이 무엇인지에 대해 알려진 것이 거의 없다. 이러한 치료사 변인이 다양한 치료적 접근이나 내담자 혹은 호소문제와 어떻게 상호작용하는지에 대해서는 더욱 알려진 것이 없다. 놀랍게도 우리는 치료사의 역할에 대해, 혹은 치료가 치료의 실제와 어떻게 상호작용하는지에 대해 거의 아는 것이 없다.

FFT는 과정과 결과 모두에 초점을 두고 있기 때문에 치료사의 역할에 항상 관심을 기울여 왔다. 이것이 이 치료법의 강점이다. 어려움을 겪고 있는 내담자들에게 모델이 가진 힘이 전달되는 과정은 내담자와 치료사 사이의 복합적인 관계적 과정 속에서 일어난다는 점이 점차 분명해지고 있다. 이것이 FFT의 효과성이 성취되는 지점이다. 모델이 내담자에게 적용될 수 있도록 필요한 연결을 만들어 내는 것은 치료사이다(Sexton, 2009). FFT의 치료적 과정의 성공과 실패는 모델 자체나 내담자에게 있기보다는 상당 부분 치료사가 이론을 실제로 옮겨 내는 방식에 달려 있다. 상담실 안에서 FFT 단계의 목표와 기제가 실행되는 관계적인 방법은 궁극적으로 치료의 성공을 결정한다.

우리는 치료와 그 결과 간의 관계에 영향을 주는 변수가 많다는 것을 안다. 조절변수는 긍정적 성과를 증진하는 개입의 효과에 영향을 미친다. 매개변수는 치료가 결과를 낼 수 있도록 하는 조건을 만들어 낸다. 조절변수에는 치료사의 지식 수준, FFT모델을 준수하는 정도, 양질의 기본적인 치료 기술과 능력, 전문적인 임상 기술, 폭넓은 세부적 지식, 내담자의 문화적 배경에 대한 지식과 민감성 등이 포함된다. 모델의 결승점들(단계, 목표, 기법들)을 이해하고 공유하는 치료사의 능력 또한 조절변수이다. 조절변수는 변화를 위해 필요하긴 하지만 충분한 조건은 아니다. 내담자와의 관계에서 치료사는 인지적(공동의 방향), 정서적(대화의 개인적인 속성) 그리고 행동적(변화) 매개변수들을 만들어 낸다. 이 매개변수들은 치료적 목표와 치료사가 갖는 조절변수 그리고 가족이 연계를 이루게 한다. FFT에서는 치료적 관계의 속성, 치료회기의 방향성, 구성주제를 함께 만들어 가는 것 등이 필요한데, 이런 것들은 미리 준비해서 치료에 적용할 수 있는 것이 아니고 치료과정을 통해 만들어 나가야 한다.

매개와 조절이라는 영향력을 통해 FFT 치료사는 가족의 세계로 임상모델을 '옮기는' 행위를 한다. 통역사의 역할을 한번 생각해 보라. 통역사는 단지 문자적·사전적 의미가 아니라 화자가 속한 다른 문화에서 그 단어가 가지는 진짜 의미를 전달하면서 이질적 언어를 쓰는 두 화자 사이에 다리를 놓는다. FFT의 이론적 모델과 내담자의 세계 사이를 연결하려면 치료사는 그들 경험을 해석하는 배경이 되는 각 가족원의 생각, 신념, 관계적 목표에 대해 이해해야 한다. 동시에 치료사로서 변화과정의 결정적인 부분을 만들어 내려면 치료사는 가족의 경험에 대해 함께 느낄 수 있어야 한다. 치료사는 상담실에서의 정서적 분위기에 의해 마음이 움직여야 하고, 그 상황이 가족에게 어떤 것인지에 대해 진정성 있고 인간적인 이해를 보여 주어야 한다. 동시에 치료사는 초점과 목표를 잃지 말아야 한다. 치료사는 자신의 선택과 의사결정, 방법을 통해 이론적 원칙과 임상적 지시사항들을 상담실에서 통역하는 매체가 된다.

2. 사례: 나이젤 가족

사례 예시는 치료사가 치료모델을 따라가는 동시에 필요시 다양한 종류의 임상적 결정을 하면서 그 작업방식과 내담자에 대한 적절한 반응을 보여 줄 수 있는 유용한 방법이다. 이 사례는 치료사가 특정 단계의 목표와 내담 가족 모두에 동시에 어떻게 반응하는지를 보여 주고 있는데, 임상적 사정과 개입이 어떻게 서로 엮여 있는지를 보여 준다. 마지막으로, 이 사례는 회기가 진행되면서 나타나는 FFT의 역동적 속성이 어떤 것인지를 보여 주기에 좋은 사례이다. 나이젤과 그 가족 사례는 다중적 문제를 경험하고 있는 청소년을 다루는 실제 임상 상황에서 FFT의 역동적 전개과정을 보여 준다. 이 사례는 다른 상황에서 다른 형태로 언급되었다(Sexton, 2009). 여기서는 사례에 대한 설명을 더 확장하여, FFT가 위기에 처한 청소년과 가족을 돕는 치료사를 어떻게 지원하는지에 대해 자세한 임상적 차원의 논의를 포함시킬 것이다. 이 사례는 또한 FFT의 핵심 원칙을 준수하는 것이 치료사와 가족 간의 문화적 · 인종적 차이를 어떻게 연결할 수 있는지, 그리고 FFT 치료사가 이러한 가족의 요구에 맞추어 어느 정도까지 개입을 조정할 수 있는지도 보여 준다. 나이젤은 17세의 남성 내담자였는데 유럽의 한 도시에서 법정신의학과 치료집단으로 의뢰되어 왔다. 필자는 나이젤과 6개월 동안 11회의 가족상담을 했다.

나이젤은 콜롬비아에서 태어나 생후 6개월에 네덜란드인 부모에게 입양되었다. 의뢰 당시와 FFT 1회기 시점에, 나이젤을 집으로부터 시설로 내보내기 위한 과정이 이미 시작되고 있었다. 나이젤은 3년 전에 학교에서 퇴학을 당했다. 그때부터 그는 만성적 가출을 했고 자주 범죄를 저질렀는데, 절도, 폭력, 상습적 약물사용 등으로 경찰서를 들락날락했다. 나이젤과 부모는 그를 '거리의 아이'라고 불렀다. FFT는 시설 배치 전에 해 볼 수 있는 마지막 선택으로 보였다. 법정신의학과 센터에서 실시된 초기 사정에서 나이젤은 품행장애와 우울증으로 진단되었으며, 정신병리과에서는 양극성장애 진단을 고려하고 있었다. 나이젤은 지금까지 어떤 치료적 대안에 대해서도 호전 반응이 없었다.

나이젤은 자신을 입양한 양부모와 함께 살고 있었다. 주부인 그의 어머니는 서점에서 시간제로 일을 하며, 아버지는 영업사원이라 출장이 잦은 편이다. 첫 회기 상담 하루 전에 나이젤과 부모 사이에는 꽤 큰 다툼이 있었다. 나이젤은 화가 났고 부모와 소리를 지르면서 싸우기 시작했으며, 급기야 가족치료를 받으러 가지 않겠다고 선언했다. 이유인즉슨, 알지도 못하는 미국인과 이야기하고 싶지 않으며 차라리 자기를 '감옥으로 보내 달라'는 것이었다. 마찬가지로 그의 부모도 마음이 무너졌으며 포기하고 싶은 마음이 들었다. 부모는 자신들이 할 수 있는 것은 다 해 보았으며 나이젤을 시설로 보낼 수밖에 없다는 생각이 들었다. 따라서 이 사례는 초기에 많은 어려움을 가지고 시작이 되었는데, 이런 정도의 어려움은 FFT 현장에서 드문 일이 아니다. FFT가 청소년과 그 가족에게 최후의 보루로 주어지는 경우가 드물지 않다. 그런 경우 가족원 사이의 분노감, 제도에 대해 가지는 분노, 관계의 어려움으로 인한 절망감 등은 가족원이 동기와 희망을 갖는 데 중요한 장애물이 된다. 이 사례에서 나이젤과 부모 모두 치료적 동기가 없었다. 여기서 치료적 동기란 상황이 더 나아질 것이며, 그 목표를 향해 함께 노력하고자 하는 마음을 말한다. 그리고 어디로 가야 하는지, 무엇을 해야 하는지에 대한 생각을 말한다.

1) 관계형성과 동기부여 단계

FFT의 처음 두 회기는 첫 번째 주 중에 이루어지며, FFT의 단계별 목표에 맞추어서 초기 회기들을 진행한다. 가장 기본적인 목표는 가족들을 치료에 끌어들이고 변화를 위한 동기가 구축되게 하는 것이다. 이를 위해 FFT모델은 초기 회기에 적용되는 네 가지 목표를 설정하고 있다. 그 목표는 가족 내부의 부정성과 비난에 대해 확인하고 그것을 감소시키는 것, 호소문제를 가족적 관점으로 볼 수 있게 하는 것 그리고 재구성을 지속적으로 사용하면서 치료사와 가족 간에 치료적 동맹을 구축하고, 가족과 가족 간에 동맹적 관계가 구축되게 하는 것이다. 이에 대해서는 앞 장들에서 익히 보았을 것이다. 이에 더하여 필자는 호소문제가 각 가족원의 관계적 기능과 어우러진 핵심적 가족관계패턴에서 표현되는 방식(관계적 결과)을 체계적 관점에서 사정하고자 한다.

이러한 FFT의 공통 목표를 고유의 배경, 문화, 가족과정, 각자가 가진 기술이나 역량 등이 다른 개별 가족에게 적용하려면 개입의 양식과 방법을 각 가족에게 맞게 조정하는, 문화적으로 민감한 방식을 사용하여야 한다. 관계형성과 동기부여, 가족 전체에 대한 초점 등과 같이 모델이 제시하는 목표에 도달하는 길은 절대로 분명하지 않다. 그 길은 치료사가 상담실 안에서 내담가족과 그 가족의 독특한 조직적 특성, 가치, 신념을 이해하고, 부정적 감정과 비난을 줄이고, 가족 내부의 협력관계를 구축하며 동기를 만들어 갈 수 있는 기회를 찾기 시작하면서 자연스럽게 드러나기 시작한다.

첫 회기에는 간결한 초반 도입부를 거쳐 바로 그 단계의 목표를 향해 움직이게 된다. 나이젤은 첫 회기에 콜롬비아 전통 외투를 입고 왔다. 필자는 그것을 나이젤과의 연결고리로 보고 그 외투에 대해 간단히 물었는데, 알고 보니 그 옷은 나이젤이 자랑스러워하는 것으로서 나이젤은 그 옷이 자신을 거리의 다른 아이들과 차별화시켜 준다고 말했다(네덜란드에는 터키, 모로코, 수단에서 온 사람들이 살고 있다). 이 간단하지만 의도를 가진 대화는 나이젤을 그의 눈높이에서 만나고자 하는 노력이다. 같은 방식으로 필자는 그의 부모에게 영어로 말하는 것이 괜찮은지 물어보고, 익숙하지 않은 제2언어로 가족에 대한 이야기를 하는 것이 얼마나 어려운지에 대해 언급하면서, 필자가 네덜란드어를 배울 때 얼마나 어려웠는지에 대해 말해 주었다. 이러한 상호작용은 간단하지만(1~2분 정도 소요됨) 의도적인 관계형성 전략으로서 문화적·인지적 장벽을 인식하고 그것을 고려하겠다는 마음을 표현하고자 한 것이다. 나는 가족 전체에 초점을 두는 맥락을 만들어 내기 위해 의도적으로 각 가족원과 각각 이야기를 나누었다.

이 사례에서 필자는 관계형성을 위한 간단한 대화를 마치자마자 바로 가족초점화와 호소문제 청취로 넘어가면서 이렇게 말했다. "여러분 모두가 오늘 여기에 오는 걸 상당히 주저하셨고, 또 나이젤이 시설로 가는 것을 고려하고 있다고 들었습니다. 세 분 사이에 무슨 일이 있었길래 이렇게 희망을 잃어버렸는지 알고 싶네요." 이 첫 질문은 미묘한 방식으로 '호소문제는 개인적인 것이 아니라 관계적인 것'이라는 FFT의 핵심 원리를 보여 준다. 이 질문은 그 문제에 대해 필자가 아는 점을 직접적이면서도 비판적이지 않은 방식으로 보여 주는 동시에 가족원들이 가족초점을 가질 수 있게 한다.

부모는 호소문제에 대해서 각자 자신들의 관점에서 대답하였는데 이런 모습은 FFT 상담에서 흔한 일이다. 아버지는 나이젤이 '규칙'을 지키지 않았고 "무례하며 순종적이지 않다."라고 말했다. 어머니는 자신과 나이젤 사이에 일어나는 폭력적인 싸움이 문제라고 하였는데, 그 싸움은 그녀가 나이젤에게 뭔가를 하라고 요구할 때마다 '나이젤이 폭발하기 때문에' 일어난다고 말하였다. 나이젤은 그런 부모의 이야기를 가만히 듣고만 있었다. FFT의 관점에서 보면 이런 말들은 문제에 대한 부모의 정의를 보여 주는 것이다. 필자는 그들의 말을 통해 그들의 귀인논리(누가 책임이 있는지)와 그 귀인과 관련된 감정적, 행동적 결과(그 귀인에 대해 그들이 느끼고 행동하고 있는 것)가 무엇인지에 주의를 기울였다. 이 사례에서 부모는 나이젤에게 책임이 있다고 보고 있었지만, 부모는 일단 높은 수준의 부정적 경향(감정이나 행동에서)을 나타내지는 않았다.

이 단계에서 이 초기 초점은 모두 책임을 청소년에게 지우는 부모들의 외적 귀인을 변화시켜 문제의 일부가 자신들에게 있다는 것을 발견할 수 있도록 하는 데 있다. 따라서 그와 같은 부모들의 책임돌리기형 언급에 대해 상담자는 '문제에서 부모 자신이 담당하는 부분은 무엇인지'를 물어보게 된다. 이를 통해 보다 가족에 초점을 둔 복합적인 문제정의가 이루어지게 된다. 나는 재구성 기법을 사용하면서 아버지가 작은 것도 놓치지 않고 있으며 많이 실망했음에도 실제로는 포기하지 않았다는 것에 대해 인정해 주었다. 그리고 나이젤 같은 똑똑하고 능력 있는 젊은이가 간단한 규칙을 따르지 못하는 것에 대해 이해해 보려고 애썼던 아버지의 노력에 대해서도 인정하였다. 그리고 아버지로서의 그의 분노는 그가 받은 상처를 보여 주는 것이기도 하다는 것을 언급했다. 약간의 대화가 진행되면서 필자는 '분노 뒤에 가려진 상처'라는 주제를 꺼냈다. 마찬가지로 어머니의 분노 이면에 있는 상처에 대해 어머니와 이야기를 나누었다. 그 상처는 그녀의 모든 것을 쏟아부은 자녀에 대해 이제 어찌할 수 없는 상황에 놓이게 되면서 만들어진 것이었다. 나이젤은 어머니가 화를 폭발하는 자신의 모습에 대해 이야기할 때 웃었다. 나이젤 입장에서는 어머니가 먼저 소리를 질렀고, 그는 누군가가 자신에게 소리를 지르면 '미쳐 버린다'는 것이다. 필자는 다시 재구성 기법을 활용하여 '주장하는 능력은 거리생활에서 나이젤을 또래집단 중에 좀 나아 보이게 하는 데 필요한 것'이라고 하면서 나이젤의 자기주장성에 대해 인정해 주는 방식으로 말을 시작했다. 이 재구성은 그가 어머니의 말을 부모의 말로 듣는 대신 그에게 도전해 오는 주변 또래들의 말처럼 들을 가능성이 크다는 것에 초점을 맞추고 있다. 즉, 그로서는 어머니의 분노를, 소리 지르는 것 말고는 아들에게 어떻게 다가갈지를 모르는 어머니의 고통과 좌절이라는 것으로 이해하기가 어렵다는 것에 초점을 맞추었다.

나이젤에게는 거리에서 내보인 자신의 모습과 집에서 보이는 모습 사이에 전환을 하는 것이 어려운 것 같았다. 나이젤은 자신이 이미 어머니 한 분(생물학적 어머니)을 잃었기 때문에 이제 더 이상 어머니를 잃지 않을 것이며, 부모는 자기를 '나쁜 애'로 보고 있지만 자기 안에는 가슴이 따뜻한 소년이 있다고 말하면서 울기 시작했다.

(1) 구성주제 발전시키기

초반 회기에서 만들어지게 되는 '구성주제'는 치료사와 가족 간의 대화 중에 치료사의 재구성 작업을 통해 만들어진다. 치료마다 많은 주제가 만들어진다. 이 사례의 경우, 대화를 통해 나타난 것은 이 가족이 같이 있으려고 노력함에도 불구하고, 그리고 당면한 문제(입양, 비행문제 등)를 극복하기 위해 각자가 해 온 노력에도 불구하고, 상황 개선을 위해 애쓰고 견뎌 온 그 핵심적인 열망을 상실했다는 것이다. 문제 상황이나 분노폭발 상황에서 그들은 열망을 상실해 버렸다.

이와 같은 초기의 '재구성'을 통한 개입의 목적은 나쁜 행동에 대해 청소년 혹은 여타 가족원의 책임을 면제해 주려는 것이 아니라, 문제에 대한 관점을 확장해 문제에 모든 사람이 포함되어 있음을 알게 하고 이를 통해 당사자들 간에 동맹을 구축하게 하려는 것이다. 이를 위해 상담자는 부모를 민감하게 배려하면서 이해하는 것이 필요하다. 문제의 원인에 대한 부모의 행동과 감정(상실감, 당황스러움, 상처)으로 인해 내놓는 반응들이 항상 도움이 되는 것은 아니지만 부모의 마음은 이해할 만하며 의도는 좋은 것이었음을 인정해 주는 것이 필요하다. 이와 같이 비난이 없는 지지적 방식으로 문제에 대한 각자의 기여분에 대해 이야기하다 보면 서로 간에 협력하는 마음이 생기고 목적지향적이면서도 안전한 환경이 만들어진다. 이런 환경에서 중요한 주제들이 직접적으로 토론될 수 있다. 더 나아가, 만일 가족원들이 치료사가 문제를 한 사람의 잘못으로 정의해 버리지 않고 가족초점을 부여하는 사람으로 보게 되면, 이는 가족원들 간의 관계형성과 동기부여에 긍정적인 영향을 미치게 된다. 누구도 희생양이 되고 싶지는 않기 때문이다.

재구성은 치료사가 일방적으로 가족에게 '해 주는' 해석이나 긍정화는 아니다. 오히려 재구성은 치료사가 그 주제에 대해 힌트를 주면 가족이 그들 스스로 해석해서 반응하며, 치료사는 그 반응을 변화에 활용하고 그 주제를 가족에 초점을 둔 새로운 문제정의가 이루어질 때까지 확장하는 방식의 흐름을 가지는 관계과정이다. 치료사의 가설은 가족과의 대화를 통해 형성되고 분명해져야 하기 때문에 치료 중에 여러 번 비슷하게 언급될 수 있다. 하지만 그 과정은 점점 하나의 주제로 모아져 가고 발전하는 것이지 단순반복적인 것이 아니다. 치료사는 내담가족이 내놓는 각각의 반응에 어떻게 대응하는 것이 그 치료단계의 과정목표에 도움이 되는지를 늘 생각해야 한다.

재구성을 통해 얻는 것 중의 하나는 구성주제이다. 구성주제(제4장 참조)는 가족과 가족이 경험하고 있는 어려움에 대한 가족초점적인 설명으로서, 특정 부정적 행동이나 사건 및 반응에 대해서는 인정하면서도 가족원들의 동기와 행동에 대해서는 좋은 의도의 측면에서 설명한다. 가족에 초점을 두고 비난하지 않으면서 가족원들을 하나로 연결할 때 구성주제는 이름 그대로의 역할을 한다. 즉, 구성주제는 성공 가능성이 보다 높은 방식으로 문제에 대한 가족원의 이해와 미래를 위한 유용하고 합리적인 목표를 만들어 간다.

구성주제는 단도직입적으로 발견되거나 주어지는 것이 아니다. 오히려 그것은 서서히 떠오르는 신념 같은 것이다. 개별 사건에 대한 간단한 생각이나 재구성이 각 가족원의 선한 의도를 인정하는 이야기로 만들어져 가는 것이다. 나이젤의 사례에서, 그 주제는 가족이 중요한 것을 상실했고 각 가족원, 그리고 전체로서의 가족을 잃어버리는 것을 두려워한다는 이 단순한 말에서 싹트기 시작했다. 이 사례에서 상실과 보호라는 공통의 주제는 나이젤과 부모가 문제와 해결책을 대함에 있어서 하나가 되게 해 주었다. 주제 찾기의 초기에는 보호와 두려움이라는 폭넓은 틀이 그들의 행동이나 그들에게 닥친 도전을 설명하는 보다 복잡한 이야기의 핵심으로 사용되었다. 예를 들어, 이제 부모의 눈에 나이젤이 그간 보여 준 문제행동은 삶을 배우는 과정이었고, 부모의 뜻을 수용하고 부모를 사랑하지만 자기 나름의 삶을 선택하려는 행동을 하는 것이라고 인식되게 된다. 그는 거리에서 통하는 '강한 녀석' 페르소나를 집에서 통하는 어머니와 아버지의 아들로 전환시키는 데 어려움을 겪은 것이었다. 이제 그의 강렬한 분노반응은 또다시 부모를 잃을까 봐 나타나는 두려움의 반응으로 이해되었다. 아버지에 대해서는, 아내를 지지하는 것과 아들을 돕는 것 사이에 끼여 두 사람 모두로부터 거리를 두고 있는 것이라고 이해되었다. 일관성이 없어 보이는 아버지의 모습은 두 사람 각각을 지원하기 위해 이리저리 움직였기 때문으로 이해되었다.

나와 나이젤의 어머니 사이에 일어나는 치료 중 상호작용에서는, 구성주제가 발전되어 가면서 내담자가 두려움과 상실감으로부터 점차 구체화되고 연결되며 가족초점화되는 모습이 잘 그려지고 있다. 첫 회기 초반에 필자는 어머니의 분노를 자신이 많은 것을 쏟아부은 아들이 지금 고통을 경험하고 있다는 것에 대한 상처와 두려움이라고 재구성했다. 그 주제는 두 번째 회기에서 한 주 동안 일어난 나이젤과 어머니 사이의 다툼 부분에 대해 이야기하면서 더 발전했다. 나이젤과 어머니는 분노와 비난이라는 상승 사이클의 고리에 갇혀 있었다. 필자는 그녀와 나이젤 두 사람 모두에 대해 재구성을 하면서 어머니에게 이렇게 말했다.

"두 사람 사이에 이런 다툼이 종종 일어나는군요. 이제 무슨 일이 일어나고 있는지 좀 더 명확히 알겠습니다. 흥미롭게도 두 사람 모두 같은 이야기를 하고 있고 같은 문제로 씨름을 하고 있어요. (어머니 쪽을 보면서) 어머니가 화가 난 상태를 보면 그게 제게는 어머니가 아들 걱정 때문에 그 두려움을 표출할 방법을 찾지 못해 화가 끓어올랐다는 것으로 들리네요. 마치 두려움은 온데간데없고 분노만 남아 있는 것처럼 말이죠. 저는 이게 두 사람이 얽혀 있는 상황이라고 생각합니다."

긴 침묵이 흘렀고 나이젤과 어머니는 나를 쳐다보았다. 나이젤의 어머니가 말했다.

"맞아요…. 난 저 애를 위해 많은 노력을 기울였지만 아무런 변화도 일어나지 않는다는 것이 두려워요. 도대체 어떻게 해야 좋을지 모르겠어요."

잠시 후 나이젤이 말했다.

"음… 나는 그냥 누군가가 내게 소리를 지르는 게 싫을 뿐이에요. 그러면 나는 폭발해 버리거든요. 엄마가 나를 사랑하기 때문에 그런다는 걸 알지만, 그런 모습을 사랑이라고 보기는 어려워요."

재구성 과정에서 주제는 상호 영향을 주고받으면서 발전되며, 이는 가족원들이 자신들을 이해하는 방법이 되고 치료사가 가족원들을 이해하는 틀이 된다.

(2) 문화적 차이

문화적 차이를 극복하는 과정에서 나타나는 도전들을 간단히 말하기는 어렵다. 네덜란드 문화에서는 남들 앞에서 고통이나 어려움을 표현하는 것이 흔치 않은 일이다. 전형적인 부모상도 다르며(네덜란드의 경우, 관용적이지만 단호한 부모를 이상형으로 본다), 청년이 빨리 독립하는 것이 일반적이다. 필자가 나이젤과 부모의 행동을 미국적인 기대와 가치관이 아닌 내부자의 시각으로 이해하는 것은 쉬운 일이 아니었다. 이러한 문화적 장벽을 극복하기 위해 필자는 의도적으로 질문하는 형식을 취하고 그들을 생활전문가로 대우하면서 문화적 차이를 배우고 이해하려는 태도를 가졌다. 또한 변화전문가로서 대화를 이끌어 가는 필자의 역할을 견지하는 동시에, 문화적 차이나 네덜란드 문화에 대해 문외한인 필자의 한계를 드러내 놓고 토의했다.

(3) 관계패턴

필자는 재구성을 통해 관계과정에 대한 대화에 초점을 두는 동시에, 나이젤과 부모 사이에 일어나는 일반적인 관계패턴, 비행행동이 일어나는 순환고리와 관련된 부분에 대한 정보를 수집하였다. 회기 중에 문제 관련 상호작용의 순서를 매우 자세하게 혹은 탐정이 조사하듯이 할 필요는 없다. 앞의 장들에서 언급하였듯, 관계패턴 혹은 문제 관련 행동의 연쇄과정은 여러 번의 관찰을 거쳐서 이해하게 되며 관계형성과 동기부여 과정 회기들을 거치면서 보다 자세히 드러나게 된다. 그러한 각 회기들 동안 가족은 관계패턴을 더 상세히 보여 주거나 또 다른 상황을 통해 핵심 관계패턴을 더 잘 이해할 수 있게 드러내 준다. 그러므로 첫 회기가 끝날 무렵 필자는 그 연쇄과정의 일부를 이해하게 되었다. 두 번째 회기가 끝났을 때 필자는 연쇄과정의 또 다른 부분을 가져다 맞출 수 있게 되었고, 관계형성과 동기부여 단계가 끝날 무렵에는 훨씬 완전한 이해에 이르게 되었다. 문제 관련 연쇄과정을 세부적으로 아는 것은 행동변화 단계에 큰 도움이 된다.

(4) 관계기능

필자는 또한 관계기능 또는 관계패턴이 각 개인에게 미치는 결과에 대한 가설을 세우기 시작했다. 문제의 진행순서는 관계패턴에 일관성을 제공하는 관계기능을 볼 수 있는 유용한 창이 된다. 치료사들은 문제의 순서를 살펴보면서 청소년과 부모가 서로의 관계에 대해 가장 긍정적으로 보게 하려면 그들이 어떤 경험을 해야 하는지 생각해 볼 수 있다. 필자는 나이젤(그의 아버지나 어머니와의 관계에서), 어머니(아버지나 아들과의 관계에서) 그리고 아버지(어머니나 아들과의 관계에서) 각 사람의 관계기능에 대한 가설을 세울 수 있었다. 관계 사정은 치료사로 하여금 치료를 통해 나타날 관계의 핵심 결과가 무엇인지 이해할 수 있게 한다. 이 관계의 핵심 결과를 고려하여 행동변화나 관계형성 및 동기부여 등의 치료활동이 맞추어져야 한다.

나이젤과 어머니 사이의 핵심패턴은 분노의 상승 현상이라는 것이 분명했다. 간혹 아버지가 어머니("나이젤은 그 규칙을 지켜야 해.")나 나이젤("나이젤을 좀 기다려 주고 이해해야 할 것 같아.")을 지원하기 위해 끼어든다. 이 패턴은 논의의 내용(예: 늦게까지 안 들어오는 것)과 상관없이 나타나는 그들 상호작용의 핵심이었다. 치료사는 나이젤과 어머니 사이의 관계패턴이 나이젤의 입장에서는 중립으로 보이지만(접촉과 심리적 거리두기, 두 가지 요구 사이의 중간), 어머니의 관점에서는 심리적 거리두기(혹은 독립적)로 보일 것이라는 가정을 가지고 관계기능에 대한 사정을 하게 되었다. 아버지는 아내와 아들 두 사람 모두로부터 심리적 거리(독립적)를 두고 있다([그림 2-4]와 제2장의 관계기능에 대한 논의 참조).

다시 한번 말하지만, 이것은 결정적 진단 범주화 같은 것은 아니고 가설적 관계 사정임을 분명히 인식하는 것이 중요하다. 관계기능은 FFT에서 변화의 표적은 아니다. 오히려 관계기능은 어떤 방식으로 그 가족에게 맞는 행동변화가 가능할지를 미리 알 수 있게 하는 지표이자 설명해 주는 창 같은 것이다. 지금까지의 임상적 관찰에 기반하여 필자는 관계형성과 동기부여 단계의 목표가 성취되었다고 판단하였다. 즉, 나이젤과 부모는 비난과 부정성이 감소되어 자기들끼리의 동맹이 형성되었고, 나와의 동맹도 형성되었으며, 우리는 가족 전체에 초점을 두고 문제에 대한 정의를 내릴 수 있었다. 필자는 어떤 구체적인 행동변화가 필요할지를 파악하였으며 관계 사정을 하였다. 이제 다음 단계로 넘어가야 할 때가 되었다.

2) 행동변화 단계

행동변화를 위한 표적행동 선정은 그 가족에게 보호적 기능을 할 수 있는 특정 행동 위주로 이루어진다. 외현화 행동문제가 있는 청소년의 경우에는 의사소통 능력, 문제해결 및 타협 능력, 갈등관리 그리고 부모역할 등의 광범위한 영역이 포함될 수 있다. 행동변화 단계에서는 적절한 표적행동을 찾는 것이 제일 어렵다. 행동변화의 표적행동이 되려면 가족들에게 그 행동이나 사건이 지금 씨름하고 있는 문제와 관련하여 중요하고 핵심적인 것으로 보여야 한다. 치료사가 그 행동목표를 통해 가족의 행동능력 계발을 도울 수 있어야 하는데, 그렇게 계발된 행동능력은 가족이 현재와 미래의 문제 상황을 풀 수 있는 보호요인으로 기능하게 된다. 그러므로 표적행동은 문제를 둘러싼 순환과정과 직접적으로 관련이 있어야 하고, 가족에게 중요해야 하며, 달성 가능한 것이어야 한다.

나이젤 가족의 경우, 초기의 행동변화의 초점은 나이젤이 귀가했을 때 발생하는 상호작용의 상승과정을 멈추는 것이었다. 여기에는 두 가지 구체적인 능력이 도움이 되는데, 그것은 나이젤이 거리로 나도는 행동에 대한 한계를 조정할 수 있는 타협능력과, 늦게 들어왔을 때 발생하는 갈등을 관리하는 능력이었다. 이 행동목표는 가족들에게 쉽게 수용되었다. 왜냐하면 그 행동은 관계형성과 동기부여 단계에서 발전된 '상실에 대한 슬픔과 두려움'이라는 구성주제로부터 나온 논리적인 귀결이었기 때문이다. 각 행동목표는 행동변화를 통해 만들어질 각각 다른 능력과 핵심적 관계패턴에 더해질 구체적인 행동역량을 나타낸다. 첫 번째 목표(타협능력)의 경우, 나이젤과 부모가 나이젤이 외출하기 전에 미리 계획을 세워 문제를 예방하는 데 초점이 있다. 두 번째 목표(갈등관리)는 나이젤이 늦게 들어오고 그와 어머니 사이에 분노 폭발이 일어났을 때의 개입으로서, 이미 일어난 문제를 해결하는 데 초점이 있다. 마지막으로, 갈등의 상승과정을 감소시키는 것이 세 번째 목표가 될 수 있다. 이 세 가지 선택지를 놓고 치료사는 어떤 것이 가족에게 가장 적절하고 달성 가능하며 장기적으로 보호요인이 될 만한 행동기술인지 판단하여 우선순위를 정해야 한다.

네 번째 회기에서는 최근에 일어난 일 때문에 가족이 화가 나 있었다. 나이젤이 부모에게 알리지 않고 늦게 온 것이었다. 그가 귀가했을 때 나이젤과 어머니 사이에 전형적인 '화산폭발'이 일어났다. 아버지는 나이젤에게는 규칙에 대한 훈계를 하고, 어머니에게는 조금만 참으라고 말을 하면서 상황에 개입하였다. 내가 보기에 이런 사건의 흐름은 이 가족에게 흔히 있는 관계패턴이었다. 이번에 필자는 '재구성'을 하는 대신 기술을 가르치고 가족이 이런 상황을 해결하는 능력을 향상시키는 데 초점을 두었다. 필자는 "이런 일이 세 분 사이에 자주 일어나고 있네요. 이제 이 사건을 이야기하는 방식을 조금 다르게 해 봤으면 하는데요. 나이젤, 이 사건은 너와 부모님이 귀가시간에 대해 타협을 해서 부모님들이 걱정하거나 두려워하지 않도록 할 수 있는 기회 같구나. 타협을 통해 세 분 모두 동의하는 규칙을 찾아낼 수 있습니다. 그 규칙에 준하여 일이 어떻게 진행될지에 대한 예측이 가능해지죠. 타협 과정은 다음과 같은 순서로 진행됩니다…." 이어서 타협에 대한 교육적인 대화가 이어진다. 타협을 해야 하는 구체적인 상황이 무엇인지 명시한 후, 몇 가지 대안을 늘어 놓고 각 대안을 심도 있게 검토해 본 후, 모두가 합의한 것에 대해 약속이나 계약을 한다.

　여기서 기억할 것은, 도달한 합의 내용이 무엇인가보다 가족이 타협과정을 같이 따라 해 봄으로써 관련 역량을 키울 수 있도록 돕는 것이 더 중요하다는 점이다. 그 과정에서 치료사가 중재자나 문제해결 조력자가 아니라 교사나 코치, 지도자 역할을 하는 경우가 드물지 않다. 이 회기의 목표가 '중간지점 찾기'나 양측 모두 수용할 만한 합의점에 이르는 것에 있지 않다는 것을 기억해야 한다. 이 회기의 중요한 목표는 가족들이 타협할 수 있는 능력을 가지도록 하는 것이다. 이를 위해 가족들이 그 회기에 가지고 온 문제 상황을 활용하여 회기 중에 연습하는 것이 필요하다. 그들 고유의 구체적인 문제를 가지고 연습을 해야 필요한 기술을 발전시킬 수 있다. 가족의 관계적 기능에 맞는 방식으로 역량 구축이라는 해당 단계의 목표에 초점을 맞추는 일은 쉽지 않다.

　이 가족의 행동변화에 할애된 세 번의 회기 동안 그들이 배운 타협과 갈등관리 전략을 연습하고 다듬을 때 필자는 이 가족에게 가장 두드러진 문제(나이젤이 귀가했을 때 일어나는 분노의 상승과정)를 대화의 초점으로 삼았다. 가족들이 다양한 상황에서 새로운 기술을 성공적으로 활용할 수 있도록 이런 역량을 가족에게 제대로 익히게 하려면 결국 모두가 함께 작업을 해야 한다. 행동변화 단계의 후반 두 번의 회기 동안에는 타협과 갈등관리 기술을 가족 안에 발생하는 다양한 문제 상황에 적용해 보는 데 초점을 두었다. 어떤 경우든지 나의 목표는 특정 결과물을 만들어 내는 것이 아니라, 가족 내 상호작용 과정의 변화가 일어나도록 돕는 것이었다. 가족이 치료에 가지고 온 사건들을 단순히 어떤 일이 있었다는 것을 이야기하는 차원이 아니라 변화를 경험하는 기회로 삼았다. 가족에게 타협이나 갈등관리 기술을 사용한 여러 번의 성공경험이 있게 되고, 예전 같으면 감정폭발을 하면서 나이젤을 시설로 보내겠다는 협박으로 끝났었을 상황을 잘 처리하는 능력이 있음을 보여 줄 때 필자는 이들이 마지막 단계로 넘어갈 준비가 되었다고 평가했다.

3) 일반화 단계

　행동변화를 위한 세 번의 회기가 나이젤 가족의 구체적인 어려움을 모두 해결해 주지는 못한다는 점은 분명하다. 나이젤은 이에 더하여, 아직 체계적으로 다루어진 적이 없는 부분인, 그의 집중력 문제와 관련된 학교문제, 학습문제 등을 가지고 있다. 하지만 가족은 상황이 훨씬 나아졌다고 느끼면서 바쁜 일과를 이유로 상담을 취소하였다. 이제 FFT에서 흔히 나타나는 도전을 마주하게 된 것이다. 그것은 행동변화를 다른 영역으로 일반화하는 것, 마지막 단계까지 상담을 완료하도록 동기를 구축하는 것, 가족들을 미래의 문제나 재발에 대비시키는 것 그리고 이 가족에게 필요할 수 있는 다른 서비스나 자원을 파악하는 것 등이다.

　필자는 여섯 번째 회기를 이런 말로 시작했다. "좋은 소식이 있는데, 여러분이 전보다 훨씬 나아지셨다는 겁니다. 근데 나쁜 소식도 있어요. 가족으로서 아직도 해결해야 할 문제가 남아 있다는 것입니다." 가족들은 내가 무슨 말을 하는지 의아해하였다. "여러분은 지금 성공적인 결과를 거두고 있지만 앞으로 또 다른 문제를 맞이하게 될 것입니다."라는 나의 말에 나이젤은 바로, "나는 우리가 이전에 해 왔던 방식으로는 문제가 해결되지 않는다는 걸 알고 있기 때문에 이전에 하던 행동을 반복하지 않을 건데요."라고 말했다. 덩달아 아버지도 나이젤이 이번에 많은 것을 배웠다는 확신이 있고, 이제는 가족들끼리 일을 해결해 나갈 수 있을 것이라고 말했다. 이어진 대화에서는 화산 반응 같은 강한 감정적 반응이 일어나서 가족을 예전의 패턴으로 끌고 갈 만한 다양한 상황들에 초점이 맞추어졌다. 그 이후 두 차례의 회기 동안 가족은 실제로 또 다른 문제를 경험했다. 그 문제들에 대해서 필자는 이와 같은 실망스러움은 예정된 것이라고 그 상황을 '재구성'한 나음, 그들이 새로 발견한 기술을 다시 사용해 볼 것을 권유했다. 걱정되는 또 다른 문제들도 나타났는데, 특히 나이젤의 약물사용과 관련된 것이었다. 필자는 이에 대해 새로운 행동변화 전략을 또다시 시작하기보다는 가족이 이 새로운 문제에 대해 이미 습득한 타협의 기술을 일반화할 수 있도록 도왔다. 주안점은 가족이 기존의 기술을 일반화하고, 체계적으로 재발방지에 대해 배우고 연습하는 것이었다. 이를 통해 가족은 현재와 미래의 문제를 그들 스스로 풀 수 있을 것이다.

또한 외부 자원을 활용하여 가족들이 애써 만들어 낸 변화를 지원하는 것도 중요하다. 필자는 나이젤의 학교와 학습에서의 어려움에 대해 대화를 시작했다. 그동안 가족 안에 유대감이 형성된 터라 가족들은 이것을 공통의 연결된 문제로 받아들였다. 부모는 정신과적 자문을 받기 위해 정신건강센터라는 자원을 활용하고자 바삐 움직였다. 그 결과 나이젤은 주의집중문제라는 진단과 더불어 약 처방을 받게 되었다. 정신의학과 자문을 통해 이전의 양극성장애 진단이 뒤집혔고 추가적인 치료가 필요 없다고 판명되었다. 또한 이 가족은 정신건강센터에서 운영하는 특수학급을 찾아내 나이젤을 거기에 등록시켰다. 이러한 자원들을 스스로 찾아내어 활용한다는 것은 이 가족이 엄청난 진보를 하였음을 보여 준다. 일반화 단계의 목표가 달성되었다.

4) 나이젤 사례의 성과

6개월 후의 추후상담에서 필자는 나이젤이 사소한 범칙으로 한 번 체포된 적이 있음을 알게 되었다. 실망스러운 면이 있지만 나이젤의 전력을 고려한다면 이건 작은 문제였다. 어머니와 나이젤이 몇 번 폭발한 적도 있었다. 회기 중에 이들은 광범위한 현안들에 대한 다툼을 끝내더니, 이런 문제들을 극복하기 위해 FFT에서 배운 기술들을 다시 적용할 수 있게 되었다. 더 중요한 것은 이 가족이 행동변화 단계에서 배운 갈등관리 기술을 사용하여 실패로 인해 생긴 의기소침함을 성공적으로 관리하고 있다는 점이다. 나이젤은 특수학급 프로그램을 잘 따라가고 있었고, 약속한 시간에 근접하게 귀가를 하고 있었으며, 처방된 대로 약을 복용하고 있었고, 불법 약물을 훨씬 덜 사용하였다. 가장 인상적이었던 것은 많은 도전에도 불구하고 그의 부모는 나이젤을 집에서 내보내겠다는 협박을 하지 않았는데, 그것은 가족의 가장 중요한 긍정적 변화였다.

나이젤과 그 가족과 함께한 FFT는 중요하고 지속적이며 달성 가능한 변화를 그 가족에게 가져다주었다. 그들이 초기에 보여 준 비난과 부정적인 감정과 행동은 가족원 간의 유대감으로 변하여 새로 습득·발전시킨 행동적 기술이나 능력을 사용할 때 함께 협력할 수 있도록 만들었다. 그들은 많이 호전되었다고 느낀 후에도 치료에 충실히 남아 있음으로써 자신들의 기술을 다른 영역으로 일반화하였다. 그들은 추가적인 문제가 나타날 때 그 새로운 기술을 유지할 수 있는 자신감을 얻었고, 자신들이 이루어 낸 것들을 지탱하기 위해 적절한 지역사회의 가용자원을 찾아내고 사용하였다. FFT의 관점에서는 지속적인 가족관계의 변화가 치료를 통해 만들어 낼 수 있는 가장 지속적이고 강력한 변화이다.

3. 사례를 통해 배울 점

이 사례가 성공적일 수 있었던 것은 무엇 때문인가? 모델에서 제시하는 각 단계별 목표를 따라간 것이 방향을 잡는 데 도움을 준 것은 확실하다. 치료 원칙들 또한 그러한 목표를 성취하는 방법에 대한 길잡이가 되었다. 정말 힘든 가족문제를 놓고 상호작용이 일어나는 상담실 한가운데에서 FFT의 초점을 잃지 않도록 돕는 몇 가지 실질적인 팁이 있다.

1) FFT의 렌즈를 통해서 본다

FFT의 렌즈를 통해 보는 것이 모델을 통역하는 데 어떻게 도움이 되는지 생각해 보자. 관계형성과 동기부여 단계에서, 가족원이 문제 상황과 가족이 왜 치료에 오게 되었는지에 대한 자신의 생각을 말하는 동안 치료사는 문제의 내용을 듣고 그것을 단계의 목표로 변환한다. 예를 들어, 치료사는 스스로에게 다음과 같이 질문한다.

- "이 내용은 이 사람에게 무엇이 중요한지에 대해 어떤 답을 주는가?" 이 질문에 대한 대답을 통해 치료사는 재구성을 할 때 무엇을 고려해야 하는지 알게 된다.
- "이 내용은 가족의 관계패턴과 그 관계패턴이 가족원들을 어떻게 연결하고 있는지에 대해 무엇을 알려 주는가?"
- "이 내용은 가족원들이 상호작용에 가지고 들어오는 생물학적·역사적·관계적 맥락이 무엇이라고 알려 주는가? 그것을 알면 가족원들이 왜 저렇게 반응하는지 이해할 수 있을 텐데." 이를 통해 치료사는 에너지와 감정이 어디로부터 오는지 알게 되며 재구성 과정에서 무엇을 고려해야 하는지 알게 된다.
- "가족들이 문제의 원인으로 지목하는 것은 무엇인가? 그들은 무엇이 문제라고 보는가?" 이 질문에 대한 답을 통해 치료사는 그 가족의 비난의 대상이 무엇(누구)인지를 알게 되고 무엇을 중심으로 재구성을 해야 할지 알게 된다.

행동변화 단계에서도 가족치료사는 동일한 혹은 새로 발생한 사항들을 다른 질문으로 변경하여 질문해 본다.

- "어떤 행동을 변화시켜야 가족원들 간에 진행되는 문제의 연결고리를 중단시킬 수 있는가?" 이 질문을 통해 치료사는 증가시킬 필요가 있는 보호적 행동요인에 초점을 맞출 수 있게 된다.
- "문제의 연결고리 중 어느 지점을 개입하는 것이 가장 적절한가? 어떤 개입이 긍정적 변화를 얻는 데 가장 도움이 될 것인가?" 이 질문을 통해 치료사는 어떤 부분에서 새로운 기술과 역량을 키워야 하는지 알게 된다.
- "어떤 관계적 기능(예: 가족패턴의 결과물 같은 것)이 나타나게 될 것인가? 특정

행동변화를 그러한 기능과 어떻게 연결시킬 수 있을 것인가?" 이런 질문은 치료사가 개입의 수준을 빈도나 강도, 양에 있어서 어떻게 특정 가족에게 맞출 것인가에 대한 답을 준다.

일반화 단계에 치료사는 가족원이 내리는 문제에 대한 정의와 문제에 대한 논의에 대해 다음과 같은 질문을 하게 된다.

- "새로운 문제가 발생할 때, 행동변화 단계에서 만들어진 새로운 행동을 활용함에 있어 장애가 되는 것은 무엇인가?" 이 질문을 통해 치료사는 가족의 새로운 역량을 새로운 상황과 맥락에 일반화시키는 방법을 알게 된다.
- "지금 이 문제는 가족이 경험해 왔던 다른 문제들과 어떤 점에서 유사한가?" 이 질문을 통해 치료사는 새로운 문제처럼 보이는 것이 '구성주제'에서 이미 나타났던 그것이라고 연결시키는 재구성을 어떤 식으로 할 수 있을지 알게 된다.
- "현재의 상황에서 가족이 치료를 통해 습득한 것을 유지할 수 있도록 도울 수 있는 외부 지원에는 무엇이 있는가?" 이 질문을 통해 치료사는 가족원에게 적절한 지역사회 자원과 비공식적 지원이 무엇인지 알 수 있게 된다.
- "가족이 지역사회 자원을 활용하지 못하게 막는 장애물은 무엇인가?" 이 질문을 통해 치료사는 가족들이 지역기반 서비스에 접근하지 못하게 막는 장애물을 극복할 수 있도록 하는, 가족이 계발하고 사용할 수 있는 새로운 기술이 무엇인지 알게 된다.

2) 치료를 체계적으로 계획한다

치료계획은 치료의 내용과 과정을 통합하는 방법이다. 치료계획에는 두 가지 활동이 있다. 하나는 지난 회기에 대해 숙고해 보는 것이고 다른 하나는 다음 회기를 계획하는 것이다. 회기계획을 하려면 이전 회기의 목표를 확인하고 목표를 향한 진보가 어느 정도 달성되었는지를 파악할 필요가 있다. 그래서 계획에는 다음 회기들 동안에 목표를 성취할 수 있는 새로운 아이디어를 만들어 내는 것도 포함된다. 회기계획에는 두 가지 요소가 있는데, 모델(그것의 목표)에 맞추는 것과 내담자에게 (그 목표를 어떻게 적용할지를) 맞추는 것이다. 계획을 할 때 치료사는 모델에서 정해 주는 단기 과정목표를 고려한 상태에서 그 목표가 특정 가족에게 어떻게 보이며 어떻게 성취될지에 대해 구체화하고, 그 가족과 가족 간의 상호작용에 대한 정보를 더 모아야 한다. FFT 치료사는 가족의 작동방식과 문제가 가족 안에서 하는 기능이 무엇인지, 핵심패턴이 무엇이며 관계적인 행동변화의 초점은 어디에 두어야 할지 그리고 이를 통해 얻을 수 있는 결과가 무엇인지에 대해 지속적으로 생각한다. 회기계획의 결과, 치료사는 각 회기에 들어갈 때 스스로에게 다음과 같은 질문을 하게 된다.

"이 가족에게 관계형성이란 어떤 모양으로 나타날 것인가? 어떻게 하면 이 가족이 나를 신뢰할 수 있을 것인가? 아버지는 문제에 대해 어떤 정의를 내리고 있는가? 문제의 원인이라고 지목된 사람에게 중요한 것은 무엇인가? 나는 그 사람이 중요시하는 바로 그것을 재구성 과정의 '인정하기' 부분에서 활용해야겠다. 내담 청소년을 모니터링하고 감독할 때 활용되는 능력은 무엇인가? 이 청소년의 읽기 문제를 도와줄 수 있는 학교 자원은 무엇인가?" 이와 비슷한 질문들이 가족, 개인 그리고 환경에 대한 지속적인 사정에 활용된다.

장기 계획에는 Bruce Parsons가 '성과표본(outcome sample)'(Alexander & Parsons, 1982)이라고 부른 것을 만들어 내는 것이 포함된다. 성과표본이란 치료 후에 나타날 가족들이 보일 모습 혹은 행동에 대한 질적인 묘사를 말한다. 예를 들어, 가족원들 간에 비난과 부정성이 줄어들고 유대감이 생기고 적대감이 줄어드는 것 같은 것이다. 치료가 진행되면서 성과표본에는 가족이 타협이라는 양육기술을 사용하여 자녀를 모니터링할 경우 어떻게 다르게 행동할 수 있는지에 대한 그림이 포함된다. 치료가 끝나 갈 무렵이 되면 성과표본에는 가족과 학교가 어떻게 협력할 수 있는지, 그 성과를 유발하고 유지시키기 위해 부모와 학교는 모두 무엇을 해야 하는지에 대한 것도 포함된다. 이것은 내담자에 대한 객관적 사정이라기보다는 임상적 차원에서 어떤 변화가 일어난 후 가족이 어떻게 작동하고 어떤 모습을 보이며 어떻게 행동하는지에 대한 그림이라고 할 수 있다. 그러한 질적인 그림은 치료사가 가족의 패턴을 변화시켜 나가는 길잡이가 된다. 또한 그 그림은 치료가 전개되어 가면서 그 세부 그림과 명료성이 점점 더해 가게 된다.

치료계획이나 회기계획 어떤 것도 가족들과 상호작용하고 있는 상담실 안에서는 만들어지지 않는다. 계획을 위해 치료사는 다음 회기 준비를 위한 별도의 시간을 마련해야 한다. FFT 치료사는 구체적인 계획안을 가지고 회기에 임하지만, 그들은 또한 회기 중에 만들어지는 새로운 기회들에 대해 열린 마음을 가지고, 당초 계획했던 방식과 다른 방식으로라도 목표를 향해 작업을 하려는 마음을 가지고 있다.

3) 상황에 맞추어 대응한다

상담실에서 치료사는 특정 치료목표의 성취를 염두에 두고 개별 사건에 대응한다. 여기서 사건이란 가족원들이 해결을 원하는 문제와 관련되어 거론되는 어떤 것들을 말한다. 혹은 사건이란 대화 중에 일어난 상호작용으로서 개입의 기회를 제공해 주는 어떤 것을 말한다. 혹은 사건이란 회기 중에 보고되는 어떤 것이다(예: 약물검사에서 양성반응이 나왔다거나 학교에서 어떤 문제가 있었다거나 하는 것). 치료사가 말을 꺼내기 시작해서 나오는 사건도 있고("학교에서 무슨 일이 있었다고 했던 것 같은데….."), 가족이 말을 꺼내기 시작하는 사건도 있다("지난주는 최악이었어요. 한 주 내내 싸웠어요."). 사건은 순환적 과정의 일부이기도 하며, 또 구체적인 사건이 있음으로 인해 상담실에서의 대화가 내담자에게 적절하며 개인적인 적용이 가능하게 되기 때문에, 사건은 해당 단계의 목표를 성취할 수 있는 기회를 제공해 준다. FFT 치료사에게 사건은 가족이 어떻게 작동하며, 현재 문제의 본질이 무엇이고, 가족과는 어떻게 작업해야 하는지를 알려 주는 좋은 정보원이다.

가장 강력한 사건은 내담자가 치료에 적극적으로 참여하도록 연결하고 동기화하는 사건이다. FFT모델은 각자 서로 다른 목표를 이루려는 가족의 강한 감정과 개인적인 경험을 이끌어 가는 데 도움이 된다. 이와 같은 상호작용 안에서 치료사는 강점에 기반하고 동맹에 초점을 두는 방식으로 대화를 만들어 간다. 전형적인 FFT 회기를 관찰해 보면, 회기가 일련의 사건들의 연속임을 알 수 있고, 사건의 흐름에 따라 나타나는 치료사의 대응들이 펼쳐지는 것을 볼 수 있다. 관찰자는 치료사 대응에서 나타나는 연속성을 볼 수 있다. 가족은 뭔가를 이야기하기 시작하고, 치료사는 인간적이면서 직접적인 방식으로 '공통의 주제'를 가지고 대응한다. 즉, FFT 회기에서 치료사는 대화에서 드러나는 사건들에 대해 일관되고 개별기술적으로 대응하려고 노력한다. 강력한 사건은 그 사건이 발생한 단계의 목표를 성취하기 위한 기회를 제공한다.

FFT는 단계모델이기 때문에 가족들의 상황과 관계없이 단선적이고 기계적으로 적용되는 모델이라고 생각하기 쉽지만, 앞의 사례에서 보았듯이, 그것은 단연코 오해이다. FFT는 접근방법상 체계적이며 적용에 있어서 상황에 맞추어 나가는 역동적인 특성을 가진다. 예를 들어, 어떤 경우 FFT는 8회기의 가정 방문형 치료모델이 된다. 또 어떤 경우, 각 단계별로 4회기씩, 총 12회기로 구성되어 지역사회 기반으로 운영되기도 한다. 또 다른 경우 FFT는 총 16회기로 구성되어, 그 절반은 관계형성과 동기부여에 초점을 두고 나머지 단계에 각각 4회기씩 배정되기도 한다. FFT를 진행하는 가장 좋은 방식이 무엇인지에 대해서는 내담가족 및 그 환경의 속성에 달려 있다.

상황에 맞춰 나간다는 점은 치료사와 가족 사이에 일어나는 모든 상호작용에 적용된다. 예를 들어, 우리는 FFT의 첫 번째 단계가 가족과의 첫 번째 회기 이전에 이미 시작된다고 생각한다. 가족에게 거는 첫 번째 전화는 접촉과 관계형성 및 동기부여를 하고, 재구성과 대화를 이끌어 가고, 수용성과 이해를 보여 줌으로써 가족과 동맹을 구축하는 일 등을 시작하는 치료적인 기회로 간주된다. 최근 연구(Sexton, Ostrom, Bonomo, & Alexander, 2000)에서 우리는 치료사가 첫 회기 이전에 내담자와 몇 번의 전화통화를 하는지 추적해 보았다. 다인종 지역이며 도시 지역에 있는 대규모 상담실의 경우 1회기 이전에 이루어지는 전화 통화가 평균 8회였다. 이러한 노력은 (가족이 아니라) 치료사 쪽에서 최초의 접촉을 위해 예상되는 모든 장애물을 극복하기 위해 상당한 노력을 기울이고 있다는 치료원리를 보여 준다. 이러한 노력의 결과 그 프로젝트의 중도탈락률과 미연결 비율이 이례적으로 낮았다(각각 22%와 11%).

상황에 맞추는 FFT의 속성은 단계에서 단계로 넘어가는 전이 시점에서도 나타난다. 언제 단계를 넘어갈 것인가에 대한 결정은 상담실 안에서 드러나는 표식들에 따라 결정된다. 각 단계의 길이는 각 단계에 얼마나 오래 머물렀느냐보다 목표가 얼마나 성취되었느냐에 초점을 두고 결정된다. 단계 이동은 단계의 목표가 성취되었을 때 일어난다. 예를 들어, 어떤 가족의 부정적 감정과 비난이 너무 강렬할 경우 치료사는 상당한 시간을 첫 번째 단계에 할애(12회기 중 3~5회기 정도)할 수 있다. 왜냐하면 치료사는 가족들이 어느 수준 이상의 동기화가 되지 않는다면 행동변화 단계에 가서 변화가 일어나지 않을 가능성이 있다고 보기 때문이다. 또 다른 가족의 경우, 초기 동기화 수준과 문제에 대해 가족초점, 부정성 해소 등의 작업에 시간이 별로 소요되지 않았다. 이 경우 치료사는 행동변화 단계로 신속하게 이동하여 구체적인 역량개발과 기술 함양에 더 많은 시간을 들인다(4~5회기정도). 그런가 하면 또 다른 가족의 경우, 앞의 두 단계가 상당히 신속하게 성취되어 변화를 유지하는 분야인 청소년의 또래관계, 지역사회 환경 등과 같은 분야에 대부분의 시간과 에너지를 소요한다. 각 사례에서 FFT모델은 그 방향을 유지하였고 단계별 목표는 성취되었다. 그러나 노력의 배분은 가족의 필요에 따라 맞추어졌다.

4) 목적을 가지고 움직인다

FFT는 과정에 초점을 두고 있기 때문에 치료사가 가족과 진정성 있고 인간적인 대화를 나누면서 치료사 스스로 다른 차원의 내적 질문을 하는 것을 허용한다. 치료사는 "나는 지금 어느 단계에 있는가? 내가 탐색해 보고 이해해야 하는 것은 무엇인가? 내담자가 이 단계의 목표를 향해 나아가게 하려면 이 시점에 나는 어떤 반응을 해야 할까? 내가 하려고 하는 작업을 내 앞에 앉아 있는 바로 이 내담자에게 어떻게 맞추어 갈까?"와 같은 말을 자신과 나눈다. 이러한 과정에 초점을 둔 내면대화는 각 단계별로 다른 내용으로 나타난다. 예를 들어, 관계형성과 동기부여 단계의 경우, 성공적인 치료사의 내면대화는 부정성과 비난 수준, 가족초점의 수준, 치료사와 가족 간의 동맹 수준, 가족원 간의 동맹 수준 등을 가늠하는 질문들로 채워져 있을 것이다. 치료사의 마음은 또한 재구성에 주의 기울이기, 재귀인에 대한 가족의 반응, 가족원에게 어떤 부분을 추가로 더 인정해 줄지, 행동이나 감정, 의도의 의미를 어떻게 변화시킬 것인지 등의 세부사항들로 가득 차 있다.

5) 즉시 시작한다

FFT가 효과적이려면 즉시 시작해야 한다. 세밀한 진단과 심리사회적 사정을 위해 허비할 시간이 없다. 전통적 가족치료사들이 제안하는 그것, 즉 '가족 스스로 그들이 누구인지 보이도록 할' 혹은 '가족들이 스스로 자신들의 이야기를 들려줄 수 있도록 할' 시간이 없다. 우리가 작업해야 할 대상은 매우 힘든 청소년이며, 나아가려는 움직임이 있을 때는 그 기회와 그 시점의 감정적 힘을 붙잡을 필요가 있다. '그 가족의 이야기'가 중요한지 아닌지는 중요하지 않다. 물론 그 가족의 이야기는 중요하다. 가족이 자신들의 이야기를 말할 수 없다고 보는 것도 아니다. 그들은 자신들의 이야기를 해야 한다. 그들의 이야기 안에는 각 가족원의 가치관, 경험, 희망과 좌절이 담겨 있다. 이와 같은 가족원의 특성은 재구성과 동맹에 기반한 동기부여를 만들어 내는 데 결정적으로 중요한 것이기도 하다. 그러나 변화를 위한 핵심패턴이 바로 이 순간에 드러나고 있기 때문에 그 순간에 바로 움직이는 것이 더 중요하다. 만일 치료사가 그 기회를 놓쳐 버리면 변화가 필요한 바로 그 패턴이 다음에 다시 나타날 것이며, 가족들에게는 자신들이 집에서 한 것과 같은 동일한 감정적 과정이 발생하게 될 것이다. 그래서 FFT에서 치료사는 듣고 이해는 하되, 그 정보들을 변화를 준비시키기 위해 신속하게 활용해야 한다. 다른 말로 하면, 치료에서의 가족의 경험이 집에서의 그것과 차이가 없으면 그들은 굳이 상담에 참여하기 위해 혹은 도움을 청하기 위해 치료사에게로 오는 용기를 내야 할 이유가 없다. 치료사는 사정과 개입을 동시에 하면서 가족들이 자신들의 이야기를 할 수 있는 공간을 만들어 내야 한다.

6) 그 시점에 할 수 있는 최선의 추측을 가지고 진행한다

FFT에서는 치료사들에게 충분한 정보가 없는 상태에서도 가족원의 행동에 대응하면서 그 회기의 단계목표달성을 위해 진행해야 할 때가 간혹 있다. 그렇게 하는 것은 치료사가 가족에 대해 상세히 알기 전부터 단계별 목표를 따른다는 의미에서 이 모델에 대한 전적인 신뢰를 할 때 가능하다. 그러나 성급한 결론을 내리지 않으면서 행동하기 위해 치료사는 가설을 만들고 검증하는 접근방식을 활용해야 한다. 연구자에게 있어서 가설이란 전문적 추측으로서, 연구자늘은 그 추측의 실과를 얻어 내기 위해 자료를 모으고 비교 검토함으로써 가설검증을 하게 된다. 만일 사건이나 자료가 그 추측을 지지하면 연구자는 가설에 기반하여 생각을 보다 정교화시키면서 다시 관찰을 하게 된다. 가설검증을 할 때 연구자는 자신의 전문적 추측에 위배되는 자료에 대해서 열려 있어야 할 뿐만 아니라, 더 나아가 그런 것을 찾아보기까지 하는 자세가 매우 필요하다. 또한 연구자는 자신이 발견한 것에 맞추기 위해 지속적으로 가설을 조정해 나간다.

치료도 마찬가지의 과정을 거친다. 치료사는 내담자의 이야기를 듣고 들은 내용에 대하여 전문적 추측을 한다. 예를 들어, 초기 단계 동안 치료사는 내담가족의 아버지에게 어떤 것이 왜 중요한지에 대하여 추측을 할 수 있다. 아버지가 부모로서 경험하는 어려움을 인정하는 동시에, 치료사는 이 추측에 근거하여 아버지의 행동에 대한 최초의 재구성을 하게 된다. 즉, 아버지의 행동 그 자체는 문제가 있을지라도 표면에 드러난 것보다는 강점에 기반한 동기부여 쪽에 힘을 실어 주게 된다.

행동변화 단계의 회기에 치료사는 일단 가족 간 의사소통의 질을 향상시키는 데 초점을 둘 수 있다. 치료사는 가족원 간의 의사소통패턴을 변화시키기 위한 작업을 시작하게 되는데, 이때 가족원들이 당장에 직면한 문제에 대해 대화할 때보다 긍정적인 어조를 사용할 수 있도록 하면서 제5장에 제시된 원칙을 따라서 작업을 한다. 그런데 시간이 지날수록 치료사는 아버지와 자녀들 간 관계기능에 대한 원래의 가설이 맞지 않는 것 같다는 인상을 받게 될 수 있다. 치료사의 당초의 사정에서는 가족들이 강렬한 말로 분노를 표현하는 패턴을 통해 그들 사이에 거리감이 만들어지고 있다고 보았다. 그러나 실제로는 그런 언어표현이, 비록 고통스럽긴 하지만, 그들 서로를 안으로 끌어당겨 주는 유일한 수단으로 기능하고 있는 것이다. 이 가설의 검증 결과, 치료사는 의사소통이라는 표적행동을 가족의 관계기능에 대한 새로운 관찰 결과에 맞도록 조정하게 된다. 두 사례 모두에서 치료사는 필요한 정보 모두를 알기 이전에 개입해야 한다. 가설을 만들고 검증함으로써 치료사는 변화과정을 시작할 수 있는 동시에, 자신이 그 가족을 좀 더 알게 될수록 자연스럽게 이루어질 가설의 변경에 대해 열린 자세를 취한다.

4. FFT 실천 시의 도전과제

이 책은 FFT의 원리와 모델에 대한 설명, 목표와 개입에 대한 것을 담고 있다. 그리고 이 내용은 임상 경험과 연구로부터 도출된 관찰로 뒷받침되고 있다. 이 책은 임상가가 가족과 작업할 때 필요한 눈을 키워 줄 만한 내용으로 이루어져 있다. 그러나 설명이 아무리 명확하고 포괄적이라 할지라도 치료사가 회기에 실제로 들어가게 되면 그 내용에는 항상 모자라는 부분이 있다. 그것은 FFT모델이 불명확하거나 부정확하기 때문이 아니다. 그것은 상담실 안에서 일어나는 것이 관계적 상호작용이며, 상담의 실제는 어떠한 이론보다 더 복잡하기 때문이다.

상담실에서 FFT를 시행할 때 두드러지는 어려움에는 대화가 빠르게 진행되며, 감정은 강렬하고, 가족원과 치료사 사이의 상호작용이 어떻게 진행될지 예측이 매우 어렵다는 것 등이 포함된다. 이러한 활동의 소용돌이 속에서 치료사가 길을 잃은 것 같고, 붙들고 있을 것이 없는 것 같고, 무슨 일이 일어날지 도무지 모르는 것 같은 느낌이 들 수 있다. 필자는 FFT를 상당히 오랫동안 해 왔기 때문에 상담실에 앉아 있을 때 폭풍의 눈 속, 즉 그 안에 있으면서 계획을 세우기도 하는 고요한 장소 속에 있는 것 같은 느낌을 받는다. 필자는 임상경험을 통해 이러한 능력을 얻게 되었다. 하지만 내가 가진 고요함의 느낌은 신뢰감에서 나오기도 한다. 필자는 FFT의 단계별 기제와 목표가 정확한 방향을 제시해 줄 것이라고 믿는다. 그리고 모델이 제시하는 관련 치료기법들을 잘 지키면 상담실에서의 과정은 긍정적인 성과를 도출할 것이라고 믿는다. 만일 그 순간에 필요한 것에 초점을 맞춘다면 그 회기와 그 치료 전체가 성공적인 성과를 얻을 가능성이 상당히 높다는 것을 알고 있기에 필자는 이 모델을 신뢰한다.

치료사들이 상담실에서 진짜 사람들과 더불어 강렬한 감정을 경험하고 있을 때 특정 모델을 자신의 길잡이로 신뢰하는 것은 쉽지 않다. FFT에 대한 신뢰가 없다면 관계적 상호작용이 상담실에서 강렬하게 발생할 때 상당한 어려움이 발생한다. 이럴 때가 모델이 가장 필요할 때이지만, 치료사는 모델 따위는 던져 버리고 자연스럽고 본능적이지만 덜 효과적일 가능성이 높은 반응으로 물러나 버리기 일쑤이다. 치료사에게 기대되는 것은 이것이다. 만일 우리 중 누군가가 물에 빠져 들어가고 있다면, 그게 얼마나 잘 뜨는 것이든 상관없이 가까이에 있는 무엇이라도 붙들려고 할 것이다. 선박에 대한 비유로 바꾸어 보면, 모델에 대한 신뢰를 터득하는 것은 폭풍우 치는 바다에 닻을 내리는 것과 같다. 닻은 바람이나 파도의 크기와 관계없이 배를 안정화시키고 배를 땅에 붙들어 매어 준다. 치료사가 FFT모델을 신뢰하면 그 모델은 모델이 말하는 변화의 과정에 치료사들이 닻을 내리도록 해 주며, 그러한 구심점은 치료사들이 가장 어려운 시기에 최상의 도움이 될 것이다.

FFT를 하려면 치료사가 용감해야 한다. 이 용기에는 이미 언급한 고통스러운 경험을 향해 기꺼이 나아가며, 그 영향을 느끼고, 그런 고통스러운 경험을 일으키는 행동패턴을 변화시키려는 용기가 포함된다. 고통을 향해 나아간다는 것은 반(反)직관적인 부분이 있다. 즉, 고통스러운 상황에서 가장 자연스러운 것은 자신이나 다른 사람을 보호하기 위해 그 상황을 피하는 것이다. 그런 점은 치료에서도 마찬가지이다. 변화의 중재자로서 치료사는 발생한 어려운 어떤 상황을 그만두거나 무시하거나 안 해 버리기도 하고, 아니면 행동적 해법을 섣부르게 제시함으로써 상황에서 '피해 나가는' 선택을 하기도 한다.

개념적으로는 쉬운 말 같지만, 분노와 고통, 부정적 감정 등을 향하여 나아간다는 것은 보기보다 훨씬 어려운 일이다. 이때 진정한 용기란 치료사가 내담자의 입장이 되어 그 고통과 분노를 느껴 보는 것이다. 그래서 치료사는 누구도 비난하지 않고 내담자의 진정한 변화를 유도할 수 있는 방식으로 내담자가 느끼는 어려움을 인정하게 된다. 내담자들과 그들의 고통을 이해하려는 노력은 FFT만의 특징은 아니다. 대부분의 치료사는 공감적인 치료사가 되라는 가르침을 받았다. 그러나 FFT의 임상 경험을 통해서 우리는 공감만으로는 충분치 않다는 것을 알게 된다. 가족이 경험하는 어려움을 경험하고 그것에 대해 이야기를 나누고 인정하기 위해서는 용기가 필요하다. 비록 치료사 스스로가 자발적으로 그렇게 하려고 하지는 않을지라도 말이다.

치료사는 또한 고통과 분노, 상처가 상담실 안에 존재하도록 허락하는 용기가 필요하다. 치료사는 이러한 강렬한 감정들을 개인적 차원과 전문적 차원에서 수용하는 자세를 가져야 한다. 개인적 차원에서 치료사는 개인적으로 무례함이 느껴지거나 자신이 경험해 보지 못한 차원의 감정과 행동, 그리고 행위들로 인해 나타나는 불편함을 기꺼이 견뎌야 한다. 치료사는 전문적 차원에서 이 사건들이 그 가족이 현재 겪어 나가고 있는 삶의 일부라는 것을 인식하면서 가족들을 존중하는 태도로 이러한 사건들이 일어나는 것을 허용해야 한다. 이러한 조언이 상식같이 들리겠지만, 사실 이 일은 치료사에게 가장 어려운 과업 중 하나이다. 많은 치료사가 1명 혹은 그 이상의 가족원을 '보호'할 필요가 있다고 느끼면서 표현된 고통이나 분노를 간과하거나 혹은 치료사라는 지위를 이용하여 가족들이 이런 감정을 표현하지 못하게 한다. 물론 의도는 선한 것이지만, 이러한 보호는 사실 내담자보다는 치료사 자신을 위한 것일 경우가 많다. 이런 감정이나 행동은 그 가족에게는 새로울 것이 없는 것이며, 그게 그 가족이 작동되어 왔던 방식이기도 하다. FFT의 관점에서 보면, 이런 장면을 밀쳐 내는 대신에 치료사가 이런 힘든 장면들을 끌어안고 가다가 방향을 바꾸면서 (앞에서 언급한 유도 비유와 같이) 변화가 일어나게 된다. 치료사는 치료적(치유적) 개입이란 가족의 생생한 감정 표현을 다른 방향으로 전환시키는 것이지 그것을 막는 것이 아니라는 것을 믿어야 한다.

용감함 속에서 신뢰를 만들어 간다는 것은 치료사가 매우 직설적일 필요가 있다는 의미이다. 직설적이라는 것은 가족 안에서 발생한 구체적 사건에 대해 있는 그대로 말할 수 있고 또 기꺼이 그렇게 하려는 태도를 말한다. 반대로, 직설적이지 않다는 것은 그 문제에 대해 '돌려 말하거나' 어려운 문제 다루기를 주저하는 것을 말한다. FFT의 '만일 ~이 아니라면, 어떻게….'("not if… but how") 식의 접근법에서 문제행동에 대한 대화가 가지는 치료적 가치는 그 대화의 결과로 무엇이 얻어지느냐에 달려 있다. 예를 들어, 청소년이 부모를 때리거나, 누군가의 행동이 다른 사람에게 해를 입히거나, 혹은 가족원 중의 하나가 비행에 연루되었거나 할 경우, 치료사는 그런 사건을 대화의 주제로 가지고 와서 그 사건이 가족원 각자에게 무엇을 의미하는지에 대한 이야기를 기꺼이 나눌 수 있어야 한다. 그리고 각 단계의 목표에 따라 치료사는 그 사건의 영향을 변화시키기 위한 작업을 하게 된다. 예를 들어, 관계형성과 동기부여 단계에 있다면 치료사는 그 폭력에 대해 직접적인 대화를 나눈 후에 그것을 재구성할 것이다. 폭력에 대한 개인적 책임을 무시하는 것이 아니라 이에 대한 비난 수위를 낮추려고 할 것이다. 행동변화 단계에 있다면 치료사는 청소년의 약물남용 문제를 직접적으로 대화에 올릴 것이며 그 사건을 타협과 의사소통 기술을 연습할 수 있는 기회로 삼을 것이다. 일반화 단계에 있다면 치료사는 아버지의 분노 폭발에 대해 심도 있는 대화를 나눈 후 행동변화 단계에서 발전시킨 갈등관리 기술에 대해 초점을 두고 대화를 이어 갈 것이다. 단계가 어디에 속해 있든 치료사가 솔직한 태도를 취하면 가족들은 치료사가 그들 삶에 돌출된 문제를 기꺼이 논의하려 한다는 것을 알게 될 것이고, 치료가 그들에게 믿음직하고 유능한 조력자와 함께 하는 유용한 장을 제공한다는 것을 알게 될 것이다.

마지막으로, FFT 치료를 할 때 치료적 대화의 순환적 속성을 가지고 가는 것이 항상 쉽지만은 않다는 점을 말하고 싶다. 성공적인 FFT 치료를 다른 덜 효과적인 치료와 구분하는 차이점은 두 걸음 앞으로 갔다가 한 걸음 뒤로 물러서는 이런 과정적 특징에 있다. 이런 자연스러운 전진과 후퇴의 과정은 항해와 관련된 또 다른 비유를 생각나게 한다. 돛을 단 범선의 경우 바람에서 힘을 얻게 되는데, 바람의 방향을 자기가 가려고 하는 방향으로 바꿀 수는 없기에 선원은 바람이 가려는 방향으로 바뀌기를 기다리기보다는 바람의 힘을 이용하여 항해를 해야 한다. 그렇게 하려면 선원은 바람을 안고 방향 바꾸기(태킹) 기술을 사용하게 된다. 그 기술은 바람을 이용하여 항로를 변경하는 방법인데, 지그재그 방식으로 현재의 방향에서 바람의 힘을 얻어 바람을 가로질러 가는 방식이다. 그러나 바람을 따라가는 것만으로는 안 된다. 원하는 지점에 정확하게 도착하려면 선원은 목표물과 예상경로에서 눈을 떼어서는 안 된다. 그래서 선원들은 저 멀리 있는 해안선에 표식을 꽂아 두고 그것을 최종 목표 지점으로 삼은 상태에서 바람을 거스르며 전진과 후퇴를 반복하는 것이다.

이와 동일한 바람 안고 방향 바꾸기의 과정이 FFT에서 일어난다. 상담실 내부의 감정의 방향은 FFT 단계의 목표로 순탄하게 나아갈 만하지 않은 경우가 있다. 그 결과 치료사는 목표를 변경함으로써 상담실에서 발생한 위기 상황에 잘못 대응하는 경우가 간혹 있다. 예를 들어, 행동문제가 현안일 경우 청소년과 부모 사이에 분노감정이 표현되는 것은 드문 일이 아니다. FFT에서 치료사는 아들에 대한 아버지의 분노를 아버지가 통제력을 잃을까 봐 느끼는 강력하고 이해할 만한 감정이라고 재구성할 수 있다. 이와 함께, 아버지는 통제력을 잃는다는 것에 대한 두려움을 가지고 있기 때문에 이런 감정을 느끼게 된다는 것을 언급한다. 분노에 휩싸인 아버지의 경우, 바로 그 순간에는 치료사에게 동의하지 않는 경우가 많다. 아버지는 분노를 잠재워 보려고 애를 쓰고 있기 때문에 치료사의 그러한 최초 재구성 시도에 대해 동의하지 않을 가능성이 높다. 이때 치료사는 재구성이 '답'이 아니라고 느끼면서 완전히 다른 것을 시도하려고 할 수 있다. 그러나 유능한 FFT 치료사는 다른 것을 시도하기보다는 이러한 아버지의 동의하지 않는 반응을 인정해 주면서 (재구성은 인정해 주기에서 시작한다), 재구성의 내용을 추가하면서 아버지의 이견에 대해 적절하게 반응할 줄 안다. 유능한 치료사는 현 단계의 목표로부터 절대 눈을 떼지 않는다 하지만 그들은 전진과 후퇴를 반복하면서, 소위 '바람 안고 방향 바꾸기'를 꾸준히 하면서, 나아가야 할 경로를 지속적으로 만들어 나감으로써 목표에 도달한다.

5. 결론과 고찰

FFT가 제대로 되려면 좋은 가족치료사가 필요하다. FFT는 치료사가 그것을 내담자에게 효과적으로 통역해 줄 때 비로소 효과적인 치료가 된다. 그래서 FFT 치료사에게는 무거운 책임이 따른다. 그들은 모델과 그 모델의 원리, 그리고 실제 등에 대한 이해가 있어야 하며, 상담실 안에서 존재감이 있어야 한다. 치료사의 존재감은, 뭐라고 딱 집어 말하기는 어렵지만, 이 모델을 생생하게 만들어 내는 치료적 과정을 가능하게 한다. 이는 치료라는 것이 변화 전문가인 치료사와, 가족 모두의 고통스러운 삶의 변화를 위해 도움을 찾고 있는 내담가족 사이에 벌어지는 역동적이고 상호작용적이며 감정적으로 강렬하고 즉시적인 경험이기 때문이다. 치료사는 자신이 사용하는 변화모델에서 얻은 지식과 원리, 임상적 개입과정 등의 선지식을 가지고 그 상호작용에 임한다. 가족은 자신들의 이전 경험, 감정, 욕구 그리고 희망을 가지고 임한다. 좋은 치료는 이 양자의 매우 다른 관점 간에 이루어지는 관계적인 상호작용으로부터 만들어진다.

FFT를 성공적으로 하려면 치료사는 단계에 대한 단순한 설명이나 외현화 문제에 대한 다중체계적 관점에 대한 교과서적 지식을 넘어서서 진정성 있게 상담실에 존재하여야 한다. 그렇게 하려면 용기와 계획성, 인내심, 끈질김, 사려 깊은 경청, 상황에 맞춘 반응 등이 필요하며, 모델의 각 단계별로 가족을 이끌어 가는 것도 필요하다. FFT의 다른 모든 측면과 마찬가지로, 상담실에서의 성공을 위해서는 관계적이면서 인간적이고 매우 정서적인 방식으로 모델과 내담자 양자 모두에 초점을 두어야 한다. FFT 치료사는 특정 임상기술과 개입을 모델에서 제시한 구체적인 목표와 목적을 성취하기 위해 사용한다. 또한 치료사는 FFT 매뉴얼을 준수하면서, 후속적인 훈련 및 연수에 참여하고, 다양한 내담자를 대상으로 한 임상경험을 이론 및 연구와 통합하게 된다. 치료사는 연수와 임상경험을 통해 치료사와 내담자/가족 사이에 일어나는 과정의 구체적 방향을 얻게 된다. 그러나 FFT는 단순히 개입기술을 모아 놓은 것이 아니기 때문에 '매뉴얼화된 모델'로서의 FFT 훈련과 그 적용 사이에는 내부적으로 모순된 것이 있어 보인다. 특히 FFT 임상모델은 다음과 같은 상호 모순되는 설명에 의해 가장 잘 묘사될 수 있다.

- 단순하지만, 복잡하다.
- 체계적이고 형식화되어 있지만, 융통성이 있고 개별적인 특성에 맞추도록 되어 있다.
- 이론에 근거를 두고 있지만, 적용에 있어서는 실용주의를 취한다.
- 모델에 충실할 것을 강하게 요구하지만, 개인적인 창의성과 임상적 지혜에 상당 부분 의존한다.
- 포괄적이고 정돈된 모델이지만, 기계적 접근이나 워크북식의 개입모델보다 더 풍부하다.

필자는 가족치료사로서 늘 '실제 상담에서' 작동 가능한 원리에 많은 관심을 가져왔다. 앞서 언급한 바와 같이, 이 장에 제시된 가이드라인은 지역사회 기반 상담실에서 FFT를 실행했던 경험을 통해 도출된 것이다. 당시의 실행경험을 통해 우리는 FFT에 대해 추가적인 교훈을 얻을 수 있었다. 그 교훈은 가족이나 치료사에 대한 것이 아니고 FFT가 시행되는 맥락이 주는 강력한 영향력에 대한 것이었다. 우리는 각 치료사가 일하고 있는 기관의 어떠한 측면을 보게 되었는데, 기관을 통해 얻어진 어떤 '도구(tool)'가 이 치료사가 이 모델에 뿌리내릴 수 있도록 돕는다는 것과, 임상슈퍼비전의 속성이 치료사가 FFT를 잘할 수 있는 능력을 키우는 데 중요한 영향을 미친다는 것이 그것이다. 제3부에서는 세 가지의 사례연구와 더불어 이와 같은 교훈들을 다루고자 한다.

제3부

지역사회와 FFT

최근에 떠오른 증거에 따르면, 증기기반 가족치료가 연구실험에서는 효과적일지 몰라도 그것을 통제가 덜 되는 조건인 지역사회 현장 프로그램으로 항상 적용하기란 결코 쉽지 않다. 많은 연구자들(Hoagwood et al., 1995; Rowe & Liddle, 2003; Sexton & Alexander, 2002b; Henggeler, 2007)에 따르면, 일상적인 임상 현장에서 시행된 증거기반치료의 효과는 실험실 상황과 비교할 때 지속적으로 더 낮았으며, 감소율이 50% 정도였다. 이는 다른 연구(Weisz, Jenson-Doss, & Hawley, 2006)에서도 비슷했다. 보건과 정신건강 서비스 분야에서 이루어진 혁신적인 서비스의 보급에 대한 많은 연구에도 불구하고, 구체적인 증거기반실천의 실행을 위한 확실한 지침은 실제로 존재하지 않는다(Goldman et al., 2001).

이러한 발견은 FFT에서도 마찬가지이다. FFT의 긴 역사와 치료모델로서의 훌륭한 공약에도 불구하고, FFT 연구에서 발견된 것과 똑같은 성공적인 결과가 지역사회 현장에서 달성될 수 있음을 보여 주는 일은 결코 쉽지 않았다. 두 가지 이슈가 가장 눈에 띄는 것 같다. 첫 번째로 치료사의 역할이고, 두 번째는 FFT를 다양한 치료체계에 적용할 때 요구되는 구체적인 훈련 기제와 품질개선 및 자료 모니터링의 이슈이다.

지난 10년간 필자의 동료인 Jim Alexander는 모델 고유의 임상슈퍼비전 접근뿐만 아니라 체계적이고 과정에 기반한 모델을 보급시켰다(Sexton & Alexander, 2004, 2005). 이 기회는 폭력연구와 예방센터의 초대로 찾아왔고, 증거기반치료를 지역사회 현장에 적용하는 데 있어서 선두 주자 역할을 했다. 이 책의 제3부에서는 FFT를 현실적으로 성취 가능한 방식으로 지역사회 현장에 적용하는 이슈에 대해 다루었다. 제8장은 다양한 임상 현장에서 FFT모델을 적용할 때, FFT모델 충실도를 만들고 유지하고 발전시키는 데 있어서 임상적 슈퍼비전과 그 역할을 살펴본다. 제9장은 지역사회 현장의 기관들이 FFT를 택하여 효과적으로 이용하고 또 지속적인 품질향상 체계의 보급을 위한 '도구들'과 구성요소에 대한 설명을 위해 필요한 다중체계적이고 관계적인 과정에 대해 살펴본다. 또한 각 장은 FFT가 적용되었던 수많은 현장의 사례를 예로 제시한다. FFT가 고유의 현장, 서비스전달체계 그리고 지역사회 요구에 어떻게 적용되었는지에 대한 많은 예를 제공하는 것이 제3부에 있는 각 장의 목표이다.

제8장

지역사회 현장에 FFT 적용하기

임상모델의 잠재력에도 불구하고, 실제로 임상모델은 필요한 지역사회, 가족, 개인에게 전달되는 만큼만 유익하다. FFT 같은 치료모델이 도움을 주려는 청소년과 그 가족에 접근하려면, 이론이 실천으로, 학술 현장이 지역사회 현장으로, 훈련과 학습이 임상실천으로 옮겨져야 한다. 모델의 적용(translating)은 치료사와 기관 모두가 FFT를 기관의 문화와 치료 전달체계의 핵심에 통합하는 지속적인 학습과 모니터링과 원조의 계속적이고 체계적인 과정을 포함한다.

FFT는 36년 역사의 마지막 10년 동안에만 지역사회 현장에서 체계적인 방식으로 실천되기 시작했다. FFT 보급의 설계자이자 지도자로서, 필자는 FFT가 '규모를 키우고', 최상의 훈련 방법을 찾으며, 기관과 작업하고, 또 치료사가 청소년과 가족을 돕는 방법을 찾도록 도우려는 노력을 기울였다. 그렇게 하면서 확실하게 알게 된 점은 FFT나 또 다른 증거기반실천이 지역사회에서 실행되는 방식은 치료 그 자체만큼이나 가족과 청소년에게 큰 영향을 미칠 수 있다는 점이다. FFT를 지역사회에 적용하는 것은 임상모델과 마

찬가지로, 일련의 지침이 되는 원칙과 구체적인 프로토콜을 요하는 다중체
계적이고 관계적이며 자료에 기반한 과정이다. 우리는 FFT를 지역사회 현장
에 적용하는 작업이 치료를 행하는 것만큼이나 복잡하다는 점을 즉시 깨달
았다. 사실 이런 과정에 체계적인 주의를 기울이지 않으면, FFT를 가장 많이
필요로 하는 사람들이 결코 서비스를 받지 못하고, 삶을 변화시켜서 혜택을
받을 개연성을 결코 갖지 못한다. 우리는 초기의 몇 가지 생각들(예: 전체 가
족이 참여하지 않으면 회기를 갖지 않기, 강점기반 접근이 충분함)이 오히려 단순
했고, 실제 지역사회 임상 현장에 적용할 수 없거나 혹은 현실적이지 못한다
는 점을 깨달았다. 또한 우리는 실천가가 워크숍에 참석하는 것만으로는 충
분한 학습을 할 수 없었다는 점을 알게 되었다. 또한 FFT를 실행하기를 원하
고 청소년을 돕고 싶어 하고 가족의 옹호자가 되는 것이 중요하지만, 이것들
만으로는 충분한 성공요인이 되기는 어렵다는 점도 알게 되었다.

이런 여정을 밟아 가면서 우리는 과학, 임상실천 그리고 복잡하고 어려운
상황과 맞서 싸우는 가족과 지역사회의 요구를 연결하는 일련의 훈련, 슈퍼
비전, 실행, 품질향상을 위한 프로토콜을 개발했다. 이 프로토콜은 현재 FFT
를 이론에서 실천으로 옮기는 과정을 안내한다. 이렇게 현실로 옮기는 일에
서의 어려움은 미국 공중보건국장(2001)이 다음과 같이 말했던 것을 우리에
게 확인시켜 주었다. "프로그램의 효과성은 개입의 형태 못지않게 실행의 품
질에 더 많이 달려 있다. 많은 프로그램이 효과적이지 못한 것은 그 전략이
잘못 이해되어서가 아니라 실행의 품질이 나쁘기 때문이다."

모델의 보급 경험이 전국 각지로 퍼져 나감에 따라, 많은 모델(FFT, 다중체
계 치료, 기타의 증거기반 프로그램) 개발자는 수많은 어려움을 발견하였다. 예
를 들면, 치료에 대한 전통적인 교육 방식들(대학원 수업, 교재 읽기, 워크숍 참
석하기)로는 치료모델을 현장에 적용하기에 충분하지 않았다. 여기에는 두
가지 이유가 있다. 첫째, 우리는 수업과 워크숍 이후에 어떤 일이 있는지 잘
알고 있다. 금요일에 훌륭한 워크숍에 참석한다. 워크숍 동안에 훌륭한 임
상가가 보여 주는 비디오 사례가 인상적이고 마음을 끈다. 월요일에 몇 가지

를 시도하지만, 내담자의 요구와 위기가 가중됨에 따라 우리의 대부분은 우리에게 익숙한 일상으로 되돌아간다. 수요일에는 대개 기억을 되살려 우리가 배웠던 새로운 것들을 시도해 보면 좋겠다고 다시 생각한다. 하지만 금요일이 오고, 새로운 접근을 거의 시도하거나 통합하지 못했음을 기억하게 된다. 이것은 바로 가족이 치료사와 함께 새로운 통찰을 스스로 통합하려는 노력에서 경험하는 것이기도 하다. FFT와 그 밖의 증거기반 모델을 실행할 때, 치료사들은 25년간의 보건서비스 연구가 복잡한 현실 환경에 효율적 · 효과적인 중재요인을 대부분 설명하지 못했다는 도전에 직면한다. FFT 렌즈를 사용함으로써 치료사는 현장에서의 실행이 프로그램 실행자, 모델을 채택하는 기관의 문화, 임상가의 배경과 훈련, 내담자의 특징 간의 복잡한 역동을 포함하는 관계적 과정임을 받아들이게 될 것이다.

둘째, 실제 환경과 참여자의 다양성으로 인해 지식의 단순한 이전이 쉽지 않다. 기관, 치료사, 현장의 내담자는 문화적 · 지역사회적 · 민족적 범주에서 볼 때 매우 다양하다. 지금까지 FFT는 주요 내담자가 특히 중국계 미국인, 아프리카계 미국인, 백인, 베트남인이었던 기관에서 활용되었다. 어느 특정 일을 기준으로 할 때, FFT는 여덟 가지 언어(베트남어, 중국어, 네덜란드어, 스웨덴어, 영어, 아랍어, 아이티 프랑스어) 중 하나로 시행되었다. FFT를 적용했던 기관들은 약물과 알코올 집단을 위한 지역사회의 비영리 청소년발달 기관에서부터 전통적인 정신건강센터에 이르기까지 다양하다. 지난 3년 동안, 주(州) 전역에 걸쳐 다양한 치료기관에서 FFT의 실행을 강조하는 풍조가 증가했다. 예를 들어, FFT는 지난 8년간 워싱턴주의 청소년사법기관에서 실행되었다. 우리는 뉴욕주의 정신건강조직, 펜실베이니아주와 뉴멕시코주의 청소년사법기관, 네덜란드 전역에 걸쳐 전국법정신의학 치료조직의 청소년 가족치료사를 훈련시키는 프로젝트를 진행했다. 이런 현장에 있는 치료사들은 젠더, 연령, 민족성에 있어서 내담자들만큼이나 다양하다. 이 현장에서 FFT 프로그램은 재택 서비스와 전통적인 외래 프로그램으로 전달된다. 이 프로그램은 학교기반 현장에서 점점 더 많이 실행되고 있다(Mease & Sexton,

2005). 내담자, 맥락, 치료사의 다양성을 체계적 치료모델로 통합하고, 그것을 매우 많은 다양한 기관에 적용하는 것은 전혀 과장하지 않고 말해도 아주 복잡하다. 성공적인 성과는 워크숍, 매뉴얼, 개인적인 학습 이상의 많은 것을 요한다. 그것은 상담회기 연습, 치료사가 어떻게 하고 있고 또 무엇을 향상시킬 것인지에 대한 피드백과 지속적인 훈련 및 슈퍼비전을 요한다.

이 장에서는 10년간의 지역사회 기반 FFT의 적용에서 얻은 교훈과 모범적인 실천 사례를 제시한다. 이 교훈은 우리의 임상 경험, 현장으로의 이전 노력, 관계형성을 위해 필요한 대인관계과정에 대한 지식에서 비롯되며, 청소년을 돕는다는 목표달성을 위해 노력을 지속하고 실천을 변화시키는 데서 비롯된다. 하지만 이 장의 초점은 내담자로부터 지역사회로, 또 모델이 그 안에서 살아가고 성장할 수 있는 방식이지만 지역사회 고유의 방식으로 충실하게 실천될 수 있는 방식으로 이동한다. FFT를 배우고 싶어 하는 실천가들에게 그러한 교훈이 왜 중요한가? 왜냐하면 만일 치료사가 FFT를 성공적으로 사용하고 연구결과에서 보여 준 인상적인 결과를 재현할 수 있는 좋은 기회를 가지려면, 구체적인 뒷받침이 있어야 한다. 바로 그 때문에 치료사가 책임을 질 수 있다.

이 장의 목적은 FFT를 더욱 효과적으로 만들기 위해서 지역사회와 체계 수준에서 필요한 것들을 설명하는 것이다. 이 장은 우리의 노력을 안내하기 위해 발전되었던 과정기반 보급모델을 설명하는 것으로 시작한다. 그다음에는 우리가 배웠던 일련의 교훈과 FFT가 대학과 지역사회의 협력 수준에서, 사설 상담소에서 그리고 다양한 돌봄체계에 걸쳐서 얼마나 폭넓게 채택될 수 있는지를 보여 주는 네 가지 사례연구에 대해 살펴본다. 다양한 예시가 FFT모델의 폭넓은 적용을 잘 보여 준다.

1. 지속적인 품질향상(CQI)

특정 모델을 지역사회에 성공적으로 적용하기 위해서는 다중의 치료체계 영역(치료사, 기관, 서비스전달체계)에 잘 맞추어 모델의 핵심 원칙을 준수(모델에 대한 높은 충실도)하면서 전달해야 한다. 충실도(fidelity)에 대한 우리의 정의는 다른 연구자들의 정의와 같다. 즉, 그것은 특정 치료가 그 모델의 핵심적인 이론적·절차적 측면에 따라서 실행되는 정도이다(Hogue, Liddle, Rowe, Truner, Dakof, & LaPann, 1998; Waltz, Addis, Koerner, & Jacobson, 1993). 치료의 충실도가 효과적인 프로그램 전달에서 핵심적인 요소임이 확실해졌을 때, 우리는 이 이슈에 관심을 갖게 되었다(Henggeler, Melton, Brondino, Scherer, & Hanley, 1997; Hogue, Liddle, & Rowe, 1998; Koerner & Jacobson, 1994; Sexton & Alexander, 2002). 치료사의 모델 준수도(adherence) 역시 가족기반치료에서 치료 성과와 관련이 있었다(Henggeler & Schoenwald, 1999; Huey, Henggeler, Brondino, & Pickrel, 2000; Schoenwald, Henggeler, Brondino, & Rowland, 2000). 여러 연구자들(Barnoski, 2002; Sexton et al., 2002; Sexton & Turner, 출간 중)은 치료사의 모델 준수도가 FFT의 성공적 전달에서 주요한 매개요인임을 발견하였다. 높은 정도로 모델을 준수하면서 전달했던 치료사들은 그렇지 않았던 치료사들보다 유의하게 더 좋은 성과를 보였다. 치료사가 모델을 준수하지 않으면 FFT가 보통의 치료 상황보다 더 좋았다는 결과를 보이지 못했다. 청소년의 약물남용과 비행에 관한 가족치료모델에서 모델 준수도에 관한 연구들(Barnoski, 2002; Henggeler et al., 1997; Hogue et al., 1998; Huey et al., 2000; Nitza & Sexton, 2001; Sexton & Alexander, 2002a)에 따르면, 긍정적인 결과를 보장하기 위해서는 높은 수준의 충실도를 갖춘 복합적이고 매뉴얼화된 치료가 실행되어야 한다.

지역사회 현장에서 치료모델을 준수하고 유지하는 것은 쉽지 않다. 지역사회 프로젝트는 임상연구실험에서 사용하는 통제와 조건을 모두 갖추지 못한다. FFT가 원래 의도되었던 대로 확실히 전달되기 위한 실제적인 방법을 찾는 것은 지역사회 기관에 달려 있다. 영향을 미칠 수 있는 모든 변수들을 고려해 보자. 기관은 FFT의 특징에 맞는 서비스전달체계를 갖추어야 한다. 예를 들면, 내담자를 기관에 의뢰하고 치료가 시작되기까지의 사이에 짧은 시간이 분명히 있다. 어떤 서비스전달체계의 경우, 전통적으로 몇 회기에 걸친 접수면접과 사정의 절차는 FFT와 상충된다. 예를 들어서, 많은 서비스전달체계는 가족과 청소년에게 많은 서비스를 동시에 제공하는 '포괄(wraparound)' 모델을 활용한다. 다음에서 살펴보듯이, FFT는 서비스전달을 순차적으로 접근하는 기관에서 가장 잘 작동할 것이다. 예를 들어서, FFT를 가장 먼저 실행하고, 필요하면 그다음의 일반화 단계에서 FFT 치료사의 결정에 따라 추가적인 서비스를 실행한다. 마지막으로, 치료계획과 사례 건수의 이슈가 있다. 지역사회의 정신건강 서비스와 기타 형태의 심리치료 서비스 현장에서 일하는 현실은 매주 많은 시간의 수익 창출 서비스를 청구하는 법률가와 다소 비슷하게 행동해야 하는 것이다. FFT에서 필요한 체계적인 치료계획은 종종 치료사가 들인 매시간을 돈으로 청구하는 것과 상충될 수 있다.

그래서 FFT가 다양한 지역사회 서비스전달체계, 고유하고 다양한 기관 현장, 그리고 훈련과 경험과 배경이 다양한 치료사와 함께 어떻게 실행될 수 있고, 또 그러면서도 성공적일 수 있는가? 성공적인 실행은 훌륭한 가족치료와 아주 흡사하다. 즉, FFT는 기관, 치료사, 내담자의 특징에 맞추어 실행되고, 동시에 모델을 높이 준수하면서 실행된다. 치료모델은 그 완결성을 갖추고 있고, 기관은 개성을 갖고 있다.

FFT모델을 준수함과 동시에 지역사회 현장에 적용하는 것은 치료사, 슈퍼바이저, 기관을 포함하는 관계적 과정이다. FFT 보급 프로젝트에서 우리는 훈련과 슈퍼비전에서 비롯되었던 배움과 치료의 품질을 유지하는 데 도움이 되도록 기관의 구조를 개발하려는 작업을 하고 있었음을 발견하였다. 모니터링 대신에 우리는 더욱 과정중심의 접근과 계속적인 품질향상에 관여하고 있었는데, 이때 우리는 당면 현장의 작업을 더욱 개선하기 위해서 각 회기와 각 사례의 경험을 수집하여 사용하였다.

우리의 접근은 지속적 품질향상(Continuous Quality Improvement: CQI) 원칙들에 근거하였다. CQI가 새롭거나 FFT에게만 고유한 것은 아니다. 이 철학은 1990년대에 의료 영역에서 폭넓은 인정을 받았다(Deming, 1986; Ju-ran, 1964; Crosby, 1979). CQI는 1931년에 최초로 출판되었던 Shewhart의 저서인 『생산제품의 경제적 품질관리(Economic Control of Quality of Manufactured Products)』에서 처음으로 제안되었던 품질보장 접근이다. 이것은 '현재의 과정 안에서 선형적으로 점진적인 개선'으로 정의되었고, 처음부터 올바른 방법으로 올바른 일을 하는 데 초점을 둔다. CQI는 품질에 대한 책임을 경영진만이 아니라 모든 단계의 직원이 맡으며, 환경이 아니라 과정을 강조한다. 이 아이디어를 바탕으로 해서, 의학연구소(Institute of Medicine, 2001)는 의료 서비스에서의 품질을 의료 서비스와 치료가 원하는 결과의 가능성을 높이고 현재의 전문지식과 일치하는 정도라고 정의했다. CQI 과정에서 치료의 품질은 단지 치료사만의 책임은 아니다. 성공적인 CQI는 다음에 제시되는 수많은 핵심적인 구성요소를 갖춘 지속적이고, 또한 조직 전체를 아우르는 체계이다.

- CQI는 전체 기관 차원에 관한 것이다. CQI는 기관이 모든 일에서 품질을 추구하는 경우에만 성공할 수 있다. CQI는 운영진과 고위 경영진의 품질에 대한 전적인 헌신을 요하며, 임상실천 직원을 포함하여 모든 직원을 포함하고(Berwick, 1994), 품질 독창력, 팀워크, 적응력, 융통성을 지워하는 문화적 환경에 뿌리를 둔다(Boerstler et al., 1996, p. 143). 경영진은 자원을 투자해야 하고 지속적인 개선을 위해 우호적인 분위기를 만들어야 하는데, 모든 직원과 임상 직원의 작업에 있어서 품질은 필수적이다. 직원들은 자신의 작업 결과와 결과에 도달하는 방식을 지속적으로 개선하는 데 헌신해야 한다.

- CQI는 **과정에 초점을 둔다.** CQI는 과정을 이해하려고 하며, 측정되어야 하는 과정의 특징을 파악하려 하고, 변화가 일어날 때 과정을 모니터링해서 변화의 영향을 결정하고자 한다. 이를 통해서 자원을 보다 효율적으로 사용하여 생산성을 높이고, 고품질의 제품과 서비스를 만들어 내는 효율적·효과적 과정이 비롯된다.
- CQI는 **직원의 역량을 강화한다.** 과정에 대한 이해와 향상은 팀 기반 접근방식을 요하며, 여기서 직원들은 변화를 가져오는 데 참여하고 또 그런 역량을 갖게 된다.
- CQI는 **지속적이어야 한다.** 사전에 나쁜 품질을 예방하고 체계적인 방식으로 과정을 개선하기 위한 기회를 찾아가는 것이 목적이다.
- CQI는 **리더십 책임을 맡기 위한 경영을 필요로 한다.** 그래서 직원을 훈련시키고, 혁신과 직원의 참여와 역량강화 그리고 팀워크를 장려해서 직원이 문제해결의 개선과정에 기여할 수 있도록 하고, 또 기관의 개선이라는 변화에 기여할 수 있도록 한다.

FFT에서 CQI에 대한 접근은 다음과 같은 세 가지 가정을 근거로 한다.

- 모델 충실도는 다양한 관점(치료사, 내담자, 외부 자문가)에서 측정되어야한다.
- 모델 충실도와 준수도에 대한 정보는 치료사, 슈퍼바이저, 프로그램 관리자가 매일 활용할 수 있도록 늘 준비되어 있어야 한다.
- 모델 충실도와 준수도에 대한 관심은 임상실천과 슈퍼비전의 중심 부분이어야 한다.

이 접근을 지역사회 현장에서 실행하기 위해서, 우리는 모델 충실도를 모니터링하고 추적하기 위해 다음과 같은 네 가지 방법을 사용한다. 치료사의 진행노트, 내담자의 경험 보고(CPQ), 슈퍼바이저의 모델 준수도 평가, 단기적·장기적 변화 측정이라는 방법들이다. 이 도구들은 다양한 활동(치료사의 의도, 가족의 행동, 서비스전달결정과 프로파일)에 대한 다중의 관점(내담자, 치료사, 슈퍼바이저)으로부터의 정보를 제공해서, 모델 충실도에 대한 포괄적인 관점을 발전시킨다. 또한 이 측정들은 모델 준수도와 역량을 높이기 위해서 자료에 기반한 개입에 주로 초점을 두기 때문에 CQI에 반드시 포함되는 임상적 슈퍼비전의 일부이다. CQI 과정은 컴퓨터 기반 CQI 시스템(FFT Q-System)에 기반한 FFT 서비스전달체계(제9장)를 구성한다. 이 도구들에 대해서는 다음 장에서 다루도록 하겠다.

2. 효과적인 지역사회 실행의 원칙

FFT를 하나의 아이디어에서 일상의 임상실천으로 옮기는 데 필요한 것은 무엇인가? 청소년과 가족을 도울 개연성이 가장 큰 방식으로 FFT를 기관에서 실행하기 위해서 필요한 것은 무엇인가? 다음에서는 FFT의 지역사회 기반 훈련, 품질보장, 임상슈퍼비전을 안내하는 원칙들에 대해 살펴본다.

1) 체계적·지속적 훈련

이 책 전체를 통해 살펴보았듯이, FFT는 치료사가 배워서 자신의 의지로 적용하는 일련의 도구에 그치는 것이 아니라 그 이상의 것이다. 대신에 FFT는 일련의 핵심적인 개념적·이론적 원칙과 일련의 구체적인 치료절차를 갖춘 체계적 접근이다. 치료사는 체계적 훈련과 슈퍼비전을 통해서 이 접근을 할 수 있다. FFT의 실제적인 임상 적용은 책이나 개론적인 워크숍만을 통해서 배울 수가 없다. 모델에 능숙해지고 모델을 준수할 수 있게 되는 것은 체계적인 훈련 프로그램의 결과이다.

임상훈련 프로그램의 목표는 치료사와 현장 슈퍼바이저가 모두 모델을 준수하고 모델에 능숙하게 되어서, FFT가 기관에서 지속적이고 자족적인 개입 프로그램이 되도록 하는 것이다. FFT 훈련은 다음과 같은 순차적인 세 단계로 이루어진다.

- FFT를 실행할 치료사에 초점을 둔다. 주요 목표는 모델 준수, 책무성과 유능성이다.
- 기관의 구성원이자, 해당 현장에서 FFT의 품질관리 책임을 맡을 현장 슈퍼바이저에 초점을 둔다(제9장 참조).
- 협력 파트너로서의 지역사회 현장에 지속적인 교육 프로그램을 제공한다.

전반적인 목표는 참여자들이 임상모델과 슈퍼비전 모델에 대한 지식과 실행 요소 모두에 숙달할 수 있게 하는 것이다. 우리의 프로젝트는 다중 단계의 훈련과정에 달려 있다. 시간을 들여서 훈련 프로그램을 전파하고, 모델의 원칙을 학습하기 위한 순차적인 실천과 적절한 시간의 제공은 성공 가능성을 높인다. 그 순서는 치료사의 발달적 학습 곡선에 맞추어 계획된다. 그리고 훈련을 개념 영역에서 경험 영역으로(적당한 사례 건수를 근거로 함) 옮기기 위해서는 실천을 지속적으로 해야 한다.

FFT 훈련은 현재 3개의 조직을 통해서 제공된다. 기능적 가족치료 훈련기관(Functional Family Therapy Training Institute)은 인디애나대학교 증거기반 실천센터(Center for Evidence-Based Practices at Indiana University, www.cafs.indiana.edu)의 하위 기관이다. 이 센터는 미국 전역뿐 아니라 네덜란드와 아일랜드에 지부가 있다. 2개의 민간기관이 FFT 자격증 훈련 프로그램을 제공하는데, 그것은 기능적 가족치료협회(Functional Family Therapy Associates, www.functionalfamilytherapy.com)와 FFTinc(www.fftinc.com)이다.

2) 동맹에 기반한 실행

동맹의 개념은 심리치료 문헌과 가족기반 모델에서 성공적인 성과의 중요한 구성요소로서 자리매김했다(Alexander et al., 1995; Alexander & Barton, 1996). 하지만 이 개념은 실행에서도 똑같이 중요한데, 실행을 할 때는 훈련가, 치료사, 기관, 지역사회 간에 동맹이 있어야 한다. 동맹은 실행 목표의 합의, 목표달성을 위해 필요한 과업, 정서적 유대감의 확립을 포함한다. 실행을 위한 동맹을 위해서, 기관은 서비스전달체계 안에서 적절한 장소를 찾도록 노력해야 하고, FFT의 가족기반 목표를 수용해야 하며, 훈련이 시작되기 전에 CQI 원칙을 개발하고 채택하기 위한 작업을 해야 한다. 그런 다음에 치료사는 기관에 대한 사정을 하고, 초기 단계의 실행에서 FFT 채택을 방해할 수 있는 어려움과 장벽을 파악하기 위해서 기관과 함께 작업한다. Sexton과 Alexander(2004)의 제안에 따르면, 특정 모델의 보급 노력이 결국 성공하게 되는 것은 그 모델과 관련된 상황이 마련되기 때문이다. 그 상황에서 실행자, 기관 행정가, 치료사가 선택한 성공적인 모델의 목표를 성취하기 위해서 함께 작업한다.

Sexton과 Alexander(2004)는 증거기반실천의 성공적인 적용에서 보이는 몇 가지 공통적인 특징을 확인했다. 그것은 품질보장과 모델 준수도 모니터링을 통한 치료 충실도의 필요성, 프로그램이 실행되는 기관의 구조에 초점을 둠, 지역사회−실천가의 파트너십 확립의 필요성을 포함한다. 이 요소들은 또한 폭력연구예방센터(Elliott & Mihalic, 2004)가 진행한 모델의 보급 작업에도 포함되어 있으며, 현재는 지역사회 현장에서 FFT 실행을 안내한다. 이 접근은 CQI 원칙과 지난 10년간 우리가 배웠던 교훈을 통합한다.

3) 장기적인 헌신

FFT를 지역사회로 이전하는 프로젝트의 가장 중요한 목적 중 하나는 지속성이다. 그러므로 이 프로젝트는 '그 지역에서 가장 최근의 것으로' 시작하는 접근방식이라는 데서 벗어나 가족을 돕는 정규적·정상적 사업 방식이 되도록 해야 한다. 그러려면 시간이 필요하다. 즉, 치료사, 기관, 재정 지원가들이 새로운 실천을 위한 수습 기간으로 여기던 시간보다 보통 훨씬 더 많은 시간이 걸린다. 개별 기관에서의 훈련이나 직원 훈련가를 고용하는 전통적인 방식은 모델 충실성과 지속성이라는 두 가지 도전을 만족스러울 정도로 충족하지 못하는 것 같다.

의료 분야에서 훌륭한 의사가 되려면 학부를 마치고 의대에서 3년을 더 보낸 후 적어도 1년의 레지던트 훈련을 받아야 하는데, 이 모든 훈련이 주의 깊은 관리감독과 평가를 포함한다는 점은 별로 놀랍지 않다. 물론 FFT는 훨씬 더 폭넓은 분야의 전문가들이 실행하도록 고안되었지만, 앞에서 살펴보았듯이, 더 복잡하고 요구가 많은 개입이어서 신속하게 선택하고 내면화하기가 어렵다. 바로 이 때문에 FFT를 지역사회 현장에 도입해서 프로그램을 지속시키기 위해서는 치료사, 행정가, 재정 지원가의 장기적인 헌신이 필요하다. 훈련은 지속적이어야 하고, 또한 모델 개발자들과의 파트너십을 통해서 행해져야 한다. 치료사, 행정가, 재정 지원가가 헌신을 해서 자료분석, 치료사의 모델 준수도 모니터링, FFT를 잘 실천하지 못하는 치료사를 적극적으로 도와서 용기를 갖게 하고 또 잘하는 치료사에게 보상을 줌으로써 품질향상을 지속적으로 해야 한다. 헌신은 모델 충실도에 관한 것으로서, 내담자에게 훌륭한 돌봄을 확실하게 제공하기 위한 수단이다. 이런 형태의 품질향상에 개입하기 위해서 기관의 모든 수준(치료사, 행정가, 슈퍼바이저)이 책무성을 공유해야 한다. 왜냐하면 치료적 개입을 성공적으로 만들어 내기 위해서는 그들 모두가 필요하기 때문이다. 마지막으로, 관련된 모든 사람이 장기적 추이를 계속해서 지켜봐야 한다. 치료사나 기관이 FFT에 대한 헌신을 당장 내면화하기란 사실상 거의 어렵다. 사실 그 과정은 청소년의 행동을 변화시키기 위해 찾아오는 가족의 그것과 아주 비슷하다. 말하자면, 훈련에 참여하는 것은 성공을 향한 첫 번째 단계에 불과하다. 관계형성 다음에는 구체적인 행동변화 및 어려움을 극복하기 위한 관심이 지속적으로 뒤따라야 한다.

결국, FFT의 지역사회 이전 프로젝트는 장기적으로 지속 가능하고 기관과 지역사회 구조의 일부가 될 때만 성공할 수 있다.

4) 치료모델을 기관과 서비스전달의 특성에 맞추기

매칭하는 조직과 서비스전달의 특징의 중요성은 아무리 강조해도 지나치지 않다. 실제로 연구결과에 따르면, 기관의 구조와 분위기는 내담자의 성과에 직접적인 영향을 미친다. 우리의 경험도 이와 똑같다. 게다가 우리는 FFT를 프로그램으로 채택하는 것과 그것을 장기적으로 지속하는지 여부에도 기관의 구조와 분위기가 비슷한 영향을 미친다는 점을 발견하였다. 이러한 아이디어는 새삼 놀랍지 않지만, FFT 같이 새로운 실천방법을 채택하려고 하는 보통의 맥락을 놓고 볼 때, 이런 아이디어의 중요성은 더 분명해진다. 대개의 경우 FFT는 보조금이나 또 다른 형태의 스타트업 자금의 형태를 통해서 기관으로 들어간다. 그런 프로젝트에 대한 전통적인 접근방식은 실천이 이루어지는 맥락보다는 훈련 같은 이슈에 초점을 두었다. 게다가 혁신은 흔히 기관이나 서비스전달체계의 기관장이나 소수의 치료사에 의해서 적극 주장되고 제안된다. 열정이 적거나 적극적이지 않은 사람들은 별로 관여하지 않을 것이고 뒤처질 것이다. 종종 기관의 장기 계획이나 서비스로 통합되지 못하는 별개의 프로젝트가 성과를 내기도 한다. 특정 실천을 채택하는 법을 배워야 하는 치료사는 상류 쪽으로 헤엄치는 것처럼 느낄 수 있다. 즉, 새로운 개입 프로그램을 배우고 또 상황의 관성에 따른 당김에 저항한다고 느낄 것이다.

Glisson과 James(1992)는 기관의 특성(문화, 분위기, 구조)과 아동의 정신건강서비스의 성공적 전달 간에 성험석 연관싱이 있음을 확인했으며, 그리하여 이 변수들이 보급 과정의 실로 중요한 측면들이라고 했다. 기관의 분위기는 치료사가 자신의 작업환경을 인식하는 방식의 함수이다. 즉, 기관의 분위기는 그 환경에서 생활하고 일하는 사람들이 직간접적으로 지각하는 작업환경에 대해 일련의 측정할 수 있는 특성으로 나타나며, 사람들의 동기와 행동에 영향을 주는 것으로 가정된다. 기관의 문화는 기관에서 일이 진행되는 방식을 처방하는 신념과 기대로 구성되는데, 이는 신규 직원을 사회화하는 기초가 된다. 사람들이 자신에게 무엇이 기대된다고 생각하는지에 초점이 있다기보다는 자신의 작업 단위에 있는 사람들에게 어떤 기대와 규범이 있다고 믿고 있는지에 초점이 있다. 기관의 구조는 권력의 집중과 기관 내 역할의 형성과정을 말한다. 그것은 의사결정에의 참여, 권위의 위계, 노동의 분배, 기관 단위 구성원들 간에 일과 관련된 상호작용을 안내하는 구체적 절차를 포함한다.

앞에서 살펴보았듯이, FFT를 기관에 매칭하는 데 있어서 한 가지 중요한 도전은 FFT를 다른 서비스와 통합하는 것이다. 가족이 FFT에 의뢰될 때, 종종 그들은 동시에 지역사회의 다른 서비스(예: 부모교육, 분노조절, 원조 등) 혹은 전문 서비스(부모와 청소년을 위한 개인치료, 집단치료 등)에 개입되어 있다. 사실 많은 전통적인 포괄적 돌봄과 법정명령에 의해 움직이는 체계와 정신건강기관은 의도적으로 가족에게 그렇게 많은 자원을 제공한다. 이런 서비스들이 도움이 되기도 하지만, 각각의 서비스들이 무심코 혼합된 메시지를 보내지 않고 또 서로 상충되지 않도록 체계적인 조정이 필요하다.

이는 특히 FFT에서 중요하다. FFT는 가족에 초점을 두는 모델로서, 치료적 개입의 초기 단계에서는 문제에 대해 가족에 초점을 두는 관점을 취하도록 한다. 개인 초점 서비스는 일반적으로 청소년이나 부모에게 문제의 소재를 두며, 혹은 가족관계체계가 아닌 다른 것에 직접적인 관심을 둔다. 이러한 개인 초점은 FFT의 진행을 방해할 것이다. 그 결과, 우리는 FFT를 진행하는 동안에 모든 다른 전문적인 상담 서비스를 종료하거나 보류하라고 제안한다. 만일 그런 서비스들이 지속되면 FFT 치료사는 다른 서비스가 어떻게 향상될 수 있는지 혹은 더 중요하게는 FFT와 상충될 수 있는지 이해하기 위해서 그런 서비스 제공자와 손을 잡아야 한다. 더욱이 다른 교육 서비스를 주의 깊게 평가해서, FFT 이후에 그런 서비스를 시작할 가능성을 결정해야 한다. FFT의 일반화 단계에서는 치료의 영향을 증가시키는 쪽으로 가족에게 맞추어 부가적인 서비스를 할 수 있으며, 이는 지역사회 서비스를 더욱 효과적으로 사용하도록 이끌어 준다. 이런 방식으로 서비스를 연결하려면 종종 FFT 팀이 돌봄의 공동체를 조직함으로써 지역사회 서비스 제공자들을 교육해야 할 것이다.

3. 지역사회 현장에서의 FFT 적용 사례

다음에서는 FFT 실행 프로젝트의 네 가지 예를 설명할 것이며, 이는 의도한 대로 FFT 작업을 하기 위해 주의가 필요한 폭넓은 체계 수준의 이슈들을 파악하기 위함이다. 각 사례는 일련의 고유한 도전을 보여 주고 일련의 구체적 교훈을 제공한다. 이 모든 사례는 FFT가 시작부터 현재의 위치에 이르기까지 얼마나 먼 길을 걸어 왔는지 설명해 준다. FFT의 시작은 유타대학교의 작은 전문훈련센터에서 대학원생들이 솔트레이크시의 소년법원에 있는 대부분의 백인 청소년과 일했던 것에서 비롯되었고, 현재는 현실 세계의 다양하고 복잡한 지역사회 기반 조직에서 사용되는 모델이 되었다. 이러한 예들은 또한 과정에 기반한 실행모델을 보여 주는데, 그 덕택에 이 모델이 성공을 거두었다.

첫 번째 예는 최초로 행해졌던 FFT 프로젝트였는데, 가장 큰 프로젝트로 계속되고 있다는 점에서 독특하다. 대학-지역사회 파트너십에서 필자와 임상팀은 라스베이거스 가족 프로젝트(Las Vegas Family Project)를 만들었는데, 이는 수많은 청소년에게 FFT를 실행하는 훈련, 서비스, 연구 센터이다. 이 프로젝트는 지역사회 대상의 질적인 FFT 서비스를 자료기반 모니터링 및 슈퍼비전과 조합하였고, FFT를 검증하고 또 모델 고유의 변화기제를 입증하는 데 도움이 되었던 효과성 기반 연구를 수행할 수 있게 하였다.

두 번째 예는 FFT를 전국의 청소년사법기관에 걸쳐서 거의 10여 년에 걸처 실행한 경우이다. 워싱턴주는 증거기반실천을 받아들인 첫 번째 주였다. 이 프로젝트는 FFT가 청소년사법기관의 전반적인 분위기를 바꾸는 데 일정 역할을 하였고, 또 그런 노력에 대한 체계적인 평가가 지역사회 실행의 핵심적인 요소(즉, 치료 충실도)를 파악하는 데 어떻게 도움이 되었는지를 보여 준다. 나머지 두 예는 FFT가 문화적으로 다양한 집단의 내담자에게 어떻게 사용될 수 있는지를 보여 준다. 하나의 현장은 미국의 대도시에 있는 라틴 아메리카계, 남아메리카계, 아프리카계 미국인 및 아이티 청소년과 작업하는 지역사회 정신건강조직이다. 또 다른 현장은 네덜란드의 암스테르담에서 정신과가 관리하는 정신건강센터에서 FFT를 실행한 국제 프로젝트이다.

이 예들은 많은 면에서 다르지만, 각 예는 모델의 적용과정에서 동일하게 체계적 접근을 할 필요성과 치료 프로그램의 장기적인 지속성에 영향을 미칠 수 있는 다중체계에 대해 생각해 봐야 함을 보여 준다. 다음의 세 가지 예는 지역사회 현장에서 FFT 실행을 위한 원칙을 안내하는 데 사용할 수 있는 일련의 교훈이 될 수 있다.

1) 가족 프로젝트: 연구, 훈련, 지역사회 기반 실천의 통합

가족 프로젝트(Family Project)는 서비스전달, 훈련, 연구를 하나로 합치기 위한 수단으로 만들어졌다. 이것은 라스베이거스 소년법원과 네바다대학교 간의 파트너십으로 시작했는데, 필자가 여기서 전문가 역할을 했다. 현재 이 프로젝트는 인디애나대학교에서 운영하고 있으며, 이 역시 연구, 훈련, 임상실천을 연결하고 있다. 1998년에 시작된 가족 프로젝트에서 일하는 치료사는 4,000명 이상의 청소년과 그 가족에게 FFT를 제공했다. 게다가 이 프로젝트는 전 세계의 기관에 속한 500명 이상의 FFT 치료사에게 실제적인 지역사회 기반 훈련 경험을 제공했다. 또한 이 프로젝트는 청소년사법기관의 몇 가지 중요한 문제해결에 도움이 되었다. 가족 프로젝트가 시작되었던 당시에 라스베이거스의 청소년사법기관은 매달 1,200명 이상의 청소년에게 초기의 접수면접 사정을 실시하고 있었다. 주 카운티의 소년원은 초만원이었으며, 지역사회 서비스 제공자들은 사례 건수를 감당할 수조차 없었고, 하물며 효과적인 증거기반치료를 제공할 수 없었다.

가족 프로젝트에 의해 제공되는 서비스는 독특하였다. 내담자들은 판사의 직접적인 법정명령의 결과로, 소년법원의 접수면접 과정에서 초기 선별의 결과로, 개별적인 가족기반 서비스의 소개로, 그리고 지역사회로 돌아가는 청소년에게 지역사회 기반 치료현장을 필요로 했던 지역 소재의 거주치료시설에 의해 의뢰되었다. 내담자들의 연령은 10~18세였고, 20% 이상이 라틴계 미국인이었으며, 20%가 아프리카계 미국인이었고, 의뢰된 문제의 범위는 초기의 위험행동(귀가시간 위반, 가족갈등)에서부터 심각한 범죄(무장강도, 폭력, 주요 마약 범죄)에 이르기까지 다양하였다. 서비스는 필자가 FFT를 훈련시켰던 경험이 많고 자격을 갖춘 가족치료사 집단에 의해서 기관의 상담실에서 제공되었다.

이 프로젝트의 서비스전달체계는 사전동의서에 서명을 받으려는 목적으로 접수면접을 짧게 했고, 그다음에 바로 이어서 첫 회기를 진행했다는 면에서 독특했다. 치료사들은 일정을 유연하게 조정할 수 있을 만큼의 사례 건수를 맡았는데, 이는 임상적으로 필요할 때 치료사들이 가족을 즉시 볼 수 있고 가족의 요구가 있으면 가정방문 일정을 다시 잡을 수 있었음을 의미한다. 이 사례들을 슈퍼비전하고 계획한 우리의 경험에서 나왔던 직원 채용과 슈퍼비전 과정은 제9장에서 다루는 FFT 임상슈퍼비전(Sexton, Alexander, & Gilman, 2004)의 씨앗이 되었다. 가족 프로젝트를 통한 FFT의 전달은 현재의 보급모델에 핵심요인이 되었던 수많은 것을 우리에게 가르쳐 주었다.

- FFT는 의뢰된 후에 바로 전달되었을 때 가장 효과적이었다. 가족 프로젝트에서 우리는 각 가족을 24시간 내에 접촉하고 또 의뢰된 후 48시간 내에 첫 번째 회기를 갖는 모델로 진화하였다. 이 모델은 15% 이하의 누적 중도탈락률을 보였는데, 이는 다른 모델과 전통적인 서비스의 중

도탈락률 보고보다 훨씬 더 낮다(Kazdin, 2007).

- 임상슈퍼비전이 성공적이기 위해서는 모델에 초점을 두고 진행되어야 한다. 각 사례에 대한 슈퍼비전은 모델 준수도 발달을 기반으로 했는데, 동시에 내담자에게 맞추고 상담실의 고유한 도전을 다루며 또 체계적으로 이루어졌다. 그 결과 FFT 슈퍼비전 매뉴얼이 만들어졌고, 모델의 적절한 실행을 보장하는 관계과정, 다양한 단계, 방법들을 상세히 제시하였다.

- FFT는 다양한 청소년, 다양한 문제, 다양한 가족구조에 사용될 수 있다. 가족 프로젝트는 의뢰된 모든 청소년에게 FFT를 제공하였다. 우리는 치료를 받을 수 있었던 가족체계의 일원이 누구든 그들과 작업하였다. 그래서 우리는, 예컨대 계부나 형제자매가 함께 오지 않았던 가족에 대한 치료를 거부하지 않았다. '합동(conjoint)'에 대한 우리의 생각은 더욱 현실적이 되었고, 덜 경직되었으며, 더욱 개입적이게 되었다.

- 서비스전달 시 융통성은 중요하였다. 우리는 전통적인 서비스에서 매우 흔한 일주일에 한 번의 회기가 FFT에서는 반드시 성공적이지 않았음을 발견하였다. 가족 프로젝트의 치료사들은 일주일에 한 번 이상의 회기를 잡을 수 있었고, 다음 회기의 취소나 노쇼(상담에 나타나지 않음)에 대해서도 다시 일정을 잡을 수 있었으며, 재발방지 능력을 높이기 위하여 일반화 회기를 적절히 조정할 수 있었다. 이러한 융통성은 가족의 요구에 부합했으며, 의사결정을 상황에 맞게 한다는 원칙에 부합했다.

가족 프로젝트는 훈련을 위해서도 독특한 기회를 제공했다. 대학교와 지역사회 기관 모두의 협력적인 합의를 통해서, 전 세계에서 온 치료사들이 치료팀에 합류할 수 있었고 슈퍼비전을 받으면서 가족 프로젝트에 속한 가족에게 FFT를 제공할 수 있었다. 가족 프로젝트의 훈련 임무는 가족치료의 창시자들에 의해 발전된 가족연구소 모델을 따랐다. 1970년대의 필라델피아 아동지도 클리닉과 아주 똑같이, '엑스턴십(externship)'이라고 불린 것이 시행되었다. 이것은 치료사들이 3~5개월의 기간 동안 한 달에 3~4일 동안의 가족 프로젝트 현장에 참가했던 집중적인 훈련경험이었다. 각 사례는 일방경 앞에서 시행되었고, 훈련 중인 치료사들이 관찰하였으며, 녹화를 하여 훗날의 치료사가 리뷰하고 분석할 수 있도록 하였다. 훈련과정에서 각 사례와 각 회기는 아주 자세히 계획되었고 관찰되었다. 사례에 대한 슈퍼비전은 현장에서 진행되었다. 슈퍼바이저는 치료사가 내담자와의 대화의 방향을 바꾸고 초점을 재조정하도록 돕기 위해서 회기에 개입하였다. 이렇게 하여 가족에게 즉각적인 영향을 미칠 수 있었고, 치료사에게 실시간 피드백과 배움을 제공했다.

이러한 훈련 프로젝트는 처음으로 우리가 계획 단계에서, 개별 회기에서 그리고 시간이 흐르면서 진행되는 일련의 회기들에서 FFT 치료의 전전을 볼 수 있었음을 의미했다(Alexander, Bonomo, Ostrom, & Sexton). 이것은 우리에게 Hoffman(1981)이 일방경 뒤의 관점이라고 한 점을 제공했는데, 여기서 어떤 말을 했고 어떤 개입이 실행되었는지에 대한 가장 작은 세부사항에도 주의를 기울일 수 있다. 훈련 중인 치료사에게 엑스턴십의 기회는 모든 FFT 훈련과정 가운데 가장 귀한 것이었다. 왜냐하면 그 기회는 실제적이고 적용력이 있었기 때문이다. 그 기회를 통해서 우리와 그들은 그들의 강점과 실제 작업에서의 도전을 발견할 수 있었다. 즉, 슈퍼비전이 더 이상 임상가의 보고에 기초하지 않고, 실제 관찰을 통해서 이루어졌던 것이다.

우리는 훈련에 관해 수많은 교훈을 얻었다. 예를 들어, 우리는 치료사들이 무엇을 했는지에 대한 그들의 묘사가 늘 그들이 실제로 행했던 것과 반드시 일치하지 않았다는 점을 발견하였다. 그래서 우리는 다음 장에서 다루는 임상에 기반한 모델 준수도 측정방법을 발전시키는 데 고무되었다. 우리는 치료사들이 전통적인 훈련에서 획득한 개념적 전문적 지식을 일단 갖추고 있으면, 실제의 임상 사례에서 더 잘 배웠다는 것을 알게 되었다. 그것이 단순한 것 같지만, 우리는 곧 아는 것과 행하는 것이 아주 다르다는 사실에 직면했다. 그렇게 해서 우리는 성공적인 치료사가 되기 위해 필요한 것에 대한 아이디어를 확장하는 데 고무되었다. 다음 장은 임상슈퍼비전에 대한 우리의 준수성과 역량 모델에 있어서 이러한 노력의 결과를 다룬다. 더욱이 FFT를 개념모델에서부터 실제 행동으로 옮기기 위한 많은 임상 지침은 제7장에서 다루었는데, 이는 바로 이러한 경험에서 나왔다. 우리는 가족이 슈퍼비전 팀의 도움과 관여를 좋아한다는 것을 알게 되었다. 훈련 중인 거의 대부분의 치료사는 슈퍼비전 팀이 있고, 슈퍼비전을 위해 치료를 중단하며 또 녹화를 하는 것이 가족의 자발성을 줄이고, 치료과정에 개입하기 어렵게 만들고, 치료의 진행을 바꿀 것이라는 걱정을 가지고 시작하였다. 실제로는 그렇지 않았다. 사실 가족은 한결같이 그들이 받았던 치료의 이러한 특성들을 하나하나 다 좋아했다. 이런 경험으로 인해 우리는 현장에서 비슷한 형태의 개방적이고, 현장에서 직접 하며, 협력적인 슈퍼비전방식을 더 많이 사용하는 데 고무되었다.

우리는 FFT에 대하여 수많은 것을 배웠다. 가족 프로젝트는 현존하는 가장 큰 FFT 임상자료를 생성했다. 그래서 첫 회기에서 마지막 회기까지 임상모델의 진전을 처음으로 보여 주는 FFT 회기의 수많은 비디오테이프 도서관을 만들게 되었다. 이런 방대한 자료에서 나온 주목할 만한 숫자의 연구기반 결과들이 어떤 사례에서는 FFT 임상모델의 타당성을 입증해 주었고, 다른 사례에서는 이 모델을 더욱 발전시키는 데 도움을 주었다. 예를 들면 다음과 같다.

- Sexton과 동료들(Sexton, Ostrom, & Bonomo, 2000)의 연구결과에 따르면, FFT를 받았던 지역기반 연구의 청소년들은 대안적 치료집단에 있던 청소년들보다 1년 후에 재발률이 25~40%에서 더 낮았다. FFT는 약물사범, 폭력, 재산 범죄를 포함하여 다양한 호소문제에 똑같이 효과적이었다. 인디애나대학교의 가족 프로젝트 연구가 최근의 추후 연구(Sexton & Turner, 출간 중)와 더불어서 밝혔던 점은 FFT가 다양한 지역사회 실천 현장에서도 여전히 효과적인 모델이라는 것이다.

- Sexton과 Mease(2002)는 초기의 FFT 연구결과를 다시 연구했는데, 임상적으로 유의한 변화가 재발률 같이 폭넓은 성과만이 아니라 부모와 청소년 가족의 기능에도 일어났음을 발견하였다.

- Nitza(2002) 및 Nitza와 Sexton(2002)은 가족의 부정성과 그것이 중도탈락에 미치는 영향을 조사할 수 있었다(제4장 참조). 이 연구에서 실천을 위한 두 가지 중요한 시사점이 도출되었다. 첫째, 상담실의 부정성이 중요하다. FFT는 가족원들 간의 실제적인 사건을 포함해야 한다. 둘째, 회기가 끝나기 전에 부정성을 줄이는 것이 중요하다.

- Snydor(2007)와 Gilman(2008)은 FFT 슈퍼비전의 중요한 구성요소의 영향을 연구했다. 실제 슈퍼비전 회기에 관한 연구에서 이들 연구는 모델준수도와 유능성의 중요한 관계 그리고 모델 충실도의 영향을 확인할 수 있었다. 두 연구 모두 적극적이고 체계적이며 모델에 초점을 둔 슈퍼비전 과정의 필요성을 보여 주었다.

- Erickson(2008)은 FFT가 청소년 성범죄자에게 효과적임을 발견하였다. 우리는 FFT가 3개월에 걸쳐 일주일에 한 번 실시되면, 2년 동안 지속되는 개인·가족·집단 치료를 요하는 전문적인 성범죄자 치료 프로그램의 효과와 똑같은 결과를 낼 수 있었음을 발견하였다. 이 연구가 경비절감에 시사하는 점은 중요하다.

가족 프로젝트 작업은 계속되고 있다. 인디애나대학교의 청소년가족연구센터에서 현재 우리는 초기의 동맹과 중도탈락의 역할, 가족비난의 변화와 그것이 성과에 미치는 영향, FFT의 행동변화와 일반화 단계의 필수 구성요소에 대한 연구를 진행 중이다. 우리는 또한 FFT 작업을 확장하여, 가족이 있는 청년이 사법기관에서 벗어날 때 그들에 초점을 둔 작업을 하고 있다. 더 중요한 것은 가족 프로젝트 작업이 서비스전달 기제와 훈련 원칙에 관한 지속적인 연구, 그리고 FFT 같은 임상모델이 지역사회 현장에서 성공적인 치료모델로 남아 있기 위해서 필요한 연구를 지속해야 할 필요성을 보여 준다는 것이다. 그것은 또 FFT 같은 치료모델을 전달하고 실행하는 데 있어서 대학교-지역사회 파트너십의 가치를 보여 준다.

2) 워싱턴주 이야기: 제도 전반에 걸친 FFT의 실행

1997년에 워싱턴주의 법은 증거기반실천의 시대를 여는 과감한 단계를 밟았다. 주 전역에 걸쳐 있는 14개의 청소년 법원은 청소년사법기관에서 청소년에게 전달되었던 유일한 서비스인 FFT 같은 증거기반실천을 위한 노력의 일환으로서 FFT를 선택해서 실행하기 시작하였다. 인구학적으로 다양한 현장은 도시(시애틀, 에버렛, 타코마), 중간 크기의 지역사회(스포케인과 트리시티) 그리고 멀리 떨어진 농촌지역(산후안 아일랜드)에 위치하였다. 지역의 지속 가능성을 구축하기 위해서 30명의 신규 FFT 치료사가 6개의 작업집단으로 조직을 이루었다. 이것은 어떤 치료사도 단독으로 일하지 않으며, 해당 단위의 모든 구성원은 집단으로 훈련, 사례자문, 추후의 훈련에 참여할 것임을 보장하는 것이다. 그다음의 10년 동안, 이런 초기의 프로젝트는 FFT 전달과 품질보장을 주 전체에 적용하는 포괄적인 제도로 진화하였다. 이제 FFT는 청소년사법제도 안에서 제도화되었으며, 법원과 연루되어 오는 모든 청소년에게 적용될 수 있다. 이 프로젝트의 일상적인 운용은 주 전체의 FFT 품질보장관(Quality Assurance Director: QAD)에 의해 조정되며, FFT모델 개발자와의 파트너십 속에서 행해진다. QAD는 FFT 품질보장 데이터베이스(제9장 참조)를 사용하여 주 전역에 걸쳐 FFT 서비스를 모니터링한다. 주 전체에 걸친 품질보장 계획(지역사회 청소년책임법, Community Juvenile Accountability Act)은 QAD의 활동을 안내하기 위해 개발되었는데, FFT모델을 준수하지 않는 치료사의 실행을 파악하여 개선할 단계들을 제공한다. 이런 단계들은 평가와 처벌보다는 지역사회 치료사의 작업 지원과 향상을 도모하는 비공식적·공식적 개선 계획을 포함한다. 이 계획은 치료사가 자신의 실행에 대해 구체적이고 시의적절하며 구체적인 정보를 받아야 한다는 원칙 위에서 운용된다. 즉, 치료사는 문제가 일어나는 초기에 통보를 받고, 향상을 위한 구체적이고 개별화된 계획의 개발에 대한 도움을 받는 것을 포함한다.

이 프로젝트는 우리에게 FFT 훈련, 슈퍼비전, 임상모델로 통합되었던 수많은 교훈을 주었다. 또한 이 프로젝트는 이러한 노력들을 지지하고 초점을 유지하도록 도왔던 많은 연구를 생산했다.

- 이 프로젝트는 FFT 훈련모델을 처음으로 시험한 것이었다(Alexander et al., 2000; Sexton & Alexander, 2004). 그것은 훈련, 엑스턴십, 슈퍼비전, 지속적인 품질보장 모델이 내담자의 긍정적인 결과를 가져오는 데 효과적이었음을 보여 주었다.
- FFT는 심각한 임상문제를 가진 다양한 청소년에게 효과적이었다(Sexton & Turner, 2011). 이 프로젝트에 대한 고찰은 제3장의 연구 부분에 있다. FFT는 추후의 형사사법기관에 연루됨에 있어서 통계적으로 유의한 감소[b=-.51, p<.033]인 31%의 감소를 보였다(13.2% 대 19.2%). 더욱이 FFT를 받았던 청소년들은 폭력의 재발률이 43% 감소되었다(2.5% 대 4.4%).
- 치료사의 역할은 매우 중요했다. 긍정적인 결과는 FFT를 설계된 대로 전달했던 치료사에게서만 확실히 나타났다. 이것은 품질보장과 실행계획이 성공적인 지역사회 실행에 아주 중요함을 의미한다(제9장 참조).
- 마지막으로, 이러한 결과는 지역사회 현장에서 치료의 효과성을 측정하는 또 다른 방법인 유의미한 비용 절감으로도 나타난다. 가족당 FFT의 전체 비용은 2,500달러로, 아주 낮은 수치이다(다른 영역의 비용은 지역 상황에 따라 다름). Aos와 Barnoski(1998)가 개발한 연산법을 사용하면, FFT는 워싱턴주의 소송 비용과 범죄 피해자 비용으로 청소년당 16,250달러를 절감시켰는데, 여기에는 가족원들이 받았던 정서적 고통은 포함되지 않는다. 첫해에만 이 프로젝트는 1,121,250달러의 비용을 절감시켰다. 이와 똑같은 연산법을 쓰면, FFT의 전달에 매번 1달러를

투자하면 14.67달러 이상을 절약하게 됨을 알 수 있다.

3) 마이애미 FFT 프로젝트

FFT모델의 개발자이자 치료사로서 우리는 FFT의 과정과 결과에 있어서 내담자의 인종, 문화, 민족성에 점점 더 많은 흥미를 갖게 되었다. 초기의 성과 연구자료에 따르면, FFT는 젠더나 인종과 상관없이 똑같이 성공적이었다. 앞에서 설명한 워싱턴주의 FFT 프로젝트 자료에 따르면, 인종과 민족을 기초로 한 성과에서 차이가 없었다. 하지만 이러한 이전의 연구결과에도 불구하고, 더욱 체계적인 연구가 필요하다는 생각이 들었다. 지난 6년에 걸쳐서 매우 성공적인 FFT 프로젝트가 플로리다주 마이애미 소재의 소아정신의학센터(CPC)에서 개발되었다. CPC는 데이드카운티의 소년법원, 그리고 마이애미와 그 주변 지역에서 도움이 필요한 청소년들에게 가족기반치료를 제공하는 아동복지기관과 긴밀한 관계 속에서 작업을 한다. CPC는 히스패닉, 쿠바인, 아프리카계 미국인, 남아메리카인, 아이티 가족 같은 다양한 가족 대상의 서비스를 제공하는 것으로 잘 알려져 있다. 지난 5년에 걸쳐서 CPC의 FFT 프로젝트는 68%가 히스패닉이고, 27%가 아프리카계 미국인이며, 5%가 아이티계 미국인 청소년과 가족에게 서비스를 제공했고, 치료사의 배경 역시 다양했다. 그 결과, 이 프로젝트는 내담자의 참여율과 프로그램 완료율 그리고 FFT 결과로 비롯된 가족 내 변화를 살펴봄으로써, 문화적으로 다양한 내담자에게 FFT의 역할을 검토하기 시작한 중요한 장소가 되었다.

이 프로젝트는 FFT가 매우 다양한 지역사회에 어떻게 실행될 수 있는지를 보여 준다는 면에서 독특하다. 또한 이는 문화적으로 다양한 치료사 훈련에 있어서도 처음으로 몇 가지 경험을 제공했다. CPC에서 FFT는 스페인어, 영어, 아이티 프랑스어로 전달되었다. 이는 다른 지역사회 실천 현장에서 사용된 것과 동일한 훈련과 임상모델을 실행하였기 때문에, CPC 프로젝트의 결과는 FFT모델의 문화적 역량에 대해 처음으로 몇 가지 증거를 제공했다.

- 5년 프로젝트 동안에 CPC 프로그램에 진입했던 청소년들 가운데 거의 80%가 FFT를 수료했다. 마이애미의 아프리카계 미국인, 히스패닉, 혹은 아이티 가족의 수료율은 미국의 다른 지역, 예를 들면 라스베이거스에서의 수료율과 비교했을 때, 유의한 차이가 없었다.

- 마이애미에서 FFT 프로그램을 수료했던 가족은 가족기능과 가족원의 개인적 증상 수준에서 유의한 변화를 보였다. 가족기능과 개인기능에 대한 표준적 측정(청소년용 성과 질문지; Lambert & Burlingame, 2002)에 따르면, FFT에 참여한 어머니들과 아버지들은 개인 내적 스트레스, 대인관계, 신체화 문제와 정신건강 문제, 사회적 문제, 행동 역기능을 포함한 다양한 영역에서 청소년 자녀의 행동이 임상적으로 신뢰할 만한 변화를 보였다고 보고했다.

- 재발률 감소의 측면에서 FFT는 이 프로젝트를 대변했던 각 문화집단 청소년에게 똑같이 효과적이었다(Dunman, 2009). 그래서 이 프로젝트의 가족에 초점을 둔 관점과 개별화된 접근 때문에, FFT가 문화적·인종적 경계를 뛰어넘는 접근임을 제시한 예비 자료를 확보하게 되었다.

- 우리는 치료사와 가족의 인종이나 민족을 매칭하는 것이 성과에 아무 영향이 없었음을 발견하였다. 다시 말하여, 내담자가 치료사에게 배정된 것은 그저 빈 자리가 있는 곳이었다. 치료사와 가족의 문화와 민족 배경이 서로 다른 경우가 아주 많았다(Dunman, 2009). 확실히는 잘 모르겠지만, 그것이 아무 차이도 만들지 못했던 이유는 민족이나 인종보다 개별 가족에 매칭하는 것이 FFT 이론과 실천의 핵심 부분이기 때문인 것 같다.

4) 암스테르담 프로젝트: 법정신의학 치료현장에서의 FFT

청소년의 심각한 행동문제는 국제적인 관심사가 되었고, 이에 대해 많은 국가는 증거기반치료프로그램을 실행하는 것으로 반응했다. 네덜란드에서는 청소년 범죄가 사회적 위험요인으로 출현하였다. 지난 20년에 걸쳐서 자기보고식 측정과 경찰의 공식집계 모두 대략 37%의 네덜란드 청소년들이 지난해에 범죄행위를 하였음을 시인했다고 밝혔다. 게다가 이 연령집단에서 폭력범죄 행동의 수치가 지난 20년에 걸쳐 3배 증가했다(Boendermaker & Van Yperen, 2003). 청소년들의 폭력범죄 증가 경향과 그에 따른 청소년의 문제행동에 대한 사회적 관심에 반응하여, 청소년 비행을 위한 성공적인 치료모델을 파악하는 것이 네덜란드의 급선무가 되었다. 네덜란드에는 전국 보건과학연구소와 정신건강서비스 제공자 외에도 법무부와 보건부가 훌륭하게 확립되어 있고, 또 효과적인 임상개입모델을 찾아 나섰다. 그들은 미국의 임상개입모델에 관심을 가졌는데, 그 이유는 미국 모델이 체계적 성과연구의 긴 역사를 가지고 있었기 때문이다. 그 결과, 법무부는 최근에 FFT를 치료의 주요 선택 중 하나로 채택했다. 법무부와 보건부는 다양한 지역사회 서비스 제공자에게 FFT의 훈련과 실행을 지원했다. 현지의 지역사회 서비스 제공자들은 FFT가 정신건강기관에 아주 잘 맞는다는 점을 발견하였다. 그 이유는 FFT의 치료적 초점 때문이었는데, FFT의 초점은 사례관리 접근을 공통적으로 이용하는 흔하고 많은 다른 모델과 대조가 되었다. FFT는 전통적인 가족치료 접근에 훨씬 더 가까운데, 이 점이 전문 스태프들에게 호소력이 있었다.

그럼에도 불구하고, 이러한 정신건강 문화에 가족모델을 도입하는 것만으로도 어려움이 있었다. 의료적 접근은 청소년(정신건강 문제, 또래 영향)과 부모(관계 갈등, 부모의 정신건강 문제, 가족력, 교육수준) 개인의 위험요인을 진단하는 데 초점을 둔다. 이미 살펴보았듯이, FFT는 개인에 초점을 두기보다는 관계에 초점을 두며, 진단보다는 지속적인 사정을 중시한다. 문화적 차이를 극복하려면, FFT 가족치료 자문가(필자), 지역의 가족치료사, 치료시설의 정신과 과장 간에 신뢰를 발전시켜야 했다. 우리는 이 프로젝트에 대한 공동의 비전을 신중하고 참을성 있게 발전시킴으로써 강력한 관계적 동맹을 구축했고, FFT를 실행하는 동안에 군건한 파트너십을 구축하는 데 의도적으로 초점을 두며 실행하였다.

　이 프로젝트의 한 가지 목표는 미국의 가족치료모델을 네덜란드 환경으로 이동하는 데 필요한 문화적 적응요인을 확인하는 것이었다. 미국과 네덜란드는 크기가 다르지만, 두 나라는 몇 가지 동일한 유럽 문화의 유산을 공유한다. 즉, 개인에 대한 가치, 표준적인 핵가족(아버지, 어머니, 두 자녀) 그리고 기독교 유산을 공유한다. 미국과 마찬가지로 네덜란드도 다문화 사회로서, 이제 교회의 역할은 축소되었고, 많은 한부모 가족이나 이혼 후의 복합가족이 표준적인 핵가족과 더불어 살아가고 있다. 네덜란드에서도 다민족 집단이 증가하고 있어서, 많은 모로코인, 수리남인, 터키인 집단이 이민을 와서 네덜란드 시민이 되었다. 그래서 문화적 민감성은 FFT의 성공적인 적용에 중요한 변인이었다. 훈련의 첫해를 보낸 후, 치료 스태프와 필자는 놀랍게도 FFT가 임상모델을 하나도 바꾸지 않아도 국제적·문화적으로 다양한 현장에 전달될 수 있음을 발견하였다. 하지만 다양한 가족에 맞추려면 훌륭한 임상기술의 요구가 중요한 이슈였음에 주목할 필요가 있다.

　지난 6년 동안 네덜란드의 FFT 프로젝트는 14개 이상의 치료기관에 속한 100명 이상의 치료사를 성공적으로 훈련시켰다. 네덜란드의 '지식센터'가 설립되었고, 거기서 네덜란드 슈퍼바이저가 치료의 완결성을 모니터링하고, 지속적인 품질보장과 슈퍼비전을 제공하며, 치료기관이 서비스전달체계에 FFT를 맞추도록 도왔다. 프로젝트를 진행하는 동안에 청소년 자녀가 있는 약 5,000개의 가족이 FFT를 받았다. 이제 훈련과 슈퍼비전이 네덜란드 기관에 의해 이루어지며, 서비스가 이루어지는 치료기관이 직접 FFT를 실행한다. 이런 과정은 체계적인 계획을 하면, FFT가 어떻게 다양한 치료전달 현장에 통합될 수 있고 또 결국에는 독자적으로 기능할 수 있는지를 보여 준다. 암스테르담 프로젝트는 FFT 치료모델이 문화적 경계를 뛰어넘어 이루어질 수 있음을 보여 주었다.

4. 결론

어떤 면에서 볼 때 지역사회 현장에서 FFT를 실행하는 것은 가족에게 FFT를 실행하는 것과 꼭 같다. 그것은 최고의 치료모델을 제공하는 하나의 과정으로서 관계형성과 동기부여, 행동변화 그리고 결국에는 일반화를 필요로 하며, 동맹기반 접근방식을 통해서 기관의 치료전달체계로 통합하는 것이다. 이런 과정의 한가운데 FFT와 FFT의 이론적 임상적 모델이 있다. 모델 개발자인 우리조차, 잘 실행되기만 하면 FFT가 너무나 다른 지역사회 현장에 너무 쉽게 옮겨질 수 있는 방식에 놀라고 있다. 돌아보면 이것은 우리가 치료 충실도에 대해 기울였던 변함없는 헌신 때문인 것 같다. 각 프로젝트의 주요 목표는 FFT가 설계된 대로 실행하는 것이었다. 치료전달체계, 치료사 역할, 기관의 운용을 조절해서 치료사가 내담자에게 전달하는 데 도움이 되는 FFT의 핵심 원칙, 임상모델 그리고 임상 지침을 각각 고려하여 FFT를 실행하도록 촉진했다.

우리가 배웠던 주요 교훈에 따르면, 모델 채택자가 실제의 지역사회 현장에서 임상성과를 재현하려면, FFT 같은 모델은 포괄적인 접근을 취해야 한다. 이처럼 훈련, 슈퍼비전, 책무성에 대한 전통적인 방식은 더 이상 적용되지 않는다. 그 대신에 성공적인 임상 치료는 이제 상담사의 발달단계에 맞춘 훈련에 기반한 지속적인 품질향상에 달려 있다. 청소년의 외현화 행동장애와 같은 복잡한 사례를 놓고 볼 때, 치료모델의 적용은 복합적이고 장기적인 헌신을 요한다.

현실 세계에서 FFT는 불모지가 아니라 복잡하고 다양한 현장에서 전달된다. 이 장에서 설명한 것과 같은 프로젝트는 FFT가 작동할 수 있는 다양한 내담자, 현장, 기관을 보여 준다. FFT는 심리과학에서 지속적인 연구와 실천 간의 간극을 극복할 수 있는 완벽한 방법이 될 수 있다. 왜냐하면 FFT는 서비스, 훈련, 연구를 위해 사용될 수 있는 분명하고 체계적인 모델이기 때문이다. 이렇게 서비스, 훈련, 연구 각각은 상호 맞물려 있고 연결되어 있다. 더 많은 임상적 유용성, 적절한 임상훈련 그리고 일방경 뒤에서의 관찰(무엇이 효과가 있는지를 배울 수 있는 기회가 됨)을 이용한 더 훌륭한 연구수행이라는 성과가 있었다. FFT는 미국의 안팎에서 모두 민족적으로 다양한 내담자에게 적용된다. 사실 FFT 프로젝트는 미국의 치료모델이 다른 문화와 나라에 성공적으로 옮겨질 수 있음을 보여 준 첫 번째 경우이다.

　FFT를 지역사회 현장에 실행하고 옮겨 놓는 것은 쉽지 않다. FFT는 단순한 임상모델 그 이상이다. 그것은 훈련, 치료, 슈퍼비전, 실행 프로토콜을 갖춘 서비스전달체계이다. 이러한 모든 요소는 지속적인 품질향상의 원칙에 따라 연결되어 있다. 기관의 모든 수준에서 주요 초점은 FFT의 질적인 전달, 지속적인 과정과 성과 자료 수집, 치료사의 실천능력 향상 방법의 학습에 둔다. 이 말은 치료사가 자신의 현재 내담자와 작업하기 위해서가 아니라 자신의 전체 사례 건수와 작업하기 위해서 자신의 평가자가 되어야 함을 의미한다. 그러려면 치료기관은 치료사, 다양한 치료전달체계, 기관의 특징을 나타내는 분위기와 문화를 지원하는 방식을 끊임없이 모니터링해야 하고 또 그 방식에 적응해야 한다. 이 말은 임상슈퍼바이저가 품질을 모니터링하고 그 자료를 체계적인 성과 개선을 위해 사용한다는 훨씬 큰 역할을 담당한다는 것을 뜻한다. FFT 서비스전달체계는 다음 장에서 다룬다.

제9장
FFT와 서비스전달체계

실천 현장에서, FFT와 같은 임상모델들은 보다 넓은 범위의 서비스전달체계(Service Delivery System: SDS) 내에서 제공된다. 서비스전달체계는 한 기관이 임상적 개입을 수행하는 전반적인 방법을 의미한다. 일반적으로는 내담자 문제의 사정, 치료, 임상슈퍼비전의 활용, 임상과정과 결과에 대한 모니터링이 포함된다. 즉, 기관의 서비스전달체계에는 효과적 치료를 위한 다양한 요소(사정, 개입, 임상슈퍼비전)가 포함되며, 제8장에서 설명했듯이 품질보장 원칙을 기반으로 한다. 그러나, 그런 체계 내에서 운영되고 있는 치료적 접근방법들이 현실에 맞지 않거나 무관한 경우가 드물지 않게 발견된다.

우리는 임상적으로 충실하게 FFT를 구현하고 품질향상 원칙을 지속적으로 적용하면, 우리가 새로운 기관에서 FFT를 사용할 때마다 서비스전달체계를 실제로 촉진하게 된다는 사실을 깨달았다. 그리고 시간이 지나면서, FFT가 보다 효과적이려면, 사정, 치료계획, 임상적 개입, 품질향상, 임상슈퍼비전의 체계를 종합적으로 개발하고 실행할 필요가 있다는 것을 알게 되었다.

아주 성공적으로 수행될 때는, 청소년과 가족에게 상담서비스를 제공하는 조직이나 기관에서 FFT가 서비스전달체계의 이질적인 부분들을 통합하는 기능을 했다. 사실 소규모 조직에서든 대규모 조직에서든, FFT의 궁극적인 성공은 서비스전달체계의 다양한 요소가 서로 연계되는 정도 및 FFT의 원칙에 일치하는 정도에 의해서 어느 정도 결정된다는 것이 발견되었다. FFT를 둘러싼 돌봄서비스 체계는 가족치료사가 모델의 특성을 준수하고 자신의 역량을 구체적이고 효율적으로 촉진하는 데 도움이 될 수 있다.

　지속적인 품질향상을 위해 조직된 서비스전달체계에서는 세 가지 측면이 특히 중요한데, 임상슈퍼비전, 지속적인 자료 모니터링과 피드백, 그리고 상황에 맞추는 것이다. 우리는 지역사회에서 FFT를 처음 실천하면서, 임상슈퍼비전이 위기를 해결하거나 임상적 문제들을 해소하는 도구(일반적으로 사용되듯이) 이상이라는 것을 일찍 깨달았다. 즉, 임상슈퍼비전은, FFT의 특성을 온전히 유지하고 궁극적으로는 FFT의 성과를 지속시키기 위해, 필수적인 요소였다. 슈퍼비전은 예비 임상연구들을 할 때는 모델에 충실하게 치료가 수행되도록 관리하는 주요 방법 중 하나이며, 대부분의 가족치료 상황에서도 일반적인 절차이다. 그러나 지역사회 환경에서는 임상슈퍼비전의 방법과 과정들이 대개 사례 자체 중심이고, 특정 치료모델에 대한 준수성이나 치료사의 역량과는 구체적으로 연결되지 않았다.

　이러한 발견으로, 우리는 FFT의 준수성 및 역량개발에 중점을 둔 특별한 슈퍼비전 과정을 개발하게 되었다(Sexton, Alexander, & Gilman, 2004). 이 슈퍼비전 과정은 지난 10여 년 동안 FFT 보급 노력의 주요 특성이었다. Liddle(1986)이 시사했듯이, 슈퍼비전이 치료의 질 향상에 진정으로 도움이 되려면, 임상모델 자체와 성격이 같은 슈퍼비전 고유의 원칙과 실천이 있어야 한다. 이러한 점이 고려되었을 때, 임상슈퍼비전은 치료모델의 근간이 되며, 서비스전달체계 내에서 '시간이 지나도 치료모델과 그 기능을 유지하게 하는 핵심 요소'가 된다.

　우리는 또한, 지속적 품질향상(Continuous Quality Improvement: CQI) 방법

을 알려 주려면 FFT모델의 중요한 요소들을 측정할 방법이 필요하다는 것을 깨닫게 되었다. 제8장에서 설명했듯이, CQI는 청소년과 가족의 긍정적인 성과를 증진하기 위해서 조직이나 기관 전체를 아우르는 접근방식을 취한다. 처음에 우리는 CQI 방법을 '수단'으로 생각했다. 이제 우리는 그것이 서비스전달체계 자체의 한 요소라는 것을 깨닫고 있다. 예를 들어, 우리는 예비 임상연구 과정에서 모델 충실도를 측정하기 위해 수많은 방법을 사용했다. 대부분의 연구에서는 가족치료사의 전반적인 FFT모델 활용과 특정 상담 과정을 평가하기 위해, 전문가들이 주로 사용하는 비디오테이프에 대한 복잡한 평가와 코딩이 포함되었다. 그러나 지역사회 환경에서는 이런 방법이 현실적이지도 비용면에서 효과적이지도 않았다. 현실적이고 임상적으로 적합하게 치료사의 작업을 측정하고 정보를 수집해서 피드백을 줄 수 있는, 보다 합리적인 방법이 필요했다. 이를 통해서 치료사들이 개선해야 할 점을 깨닫고 자신의 실천방법을 개선할 수 있게 될 것이었다. 이에 따라 우리는 상담작업을 모니터링하고 개선할 컴퓨터 기반 체계 중 하나를 처음으로 개발하게 되었다[FFT 품질향상체계(FFT Quality Improvement System, Q-System; Sexton & Wilkenson, 1999)].

마침내, FFT가 기관의 서비스전달체계에 자리를 잡게 되면서, 우리는 다른 전문가들의 작업에 FFT 실천을 맞추어야 한다는 것을 알게 되었다. 내담자중심이라는 임상원칙처럼, 그 성과를 중대시키고 내담자에게 체계적이고 통합적인 서비스를 제공하기 위해, 사례관리자, 보호관찰관, 정신의학과 의사를 비롯한 여러 돌봄서비스 제공자와 맞출 필요가 있었다. 이 작업은 FFT의 원칙을 보호관찰(기능적 가족 가석방[1])과 통합적 사례관리방법(이 장 뒷부

---

1) 역자 주; 기능적 가족 가석방(Functional Family Parole)은 기능적 가족치료의 가족중심, 강점기반 원칙을 통합하는 슈퍼비전 프로그램으로 청소년의 재구속을 줄이고 취업률을 높이는 것을 목표로 한다. 상담은 약 6개월 동안 평균 8회기로 구성되며, 가족치료사는 보호관찰관의 감독하에 청소년과 그 가족을 대상으로 관계형성 및 동기부여, 관계평가 및 행동변화, 일반화의 세 단계 과정으로 가족중심 개입기술을 사용한다. 프로그램 참가자들은 비교집단에 비해 재구속 가능성이 더 낮았고 취업률과 수입이 높았으며, 이는 통계적으로 유의한 것으로 보고되었다(https://www.crimesolutions.gov/ProgramDetails.aspx?ID=577 참조).

분의 사례연구)에 적용하는 모델의 확장으로 이어졌다. FFT모델에 보다 개방적인 조직이나 기관들의 특징은 제8장에 설명되어 있다.

따라서 이 마지막 장에서는 FFT의 이론적·임상적·조직적 특성이 체계적 서비스전달체계로 통합되는 방법에 초점을 두었다. 이를 통해, FFT와 같은 치료모델들을 검증하여 효과성을 입증하려는 학술연구 분야와 이 모델들을 지역사회 기반 조직의 광범위한 서비스에 통합시켜야 하는 실제 임상 분야 간의 간극을 메우는 데 도움이 되고자 한다. 이러한 점들은 종종, 기관의 업무방침, 치료사의 역할, 임상슈퍼바이저의 역할, 자료수집과 관리 방식에서 커다란 변화를 필요로 한다. 따라서 이 장에서는 보험규정, 자금조달 조건 그리고 정신건강 규정의 필수요소 등 많은 현실적 문제에도 불구하고 잘 작동할 수 있는 모델과 원칙들을 제안한다는 점에서 큰 의의가 있다.

FFT는 청소년과 가족을 도울 최상의 기회를 제공할 수 있는 조건을 찾아내기 위한 노력의 결과물이다. 또한 현실에 기반을 두고 있어서 많은 조직과 기관이 FFT를 정기적으로 실천에 적용하면서 FFT의 보급과 전달 체계의 한 축을 담당하고 있다. 이러한 사실은 이 임상모델이 이론을 실천으로 전환하기 위해 필요로 하는 것, 즉 이론과 임상실천, 슈퍼비전, 지속적인 질적 개선을 포함하는 포괄적 체계가 갖추어졌음을 반영한다.

이 장은 몇 가지 중요한 요소에 초점을 둔다. 우선, 서비스전달체계상에서 모델 충실도의 가장 중요한 요소인, 모델 준수성과 치료사의 역량을 다룬다. 또한 모델 준수성과 치료사의 역량을 달성하는 수단, 즉 임상슈퍼비전, 포괄적 데이터 모니터링, 정보의 피드백을 다룬다. 마지막으로, 이러한 요소들이 지역사회정신건강센터에서 어떻게 수행되는지를 보여 주는 한 사례를 소개한다. 그 센터는 FFT를 핵심 개입모델로 사용하였고, 치료범주를 확대하기 위해 사례관리자를 보조적으로 활용하였다.

1. 서비스전달체계 내에서의 FFT

　서비스전달체계에 관한 문헌을 검색해 보면, 청소년과 가족에게 가족치료 서비스를 제공하는 기관들의 주요 서비스의 통합에 초점을 둔 연구가 매우 드물다는 사실을 알 수 있다. 많은 연구물이 소위 '돌봄체계(Systems Of Care: SOC)'로 분류되어 있는데(Strould & Friedman, 1986), 이는 아동과 가족의 욕구에 따라 정신건강, 약물남용, 직업, 건강, 사회서비스와 같은 다양한 서비스를 광범위한 거시적 체계에서 제공하는 것이다. 돌봄체계의 철학은, 서비스 소비자가 가장 적절한 서비스를 가장 덜 제한적이고 협력적인 방식으로 제공받도록 돕기 위해, 다양한 치료 및 돌봄서비스 전문가를 연결하는 데 있다. 돌봄체계의 원칙은 매력적이고 유용하지만, 포괄적이고 체계적인 서비스전달체계를 위해서는 각 치료요소가 다른 요소들과 잘 연결되어야 하는데, 이러한 특성을 보장하지는 않는다.

　여러 문헌에서 분명하게 나타난 것은, 내담자중심의 통합적으로 조정된 치료가 서비스전달체계에서의 중요한 목표라는 것이다. 조정(coordination)은 흔히 서비스전달체계 내의 소통적 측면으로 간주된다. 우리의 경험상으로는, 치료과정의 어떤 요소가 언제 어떻게 수행되는지를 고려하는, 개념적이며 치료 지향적인 관점이 있을 때만 서비스들이 제대로 체계적으로 조정될 수 있다고 본다. 즉, 체계적 치료는, 공통된 철학과 접근방식을 기반으로 하는 유사한 원칙하에서, 청소년과 가족에 초점을 둔 치료를 제공하기 위해 다양한 치료요소(사정, 개입, 성과 측정, 임상슈퍼비전, 점검과 평가)가 모두 합쳐질 때 이루어진다. 또한 체계적 치료라는 것은 사정목표와 치료목표가 일치하고, 임상슈퍼비전의 초점을 제공한 치료유형에 맞추며, 평가의 목적이 치료목표와 치료성과의 일치 여부를 측정하는 데 있음을 의미한다고 본다. 그러나 우리는 FFT가 여러 조직에서 사정, 슈퍼비전, 평가과정에 체계적으로 통합되지 않고, 단일한 개별 치료요소로 채택되는 것을 자주 경험했다.

주로 응용심리학 분야 출신인 우리는 서비스전달에 대해서는 선형적 방식인 의료적 접근방법을 훈련받았다. 내담자가 도움을 요청하면, 종합적인 사정이 먼저 이루어지고 진단이 내려지며, 진단에 따라서 치료방법이 선택된다. 치료가 행해지고 다른 문제점이 발생하면, 추가적인 별도의 치료단위가 제공된다. 최근 사용되고 있는 진단체계는 개인에 초점을 두고 있고 치료도 마찬가지이다. 그 결과, 개인을 초점으로 문제를 바라보고, 진단도 개인에 따라 다르며, 가족체계의 구성원들에 대해 서로 다른 치료법이 적용된다. 예를 들어, FFT에 의뢰된 전형적인 청소년들은 많은 임상가가 소위 '분노문제'로 지칭하는 문제를 갖고 있다. 실제로, 많은 청소년은 화가 나 있으며 격정적인 감정을 공개적으로 솔직하게 표현한다. 이 경우, 청소년은 자신이 왜 화를 내는지에 대해 진단을 받고, 분노관리 또는 충동조절 치료를 받게 될 가능성이 높다. 그 분노가 부모에게 향해 있고 가족갈등이 있다면 당연히 가족이 가족갈등치료를 받는다. 분노가 또래문제 때문이면 청소년은 공격성 대체치료(Aggression Replacement Therapy: ART)와 같은 치료집단으로 의뢰될 수 있다. 마약과 알코올을 사용한다면 중독전문치료로 의뢰된다. 대개의 경우, 이런 서비스들은 최근 유행하는 포괄적 서비스 철학에 따라서 동시에 제공된다.

체계적이고 조직화된 방식으로 FFT를 서비스전달체계에 성공적으로 통합한 대다수 기관은 작업방식이 달라진다. 그들은 제3장과 제8장에서 논의한 것과 같이 순차적 모델을 사용해서 서비스를 조정한다. 이런 조직이나 기관들은, 가족의 특성을 우선적으로 고려해서 서비스 순서를 정하는 방식으로 치료를 체계화하는 것이 가장 도움이 된다는 사실을 알게 되었다. (사실 FFT는, 이런 상황이 가능한, 가족중심적이고 체계적인 동시적 돌봄모델을 주창한다. 이 장 마지막의 사례는 그런 돌봄모델 중 하나를 보여 준다.)

[그림 9-1]은 조직이나 기관에서 서비스들을 순차적으로 조정하는 것에 FFT가 어떻게 도움이 되는지를 보여 준다. 이 방식에서 FFT는 내담자가 받는 첫 번째 서비스임을 주목하라. 사정은 다중체계적이며, 제2장과 제3장에

개략적으로 설명했던 원칙을 기반으로 한다. FFT가 시작되면 다른 서비스들은 뒤로 물러나게 된다. 일반화 단계가 시작되면, FFT 치료사는 가족이 변화를 성공적으로 유지하는 데 필요한 지역사회 자원 및 기타 서비스들을 고려하기 시작한다(제6장 참조). 의뢰와 돌봄의 조정이 이 단계의 핵심적 특징이다. 조직이나 기관의 관점에서 볼 때 이 모델에서 가장 중요한 점은, 필수적 돌봄요소들이 지속적 품질향상(CQI)을 유도하는 공통적 맥락을 갖고 있다는 것이다. 임상슈퍼비전과 임상의 진척 및 모델 충실도에 관한 지속적인 모니터링은 FFT가 지속적이고 집중적이며 구체적으로 수행되도록 돕고, 이를 통해 치료사가 최상의 치료를 제공하도록 돕게 되는 피드백 고리가 형성된다.

내담자의 관점에서 가장 중요한 것은, 치료모델이 서비스전달체계의 매 단계마다 한 단위로 기능하는 가족의 독특한 방식에 초점을 맞춤으로써, 가족 자신들이 치료의 중심에 있다는 느낌을 갖게 되는 것이다. 돌봄체계와 마찬가지로, 이는 가족들을 치료과정의 중심에 있게 하면서도, 가장 도움이 되고 효과적인 치료는 여전히 가족치료사와 기관들이 선택할 수 있게 하는 방법이다. 또한 돌봄체계와는 달리, 이 접근법은 가족이 치료방법을 결정하지는 않는 대신에 분석의 주요 실체가 되어서 자신들의 삶과 가장 관련되어 있

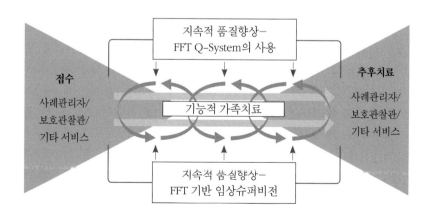

청소년과 가족의 관계 진행에 따른 서비스전달체계의 주요 서비스

[그림 9-1] 통합적 FFT 서비스전달체계

는 핵심적인 것이 무엇인지에 대해 목소리를 내는 것을 의미한다.

2. 효과적 FFT 서비스전달체계의 핵심요소

[그림 9-1]에서 제시한 모델에는 FFT의 품질향상을 지속적으로 촉진하고 긍정적인 성과를 추진하는 세 가지 유형의 필수요소가 작동하게 된다. 모델 준수성과 가족치료사의 역량개발, 임상모델의 진행과정과 결과에 대한 지속적인 모니터링과 피드백, 그리고 모델 중심의 체계적 임상슈퍼비전이며, 이 절에서는 첫 번째와 두 번째 요소를 중심으로 소개한다.

1) 가족치료사의 모델 준수성 및 역량의 개발과 유지

FFT는 설계된 대로(모델의 특성을 준수) 제공될 때 가장 효과적이며, 수준 높은 기술에 의해서(치료사의 역량) 제대로 이행되어야 한다. 이러한 두 측면은 CQI의 구체적 표적이 되는데, 이는 상담결과에 미치는 그 중요성 및 직접적 관련성 때문이다. '준수하다(adhere)'는 사전적인 의미로는 '～에 부합하다' '기준에서 벗어나지 않고 수행하거나 완수하다' 또는 '고수하다, 달라붙다, 단결하다, 유지하다, 또는 분리를 거부하다'로 정의된다. 여기서는 이러한 의미가 모두 해당된다. FFT모델 특성에 대한 준수성을 보여 주는 가족치료사는 FFT의 원칙과 개념적 기반에 부합하게 임상적 결정을 내리고, 임상모델의 기준에 맞게 치료를 수행하며, FFT의 목표를 따르고 유지하면서 내담자와 작업한다. 마찬가지로, FFT를 고수하는 치료사들은 끝까지 그 틀을 벗어나지 않는데, 이는 사건과 상황 및 문제가 제시될 때 모델의 목표와 원칙을 고수하는 것을 의미한다. 그리고 그들은 어떤 방향과 목표 및 결과를 추구할 것인지를 결정하기 위한 지도(map)로써 모델을 고수한다. 모델의 기본 요소를 지키지 않으면 가족치료사의 수행 작업은 모델이 원래 개발되었을 때의 개입 프로그램과 달라지므로 모델로부터 얻을 수 있는 긍정적 효과를 얻을 수 없다. 가장 중요하게 염두에 두어야 하는 것은, 모델 준수성은 가족치료사와 모델 간에 일어나는 것이며 측정될 수 있다는 것이다.

한편, 모델 특성을 준수하는 것은 확실히 매우 중요하지만 이것만으로는 충분하지 않다. 어떤 임상적 상황이건 간에 가족치료사와 모델보다 더 중요한 것은 바로 가족이다. 이 책 전체를 통해서, 모든 사례에서 제시된 원칙 중 가장 중요한 것은, 모델과 치료사의 개입이 내담자와 맞을 때만 효과적이라는 것이다. 이 원칙이 다양한 민족적·인종적·종교적·문화적 배경을 가진 가족에게 FFT가 효과적일 수 있게 하는 것이며, 이는 치료사의 역량에 달려 있다.

역량 또는 유능성(competence)은 사전적으로 '실천하도록 요청받은 경우에 지식, 기술, 또는 판단력을 실천에 적용할 수 있는 능력'으로 정의된다. FFT에서, 이는 치료사가 가족에게 FFT를 구현할 때 임상모델의 핵심 이론적 원칙과 구체적 임상기술을 적용할 수 있음을 의미한다. 따라서, 치료사의 역량은 그들이 다루는 가족의 독특하고 복잡하며 다중체계적인 특성에 모델을 일치시키는 능력이다. 우리가 말하는 역량은 실력을 갖추는 것, 즉 단순한 자격이나 능력과 동일한 의미는 아니라는 것에 주목해야 한다. 말하자면, FFT에서의 역량은 상담과정에 맞춰서 FFT를 적용할 수 있는 능력을 의미한다.

준수성과 역량은 서로 관련되지만 다르다. 새삼스럽게 설명할 필요도 없이, 준수성은 FFT의 능숙한 적용을 위한 전제조건이다. 좋은 결과를 재현하고 싶다면 모델을 잘 복제해야 하는 것이다. 제8장에서 언급하였듯이, 500명의 치료사가 훈련을 받았던 워싱턴주 프로젝트에서 나온 연구에 따르면, FFT의 기준을 잘 준수한(슈퍼바이저의 매주 평가에 근거하여) 치료사들이 1년 후의 재발률 측정에서 무작위 대조군보다 현저하게 더 나은 결과를 보여 주었다. FFT모델 특성의 준수성 수준이 낮았던 치료사들은 기존의 전통적 치료사들보다 나쁜 결과를 보여 주었고, FFT에 충실했던 치료사들보다는 당연히 현저하게 나쁜 성과를 보였으며, 심지어 가족치료를 받지 않는 것이 더 나을 수도 있을 정도로 나쁜 결과를 보여 주었다. 중요한 점은 이러한 측정결과들이 임상적으로 유의미하였고 FFT 실시 후 18개월까지 유지되었다는 것이다.

2) 지식과 실행

모델 준수성과 역량은 상호의존적 구성개념이며, 두 측면 모두 가족치료사가 가족과 성공적으로 작업해서 좋은 결과를 얻을 때 존재한다. 준수성과 역량은 FFT 임상모델에서 확고하게 자리 잡은 주요 평가요소이다. 각 요소에는 지식, 즉 아는 것과 실행하는 것 두 측면이 공히 포함된다. [그림 9–2]는 모델의 준수성과 가족치료사의 역량 그리고 지식과 실행 간의 관계를 보여 준다.

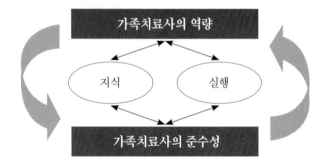

[그림 9–2] 모델 준수성과 역량, 지식과 실행

출처: Sexton, Alexander, & Gilman (2004)

(1) 모델 준수성

모델 준수성의 지식 영역에는 FFT 핵심 원칙에 대한 기본적 실무 지식이 포함되며, 이는 FFT 치료사의 임상 행동의 토대가 된다. 임상슈퍼바이저는 가족치료사가 사례를 설명할 때 이러한 원칙과 관련된 내용을 청취한다. 슈퍼바이저는 가족치료사가 모델에 대해 숙달된 지식을 갖고 있는지 정확히 평가함으로써 치료사의 개입도 체계적으로 평가할 수 있다.

모델 준수성의 실행 영역은 치료사가 알고 있는 지식을 가족에게 실천할 수 있는 능력을 요구한다. 기본 실행력에는 성공적인 상담 및 가족치료에 필요한 일반적인 면들을 수행할 수 있는 능력도 포함된다. FFT 준수성의 실행은, 가족치료사가 가족과 동맹을 이루고, 이를 기반으로 가족 고유의 특성을 존중하고 이해하면서 FFT의 핵심 원칙들을 이용하는 것이다. 즉, 치료사는 가족에 관여해서 동기화를 시키고, 가족에게 맞는 방식으로 구체적이고 실현 가능한 행동변화에 집중하며, 발생한 변화를 일반화할 수 있는, 기본 능력을 갖추어야 한다.

(2) 역량

가족치료사 역량 측면에서의 지식 영역은 FFT의 두 가지 중요한 측면인 내담자 문제와 치료과정에 대한 복합적인 이해를 요구한다. 유능한 FFT 치료사는 매우 복잡하고 개별기술적 방식으로 내담자들의 광범위한 문제와 사안을 이해하는 능력이 있다. 가족치료사의 역량이 높으면 어려운 호소문제를 복합적인 관계유형에 준해서 관계기능의 중요한 세부 내용을 정리해 낼 수 있다. 내담자와 문제들을 복합적으로 이해하면서 사안별로 내담자에 알맞게 조절하는 방식으로 대응하는 능력이 있는 것이다. 즉, 치료사가 내담자의 문제를 복합적이며 다차원적으로 이해한다는 것은 관계 측면의 다양한 호소문제를 다룰 수 있음을 의미하며, 이는 FFT 개입모델의 기본이다.

실행은 가족치료사 역량의 주요 영역이며, 치료사가 상담실에서 가족의 개인적 욕구와 처한 상황을 잘 고려하면서 대응하는 능력으로 나타난다. FFT 치료사는 모델의 단기 및 장기 목표에 집중하면서도 임기응변적으로 대응할 수 있는 복합적 능력을 보여 주어야 한다. FFT의 실행은 상당히 복잡하지만, 고도의 개별기술적 접근방법을 적용함으로써 모델의 목표를 달성하게 된다.

3) 지속적 모니터링과 피드백

CQI 기반 서비스전달체계의 주요 목표는, 임상가가 임상적 개입방법을 성공적으로 배우고 실천해서 자신의 기관에서 그 개입과정이 잘 유지될 수 있게 하는 것이다. Sapyta, Riemer와 Bickman(2005)은 그 과정을 어떤 어려운 일을 배우는 것에 비유했다. 양궁에서처럼, 어떤 궁수는 재능을 타고나기도 하지만, 대개는 기술을 연마하기 위해 연습과 훈련 및 정보의 피드백을 필요로 하는 것이다. 체계적 훈련, 지속적인 지도, 포괄적인 피드백은 시행착오를 통해서 배우는 것과는 달리, 효율적·효과적으로 개입기술을 습득하게 해 준다. 가족치료과정에서, 우리가 상담하는 청소년과 가족들의 문제(예: 폭력, 범죄, 학교문제)해결을 효과적으로 돕지 못할 때는 그 후유증이 심각하다. 이러한 문제들은, 가족치료사들이 자기주도적 경험과 시행착오 등을 통해 그 해결책을 배울 수 있는 시간적 여유를 허락하지 않는다. 이는 실질적이면서도 윤리적인 이슈이다.

임상기술에 대한 체계적 훈련의 필요성을 시사하는 많은 사례가 여러 문헌에서 제시되었다. 예를 들어, Grove, Zald, Lebow, Snits와 Nelson(2000)은 어떤 진단작업에서는 컴퓨터가 경험이 많은 전문가보다 더 성공적이라는 것을 발견한 적이 있다. 한편, 임상적 판단만으로 의사결정을 하는 것이 부정확할 수 있다는 주장에 대한 증거가 증가하고 있음에도 불구하고, 전문가들은 여전히 경험과 판단에 근거한 자신의 임상적 의사결정 능력을 확신한다(Garb, 1989; Sapyta et al., 2005). Bickman과 동료들은 그 이유가, 임상치료를 처음 배울 때부터 적절하고 규칙적이며 신뢰할 수 있는 피드백을 받지 못해서, 대개는 직접적인 경험에 의존하기 때문이라고 하였다. 그들은 피드백은 구체적이면서 과정과 결과 중심이어야 하고, 특정한 임상적 결정과 개입방법에 통합적으로 적용하는 데 도움이 되어야 한다고 하였다(Sapyta et al., 2005).

체계적 모니터링은 체계적 학습의 다른 측면이다. 그 중요성에도 불구하고, 우리는 사실 심리치료를 할 때 모델 특유의 임상과정이나 내담자 문제에 관한 정보 등을 모니터링해서 사용하는 방법에 대해서 잘 모른다(Sapyta et al., 2005). 특별히 바람직한 것은, 임상 결과뿐만 아니라(Bickman, 2009; Lambert, 2002; Riemer et al., 2005; Sapyta et al., 2005) 모델 특성의 준수성을

(Sexton & Alexander, 2004) 모니터링하고 피드백을 제공하기 위해, 컴퓨터 기술을 사용하려고 노력하는 것이다. 이러한 수단은 내담자의 증상, 모델 준수성, 기타 임상과정(예: 치료적 동맹) 간의 관련성을 지속적으로 모니터링하는 데 유용하다. 즉, 모델 준수성을 높이고 지역사회에 기반한 성과를 향상시키는 데 필요한 임상적 적응력을 촉진한다. 따라서, 컴퓨터 시스템은 심리치료 서비스전달체계에서 지속적으로 품질개선이 이루어지게 만드는 기술적 토대를 제공한다.

FFT 품질향상체계(FFT Q-System)와 임상슈퍼비전 과정은 이러한 가능성을 실현하는 데 서로 도움이 된다. FFT Q-System은 FFT 서비스의 질을 높이고 유지·관리하는 데 기술적인 도움을 줄 수 있는, 모델 준수성 및 역량개발을 위한 도구인 것이다. 치료 충실도를 높이는 데 필요한 다양한 정보를 관리하는 것이 어렵지만 매우 중요한 일이라는 것을 감안해서, Sexton과 동료들 (Sexton & Wilkenson, 1999; Sexton & Alexander, 2004)은 FFT Q-System을 직관적이고 사용자 친화적이지만 매우 안전하며 HIPAA[2]에 맞는 프로그램으로 개발하였다. 이는, 지역사회 기반 FFT 치료사들이 내담자의 정보(예: 연락처, 인구사회학적 정보, 내력), 내담자 접촉방법(내원상담, 예약상담, 전화상담 등), 사정정보(개인과 가족, 행동에 관한 평가), 준수성, 성과 등을 기록하는 데 사용되었다.

가족치료사에게 있어서 FFT Q-System은 치료계획의 도구로, 가족을 만날 때마다 생긴 사건을 기록하고 다음 회기를 계획하며 임상모델의 각 핵심요소를 실제 실천에 통합하는 데 활용된다. 이는 FFT의 각 단계에서 치료사가 관련 목표와 기법, 개입과정에 지속적으로 집중할 수 있게 해 준다. 특정

---

2) 역자 주: HIPPA(Health Insurance Portability and Accountability Act)는 미국 『의료보험 정보의 이전 및 책임에 관한 법률』로 고용인들의 이직 과정 동안 의료보험을 유지해 주기 위한 목적으로 1996년에 제정되었다. 처음에는 의료기관에서 정확한 의료정보를 의료보험사에 제공하게 하는 것이 목적이었으나, 입법과정에서 개인정보가 치료 목적 외로 이용되는 것을 금지하는 정보보호 측면이 강화되었다(https://www.hipaajournal.com/purpose-of-hipaa/ 참조).

방법에 대한 준수성, 치료사의 치료계획, 결과 그리고 위험 및 보호 요인에 대한 측정과 평가 등을 내담자 연락처의 관리 수단과 통합해서 사용한다. 또한 실제로 사용될 때, FFT Q-System은 모든 내담자, 모든 회기/접촉과 사정, 각 FFT 사례에 제공된 모든 서비스의 품질보장 관련 정보를 추적한다. 그 데이터를 기반으로, Q-System은 치료사의 모델 충실도 수준(준수도), 진행 중인 상담의 성과지수, 서비스전달 현황에 대한 피드백을 실시간으로 치료사에게 제공한다.

슈퍼비전 측면에서 볼 때, Q-System은 증거기반치료에서 가장 어려운 작업 중 하나를 다룬다. 즉, 매일 행해지는 모든 치료 상황과 사례에 대해 모델 충실도가 확실하게 유지되게 한다. 또한 치료사가 어떤 생각을 하고 어떻게 의사결정을 하는지, 작업 결과가 어떠한지를 반영한 구체적이고 집중적인 정보를 회기별로 임상슈퍼바이저에게 제공하는 장점도 있다. 이러한 정보에 접근하면, 슈퍼비전 과정의 효과성을 집중적으로 개선하게 되어 내담자의 성과를 더욱 향상시킬 수 있다. 3절의 FFT 임상슈퍼비전에 관한 내용을 참조하라.

FFT Q-System은 가족치료사, 슈퍼바이저, 관리자, 평가자, 연구자들에게 모델 충실도, 내담자 성과, 그리고 서비스전달 현황에 관한 실시간 정보를 제공하는, 단일 체계라는 점에서 독특하다. 결과적으로, Q-System은 모니터링뿐만 아니라 품질향상의 피드백을 위한 체계로서, 실천력을 개선하고 슈퍼비전 목표를 결정하며 결과를 평가하는 데 사용할 수 있는 다양한 정보를 모든 관련자에게 제공한다. 이 장 마지막에 소개한 사례연구는 Q-System의 사용 방법과 이를 기관의 서비스전달체계에 통합시키는 방법에 대한 추가 정보를 제공한다.

4) 자료기반 측정

Sapyta 등(2005)과 Rimer(2005)가 지적하였듯이, 단순히 컴퓨터를 도구로 사용한다고 해서 품질향상이 지속적으로 이루어지는 것은 아니다. 서비스의 개선은, 신뢰할 만하고 관련성이 있으며 사용하기 쉬운 정보로 피드백이 주어짐으로써, 위기가 발생하기 전에 임상적 결정의 방향을 바꾸거나 더 강화하거나 혹은 수정할 수 있을 때 이루어진다. 우리는 Q-System의 핵심을 구성하는 주요 자료기반 척도인 일련의 도구를 개발하였다. 이 도구들은 필자가 개발했으며, 지난 10년간 많은 출판물에 소개되었고(Sexton & Alexander, 2002b, 2004, 2007, 2009), FFT의 매뉴얼에도 자세히 설명되어 있다(Alexander, Pugh, Parsons, & Sexton, 2000). 이 도구들은 300개 이상의 지역사회 현장에서 사용되고 있으며, 매일 수천 명의 FFT 치료사가 사용하고 있다. 다음은 그 내용을 요약해서 설명한 것이다.

(1) 회기계획 수단

충실하고 효과적인 FFT를 위해서 회기계획을 세우는 수단 또는 방편이 중요하다. 회기계획은 특히 일련의 진행노트를 통해 체계화되는데, 이는 FFT 서비스 전체를 문서화하는 것뿐만 아니라 가족치료사가 FFT의 관점에서 상담회기에 관해 숙고하게끔 돕는 방법으로도 쓰인다. 진행기록은 치료사가 각 단계의 필수적 목표, 그 목표를 달성하기 위한 진행과정, 그다음의 회기계획에 대해 고찰할 수 있도록(치료사가 회기를 어떻게 진행할지, 무엇을 생각해야 하는지) 돕는다. 따라서 이는 신입 가족치료사들이 상담의 내용 측면은 좀 미루어 두고, 회기 진행과정에 우선적으로 집중하게끔 도울 수 있는 안내서이다. 다른 수단들과 마찬가지로, 진행기록은 사용하는 만큼 도움이 된다. 또한 다음 회기에는 어디에 중점을 두고 작업할지에 대해 모델 고유의 특정 지침을 제공한다. 이 방법을 통해서 치료사는, 임상슈퍼바이저가 피드백을 주기 전에도 임상모델의 특성에 초점을 잘 맞추면서 스스로 작업을 할 수 있어서, 자기효능성을 증진시킬 수 있다.

(2) 모델 준수성 및 치료사 역량 척도

FFT 임상모델의 특성을 감안할 때, 목표를 확인하는 것은 가족치료사가 모델 고유의 치료목표를 수립하고 달성한 정도를 파악하기 위한 중요한 척도이다. 치료모델과 관련한 치료사의 활동을 전체적으로 완전히 파악하기 위해, 모델 준수성은 서로 다른 두 가지 관점에서 측정된다(Sexton, Alexander, & Gilman, 2004).

• 슈퍼바이저가 평가하는 치료사의 모델 준수성: 치료사 준수성의 측정 (Therapist Adherence Measure: TAM)은 치료사가 FFT 임상모델의 내용을 얼마나 충실히 지켰는지에 대해 슈퍼바이저가 측정하는 것이다. TAM 에는 전반적 준수성 평가(general therapist adherence rating: TAM-G)와 단계별 준수성 평가(phase-specific therapist adherence rating: TAM-S)의 두 차원이 있다. 슈퍼바이저는 이 두 가지에 대해 7점 리커트 척도를 사용하여 주 단위로 임상업무를 평가하며, 상·중·하 등급으로 표시한다. Barnoski(2000)는 FFT 준수성에 대한 연구에서, TAM이 상담을 받은 청소년의 행동결과와 유의미한 상관관계가 있음을 발견했다. 즉, 치료사의 전반적 준수성(TAM-G) 점수가 높을수록 청소년의 범죄 재범률이 뚜렷하게 낮았다. 단계별 준수성(TAM-S)은 슈퍼바이저들이 비디오테이프로 녹화된 내용을 평가하는 방법을 빌려 온 것이다(Gilman, 2008). 비디오테이프 평가처럼, TAM-S에서도 평가자 간 신뢰도가 높게(.70~.85) 나타났다. 슈퍼바이저들의 TAM-S 평가 버전도 비디오 평가와 같은 항목과 척도를 포함한다. 치료사의 준수성에 대한 TAM-G 및 TAM-S 슈퍼바이저의 평가는 매주 슈퍼비전 시간에 임상치료사가 사례발표를 하는 동안 이루어진다. TAM-G와 TAM-S 체계를 훈련받은 슈퍼바이저는 FFT 슈퍼비전 매뉴얼을 따르며(Sexton, Alexander, & Gilman, 2004), 각 발표 사례에 대해 치료사의 전반적인 준수성과 단계별로 지켜야 하는 특정 요소들을 평가한다.

- 가족 또는 내담자가 평가하는 치료사의 모델 준수성: 상담과정 설문지 (Counseling Process Questionnaire: CPQ)는 FFT 치료사를 통한 치료경험에 대한 가족보고서이며, 각 가족원들이 작성하는 18개 항목의 설문지이다(Sexton, Ostrom, Bonomo, & Alexander, 2000). 각 단계별 6개씩의 질문 항목은 FFT의 단계별 목표를 반영한다. 청소년과 부모들을 대상으로 한 연구(Datchi-Phillips, 2010)에서는, 이 설문지가 가족이 FFT에서 경험할 만한 내용들을 매우 잘 반영하였고(예를 들면, CPQ 조사가 수행되었던 단계에서 평균 점수가 가장 높았다), FFT의 개입 단계별로 치료사가 특정 변화기제를 활용한 정도를 잘 측정한 것으로 나타났다. 다시 말해서, CPQ는 치료사가 치료 매뉴얼에 기술된 대로 모델을 준수하는 정도를 성공적으로 평가하는 것으로 밝혀졌다.

(3) 서비스 제공 프로파일

FFT의 각 회기 및 내담자와의 접촉은 Q-System에 기록이 되므로, FFT 치료사들은 자신이 담당한 개별 가족과 모든 사례에 어떻게 서비스가 제공되었는지, 전체적인 상황을 알 수 있다. 상담회기와 빈도, 치료단계, 일정의 취소나 변경, 그리고 무엇보다 누가 참석했는지 등을 일목요연하게 알 수 있다. 이런 자료가 중요한 이유는 치료사가 회기를 보다 잘 계획할 수 있도록 프로파일의 형태로 치료사에게 피드백이 주어지기 때문이다. 이를 통해 치료사와 임상슈퍼바이저는 모델에 관한 치료사의 강점(예: 빨리 관계 맺기) 또는 개선할 점(예: 특정 행동변화의 촉진)들을 정확히 찾아낼 수 있다.

(4) 내담자 사정과 성과의 측정

포괄적인 지속적 품질향상 도구인 Q-System은 FFT모델 적용 이후부터 가장 최근까지 발생한 내담자의 변화에 대한 측정값을 사전, 사후 그리고 임상적 변화수준을 요약하는 형태로 나타낸다. 이 측정값은 내담자가 요청한 사항(초기 사정)에 대한 피드백과 치료성과(변화의 최종 측정치)를 실시간으로 치료사에게 제공한다. 이러한 정보를 통해서, FFT 치료사는 보다 나은 기술 개발을 위해 결정적으로 중요한 고급 정보를 얻을 수 있을 뿐 아니라, 더 나은 계획을 세울 수도 있다. 성과 측정값은 상담 이전과 이후의 변화, 임상적으로 믿을 만한 변화 점수 그리고 내담자의 역할기능 수준에서의 변화값을 나타낸다. Q-System은 응답 부담은 적고 임상적 이점이 최대화된, 신뢰성 있고 임상적으로 유용한 조사도구들을 포함한다. 사정 및 성과측정에는 다음 척도들이 포함된다.

- 정신건강 측정: 강점 및 약점 설문지(Strength and Difficulties Questionnaire), 부모 스트레스 지수(Parental Stress Index), 청소년 자녀 이상 행동 설문지(Youth Symptom Behavior Inventory), 아동서비스 평가지(Service Assessment for Children)
- 전반적 성과 측정: 강점 및 약점 설문지(Strength and Difficulties Questionnaire)
- 위험요인 및 보호요인 측정: 워싱턴주 위험요인/보호요인 설문지 (Washington State Risk and Protective Factors Instrument)
- 성공적 결과를 결정짓는 과정변수 측정: 피바디 동맹 척도(Peabody Alliance Scale), 단계별 목표 및 성취도 척도(Phase-based goals and Improvement measures)

(5) 피드백 보고서

Q-System은 앞에서 설명한 각 요소에 관한 보고서와 요약표를 치료사와 슈퍼바이저 모두에게 즉시 제공하도록 설계되었다. 이는 Q-System에 의해서 치료사가 내담자의 최근 진전 상태(과정 측정), 내담자 및 슈퍼바이저에 의해 측정된 치료사의 모델 준수성 그리고 치료사의 개별 내담자나 전체 담당 사례 또는 기관 전체 사례들의 치료성과를 확인할 수 있음을 의미한다. 컴퓨터는 서비스 제공을 회기별로 모니터링한 것을 보여 주고 요약해 준다.

이렇게 사용된 것은 후반부의 사례에서 예시되어 있다.

3. FFT 임상슈퍼비전

임상슈퍼비전은 항상 임상실천의 중요한 부분이었다. 임상슈퍼비전은 임상훈련 프로그램에서 학문과 실천 영역 간의 다리 역할을 한다. 기관에서의 슈퍼비전은 종종 행정(예: 서비스전달체계에 준해 설정된 실천기준에 초점을 둠)과 임상(예: 내담자를 직접 도움) 두 가지 모두에서 사용된다. 보다 넓은 사회적 맥락에서 볼 때, 임상슈퍼비전은 면허를 취득하는 과정의 핵심 부분으로 치료사가 독립적으로 치료를 해낼 수 있게 해 준다. 따라서 이 분야 전문직에서 슈퍼비전은 다양한 방식으로 제도화되었다. 치료사가 받는 임상슈퍼비전의 유형이 임상적 결정에 영향을 미치는 것은 확실하다. 그러나 현장에서의 그 중요성에도 불구하고, 임상슈퍼비전의 기제와 절차에는 정확하게 파악하기 어려운 점이 항상 있었다. 증거기반 및 체계적 임상모델의 이 새로운 시대에, 슈퍼비전의 역할과 그 책무성이 기여하는 측면은 매우 중요한 관심사이다.

슈퍼비전은 유형에 따라서 그 목표가 다르다. 가족치료사의 발전을 목표로 하는 슈퍼비전은 종종 개인적 성장, 전문성 개발, 가족치료 전문직에 대한 오리엔테이션에 중점을 둔다. 행정적 측면에 초점을 둔 슈퍼비전은 기관의 규준과 실천기준 또는 자격증 및 비용 청구를 위한 기준에 기반한다. 임상적 슈퍼비전은 종종 그 근거와 목표가 명확하지 않다. 슈퍼바이저는 질문과 제안을 통해, 치료자가 가장 적절하고 효과적으로 상담을 할 수 있도록 확실하게 돕고자 하지만, 그 명확성이 부족한 경향이 있다. 일반적 치료 관례와 유사하게, 임상슈퍼비전의 실천도 소수의 일반적인 개념적 접근방법들에 근거하였다(Bernard & Goodyear, 2004). 이런 접근방법에서 자주 누락되는 것은 슈퍼버전 내용의 근거가 되는 특정 임상모델에 대해 슈퍼바이저가 치료사에게 명확하게 설명을 해 주는 것이다. 따라서 슈퍼비전의 목표, 실천, 과정을 임상모델과 연결하는 것은 가족치료 실천의 개선을 위해서 필수적이다.

가족치료의 슈퍼비전과 훈련은 특히 지난 30년 이상 여러 대를 거치면서 그 강조점이 변화하고 발전해 왔다. 지금은 임상 전문화 시대로, 슈퍼바이저의 자격에 대한 미국결혼가족치료학회(AAMFT)의 기준이 개발되었듯이, 가족치료사는 전문적 조직에 의해서 전문가로 지명이 되고 자격을 인증받는다. Cleghorn과 Levin(1973)은 훈련생의 발전에 필수적인 세 가지의 가족치료 기술을 다음과 같이 요약하였다. 첫째, 지각기술, 즉 각 치료회기에서 행동적 자료를 정확하게 인식하고 기술할 수 있는 능력, 둘째, 임상적 관찰 및 이를 의미 있는 언어로 표현하는 능력을 포함하는 개념적 기술, 셋째, 가족의 상호작용패턴을 수정하기 위해 회기 중에 이루어져야 할 치료사의 행동을 끌어가는 개입기술이다(Anderson, Rigazio-DiGilio, & Kunkler, 1995).

FFT 임상슈퍼비전도 이러한 초기의 아이디어들을 기반으로 한다. FFT에서 임상슈퍼비전은 모델을 학습하고 양질의 실천을 해내고 이 모델을 다양한 내담자와 기관으로 확장하는 동시에, 모델 특성의 준수성과 치료사의 역량을 유지하는 데 필요한 핵심 요소이다. 임상슈퍼비전이 치료기술을 향상시키려면, FFT와 동일한 원칙에 근거하고, 동일한 목표를 가지며, 동일한 임상적 관계를 지원해야 한다. FFT 슈퍼비전 과정에 관한 최초의 공식적인 설명은 Haas, Alexander와 Mas가 발표했다(Liddle, Breunlin, & Schwartz, 1988). 우리는 지역사회 환경에서 우리의 FFT 경험이 증가함에 따라 더 많은 것이 필요하다는 사실을 알게 되었다. 정확하게 말하자면, 치료사의 모델 특성에 대한 준수성과 역량(앞에서 정의한 대로)에 관해서 실제 임상 장면에서 슈퍼비전이 이루어져야 한다는 것이다.

Sexton, Alexander와 Gilman(2004)은 지역사회 실천에 적용할 수 있는, FFT에 특화된 슈퍼비전 방법을 처음으로 소개했다. FFT 슈퍼비전은 모델 준수성과 치료사의 역량이라는 두 요소를 중시하기 때문에, 치료사의 성장과 지지적 환경의 제공에 초점을 두는 것 이상이어야 한다는 것이 분명해졌다. 또한 모델 준수성과 역량개발이라는 두 가지 측면의 교육적 요소와 상호 관련성을 강조해야 하고, 치료사, 치료장면, FFT 팀의 실무집단, 슈퍼바이저가 포함된 다중체계적 맥락을 포괄해야 한다.

우리의 접근방법은 서비스전달체계에 대해 중요한 시사점을 갖는다. 우선, FFT 임상슈퍼바이저는 능력 있는 FFT 치료사여야 한다. 슈퍼비전을 잘하는 것은 올바른 실천을 위해 무엇이 필요한지에 대한 전문가적 이해를 바탕으로 하기 때문이다. 따라서 많은 기관에서 슈퍼바이저의 직책이 관행화된 경우와는 달리, FFT 임상슈퍼바이저는 FFT를 능숙하게 실천할 수 있는 숙련된 치료사이다. 슈퍼바이저로 활동하는 동안 자신도 내담자들을 계속 만나면서 자신의 사례에 대해 슈퍼비전도 받는다. FFT 임상슈퍼비전의 역할과 과정에 대한 다음의 설명은 Sexton과 Alexander의 이전 연구에 근거한다 (Sexton, Alexander, & Gilman, 2004). 이 연구는 Alexander가 대학 내의 훈련 클리닉에서 초기에 수행했던 작업을 기반으로 수행하였으며, 이를 통해 슈퍼비전에 관해 더 잘 설명하게 되었다(Alexander et al., 1988). 이로써 FFT 슈퍼비전 과정의 특징들이 이전 모델들과 명확하게 구분되었다. 즉, 슈퍼바이저의 역할, 슈퍼비전의 목표, 임상슈퍼비전을 성공적으로 수행하는 '방법'인 관계적 과정 등에 관한 것이다. 이와 관련된 내용들을 다음과 같이 정리하였다.

1) FFT 현장 슈퍼바이저의 역할

FFT 슈퍼바이저는 지역사회 임상 현장에서 기관이 제공하는 FFT 서비스의 질을 책임진다. FFT 임상슈퍼바이저는 다양한 영역에서 다음 세 가지 주요 목표를 지향하면서 필요한 부분에 개입한다.

• FFT 임상실천에서 **모델 충실도와 서비스의 질을 검토한다.** (즉, 품질을 보장

한다.)

- FFT 치료사들이 항상 FFT라는 렌즈를 통해 생각하고 FFT 원칙을 근거로 임상적 결정을 할 수 있게 안내함으로써 **모델 준수성 및 역량을 증진한다.** (즉, 품질향상을 촉진한다.)
- FFT모델을 권장하여 가족들이 고품질의 서비스 혜택을 받을 수 있도록 **서비스전달체계를 관리한다.**

FFT 임상슈퍼비전은 두 가지 기본적인 활동을 통해서 이러한 목표를 달성한다. 첫 번째인 품질보장은 모니터링 과정인데, 이때 슈퍼바이저가 할 일은 슈퍼비전 집단 내 개별 치료사들의 준수성과 역량을 잘 관찰하는 것이다. 슈퍼바이저들은 공식적으로는 체계적인 평가기제를 통해서, 비공식적으로는 사례실무에 대한 관찰을 통해서 이 과정을 수행한다. 모니터링은 또한 치료사들의 소속기관까지 확대되어야 하는데, 기관의 행정적 · 구조적 상황이 FFT가 성공적으로 수행되게끔 지속적으로 지원하는지를 평가해야 한다.

슈퍼바이저의 두 번째 중요한 책임은 품질향상이다. 이는 임상슈퍼비전의 주요 목표로, 치료사와 현장 기관이, 설계된 대로(모델 준수성) 개별 가족들의 욕구를 성공적으로 충족시키도록(모델 역량), FFT를 제공하는 능력을 향상시키는 것이다. 슈퍼바이저는 서비스의 질을 향상시키기 위해서 추후에 설명하는 FFT 슈퍼비전 과정 및 원칙에 따라 치료사에게 개입한다. 그 궁극적 목표는 고품질의 서비스를 제공하는 높은 수준의 모델 준수성이다. 서비스 질의 향상은 슈퍼바이저, 개별 치료사, 실무집단 간의 복잡한 관계과정에서 진행되는 체계적 슈퍼비전으로부터 이루어진다.

2) 슈퍼비전의 핵심 원칙

FFT 임상모델과 마찬가지로, 슈퍼비전 과정도 일련의 이론적 · 철학적 핵심 원칙에 기반을 두며, 이는 슈퍼비전 활동의 바탕과 토대가 된다. 그 원칙

은 여러 면에서 슈퍼비전의 기본 사항들을 설정하기 때문에 슈퍼비전 자체
보다 더 중요하다고도 할 수 있다(Sexton et al., 2004). FFT 임상슈퍼비전의
특징은 다음과 같다.

- **모델 중심이다.** FFT 임상모델의 핵심 원칙과 임상 프로토콜은 치료의 질
  적 보장 및 개선을 위한 주요 기반이다. 즉, 치료사를 평가하는 잣대가
  되며, 슈퍼바이저가 지향하는 슈퍼비전의 달성 목표이다. 슈퍼비전은
  모델에서 규정하는 목표 및 개입전략에 대한 준수성과 그러한 목표를
  달성하도록 개입전략을 사용하는 역량에 그 초점을 둔다.
- **관계적이다.** 슈퍼바이저, 개별치료사, 슈퍼비전 지도집단 간의 관계과정
  은 슈퍼비전의 진행단계적 특성에 반영된다. 관계과정은 개인 존중에
  기반을 둔다. 즉, 각 치료사의 독특한 차이점, 강점, 특성을 인정하는 것
  이다. 또한 슈퍼바이저와 치료사가, 가족과 청소년을 위해 FFT모델을
  성공적으로 수행한다는 공통의 목적을 갖고 함께 작업하는, 동맹관계를
  기반으로 한다.
- **다중체계적이다.** 슈퍼비전에는 치료사, 서비스전달체계, 슈퍼비전 지도
  집단과 같은 다각적 영역에 대한 관심과 조치가 필요하다.
- **단계적이다.** 슈퍼비전은 치료단계에 맞춰 전개된다. 각 단계에는 일련의
  목표 및 관련된 변화기제들이 있으며, 슈퍼바이저의 개입이 그런 변화
  기제의 활성화를 잘 도울 수 있다.
- **자료기반 또는 증거기반이다.** 구체적인 슈퍼비전 목표와 활동은 치료사의
  상담서비스 패턴을 모니터링해서 모델 준수성 및 역량과 관련된 활동
  에 대해 구체적으로 컨설팅해 주는 것을 기반으로 한다. 모니터링과 목
  표 설정 그리고 최종적인 슈퍼비전 개입은 다양한 자원과 관점으로부
  터 얻어진 자료를 활용한다. 슈퍼바이저는 슈퍼비전의 모든 단계에서
  모델 준수성, 역량, 슈퍼비전을 받는 치료사 집단의 발전 상태를 지속적
  으로 평가한다. 모니터링, 슈퍼비전 내용의 결정, 슈퍼비전의 실행은 치

료사(자기보고) 및 FFT Q-System을 포함하는 다양한 자료에서 얻은 근
거에 의해 촉진된다.

이와 같은 원칙들은 모두 FFT 슈퍼비전의 프로토콜과 일치한다.

3) 체계적 슈퍼비전의 프로토콜

슈퍼비전의 역할 및 원칙은, FFT 슈퍼바이저가 슈퍼비전 과정에서 자신이
어디쯤 와 있는지, 어디로 가고 있는지 알 수 있게 도와주는, '지도' 또는 안
내서로 작동한다. 이는 당면한 슈퍼비전의 의제 및 구체적 목표를 설정하도
록 돕고, 원하는 결과를 얻을 수 있는 슈퍼비전 행동/개입을 파악하도록 돕
는다. 슈퍼바이저의 주요 책임은 치료사의 모델 준수성과 역량개발을 통한
서비스 질의 보장과 개선에 있지만, 슈퍼바이저는 이와 관련한 작업을 산발
적이 아닌 서로 연결된 과정으로 추진해야 한다. 이 과정에서 슈퍼바이저와
치료사에게는 서로 다른 역할이 요구된다. 각자의 역할을 잘 수행하고 서로
공조함으로써 가족들이 어려움을 극복하도록 돕는 것이다.

슈퍼바이저를 위한 길잡이로서, 슈퍼비전 방식은 슈퍼바이저가 현 상황을
이해하게 하고 지침을 제공해 주는 주체가 된다. 슈퍼비전에서 벌어지는 일
을 생각해 보라. 매우 힘든 상황에 있는 가족들과의 작업이 일상인 FFT 치료
사들은 상담하고 있는 가족에 대한 어려움과 감정 또는 생각을 얘기한다. 슈
퍼바이저는 이렇게 제기된 내용의 관계과정에 중점을 두고 임상모델의 회기
별, 단계별 목표에 따라서 치료사(또는 집단)의 개입행동에 슈퍼비전을 준다.
이는 슈퍼바이저가 슈퍼비전 단계를 잘 이해해서 슈퍼비전 초기 단계와 후
기 단계에서 각각 다른 방식으로 대응해야 함을 의미한다. 따라서 이러한 프
로토콜은 하나의 지도로 작동해서 슈퍼바이저가 가장 중요하고 당면한 슈퍼
비전 목표를 달성하는 데 집중하도록 도와준다.

임상슈퍼비전 단계([그림 9-3] 참조)는 매우 구체적 · 직접적 · 규범적이므

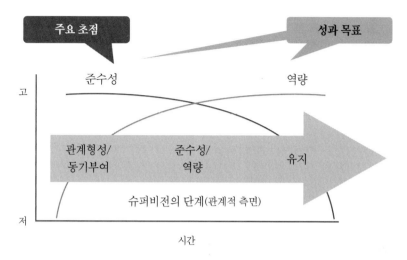

[그림 9-3] 임상슈퍼비전의 진행 단계

출처: Sexton, Alexander, & Gilman (2004)

로 교과과정처럼 느껴질 수 있다. 그러나 이를 기계적이고 천편일률적인 방식으로 오해하지 않기 바란다. FFT 슈퍼비전은 슈퍼바이저와 치료사가 상호 관계적 대응방식으로 목표를 추구한다는 개념을 기반으로 한다. 따라서 FFT 치료와 마찬가지로, 슈퍼비전도 체계적이고 구조적이면서도 관계적이고 반응적이다. 이런 식으로 접근하면, 슈퍼비전은 결코 같은 식으로 두 번 이루어지지는 않는다. 즉, 슈퍼바이저는 각 슈퍼비전 집단이나 개별 치료사들에게 치료단계별로 고유한 방식의 전략을 적용하게 된다.

4) 슈퍼바이저의 개입

임상슈퍼바이저는 슈퍼비전 과정에서 파악하고 품질보장 방법에 의해서 측정된 준수성과 역량 프로파일에 근거해서, 치료사의 준수성과 역량의 발전을 위한 다양한 방법을 시도할 수 있다. 다음 사항을 감안해서 슈퍼비전 개입방법을 선택한다.

- 주요 문제가 모델 준수성인지 역량인지의 여부
- 지식영역인지 행동영역인지의 여부
- 치료사 개인과의 관계를 통한 슈퍼바이저의 이해

여러 면에서 볼 때, 슈퍼비전은 간접적인 과정이며, 이미 알려진 슈퍼비전 과정이나, FFT를 증거기반 모델로 지명하는 근거가 된 성과연구들의 내용과는 종종 다르게 진행된다. 넓은 지역에 분포되었거나 지리적으로 떨어진 현장이 있는 일부 대규모 지역사회 기반 프로젝트에서, 슈퍼바이저는 치료사가 보는 것을 결코 보지 못하므로 치료사가 보고한 내용에 준해서 판단을 내려야 한다. 이러한 작업이 쉽지는 않지만, 슈퍼바이저가 치료사의 보고와 결정 및 생각을 모델 준수성과 역량의 측면에서 듣는 방법을 익히면 가능하다. [그림 9-4]는 슈퍼바이저가 슈퍼비전 줄 내용을 해석하고 결정하는 과정에 대해 우리가 이해한 것을 나타낸다. 이 그림에서 볼 때, 치료사가 사례에 대해 얘기할 때는 가족에 대한 전반적인 설명에서 시작해서 구체적 행동에 대한 설명으로 옮겨 간다는 점에 주목하라. 슈퍼바이저는 치료사의 전반적인 설명을 듣고 치료사가 핵심 원칙을 지켰는지 알 수 있고, 또 치료사가 취한 구체적인 조치에 대한 설명을 듣고서는 그의 치료적 개입이 FFT모델에 충실했는지를 판단할 수 있다.

어떻게 슈퍼비전을 줄 것인지 결정하기 위해, 슈퍼바이저는 치료사가 요청한 사항을 넘어 치료사의 모델 준수성이나 역량에 문제가 있는지부터 확인해야 한다. 이를 위해 슈퍼바이저는 FFT 임상모델을 표준으로, 치료사가 보고한 내용이 그 치료단계에서 모델의 기준에 맞는지를 측정한다.

이러한 품질향상 측면을 위한 두 가지 주요 개입 경로가 있다.

- **교육:** 기본 수준(모델 준수성) 또는 복잡한 수준(역량)에서의 핵심 원칙이나 임상과정에 관한 지식의 전달을 위해 가장 적합한 방법이다. 두 수준 모두에서, 슈퍼바이저는 치료사가 고민하는 문제와 관련된 개념적 원칙

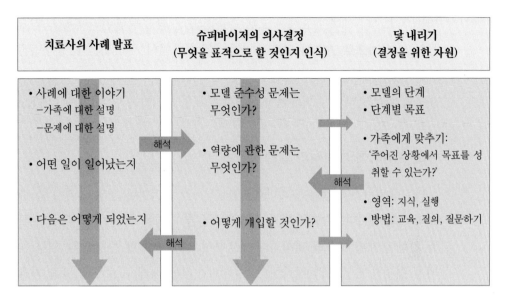

치료사의 사례 발표	슈퍼바이저의 의사결정 (무엇을 표적으로 할 것인지 인식)	닻 내리기 (결정을 위한 자원)
• 사례에 대한 이야기 　–가족에 대한 설명 　–문제에 대한 설명 • 어떤 일이 일어났는지 • 다음은 어떻게 되었는지	• 모델 준수성 문제는 　무엇인가? • 역량에 관한 문제는 　무엇인가? • 어떻게 개입할 것인가?	• 모델의 단계 • 단계별 목표 • 가족에게 맞추기: 　'주어진 상황에서 목표를 성 　취할 수 있는가?' • 영역: 지식, 실행 • 방법: 교육, 질의, 질문하기

해석 · 해석 · 해석

[그림 9-4] FFT 임상슈퍼바이저의 슈퍼비전 내용 결정 과정

에 초점을 맞추는 것이 가장 좋다. 교육적 개입은 주로 치료사의 이해를 향상시키는 데 중점을 둔다.
• 사례 특성별 제안: 주로 실행 영역에서 모델 준수성 또는 역량을 향상시키는 방법이다. 임상슈퍼바이저는 구체적 행동방식이나 특정 재구성 방법을 제안하거나, 구성주제의 개발을 도와주거나, 또는 관계 사정을 위한 대안을 제시할 수 있다. 치료사 역량에 초점을 둘 때의 슈퍼비전 목표는 치료사가 내담자에 맞춰서 FFT를 재량껏 적절하게 사용하도록 돕는 것이다. 이에 대해서는 직접 제안을 하거나, 역할극과 시연을 통해 전할 수도 있고, 필요한 절차를 설명해 줄 수도 있다.

5) 모델 준수성과 역량 데이터의 수준 측정

서비스의 질 보장을 위한 자료는 슈퍼바이저의 공식적 사례 자문 때나 개별 슈퍼비전 때 이루어지는 사례에 관한 토론으로부터 얻어진다. 슈퍼바이저는 치료사의 사례 발표에서 모델 준수성 또는 역량과 관련된 부분을 경청한다. 일반적으로 준수성 수준을 먼저 생각하는 것이 가장 좋은데, 준수성은 FFT의 충분조건은 아니지만 필수조건이기 때문이다. 치료사가 준수성을 뚜렷하게 보여 준다면 슈퍼바이저는 역량 문제를 고려하는 단계로 넘어간다.

6) 슈퍼비전의 계획과 실행

FFT 슈퍼비전 과정은 슈퍼바이저가 각 사례 회의마다 계획을 세워 둘 때 더욱 효과적이다. 슈퍼바이저는 슈퍼비전할 단계를 확인하고, 각 치료사를 위한 단계별 목표를 명확하게 설명하며, 다루어야 할 준수성 및 역량 문제를 결정하는 것부터 시작한다. 슈퍼바이저는 대개 치료사에 관한 기록(Q-System에서의), 이전 슈퍼비전에서의 평가, 그리고 최근의 전체적 평가를 검토하여 어떤 치료사가 사례를 발표해야 하는지 결정함으로써 슈퍼비전 회기를 준비한다. 일반적인 지침은 슈퍼비전 집단의 각 치료사에게 한 달에 두 번씩 사례를 발표할 기회를 주는 것이다.

슈퍼비전이 시작되면, 슈퍼바이저는 사례에 대한 개괄적 토론에서부터 구체적 행동 계획으로 나아가는데, 해당 가족을 위한 단계적 목표를 달성할 수 있는 방법이 계획되어 있어야 한다. 이를 위해, 임상슈퍼바이저는 치료사에게 질문을 하고 슈퍼비전 집단 치료사들의 참여를 촉구하면서 토론을 조직하고 이끌어 간다.

4. FFT 서비스전달체계와 돌봄체계 간의 조정 사례

FFT의 성공은 지역사회 내의 다양한 조직과 치료 및 서비스 제공자들 간의 돌봄체계를 조정함으로써 크게 향상된다. 일탈행동 청소년들의 가족과 환경이 매우 복잡하므로 FFT도 돌봄서비스 체계의 일부에 불과하기 때문이다. 내담자나 문제를 이해할 때의 원칙과 FFT의 핵심 원칙을 적용하면서 다른 서비스 전문가들과 협동하게 되면 FFT 역시 더욱 발전할 수 있다. 관건이 되는 것은, 그들이 직접적으로 FFT의 발전을 도울 수 있는지가 아니라, 조정적·체계적인 서비스전달체계에서 그들의 통찰력이 어떻게 활용될 수 있는가 하는 것이다. 델라웨어주에서 수행되었던 우리의 사례를 소개한다.

1) 델라웨어 FFT 서비스전달체계

아동가족우선센터(Child and Families First, Inc.: CFF)는 델라웨어주의 지역사회정신건강센터이다. 이 기관은 농촌과 도시 지역에 모두 센터를 두고 있다. 다른 많은 기관처럼, CFF에도 가족과 청소년을 위한 사례관리자와 가족치료사들이 있었다. 사례관리자는 식품구매권(Food stamps)을 확보해 주고 임대료를 지원하고 교통수단을 제공함으로써 가족들의 당면한 필수문제해결을 우선적으로 도와주었다. 가족치료사는 전문적인 심리상담서비스를 제공했다. 사례관리자와 가족치료사는 동시에 가족에게 개입하는 랩어라운드 팀[3]으로 활동한 것이다. 사례관리자는 가족의 실제적인 욕구를 충족시키고 가족치료사는 가족관계에 중점을 두었다. 기관들은 치료사와 사례관리자의 서비스가 종종 겹쳤으며, 의도는 좋았지만 때로는 가족들을 서로 다른 방향으로 끌고 갔다는 것을 빨리 깨달았다. 사례관리자는 때로 가족치료사 및 지역사회와 함께 가족들의 '목소리' 역할을 했지만, 가족치료사는 가족들이 스스로 말할 수 있도록 도와주었다.

FFT가 CFF에서 실행되었을 때, 우리 또한 현재 델라웨어모델(Delaware

---

3) 역자 주: 랩어라운드 팀(wraparound team)은 1980년대에 다양한 환경의 아동을 위한 효과적인 지원책의 필요성으로 대두되었다. 아동의 정신건강 또는 행동문제 극복을 돕기 위해서 가족, 교사 등을 포함하는 자연적 지지집단과 다양한 기관의 전문가 및 지역사회 대표자가 함께 지지체계를 통합해서 아동의 역동적인 욕구를 해결한다. '랩어라운드'라는 용어는 다양한 서비스가 삶의 모든 측면에서 아동을 감싸서 지원한다는 의미를 나타낸다(http://nwi.pdx.edu 참조).

Model)이라고 부르는 일을 시작했다. 이는 FFT 이론적 원칙하에서 자료기반 FFT Q-System을 적용해서 사례관리자와 FFT 치료사를 함께 묶은 통합적 서비스전달체계이다. 델라웨어모델에서는 내담자의 돌봄체계를 조정함으로써, FFT와 같은 특정 임상모델이 단순한 가족치료만의 범위를 넘어설 수 있는 방법의 예를 제시하였다. 이 프로젝트는 기관의 지원(기관장 Leslie Newman)과 임상적 지원(임상책임자 Vicky Kelly) 그리고 FFT 전문가들(필자와 FFT 임상코디네이터인 Astrid van Dam)의 협조로 수행되었다. 모델 개발은 사례관리자들의 협동 프로젝트가 되었고, 그들은 모델과 관련된 조사도구와 매뉴얼 및 훈련 프로그램을 개발하는 것을 도왔다. 돌봄전문가, 가족치료사, 사례관리자들을 최신 기법을 사용하는 돌봄체계로 같이 연결하는 것이 프로젝트의 목표였다. 관련된 서비스 제공자들은 모두 함께 훈련을 받았고, FFT의 관점으로 가족과 가족문제들을 이해했으며, 자신의 고유한 기능을 수행할 때는 관계적 기법들을 적용하려고 노력했다. 가능한 모든 서비스 제공자의 강점을 활용한 체계적인 치료체계가 등장했던 것이다. 한 특정 사례에서 진행된 과정은 다음과 같다.

(1) 의뢰 관리

의뢰는 기관 내의 사례관리자가 담당하며, 그는 초기에 내담자에게 필요한 서비스를 평가한다. 내담자의 파일을 포괄적으로 검토하여 가족 상황에 있을 수 있는 위험요인을 파악하고 평가한다. 사례관리자는 의뢰보고서와 사례보고서 등 가능한 모든 기록을 활용하며, 특히 가족의 환경을 고려하는데, FFT에서 이러한 작업은 대개 일반화 단계로 미루어진다. 사례관리자의 역할은 FFT 과정 초기에 환경적 문제를 파악하는 것이다. 사례관리자는 가족치료사가 아니므로, FFT 초기에 주요 회기목표에서 벗어나지 않으면서 그 과정을 수행할 수 있다. 사례관리자는 필요하면 학교, 보호관찰소 또는 기타 의뢰 기관에 전화해서 추가 정보를 수집한다. 사례관리자가 서비스 사정을 수행하기 위해 가족을 직접 인터뷰하는 경우는 드물다. 서비스 사정은 다음

다섯 가지 영역에 초점을 둔다.

- **정신건강**: 이전의 정신건강 치료, 최종 의학적 평가, 현재 복약 상태, 기타 정신건강서비스
- **학교**: 출석률, 특수학급 프로그램, 등교 수단이나 교우문제
- **가정환경**: 전기나 수도가 중단될 위험, 가정이나 이웃의 안전문제, 대가족 문제 등
- **청소년사법 또는 복지관련 문제**: 범죄행위 이력, 심리 중인 형사법상 문제, 보호관찰 또는 가석방
- **또래관계**: 또래와의 부정적인 관계 징후

(2) 사례배정 및 접수

사례에 필요한 서비스의 사정 결과는 Q-System에 입력되고, 그 사례는 FFT 치료사 배정을 기다리는 상태로 넘어간다. 배정을 받은 FFT 치료사는 온라인으로 사정 결과를 검토할 수 있다. 델라웨어모델에서 가족과의 첫 번째 회기는 접수 단계이다. 접수는 지역사회정신건강체계에서 일반적인 과정이지만, 델라웨어 FFT의 접수는 많이 다르다. 가족, 사례관리자, FFT 치료사, 보호관찰관, 학교 담당자 또는 사회복지 담당자 등이 모두 참석하기 때문이다. 접수 단계의 목표는 가족의 목적이나 욕구를 평가하는 것이 아니라, 치료팀을 가족에게 소개하고 서비스 사정 내용을 간단하게 검토하는 것이다. 이 회기는 FFT의 목표와 과정을 치료팀원 모두가 이해하고 있다는 사실을 가족에게 알려주는 데 그 의미가 있다. 사례관리자는 또한 이 회기에 위험요인 및 보호요인에 관한 평가를 완료한다. 이는 질의응답보다는 관찰과 토론을 통해서 이루어진다. FFT 치료사는 이 단계부터 관계형성과 동기부여 과정을 시작한다.

(3) 치료 및 일반화, 강화

FFT가 수행되는 동안 가족치료사는 가족들과의 주요 소통 및 접촉자가 된다. 이때 사례관리자는 뒤로 물러나서 상담에 장애가 되는 문제(교통문제 등)를 해결해 주는 역할을 하면서 FFT를 지원하게 된다. FFT 치료사는 서비스 사정 내용에 접근할 수 있고, 이를 통해 가족에 대한 관점이 확대되어 FFT의 목표를 달성할 수 있게 된다.

사례가 FFT의 일반화 단계로 들어가면 사례관리자에게 알린다. 사례관리자는 가족치료사의 상담기록을 검토한 후 같이 만나서 차후의 서비스 계획을 세우는데, 이는 FFT 개입 성과를 가족의 주변 상황에 맞도록 지원하고 유지하며 일반화하게끔 돕는 체계적인 계획이다. FFT 마지막 단계에 사례관리자는 가족 합동치료 회기에 참여하고 FFT 치료사와 함께 일반화 단계로 옮겨 가는 것에 대해 논의하기 시작한다. 사례관리자는 또한 가족에게 새롭게 주의해야 할 점들을 알려 주는 한편, 사례관리체계로 전환하는 것을 돕는다. 사례관리는, FFT 과정에서 형성된 주제를 사용하고 치료과정에서 개발된 행동변화의 목표를 지키며 가족이 스스로 도울 수 있도록 돕는다는, 일반화 단계의 원칙들을 따른다. 위기가 발생할 때는 FFT 치료사처럼 사례관리자도 방향을 바꾸지는 않는다. FFT 치료사의 작업을 기반으로, 가족이 자신들의 문제를 스스로 해결하도록 임파워링함으로써 FFT를 가족의 환경과 삶으로 확장시켜 준다. 사례관리자가 접촉한 내용들도 모두 Q-System에 기록이 되며, 가족치료사가 사용할 수 있다.

2) FFT Q-System의 역할

델라웨어 모델 프로젝트는 FFT Q-System을 사용함으로써 구축되었다. Q-System은 회기계획, 사례관리, 슈퍼비전 과정에서 핵심 수단이 되었다. 각 사례와 회기, 내담자 사정, 준수성 측정, 치료사의 진행노트가 Q-System에 입력되었다. 치료계획에 관한 정보의 투명성을 촉진하기 위해, 내담자 및 서비스 전문가들과 FFT 치료사가 입력한 정보가 각 사례와 관련된 사람들 간에 Q-System상에서 공유되었다. 내담자 접촉, 사례검토, 사례계획에 관한 자료가 Q-System 프로그램에 입력되고 관리된다. 정보 사용이 승인된 사람은 특정 내담자나 담당한 사례 전체 또는 팀 전체에 대한 보고서를 선택해서 볼 수 있다. 즉, 모든 보고 자료는 사용자 맞춤이다. 또한 가족치료사, 슈퍼바이저 또는 FFT 자문가는 그 외의 다양한 보고서도 이용할 수 있다. 이러한 시스템 역시, 가족치료사, 슈퍼바이저, 관리자들에게 정보를 제공함으로써 피드백 도구로서의 역할을 한다.

이를 통해서 가족치료사는 내담자나 슈퍼바이저의 관점 그리고 치료사 자신의 회기목표 등을 파악하게 된다. 즉, 이 피드백 체계는 보다 신속하게 내담자에게 도움을 줄 가능성이 높은 영역에 집중하도록 돕기 위한 것이다. 가족치료사는 자신의 회기목표, 내담자와 슈퍼바이저가 측정한 준수성, 내담자의 평가, 내담자가 개선된 징후 등을 실시간으로 체크함으로써 다음 회기의 계획을 세우거나 장기 계획을 조정하는 데 도움을 받을 수 있는 것이다. 가족치료사는 또한, 치료가 계획된 정신건강 문제의 치료 전후 측정치에 관한 정보를 얻을 수도 있다. 슈퍼바이저의 경우에도, Q-System을 통해 팀 전체 수준에서의 준수성과 서비스전달과 관련된 정보에 접근할 수 있다. 이러한 자료는 슈퍼비전 회기의 기초가 된다. 참고로, 이 프로젝트에서는 내담자와 슈퍼바이저 모두 치료사의 FFT모델 준수성이 높다고 보고되었으며, 청소년과 부모 모두 치료 시작 후에 자신과 가족의 삶이 향상되었다고 보고되었다.

지속적 품질향상(CQI) 정보는 가족치료, 돌봄체계의 조정, 슈퍼비전, 현장평가에 활용될 수 있도록 가족치료사와 기관 및 슈퍼바이저에게 주어지는 피드백이다. 예를 들어, 이 프로젝트의 첫 6개월 동안에는 2명의 치료사가 매우 높은 상담취소율을 보인 것이 확실했다. 슈퍼바이저와 코디네이터는 각 사례를 살펴서, 한 치료사에게는 추가 슈퍼비전이 도움이 될 것으로 결정할 수 있었다. (다른 치료사의 경우에는 높은 중단율의 이유가 될 만한 의뢰 관련 문제가 있었다.) 준수성 평가에서 그 치료사가 FFT를 실행하는 데 어려움이 커진 것처럼 나타난 것이다. 슈퍼바이저는 그 치료사의 진행노트를 보다 면밀하게 검토할 수 있었고, 그가 애먹고 있던 영역을 파악할 수 있었다. 슈퍼바이저와 치료사들은 그 치료모델이 더욱 성공하기 위해서는 어떤 지원이 추가되어야 하며 기관에서는 어떤 변화가 이루어져야 하는지 생각할 수 있었다. 후에 다시 평가된 준수성 점수를 보고, 그런 작업이 효과가 있었는지 확인할 수 있었다.

델라웨어 프로젝트는 서비스전달체계 전문가, FFT 치료사, 기타 서비스 제공자들의 역할에 대한 자료기반 프로파일을 위해서, 평균 회기 수, 탈락률, 강점약점설문지(SDQ) 점수, 상담과정설문지(CPQ) 프로파일과 같은 기초평가 자료뿐만 아니라 Q-System으로부터 축적된 보고서를 사용하고 있다. 이런 정보는 서비스의 전달, 준수성, 상담의 진척과 성과에 대한 각각의 표준과 기준에 맞춰서 알맞게 사용될 때 임상적으로 가장 유용하다. 또한 기초평가 자료를 사용해서, Q-System에 의해 생성된 CQI 정보에 현장 특유의 의미를 부여할 수도 있다. 이런 자료들은 델라웨어모델, FFT 그리고 다른 많은 서비스전달 분야에서, 적응과 변화를 위한 자원이 될 것이다.

5. 결론

지역사회 기반 현장에서는 저절로 되는 일이 없다. 모든 일 처리가 내담자의 욕구, 기관의 서비스 제공과정, 재정, 다른 치료전문가들의 작업과 맞아야 한다. 임상모델로서의 효과성과 더불어, FFT는 사례계획과 회기계획, 임상슈퍼비전, 그리고 서비스 품질향상을 위한 자료 모니터링 등을 중심으로 한 전달체계 요소들을 기관에 제공한다. 각 요소와 관련된 모범 사례는 다양한 체계와 기관 및 조직에서 FFT를 실행했던 우리의 경험을 바탕으로 개발되었다.

FFT 서비스전달체계의 요소들은 과학이 우리에게 중요하다고 알려 준 것

(모델 특유의 준수성과 치료사의 역량)을 개선하려는 한 가지 목표에서 개발되었다. 우리는 모델을 준수하는 것이 치료의 성공을 위해 필요는 하지만 충분한 조건은 아니라는 것을 발견했다. 즉, 가족치료사들은 독특한 상황에 놓인 특정 가족에게 모델을 잘 적용하는 역량도 보여 주어야 했다. 제1장과 제2장에서 논의된 가족의 다중체계적 본성을 고려할 때 이는 당연했다.

시간이 지나면서 우리는, 기관 및 조직의 확대된 서비스전달체계가 회기계획, 임상슈퍼비전, 지속적 자료 검토 및 피드백과 같은 세 가지 영역에서 FFT와 일원화가 될 때, FFT가 더 잘 작동하는 것을 알았다. 우리는 가족치료사들을 위한 실천에 집중하면서, FFT모델 특유의 계획 수립에 필요한 정보를 추적하는 데 도움이 되는 지속적 치료계획 수립과정(회기진행기록)을 개발했다. 임상슈퍼비전은 FFT의 기반인 관계적 특성하에서 수행되면서 FFT 서비스의 품질향상에 기여한다. 우리는 가족, 슈퍼바이저, 가족치료사로부터 나온 정보를 사용해서 치료사들의 모델 준수성 및 역량의 수준과 수행 요소들을 컴퓨터 시스템으로 구체적으로 측정하였다. 이렇게 알아보기 쉽게 정리된 과정기반적 자료들을 통해, 치료사들에게는 피드백을 주어 상담 수준을 향상시키고 슈퍼바이저들은 슈퍼비전 계획을 세울 수 있다. FFT Q-System은 또한 사례계획을 체계적으로 수립하는 데 도움을 주어 임상 시간의 여유를 확보해 준다. 이러한 요소들이 적절하게 갖추어질 때, 사례계획, 임상슈퍼비전, 자료 점검을 아우르는 통합적 서비스제공체계가 형성된다. 이러한 측면이 잘 구현되면, 지속적인 품질향상을 위한 보다 확장된 원칙을 만들어 갈 수 있다.

FFT는 반항적인 청소년들을 상담에 참여시킬 수 있는 일련의 원칙에서 출발해서, 과정기반의 전통적 가족치료방법으로 성장했으며, 점점 더 구체적이고 임상적으로 독특한 치료모델이 되었고, 서비스전달체계 영역으로 발전하였다. 필자는 이러한 진화가 FFT의 다중체계적이고 역동적인 지향성을 반영한다고 생각한다. FFT는 임상실천 모델의 기초가 되는 단단한 원칙들을 중심으로 구축되었다. 이 모델은 치료사가 따라야 할 개념적 지도이자 상담의 품질향상 부분을 측정하기 위한 구체적 기준이 된다. FFT는, 다른 개념적 모델들과 이론적 접근방식들이 새롭게 등장함에 따라 요구되는, 적응과 진화에 열려 있었고 앞으로도 열려 있어야 할 모델이다. 이 임상모델에 대한 최근의 논의들은 변화과정이 체계적이면서도 관계적인 특성으로 이루어진다는 점을 강조한다. FFT는 또한 과학과 실천 양쪽에서 데이터를 수집해 가는 모델이기도 하다. 실제로, 이 마지막 절이 주는 교훈은 매우 다양한 조직과 서비스전달체계에서 FFT를 구현했던 우리의 임상 경험에서 비롯된 것이다. 이것이 과학적이고 새로운 실천방법의 발견에 항상 열려 있었던 FFT의 방식이다.

참고문헌

Abrantes, A. M., Hoffman, N. G., & Anton, R. (2005). Prevalence of co-occurring disorders among juveniles committed to detention centers. *International Journal of Offender Therapy and Comparative Criminology, 49(2)*, 179-193.

Alexander, J. F., & Barton, C. (1980). Intervention with delinquents and their families: Clinical, methodological, and conceptual issues. In J. Vincent (Ed.), *Advances in family intervention, assessment and theory.* Greenwich, CT: JAI Press.

Alexander, J. F., & Barton, C. (1995). Family Therapy Research. In R. Mikesell, D. Lusterman, & S. McDaniel (Eds.), *Integrating family therapy: Handbook of family psychology and systems theory.* Washington, DC: American Psychological Association.

Alexander, J. F., Barton, C., Schiavo, R. S., & Parsons, B. V. (1976). Behavioral intervention with families of delinquents: Therapist characteristics, family behavior, and outcome. *Journal of Consulting and Clinical Psychology, 44*, 656-664.

Alexander, J. F., Holtzworth-Monroe, A., & Jameson, P. B. (1994). The process and outcome of marital and family therapy: Research, review, and evaluation. *In Handbook of psychotherapy and behavior change*, A. E. Bergin & S. L. Garfield (Eds.), (4th ed., pp. 595-630). Oxford, UK: Wiley.

Alexander, J. F., Newell, R. M., Robbins, M. S., & Turner, C. W. (1995). Observational coding in family therapy process research. *Journal of Family Psychology, 9*.

Alexander, J. F., & Parsons, B. V. (1973). Short-term behavioral intervention with delinquent families: Impact on family process and recidivism. *Journal of Abnormal Psychology, 81*, 219-225.

Alexander, J. F., & Parsons, B. V. (1982). *Functional family therapy*. Pacific Grove, CA: Brooks/Cole.

Alexander, J. F., Pugh, C., Parsons, B., & Sexton, T. L. (2000). Functional family therapy. In D. Elliott (Series Ed.), *Blueprints for violence prevention* (2nd ed.). Golden, CO: Venture Publishing.

Alexander, J. F., Robbins, M. S., & Sexton, T. L. (2000). Family-based interventions with older, at-risk youth: From promise to proof to practice. *Journal of Primary Prevention, 21*, 185-205.

Alexander, J. F., & Sexton, T. L. (2000). Functional family therapy. OJJDP Juvenile Justice Bulletin. Rockville, MD: Juvenile Justice Clearinghouse.

Alexander, J. F., & Sexton, T. L., (2002). Functional family therapy: A model for treating high risk, acting-out youth. In J. Lebow (Ed.), *Comprehensive handbook of psychotherapy, vol. IV: Integrative/eclectic*. New York: Wiley.

Alexander, J. F., Sexton, T. L., & Robbins, M. S. (2002). The developmental status of family therapy in family psychology intervention science in H.A.

Alexander, J. F., Waldron, H., Newberry, A. M., & Liddle, N. (1988). Family approaches to treating delinquents. In F. M. Cox, C. Chilman, & E. Nunnally (Eds.), *Families in trouble*. New York: Sage.

Alvarado, R., Kendall, K., Beesley, S., & Lee-Cavaness, C. (2000). *Strengthening America's families*. Washington, DC: Department of Justice, Office of Juvenile Justice and Delinquency Prevention.

American Psychological Association. (2000). *Publication manual of the American Psychological Association* (4th ed.). Washington, DC: APA.

American Psychological Association. (2007). Assessment of Competency Benchmarks Work Group: A developmental model for defining and measuring competence in professional psychology, June 2007. Retrieved February 2, 2009, from http://www.apa.org/ed/resources/comp_benchmark.pdf.

Andersen, R. M. (1995). Revisiting the behavioral model and access to medical care: Does it matter? *Journal of Health and Social Behavior*, 36, 1-10.

Anderson, S., Rigazio-DiGilio, S., & Kunkler, K. (1995). Training and supervision in family therapy: Current issues and future directions. *Family Relations, 44*, 489-500.

Aos, S., Barnoski, R., & Lieb, R. (1998). Watching the bottom line: *Cost-effective interventions for reducing crime in Washington*. Washington State Institute for Public Policy: RCW 13.40.500.

APA Presidential Task Force. (2006). Evidence-based practice in psychology. *American Psychologist, 61*, 271-285.

Bandura, A. (1969). *Principles of behavior modification*. New York: Holt.

Bandura, A. (1982). Self-efficacy mechanism in human agency. *American Psychologist, 37*, 122-147.

Barnoski, R. (2000). Outcome evaluation of Washington State's research-based programs for juvenile offenders. Washington State Institute for Public Policy, www.wsipp.wa.gov.

Barnoski, R. (2002a). Washington State's Implementation of Functional Family Therapy for Juvenile Offenders: Preliminary Findings. Washington State Institute for Public Policy. Olympia, WA.

Barnoski, R. (2002b). Washington state's implementation of functional family therapy for juvenile offenders: Preliminary findings. Washington State Institute for Public Policy, www.wsipp.wa.gov.

Barton, C., & Alexander, J. F. (1981). Functional family therapy. In A. Gurman & D. Kniskern (Eds.), *Handbook of family therapy* (pp. 403-443). New York: Brunner/Mazel.

Barton, C., Alexander, J. F., Waldron, H., Turner, C. W., & Warburton, J. (1985) Generalizing treatment effects of functional family therapy: Three replications. *American Journal of Family Therapy, 13(3)*, 16-26.

Bateson, G. (1972). *Steps to an ecology of mind*. San Francisco: Chandler.

Baumrind, D. (1967). Child care practices anteceding three patterns of preschool behavior. *Genetic Psychology Monographs*, *75*, 43–88.

Bernal, G., & Saéz–Santiago, E. (2006). Culturally centered psychosocial interventions. *Journal of Community Psychology*, *34*, 121–131.

Bernal, G., & Scharrón del Río, M. R. (2001). Are empirically supported treatments valid for ethnic minorities? Toward an alternative approach for treatment research. *Cultural Diversity and Ethnic Minority Psychology*, *7*, 328–342.

Bernard, J. M., & Goodyear, R. K. (2004). *Fundamentals of clinical supervision* (3rd ed.). Boston: Allyn & Bacon.

Berwick, D. M. (1994). Eleven worthy aims for clinical leadership of health system reform. *Journal of the American Medical Association*, *272*, 797–802.

Blatt, S. J., Sanislow, C. A., Zuroff, D. C., & Pilkonis, P. A. (1996). Characteristics of effective therapists: Further analyses of data from the National Institute of Mental Health Treatment of Depression Collaborative Research Program. *Journal of Consulting and Clinical Psychology*, *64*, 1276–1284.

Block, J., Block, J. H., & Keyes, S. (1988). Longitudinally foretelling drug usage in adolescence: Early childhood personality and environmental precursors. *Child Development*, *59*, 336–355.

Boendermaker, L., van der Veldt, M. C., & Booy, Y. (2003). *Nederlandse studies naar de effecten van jeugdzorg*. Utrecht: NIZW.

Boendermaker, L., & van Yperen, T. (2003). Kansen in de keten. *Een gemeenschappelijk referentiekader voor de justitië le jeugdinrichtingen*. Den Haag, The Netherlands: Dienst Justitië le Inrichtingen.

Boerstler, H., Foster, R. W., O'Connor, E. J., O'Brien, J. L., Shortell, S. M., & Carman, J. M., et al. (1996). Implementation of total quality management: Conventional wisdom versus reality. *Hospitals and Health Services Administration*, *41(2)*, 143–159.

Bordin, E. S. (1979). The generalizability of the psychoanalytic concept of the working alliance. *Psychotherapy, 16*, 252–260.

Bowen, R. M. (1976). In A.C. Eringen, (Ed.), *Theory of mixtures, continuum physics*, Vol. 3. New York: Academic Press.

Bronfenbrenner, U. (1986). Ecology of the family as a context for human development: Research perspectives. *Developmental Psychology, 22*(6), 723-742.

Burlingame, G. M., Wells, M. G., Hoag, M., Hope, C., Nebeker, R., & Konkel, K., et al. (1996). *Administration and scoring manual for the Youth Outcome Questionnaire (Y-OQ.1)*. Wilimington, DE: American Professional Credentialing Services.

Centers for Disease Control and Prevention. (1995). *Monthly Vital Statistics* (Report 43, No. 13). Washington, DC: U.S. Public Health Service.

Centers for Disease Control and Prevention. (2002). Nonfatal physical assault-related injuries treated in hospital emergency departments–United States, 2000. *Morbidity and Mortality Weekly Report, 51*, 460-463.

Centers for Disease Control and Prevention. (2010). Web-based injury statistics query and reporting system (WISQARS). Available at http://www.cdc.gov/ncipc/wisqars.

Chung, H. L., Little, M., Steinberg, L., & Altschuler, D. (2005). Juvenile justice and the transition to adulthood. Network on Transitions to Adulthood. MacArthur Foundation research network on transitions to adulthood and public policy. University of Pennsylvania Department of Sociology, 20, 2005. http://www.transad.pop.upenn.edu/downloads/chung-juvenile%20just%20formatted.pdf.

Claiborn, C. D., & Lichtenberg, J. W. (1989). Interactional counseling. *Counseling Psychologist, 17(3)*, 355-453.

Clark, R. D., & Shields, G. (1997). Family communication and delinquency. *Adolescence, 32*, 81-92.

Cleghorn, J., & Levin, S. (1973). Training family therapists by setting learning objectives. *American Journal of Orthopsychiatry, 43*, 439-446.

Community Juvenile Accountability Act. Chapter 338, Laws of 1997 RCW 13.40.540. Washington Department of Social Services, http://www.dshs.wa.gov/pdf/EA/GovRel/leg0903/CJAA0903.pdf.

Coulehan, R. Friedlander, M., & Heatherington, L. (1998). Transforming narratives:

A change event in constructivist family therapy. *Family Process, 37*, 17–33.

Crosby, P. B. (1979). *Quality is free: The art of making quality certain.* New York: New American Library.

Dahlberg, L. L. (1998). Youth violence in the United States: Major trends, risk factors, and prevention approaches. *American Journal of Preventative Medicine, 14*, 259–272.

Datchi-Phillips, C. *Change in contexts: A critical approach to empowerment research in counseling.* Diss. Indiana University, 2009. Dissertations & Theses @ CIC Institutions, ProQuest. Web. 31 Mar. 2010.

Dawes, R. M. (1994). *House of cards: Psychology and psychotherapy built on myth.* New York: Free Press.

Diamond, G. S., Reis, B. F., Diamond, G. M., Siqueland, L., & Isaacs, L. (2002). Attachment-based family therapy for depressed adolescents: A treatment development study. *Journal of the American Academy of Child and Adolescent Psychiatry, 41*, 1190–1196.

DiClemente, R. J., Hansen, W. B., & Ponton, L. E. (1996). Adolescents at risk: A generation in jeopardy. In R. J. DiClemente, W. B. Hansen, & L. E. Ponton (Eds.), *Handbook of adolescent health risk behavior* (pp. 1–4). New York: Plenum Press.

Dishion, T. J., & McMahon, R. J. (1998). Parental monitoring and the prevention of child and adolescent problem behavior: A conceptual and empirical formulation. *Clinical Child and Family Psychology Review, 1(1)*, 61–75.

Dixon, A., Howie, P., & Starling, J. (2004). Psychopathology in female juvenile offenders. *Journal of Child Psychology and Psychiatry, 45(6)*, 1150–1158.

Dodge, K. A. (2008). Framing public policy and prevention of chronic violence in American youth. *American Psychologist, 63(7)*, 573–590.

Domalanta, D., Risser, W. L., Roberts, R. E., & Hale Risser, J. M. (2003). Prevalence of depression and other psychiatric disorders among incarcerated youths. *Journal of the American Academy of Child and Adolescent Psychiatry, 42(4)*, 477–484.

Elliott, D. S. (Series Ed.). (1998). *Blueprints for violence prevention*. University of Colorado, Center for the Study and Prevention of Violence. Boulder, CO: Blueprints Publications.

Elliott, D. S., & Mihalic, S. (2004). Issues in disseminating and replicating effective prevention programs. *Prevention Science, 5*, 47-53.

Erickson, C. *The effectiveness of functional family therapy in the treatment of juvenile sexual offenders*. Diss. Indiana University, 2008. Dissertations & Theses @ CIC Institutions, Pr. Quest. Web. 31 March 2010.

Falicov, C. J. (1995). Training to think culturally: A multidimentional comparitive framework. *Family Process, 34*, 373-388.

Frank, J. D. (1969). *Persuasion and healing: A comparative study of psychotherapy*. Baltimore: Johns Hopkins University Press.

Frank, J. D., & Frank, J. B. (1991). *Persuasion and healing: A comparative study of psychotherapy* (3rd ed.). Baltimore: Johns Hopkins University Press.

Friedlander, M. L., & Heatherington, L. (1998). Assessing clients' constructions of their problems in family therapy disclosure. *Journal of Marital and Family Therapy, 24*, 289-303.

Garb, H. N. (1989). Clinical judgment, clinical training, and professional experience. *Psychological Bulletin, 105*, 387-396.

Garb, H. N. (1998). *Studying the clinician: Judgment research and psychological assessment*. Washington, DC: American Psychological Association.

Gergen, K. (1985). The social constructionist movement in modern psychology. *American Psychologist, 40*, 266-273.

Gilman, L. (2008). Supervisory interventions and treatment adherence: An observational study of supervisor interventions and their impact on therapist model adherence. Unpublished doctoral dissertation, Indiana University, Bloomington.

Glisson, C., & James, L. (1992). The interorganizational coordination of services to children in state custody. In D. Bargal & H. Schmid (Eds.), *Organizational change and development in human services organizations* (pp. 65-80). New

York: Haworth.

Goldman, H. H., Ganju, V., & Drake, R. E., et al. (2001). Policy implications for implementing evidence-based practices. *Psychiatr Serv*, 52, 1591-1597.

Gordon, D.A. (1995). Functional Family Therapy for delinquents. In R.R. Ross, D.H. Antonowicz, & G.K. Dhaliwal (Eds.), *Going straight: Effective delinquency prevention and offender rehabilitation*. Ontario, Canada: Air Training and Publications.

Gordon, D. A., Arbuthnot, J., Gustafson, K., & McGreen, P. (1988). Home-based behavioral systems family therapy with disadvantaged juvenile delinquents. *American Journal of Family Therapy, 16*, 243-255.

Greenberg, L. S., & Safrin, J. D. (1990). *Emotion in Psychotherapy*. New York: Guilford Press.

Greenwood, P. W., Model, K. E., Rydell, C. P., & Chiesa, J. (1996). *Diverting children from a life of crime: Measuring costs and benefits*. Santa Monica, CA: The Rand Corporation.

Griffin, K. W., Botvin, G. J., Scheier, L. M., Diaz, T., & Miller, N. L. (2000). Parenting practices as predictors of substance use, delinquency, and aggression among urban minority youth: Moderating effects of family structure and gender. *Psychology of Addictive Behaviors, 14(2)*, 174-184.

Grove, W. M., Zald, D. H., Lebow, B. S., Snits, B. E., & Nelson, C. E. (2000). Clinical vs. mechanical prediction: A meta-analysis. *Psychological Assessment, 12*, 19-30.

Gurman, A. S., & Kniskern, D. P. (Eds.). (1981). *Handbook of family therapy*. New York: Brunner/Mazel.

Gurman, A. S., Kniskern, D. P., & Pinsof, W. M. (1986). Research on the process and outcome of marital and family therapy. In S. L. Garfield & A. E. Bergin (Eds.), *Handbook of psychotherapy and behavior change* (3rd ed., pp. 565-624). New York: John Wiley and Sons.

Haas, L. J, Alexander, J. F., & Mas, C. H. (1988). Functional Family Therapy: Basic Concepts and Training Program. In H. L. Liddle, Breunlin, & Schwarts (Eds.),

Handbook of family therapy training and supervision. New York: Guilford Press.

Haley, J. (1964). Research on family patterns: An instrument measurement. *Family Process, 3(1)*, 41-76.

Haley, J. (1976). *Problem-solving therapy.* San Francisco: Jossey-Bass.

Hansson, K, (1998). *Functional family therapy replication in sweden: Treatment outcome with juvenile delinquents.* Paper presented to the Eighth Conference on Treating Addictive Behaviors, Santa Fe, NM.

Harrison, A., Wilson, M., Pine, C., Chan, S., & Buriel, R. (1990). Family ecologies of ethnic minority children. *Child Development, 61*, 347-362.

Hawkins, J. D. & Catalano, R. F. (1992). *Communities that care: Action for drug abuse prevention.* San Francisco: Jossey-Bass.

Hawkins, J. D., & Catalano, R. F., & Miller, J. Y. (1992). Risk and protective factors for alcohol and other drug problems in adolescence and early adulthood: Implications for substance abuse preventions. *Psychological Bulletin, 112*, 64-105.

Heatherington, L., & Friedlander, M. L. (1990). Couple and family therapy alliance scales: Empirical considerations. *Journal of Marital and Family Therapy, 16*(3), 299-306.

Heatherington, L., Friedlander, M. L., & Greenberg, L. S. (2005). Change process research in couples and family therapy: Methodological challenges and opportunities. *Journal of Family Psychology, 19*, 18-27.

Henggeler, S. W. (1989). *Delinquency in adolescence.* Newbury Park, CA: Sage.

Henggeler, S. W., & Borduin, C. M. (1990). *Family therapy and beyond: A multisystemic approach to treating the behavior problems of children and adolescents.* Pacific Grove, CA: Brooks/Cole.

Henggeler, S. W., Melton, G. B., Brondino, M. J., Scherer, D. G., & Hanley, J. H. (1997). Multisystemic therapy with violent and chronic juvenile offenders and their families: The role of treatment fidelity in successful dissemination. *Journal of Consulting and Clinical Psychology, 65*, 821-833.

Henggeler, S. W., & Schoenwald, S. K. (1999). The role of quality assurance in achieving outcomes in MST programs. *Journal of Juvenile Justice and Detention Services, 14*, 1-17.

Heppner, P. P., & Claiborn, C. D. (1989). Social influence research in counseling: A review and critique. *Journal of Counseling Psychology, 36(3)*, 365-387.

Henry, W. P., & Strupp, H. H. (1994). The therapeutic alliance as interpersonal process. In A. O. Horvath & L. S. Greenberg (Eds.), *The working alliance: Theory, research and practice* (pp. 51 - 84). New York: Wiley.

Hobfoll, S. E. (1991). Gender differences in stress reactions: Women filling the gaps. *Psychology and Health, 5*, 95-109.

Hoffman, L. (1981). *Foundations of family therapy.* New York: Basic Books.

Hogue, A., Liddle, H. A., Rowe, C., Turner, R. M., Dakof, G. A., & LaPann, K. (1998). Treatment adherence and differentiation in individual versus family therapy for adolescent substance abuse. *Journal of Counseling Psychology, 45*, 104-114.

Horvath, A. O. (2001). The alliance. *Psychotherapy: Theory, Research, Practice, Training, 38(4)*, 365-372.

House, J., Landis, K. R., & Umberson, D. (1988). Social relationships and health. *Science, 241*, 540-545.

Huey, S. J., Jr., Henggeler, S. W., Brondino, M. J., & Pickrel, S. G. (2000). Mechanisms of change in multisystemic therapy: Reducing delinquent behavior through therapist adherence and improved family and peer functioning. *Journal of Consulting and Clinical Psychology, 68*, 451-467.

Institute of Medicine, Committee on Quality of Health Care in America. (2001). *Crossing the quality chasm: A new health system for the 21st century.* Washington (DC): National Academy Press.

Jackson, D. (1961). Interactional psychotherapy. In M. Stein (Ed.), *Contemporary psychotherapies* (pp. 256-271). New York: The Free Press of Glenco, Inc.

Jackson, D. N., & Messick, S. (1961). Acquiescence and desirability as response determinants on the MMPI. *Educational and Psychological Measurement, 21*,

771-792.

Jones, E. E., & Nisbett, R. E. (1972). The actor and the observer: Divergent perceptions of the causes of behavior. In E. E. Jones, D. E. Kanouse, H. H. Kelley, R. E. Nisbett, S. Valins, & B. Weiner (Eds.), *Attribution: Perceiving the causes of behavior* (pp. 79-94). Morristown, NJ: General Learning Press.

Kazdin, A. E. (1987). Treatment of antisocial behavior in children: Current status and future directions. *Psychological Bulletin, 102*, 187-203.

Kazdin, A. E. (1991). Effectiveness of psychotherapy with children and adolescents. *Journal of Consulting and Clinical Psychology, 59(6)*, 785-798.

Kazdin, A. E. (1997). A model for developing effective treatments: Progression and interplay of theory, research, and practice. *Journal of Clinical Child Psychology, 26*, 114-129.

Kazdin, A. E. (2001). Progression of therapy research and clinical application of treatment require better understanding of the change process. *Clinical Psychology: Science and Practice, 8(2)*, 143-151.

Kazdin, A. E. (2003). Psychotherapy for children and adolescents. *Annual Review of Psychology, 54*, 253-276.

Kazdin, A. E. (2004). Evidence-based treatments: Challenges and priorities for practice and research. In B. Burns & K. Hoagwood (Eds.), *Child and adolescent psychiatric clinics of North America* (pp. 923-940). New York: Elsevier.

Kazdin, A. E. (2006). Arbitrary metrics: Implications for identifying evidence-based treatments. *American Psychologist, 61(1)*, 42-49.

Kazdin, A. E. (2007). Mediators and mechanisms of change in psychotherapy research. *Annual Review of Clinical Psychology, 3*, 1-27.

Kazdin, A. E. (2008). Evidence-based treatment and practice: New opportunities to bridge clinical research and practice, enhance the knowledge base, and improve patient care. *American Psychologist, 63(3)*, 146-159.

Kazdin, A. E., & Weisz, J. R. (Eds.). (2003). *Evidence-based psychotherapies for children and adolescents*. New York: Guilford Press.

Kelley, H. H. (1973). The processes of causal attribution. *American Psychologist, 28*, 107-128.

Kempton, T., & Forehand, R. (1992). Juvenile sex offenders: Similar to, or different from, other incarcerated delinquent offenders? *Behavior Research and Therapy, 30*, 533-536.

Kiesler, D. J. (1982). Interpersonal theory for personality and psychotherapy. In J. C. Anchin & D. Kiesler (Eds.), *Handbook of interpersonal psychotherapy* (pp. 3-24). Elmsford, NY: Pergamon.

Klein, N., Alexander, J., & Parsons, B. (1977). Impact of family systems interventions on recidivism and sibling delinquency: A model of primary prevention and program evaluation. *Journal of Consulting and Clinical Psychology, 45*, 469-474.

Klein, K., Forehand, R., Armistead, L., & Long, P. (1997). Delinquency during the transition to early adulthood: Family and parenting predictors from early adolescence. *Adolescence, 32*, 61-80.

Koerner, K., & Jacobson, N. S. (1994). Emotion and behavioral couple therapy. In S. M. Johnson & L. S. Greenberg (Eds.), *The heart of the matter: Perspectives on emotion in marital therapy* (pp. 207-226). New York: Brunner/Mazel.

Kogan, N. (1990). Personality and aging. In J. E. Birren & K. W. Schaie (Eds.), *Handbook of the psychology of aging* (3rd ed., pp. 330-346). San Diego, CA: Academic Press.

Kumpfer, K. L. (1999). Factors and processes contributing to resilience: The resilience framework. In M. D. Glantz & J. L. Johnson (Eds.), *Resilience and development: Positive life adaptations* (pp. 179-224). New York: Kluwer Academic/Plenum Publishers.

Kumpfer, K. L., & Turner, C. W. (1990). The social ecology model of adolescent substance abuse: Implications for prevention. *International Journal of the Addictions, 25(4A)*, 435-463.

Liddle, H. A. (1985). Five factors of failure in structural-strategic family therapy: A contextual construction. In S. B. Coleman (Ed.), *Failures in family therapy* (pp.

152-189). New York: Guilford.

Liddle, H. A. (1995). Conceptual and clinical dimensions of a multidimensional, multisystems engagement strategy in family-based adolescent treatment (Special issue: Adolescent Psychotherapy). *Psychotherapy: Theory, Research and Practice*, 32.

Liddle, H. A., Breunlin, D. C., & Schwartz, R. C. (Eds.). (1988). *Handbook of family therapy training and supervision*. New York: Guilford.

Liddle, H. A., & Dakof, G. A. (1995). Efficacy of family therapy for drug abuse: Promising but not definitive. *Journal of Marital and Family Therapy, 21(4)*, 511-543.

Loeber, R. (1991). Antisocial behavior: More enduring than changeable? *Journal of the American Academy of Child and Adolescent Psychiatry, 30*, 393-397.

Loeber, R., & Dishion, T. (1983). Early predictors of male delinquency: A review. *Psychological Bulletin, 94*, 68-99.

Loeber, R., & Stouthamer-Loeber, M. (1986). Family factors as correlates and predictors of juvenile conduct problems and delinquency. In M. H. Tonry & N. Morris (Eds.), *Crime and justice: An annual review of research, vol.* 7 (pp. 29-149). Chicago: University of Chicago Press.

Maccoby, E. E., & Martin, J. A. (1983). Socialization in the context of the family: Parent-child interaction. In P. H. Mussen & E. M. Hetherington (Eds.), *Handbook of child psychology: Socialization, personality and social development, vol. IV* (pp. 1-101). New York: Wiley.

Mahoney, M. J. (1991). *Human change processes: The scientific foundations of psychotherapy*. New York: Basic Books.

Marlatt, G. A., & Gordon, J.R. (Eds.). (1985). *Relapse prevention: Maintenance strategies in the treatment of addictive behaviors*. New York: Guilford Press.

Martin, J. R. (1997). Mindfulness: A proposed common factor. *Journal of Psychotherapy Integration, 7*, 291-312.

McGoldrick, M., & Gerson, R. (1985). *Genograms in family assessment*. New York: Norton.

Mease, A. C., & Sexton, T. L. (2005). Functional Family Therapy as a school-based mental health intervention program. In K. E. Robinson (Ed.), *Advances in school-based mental health interventions*. Kingston, New Jersey: Civic Research Institute.

Miller, T. R., Cohen, M. A., & Rossman, S. B. (1993). Victim costs of violent crime and resulting injuries. *Health Affairs, 12(4)*, 186-197.

Minuchin, S. (1979). Constructing a therapeutic reality. In E. Kaufman & P. Kaufmann (Eds.), *Family therapy of drug and alcohol abuse* (pp. 5-18). New York: Gardner.

Minuchin, S., Montalvo, B., Guemey, B. G., Rosman, B. L., & Schumer, F. L. (1967). *Families of the slums: An exploration of their structure and treatment*. New York: Basic.

Mulford, C. F., & Redding, R. E. (2008). Training the parents of juvenile offenders: State of the art and recommendations for service delivery. *Journal of Child and Family Studies, 17(5)*, 629-648.

National Institute on Drug Abuse. (1992). *National high school senior drug abuse survey 1975-1991: Monitoring the future survey*. NIDA Capsules (NIH Publication No. 99-4180). Washington, DC: U.S. Department of Health and Human Services, Alcohol, Drug Abuse, and Mental Health Administration.

Neighbors, B., Kempton, T., & Forehand, R. (1992). Co-occurrence of substance abuse with conduct, anxiety, and depression disorders in juvenile delinquents. *Addictive Behaviors, 17*, 379-386.

Nitza, A.G. (2002). The relationship of treatment adherence and outcome in functional family therapy. Unpublished doctoral dissertation, Indiana University, Bloomington.

Nitza, A.G., & Sexton, T. L. (2001). Treatment Adherence and Outcomes in Empirically Supported Treatments. Paper presented at the American Counseling Association, San Antonio, TX.

Nitza, A. G., & Sexton, T.L. (2002) The relationship of treatment adherence and outcome in functional family therapy. Unpublished doctoral dissertation,

Indiana University.

Parsons, B. V., & Alexander, J. F. (1973). Short-term family intervention: A therapy outcome study. *Journal of Consulting and Clinical Psychology, 41*, 195-201.

Patterson, G. R. (1982). *Coercive family process*. Eugene, OR: Castalia.

Patterson, G. R., & Forgatch, M. S. (1985). Therapist behavior as a determinant for client noncompliance: A paradox for the behavior modifier. *Journal of Consulting and Clinical Psychology, 53(6)*, 846-851.

Patterson, G. R., & Stouthamer-Loeber, M. (1984). The correlation of family management practices and delinquency. *Child Development, 55(4)*, 1299-1307.

Pedersen, P. (1997). Recent trends in cultural theories. *Applied and Preventive Psychology, 6*, 221-231.

Pettit, G. S., Bates, J. E., & Dodge, K. A. (1997). Supportive parenting, ecological context, and children's adjustment: A seven-year longitudinal study. *Child Development, 68*, 908-923.

Pinsof, W. M., & Catherall, D. R. (1984). *The integrative psychotherapy alliance: Family couple and individual therapy scales*. Chicago: Center for Family Studies, Northwestern University.

Pinsof, W. M., & Wynne, L. C. (2000). Toward progress research: Closing the gap between family therapy practice and research. *Journal of Marital and Family Therapy, 26*, 1-8.

Pliszka, S. R., Liotti, M., & Woldorff, M. G. (2000). Inhibitory control in children with attention-deficit/hyperactivity disorder: Event-related potentials identify the processing component and timing of an impaired right-frontal response-inhibition mechanism. *Biological Psychiatry, 48*, 238-246.

Pliszka, S. R., Sherman, J. O., Barrow, M. V., & Irick, S. (2000). Affective disorder in juvenile offenders: A preliminary study. *American Journal of Psychiatry, 157(1)*, 130-132.

Pope, C., & Feyerherm, W. (1991). Minorities in the juvenile justice system. Washington, DC: Office of Juvenile Justice and Delinquency Prevention.

Pope, C., Lovell, R., & Hsia, H. (2002). *Disproportionate minority confinement: A review of the research literature from 1989 through 2001*. Washington, DC: U.S. Department of Justice, Office of Justice Programs, Office of Juvenile Justice and Delinquency Prevention.

Prochaska, J. O. (1999). How do people change, and how can we change to help many more people? In M. A. Hubble, B. L. Duncan, & S. D. Miller (Eds.), *The heart and soul of change: What works in therapy* (pp. 227-255). Washington, DC: American Psychological Association.

Quinn, W. H., Dotson, D., & Jordon, K. (1997). Dimensions of the therapeutic alliance and their associations with outcome in family therapy. *Psychotherapy Research, 74*, 429-438.

Reiss, D., & Price, R. H. (1996). National research agenda for prevention research: The National Institute of Mental Health report. *American Psychologist, 51*, 1109-1115.

Riemer, M., Rosof-Williams, J., & Bickman, L. (2005). Theories related to changing clinician practice. *Child Adolescent Psychiatric Clinics of North America, 14*, 241-254.

Robbins, M. S., Alexander, J. F., & Turner, C. W. (2000). Disrupting defensive family interactions in family therapy with delinquent adolescents. *Journal of Family Psychology, 14(4)*, 688-701.

Robbins, M. S., Bachrach, K., & Szapocznik, J. (2002). Bridging the research-practice gap in adolescent substance abuse treatment: The case of brief strategic family therapy. *Journal of Substance Abuse Treatment, 23*, 123-132.

Robbins, M. S., Mayorga, C. C., & Szapocznik, J. (2003). The ecosystemic "lens" to understanding family functioning. In T. L. Sexton, G. R. Weeks, & M. S. Robbins (Eds.), *Handbook of family therapy* (pp. 23-40). New York: Brunner-Routledge.

Robbins, M. S., Turner, C., Alexander, J. F., & Perez, G. (2003). Alliance and dropout in family therapy for adolescents with behavior problems: Individual and systemic effects. *Journal of Family Psychology, 17*, 534-544.

Robertson, A., Dill, P., Husain, J., & Undesser, C. (2004). Prevalence of mental illness and subtance abuse disorders among incarcerated juvenile offenders in Mississippi. *Child Psychiatry and Human Development, 35(1)*, 55-74.

Rogers, C. (1957). The necessary and sufficient conditions of therapeutic personality change. *Journal of Consulting and Clinical Psychology, 21*, 95-103.

Rosenblatt, J. A., Rosenblatt, A., & Biggs, E. E. (2000). Criminal behavior and emotional disorder: Comparing youth served by the mental health and juvenile justice systems. *Journal of Behavioral Health Services & Research, 27(2)*, 227-237.

Roth, A. D., & Fonagy, P. (1996). *What works for whom? A critical review of psychotherapy research*. New York: Guilford.

Rowe, C. L., & Liddle, H. A. (2003). Substance abuse. *Journal of Marital and Family Therapy, 29*, 97-120.

Sale, E., Sambrano, S., Springer, F., & Turner, C. (2003). Risk, protection, and substance use in adolescents: A multi-site model. *Journal of Drug Education, 33(1)*, 91-105.

Sampson, R. J., & Laub, J. H. (1993). *Crime in the making*. Cambridge, MA: Harvard University Press.

Sapyta, J., Riemer, M., & Bickman, L. (2005). Feedback to clinicians: Theory, research, and practice. *Journal of Clinical Psychology, 61*, 145-153.

Schoenwald, S. K., Henggeler, S. W., Brondino, M. J., & Rowland, M. D. (2000). Multisystemic therapy: Monitoring treatment fidelity. *Family Process, 39(1)*, 83-103.

Selvini-Palazzoli, M. (1978). *Self-starvation: From individuation to family therapy in the treatment of anorexia nervosa*. New York: Aronson.

Selvini-Palazzoli, M., Boscolo, L., Cecchin, G., & Prata, G., (1978), *Paradox and counterparadox*. New York: Jason Aronson.

Sexton, T. L. (2008). Evil or troubled? Treating the most difficult adolescent's mental health problems with functional family therapy. In E. De Saude Mental: O Contributo Da Terapia Funcional Familiar – Separata PSICOLOGIA FORENSE

Almedina Coimbra, Portugal.

Sexton, T. L. (2009). Functional family therapy: Traditional theory to evidence-based practice. In J. Bray & M. Stanton (Eds.), *Handbook of family psychology* (pp. 327-340). Malden, MA: Wiley-Blackwell.

Sexton, T. L., & Alexander, J. F. (2002a). Family-based empirically supported interventions. *Counseling Psychologist, 30(2)*, 238-261.

Sexton, T. L., & Alexander, J. F. (2002b). Functional family therapy for at-risk adolescents and their families. In T. Patterson (Ed.), *Comprehensive handbook of psychotherapy, vol. II: Cognitive-behavioral approaches* (pp. 117-140). New York: Wiley.

Sexton, T. L., & Alexander, J. F. (2003). Functional family therapy: A mature clinical model for working with at-risk adolescents and their families. In T. L. Sexton, G. R. Weeks, & M. S. Robbins (Eds.), *Handbook of family therapy* (pp. 371-400). New York: Brunner-Routledge.

Sexton, T. L., & Alexander, J. F. (2004). *Functional family therapy clinical training manual.* Seattle, WA: Annie E. Casey Foundation.

Sexton, T. L., & Alexander, J. F. (2005). Functional family therapy for externalizing disorders in adolescents. In J. Lebow (Ed.), *Handbook of clinical family therapy* (pp. 164-194). Hoboken, NJ: John Wiley.

Sexton, T. L., Alexander, J. F., & Gilman, L. (2004). *Functional family therapy: Clinical supervision training manual.* Seattle, WA: Annie E. Casey Foundation.

Sexton, T. L., Alexander, J. F., & Mease, A. L. (2004). Levels of evidence for the models and mechanisms of therapeutic change in family and couple therapy. In M. J. Lambert (Ed.), *Bergin and Garfield's handbook of psychotherapy and behavior change* (5th ed., pp. 590-646). New York: Wiley.

Sexton, T. L., Coop-Gordon, K. Gurman, A. S. Lebow, J. L. Holtzworth-Munroe, A., & Johnson, S. (2007). *Report of the Task Force for Evidence-Based Treatments in Couple and Family Psychology.* Washington, DC: American Psychological Association.

Sexton, T. L., Gilman, L., & Johnson-Erickson, C. (2005). Evidence-based practices. In T. P. Gullotta & G. R. Adams (Eds.), *Handbook of adolescent behavioral problems: Evidence-based approaches to prevention and treatment* (pp. 101-128). New York: Springer.

Sexton, T. L., & Griffin, B. L. (Eds.). (1997). *Constructivist thinking in counseling practice, research, and training.* Counseling and development series, vol. 3. New York: Teachers College Press.

Sexton, T. L., Ostrom, N., Bonomo, J., & Alexander, J. A. (2000). *Functional family therapy in a multicultural, multiethnic urban setting.* Paper presented at the annual conference of the American Association of Marriage and Family Therapy, Denver, CO.

Sexton, T. L., Ridley, C. R., & Kleiner, A. J. (2004). Beyond common factors: Multilevelprocess models of therapeutic change in marriage and family therapy. *Journal of Marital and Family Therapy, 30(2),* 131-149.

Sexton, T. L., Robbins, M. S., Hollimon, A. S., Mease, A. L., & Mayorga, C. C. (2003). Efficacy, effectiveness, and change mechanisms in couple and family therapy. In T. L. Sexton, G. R. Weeks, & M. S. Robbins (Eds.), *Handbook of family therapy* (pp. 264-301). New York: Brunner-Routledge.

Sexton, T. L., Sydnor, A. E., & Rowland, M. K. (2004). Identification and treatment of the clinical problems of childhood and adolescence (pp. 350-369) . In R. Coombs (Ed.), *Family Therapy Review: Preparing for Comprehensive and Licensing Exams.* Mahway, New Jersey: Lawrence Erlbaum Associates.

Sexton, T. L., Sydnor, A. E., Rowland, M. K., & Alexander, J. F. (2004). Identification and treatment of the clinical problems of childhood and adolescence. In R. Coombs (Ed.), *Family Therapy Review: Preparing for Comprehensive and Licensing Examinations* (pp. 349-369). Mahwah, NJ: Lawrence Erlbaum Associates

Sexton, T. L., & Turner, C. T. (2010). The Effectiveness of Functional Family Therapy for Youth with Behavioral Problems in a Community Practice Setting. *Journal of Family Psychology, 24(3),* 339-348.

Sexton, T. L., Turner, C. T., & Schuster, R. (in process). Functional family therapy in a community-based setting.

Sexton, T. L., Weeks, G. R., & Robbins, M. S. (2003). *Handbook of family therapy: The science and practice of working with families and couples.* New York: Brunner-Routledge.

Sexton, T. L., & Whiston, S. C. (1994). The status of the counseling relationship: An empirical review, theoretical implications, and research directions. *Counseling Psychologist, 22,* 6-78.

Sexton, T. L., & Whiston, S. C. (1996). Integrating counseling research and practice. *Journal of Counseling and Development, 74,* 588-589.

Sexton, T. L., & Whiston, S. C. (1998). Using the knowledge base: Outcome research and accountable social action. In C. Lee & G. Walz (Eds.), *Social action: A mandate for counselors* (pp. 241-260). Alexandria, VA: American Counseling Association.

Sexton, T. L., & Wilkenson, J. (1999). *The Functional Family Therapy Clinical Services System.* Henderson, NV: RCH Enterprises.

Shadish, W. R., Montgomery, L. M., Wilson, P., Wilson, M. R., Bright, I., & Okwumabua, T. (1993). Effects of family and marital psychotherapies: A meta-analysis. *Journal of Consulting and Clinical Psychology, 61,* 992-1002.

Shewhart, W. A. (1931). Economic Control of Quality of Manufactured Product, New York: Van Nostrand. (Republished in 1981, with a dedication by W. Edwards Deming by the American Society for Quality Control, Milwaukee, WI.)

Snyder, J., & Patterson, G. (1987). Family interaction and delinquent behavior. In H. Quay (Ed.), *Handbook of juvenile delinquency* (pp. 216-243). New York: Wiley.

Snyder, H., & Sickmund, M. (1999). *Juvenile offenders and victims: 1999 national report.* Washington, DC: U.S. Department of Justice, Office of Justice Programs, Office of Juvenile Justice and Delinquency Prevention.

Stanton, M., & Welsh, R. (in press). Specialty competencies in couple and family psychology. In A. M. Nezu & C. M. Nezu (Eds.), Oxford University Press series on *Specialty Competencies in Professional Psychology.* New York: Oxford

University Press.

Strong, S. R. (1986). Interpersonal influence theory and therapeutic interactions. In F. J. Dorn (Ed.), *The social influence process in counseling and psychotherapy* (pp. 17-30). Springfield, IL: Charles C Thomas.

Strong, S. R., & Claiborn, C. D. (1982). *Change through interaction: Social psychological processes of counseling and psychotherapy*. New York: Wiley.

Stroul, B. A., & Friedman, R. M. (1986). *A system of care for children and youth with severe emotional disturbances*. Washington, DC: CASSP Technical Assistance Center.

Szapocznik, J., & Kurtines, W. (1989). *Breakthroughs in family therapy with drug abusing problem youth*. New York: Springer.

Szapocznik, J., Kurtines, W. M., Santiesteban, D. A., Pantin, H., Scopetta, M., Mancilla, Y., et al. (1997). The evolution of a structural ecosystemic theory for working with Latino families. In J. Garcia & M. C. Zea (Eds.), *Psychological interventions and research with Latino populations* (pp. 166-190). Boston: Allyn & Bacon.

Taylor, S. E., & Fiske, S. T. (1978). Salience, attention, and attribution: Top of the head phenomena. In L. Berkowitz (Ed.), *Advances in experimental social psychology*, vol. 11 (pp. 249-288). New York: Academic Press.

Teplin, L. A., Abram, K. M., McClelland, G. M., Dulcan, M. K., & Mericle, A. A. (2002). Psychiatric disorders in youth in juvenile detention. *Archive of General Psychiatry, 59*, 1133-1143.

Tharp, R. G. (1991). Cultural diversity and treatment of children. *Journal of Consulting and Clinical Psychology, 59*, 799-812.

Uehara, E. (1990). Dual exchange theory, social networks, and informal social support. *American Journal of Sociology, 96*, 521-557.

Ulzen, T., & Hamiton, H. (1998) The nature and characteristics of psychiatric comorbidity in incarcerated adolescents. *Canadian Journal of Psychiatry, 43*, 57-63.

U.S. Public Health Service, Office of the Surgeon General. *Youth violence: A report of the Surgeon General, 2001*. Available at http://www.surgeongeneral.gov/library/youthviolence.

Vondra, J., & Belsky, J. (1993). Developmental origins of parenting: Personality and relationship factors. In T. Luster & L. Okagaki (Eds.), *Parenting: An ecological perspective* (pp. 1-34). Hillsdale, NJ: Erlbaum.

Wahler, R. G., & Hann, D. M. (1987a). An interbehavioral approach to clinical child psychology: Toward an understanding of troubled families. In D. H. Ruben & D. J. Delprato (Eds.), *New ideas in therapy: Introduction to an interdisciplinary approach* (pp. 53-78). New York: Greenwood Press.

Wahler, R. G., & Hann, D. M. (1987b). The communication patterns of troubled mothers: In search of a keystone in the generalization of parenting skills. *Education & Treatment of Children*. Vol 7(4), Fall 1984, 335-350.

Waldron, H. B., Slesnick, N., Turner, C. W., Brody, J. L., & Peterson, T. R. (2001). Treatment outcomes for adolescent substance abuse at 4- and 7-month assessments. *Journal of Consulting and Clinical Psychology, 69*, 802-813.

Waltz, J., Addis, M. E., Koerner, K., & Jacobson, N. S. (1993). Testing the integrity of a psychotherapy protocol: Assessment of adherence and competence. *Journal of Consulting and Clinical Psychology, 61*, 620-630.

Wampold, B. E. (2001). *The great psychotherapy debate: Models, methods, and findings*. Mahwah, NJ : Erlbaum.

Watzlawick, P., Weakland, J., & Fisch, R. (1974). *Change: Principles of problem formation and problem resolution*. New York: Norton.

Weisz, J. R., Huey, S. J., & Weersing, V. R. (1998). Psychotherapy outcome research with children and adolescents: The state of the art. In T. H. Ollendick & R. J. Prinz (Eds.), *Advances in clinical child psychology*, vol. 20 (pp. 49-91). New York: Plenum Press.

Weisz, V., & Tomkins, A. J. (1996). The right to a family environment for children with disabilities. *American Psychologist, 51*, 1239-1245.

Wells, M. G., Burlingame, G., Lambert, M. J., Hoag, M., & Hope, C. (1996). Conceptualization and measurement of patient change during psychotherapy:

Development of the Outcome Questionnaire and Youth Outcome Questionnaire. *Psychotherapy: Theory, Research, & Practice, 33(2)*, 275-283.

Westen, D., Novotny, C. M., & Thompson-Brenner, H. (2004). The empirical status of empirically supported psychotherapies: Assumptions, findings, and reporting in controlled clinical trials. *Psychological Bulletin, 130(4)*, 631-663.

Whaley, A. L., & Davis, K. E. (2007). Cultural competence and evidence-based practice in mental health services: A complementary perspective. *American Psychologist, 62(6)*, 563-574.

World Health Organization. (1992). *The ICD-10 Classification of Mental and Behavioral Disorders*. Geneva: World Health Organization.

찾아보기

저자 소개

Thomas L. Sexton

미국 인디애나대학교(Indiana University) 상담교육심리학과의 교수로 재직하면서 청소년·가족연구센터(Center for Adolescent and Family Studies)를 운영하였고, 은퇴후 현재는 명예교수이다. FFT를 중심으로 가족심리와 심리치료에 관한 많은 논문과 저서를 출간했으며, 특히 2004년에는 FFT의 창시자인 James Alexander와 함께 임상 훈련 매뉴얼을 제작하는 등 FFT의 발전에 크게 기여하였다.

역자 소개
〈가나다순〉

신선인(Shin, Sunin)

대구대학교 사회복지학과 명예교수

한국가족치료학회 부부가족상담 슈퍼바이저

한국가족치료학회 제14대 학회장

미국 University of Kansas 사회복지학 박사(Ph.D)

미국 University of Iowa 사회복지학 석사(MSW)

정혜정(Chung, Hyejeong)

전북대학교 아동학과 교수

한국가족치료학회 부부가족상담 슈퍼바이저

한국가족치료학회 제12대 학회장

미국 Texas Tech University 인간발달 · 가족학과 박사(Ph.D)

미국 University of Georgia 가족치료전공 방문학자

조은숙(Cho, Eunsuk)

상명대학교 가족복지학과 조교수

한국가족관계학회 제22대 학회장

한국상담학회 부부가족상담학회 전문영역 수련감독

서울대학교 아동가족학과 박사(Ph.D)

미국 University of Wisconsin 정신병리과 Research Associate

기능적 가족치료
청소년을 위한 증거기반 치료모델

Functional Family Therapy in Clinical Practice:
An Evidence–Based Treatment Model for Working with Troubled Adolescents

2021년 7월 10일 1판 1쇄 인쇄
2021년 7월 15일 1판 1쇄 발행

지은이 • Thomas L. Sexton
옮긴이 • 신선인 · 정혜정 · 조은숙
펴낸이 • 김진환
펴낸곳 • (주)**학지사**
　　　　04031 서울특별시 마포구 양화로 15길 20 마인드월드빌딩
대표전화 • 02-330-5114　　팩스 • 02-324-2345
등록번호 • 제313-2006-000265호

홈페이지 • http://www.hakjisa.co.kr
페이스북 • https://www.facebook.com/hakjisa

ISBN 978-89-997-2438-1　93180

정가 22,000원

출판 · 교육 · 미디어기업 학지사

간호보건의학출판 **학지사메디컬** www.hakjisamd.co.kr
심리검사연구소 **인싸이트** www.inpsyt.co.kr
학술논문서비스 **뉴논문** www.newnonmun.com
교육연수원 **카운피아** www.counpia.com